中国核能年鉴

2022年卷

中国核能行业协会 编

CHINA
NUCLEAR
ENERGY
YEARBOOK

中国原子能出版社

编辑说明

一、《中国核能年鉴》是由中国核能行业协会组织编纂的综合性资料年刊，于2009年创刊。创办此刊旨在如实记载我国核能行业各个领域改革发展的历程和情况，力求全面、系统、详实、准确、权威。《中国核能年鉴》的出版发行，可以为政府有关部门和各级领导科学决策提供支持，为广大会员单位提供丰富的行业信息资源，也为国内外各界人士了解、认识我国核能行业开启一扇窗口。经过多年的探索和实践，年鉴的编辑质量和水平正在不断提高，其史料价值和作用也在不断提升。

二、《中国核能年鉴》2022年卷采用分类编辑法，主体内容分为栏目、分目、条目3个层次，少数条目下设子目。全书除了“编辑说明”“《中国核能年鉴》编委会、编辑部组成人员名单”之外，共设特载、核能行业概况、核能骨干企业、大事记、附录等5个栏目。

三、本卷为《中国核能年鉴》2022年卷。文中记述时间截至2021年12月31日。

年鉴资料均取自政府有关部门、中国核能行业协会和协会会员单位提供的材料。

四、由于编辑水平有限，缺点错误在所难免，敬请广大读者批评指正。《中国核能年鉴》编辑部将坚持中国核能行业协会的宗旨，不断提高年鉴质量，更好地为政府服务，为企业服务，为我国核能事业的发展服务。

本卷年鉴在编辑出版的过程中，得到了广大会员单位和政府有关部门的大力支持。在此，谨表诚挚的谢意。

《中国核能年鉴》2022年卷编辑部

《中国核能年鉴》2022 年卷编辑委员会

《中国核能年鉴》2022 年卷编辑部

2022年，中国核能行业协会向核能行业各有关单位征集“最美核电站”摄影作品，活动一经发布，反响热烈，收到作品280多幅。部分作品已在协会官网和微信公众号上推介。我们将部分优秀作品收入年鉴，让读者共览最美核电，感受工业建筑与自然生态融合之美。

▶ 秦山核电　　摄影：吕　铭

▶ 防城港核电　　摄影：钟　善

▶ 海阳核电　　摄影：张晓辉

▶ 宁德核电　　摄影：赖虔瑜

▶ 石岛湾核电　　摄影：宋琨阳

▶ 福清核电　　摄影：过东海

▶ 海南核电　　摄影：刘　玄

▶ 阳江核电　　摄影：张建豪

▶ 红沿河核电　　摄影：何　鹏

▶ 田湾核电　　摄影：路振扬

▶ 大亚湾核电　　摄影：赖虔瑜

▶ 三门核电　　摄影：李亮杰

▶ 台山核电　　摄影：周维新

目　录

特　载

核能行业概况

核能骨干企业

大事记

附 录

特　载

党和国家领导人

对我国核能事业的关怀及重要指示

习近平考察清华大学，参观高温气冷堆核电展览

2021 年 4 月 19 日上午，在清华大学建校 110 周年校庆日即将来临之际，国家主席习近平来到清华大学考察，先后视察美术学院、成像与智能技术实验室、重点教学科研成果展示、西体育馆，了解学校深化改革、人才队伍建设、教学科研创新和服务国家发展、高温气冷堆核电项目等情况。随后，习近平与师生代表座谈并发表重要讲话。

习近平同俄罗斯总统普京共同见证中俄核能合作项目开工仪式

2021 年 5 月 19 日下午，国家主席习近平在北京通过视频连线，同俄罗斯总统普京共同见证两国核能合作项目——田湾核电站和徐大堡核电站开工仪式。

在田湾核电站分会场和徐大堡核电站分会场的中方代表向两国元首报告：开工准备完毕。习近平下达指令“开工！”在原子能机械制造厂分会场的俄方代表向两国元首报告：设备安装就绪。普京下达指令“启动！”田湾核电站和徐大堡核电站施工现场第一罐水泥浇筑，项目正式开工。田湾核电站 7 号、8 号机组和徐大堡核电站 3 号、4 号机组是 2018 年 6 月两国元首见证签署的双方核能领域一揽子合作协议中的重要项目，建成投产后年发电量将达到 376 亿千瓦时，相当于每年减少二氧化碳排放 3068 万吨。

习近平：“国和一号”和“华龙一号”三代核电技术取得新突破

2021 年 5 月 28 日上午，中国科学院第二十次院士大会、中国工程院第十五次院士大会和中国科学技术协会第十次全国代表大会在人民大会堂隆重召开。国家主席习近平出席大会并发表重要讲话。习近平在讲话中提到：战略高技术领域取得新跨越。……“国和一号”和“华龙一号”三代核电技术取得新突破。

习近平为王大中院士颁发国家最高科学技术奖

2021 年 11 月 3 日，2020 年度国家科学技术奖励大会在人民大会堂举行，清华大学王大中院士获国家最高科学技术奖。习近平为王大中院士颁发国家最高科学技术奖。王大中院士是国际著名的核能科学家、战略科学家、教育家。

丁仲礼调研“国和一号”示范工程、石岛湾高温气冷堆示范工程

2021 年 5 月 8 日，全国人大常委会副委员长、民盟中央主席、中国科学院院士丁仲礼率队到国家电投集团“国和一号”示范工程、华能集团高温气冷堆示范工程进行实地考察。

法律法规

中华人民共和国国民经济和社会发展第十四个五年规划和2035年远景目标纲要

目　录

第十九篇　加强规划实施保障

第六十三章　加强党中央集中统一领导

第六十四章　健全统一规划体系

第六十五章　完善规划实施机制

中华人民共和国国民经济和社会发展第十四个五年（2021—2025 年）规划和 2035 年远景目标纲要，根据《中共中央关于制定国民经济和社会发展第十四个五年规划和二〇三五年远景目标的建议》编制，主要阐明国家战略意图，明确政府工作重点，引导规范市场主体行为，是我国开启全面建设社会主义现代化国家新征程的宏伟蓝图，是全国各族人民共同的行动纲领。

（以下摘录与核能相关内容）

第三篇　加快发展现代产业体系　巩固壮大实体经济根基

坚持把发展经济着力点放在实体经济上，加快推进制造强国、质量强国建设，促进先进制造业和现代服务业深度融合，强化基础设施支撑引领作用，构建实体经济、科技创新、现代金融、人力资源协同发展的现代产业体系。

第十一章　建设现代化基础设施体系

统筹推进传统基础设施和新型基础设施建设，打造系统完备、高效实用、智能绿色、安全可靠的现代化基础设施体系。

第三节　构建现代能源体系

推进能源革命，建设清洁低碳、安全高效的能源体系，提高能源供给保障能力。加快发展非化石能源，坚持集中式和分布式并举，大力提升风电、光伏发电规模，加快发展东中部分布式能源，有序发展海上风电，加快西南水电基地建设，安全稳妥推动沿海核电建设，建设一批多能互补的清洁能源基地，非化石能源占能源消费总量比重提高到 20% 左右。推动煤炭生产向资源富集地区集中，合理控制煤电建设规模和发展节奏，推进以电代煤。有序放开油气勘探开发市场准入，加快深海、深层和非常规油气资源利用，推动油气增储上产。因地制宜开发利用地热能。提高特高压输电通道利用率。加快电网基础设施智能化改造和智能微电网建设，提高电力系统互补互济和智能调节能力，加强源网荷储衔接，提升清洁能源消纳和存储能力，提升向边远地区输配电能力，推进煤电灵活性改造，加快抽水蓄能电站建设和新型储能技术规模化应用。完善煤炭跨区域运输通道和集疏运体系，加快建设天然气主干管道，完善油气互联互通网络。

专栏6　现代能源体系建设工程
01　大型清洁能源基地 建设雅鲁藏布江下游水电基地。建设金沙江上下游、雅砻江流域、黄河上游和几字湾、河西走廊、新疆、冀北、松辽等清洁能源基地，建设广东、福建、浙江、江苏、山东等海上风电基地。
02　沿海核电 建成“华龙一号”、“国和一号”、高温气冷堆示范工程，积极有序推进沿海三代核电建设。推动模块式小型堆、60万千瓦级商用高温气冷堆、海上浮动式核动力平台等先进堆型示范。建设核电站中低放废物处置场，建设乏燃料后处理厂。开展山东海阳等核能综合利用示范。核电运行装机容量达到7000万千瓦。
03　电力外送通道 建设白鹤滩至华东、金沙江上游外送等特高压输电通道，实施闽粤联网、川渝特高压交流工程。研究论证陇东至山东、哈密至重庆等特高压输电通道。
04　电力系统调节 建设桐城、磐安、泰安二期、浑源、庄河、安化、贵阳、南宁等抽水蓄能电站，实施电化学、压缩空气、飞轮等储能示范项目。开展黄河梯级电站大型储能项目研究。
05　油气储运能力 新建中俄东线境内段、川气东送二线等油气管道。建设石油储备重大工程。加快中原文23、辽河储气库群等地下储气库建设。

第十一篇　推动绿色发展
促进人与自然和谐共生

坚持绿水青山就是金山银山理念，坚持尊重自然、顺应自然、保护自然，坚持节约优先、保护优先、自然恢复为主，实施可持续发展战略，完善生态文明领域统筹协调机制，构建生态文明体系，推动经济社会发展全面绿色转型，建设美丽中国。

第三十八章　持续改善环境质量

深入打好污染防治攻坚战，建立健全环境治理体系，推进精准、科学、依法、系统治污，协同推进减污降碳，不断改善空气、水环境质量，有效管控土壤污染风险。

第三节　严密防控环境风险

建立健全重点风险源评估预警和应急处置机制。全面整治固体废物非法堆存，提升危险废弃物监管和风险防范能力。强化重点区域、重点行业重金属污染监控预警。健全有毒有害化学物质环境风险管理体制，完成重点地区危险化学品生产企业搬迁改造。严格核与辐射安全监管，推进放射性污染防治。建立生态环境突发事件后评估机制和公众健康影响评估制度。在高风险领域推行环境污染强制责任保险。

中共中央 国务院关于完整准确全面贯彻新发展理念做好碳达峰碳中和工作的意见

（2021年9月22日）

实现碳达峰、碳中和，是以习近平同志为核心的党中央统筹国内国际两个大局作出的重大战略决策，是着力解决资源环境约束突出问题、实现中华民族永续发展的必然选择，是构建人类命运共同体的庄严承诺。为完整、准确、全面贯彻新发展理念，做好碳达峰、碳中和工作，现提出如下意见。

一、总体要求

（一）指导思想。以习近平新时代中国特色社会主义思想为指导，全面贯彻党的十九大和十九届二中、三中、四中、五中全会精神，深入贯彻习近平生态文明思想，立足新发展阶段，贯彻新发展理念，构建新发展格局，坚持系统观念，处理好发展和减排、整体和局部、短期和中长期的关系，把碳达峰、碳中和纳入经济社会发展全局，以经济社会发展全面绿色转型为引领，以能源绿色低碳发展为关键，加快形成节约资源和保护环境的产业结构、生产方式、生活方式、空间格局，坚定不移走生态优先、绿色低碳的高质量发展道路，确保如期实现碳达峰、碳中和。

（二）工作原则。实现碳达峰、碳中和目标，要坚持“全国统筹、节约优先、双轮驱动、内外畅通、防范风险”原则。

——全国统筹。全国一盘棋，强化顶层设计，发挥制度优势，实行党政同责，压实各方责任。根据各地实际分类施策，鼓励主动作为、率先达峰。

——节约优先。把节约能源资源放在首位，实行全面节约战略，持续降低单位产出能源资源消耗和碳排放，提高投入产出效率，倡导简约适度、绿色低碳生活方式，从源头和入口形成有效的碳排放控制阀门。

——双轮驱动。政府和市场两手发力，构建新型举国体制，强化科技和制度创新，加快绿色低碳科技革命。深化能源和相关领域改革，发挥市场机制作用，形成有效激励约束机制。

——内外畅通。立足国情实际，统筹国内国际能源资源，推广先进绿色低碳技术和经验。统筹做好应对气候变化对外斗争与合作，不断增强国际影响力和话语权，坚决维护我国发展权益。

——防范风险。处理好减污降碳和能源安全、产业链供应链安全、粮食安全、群众正常生活的关系，有效应对绿色低碳转型可能伴随的经济、金融、社会风险，防止过度反应，确保安全降碳。

二、主要目标

到2025年，绿色低碳循环发展的经济体系初步形成，重点行业能源利用效率大幅提升。单位国内生产总值能耗比2020年下降13.5%；单位国内生产总值二氧化碳排放比2020年下降18%；非化石能源消费比重达到20%左右；森林覆盖率达到24.1%，森林蓄积量达到180亿立方米，为实现碳达峰、碳中和奠定坚实基础。

到2030年，经济社会发展全面绿色转型取得显著成效，重点耗能行业能源利用效率达到国际先进水平。单位国内生产总值能耗大幅下降；单位国内生产总值二氧化碳排放比2005年下降65%以上；非化石能源消费比重达到25%左右，风电、太阳能发电总装机容量达到12亿千瓦以上；森林覆盖率达到25%左右，森林蓄积量达到190亿立方米，二氧化碳排放量达到峰值并实现稳中有降。

到2060年，绿色低碳循环发展的经济体系和清洁低碳安全高效的能源体系全面建立，能源利用效率达到国际先进水平，非化石能源消费比重达到80%以上，碳中和目标顺利实现，生态文明建设取得丰硕成果，开创人与自然和谐共生新境界。

三、推进经济社会发展全面绿色转型

（三）强化绿色低碳发展规划引领。将碳达峰、碳中和目标要求全面融入经济社会发展中长期规划，强化国家发展规划、国土空间规划、专项规划、区域规划和地方各级规划的支撑保障。加强各级各类规划间衔接协调，确保各地区各领域落实碳达峰、碳中和的主要目标、发展方向、重大政策、重大工程等协调一致。

（四）优化绿色低碳发展区域布局。持续优化重大基础设施、重大生产力和公共资源布局，构建有利于碳达峰、碳中和的国土空间开发保护新格局。在京津冀协同发展、长江经济带发展、粤港澳大湾区建设、长三角一体化发展、黄河流域生态保护和高质量发展等区域重大战略实施中，强化绿色低碳发展导向和任务要求。

（五）加快形成绿色生产生活方式。大力推动节能减排，全面推进清洁生产，加快发展循环经济，加强资源综合利用，不断提升绿色低碳发展水平。扩大绿色低碳产品供给和消费，倡导绿色低碳生活方式。把绿色低碳发展纳入国民教育体系。开展绿色低碳社会行动示范创建。凝聚全社会共识，加快形成全民参与的良好格局。

四、深度调整产业结构

（六）推动产业结构优化升级。加快推进农业绿色发展，促进农业固碳增效。制定能源、钢铁、有色金属、石化化工、建材、交通、建筑等行业和领域碳达峰实施方案。以节能降碳为导向，修订产业结构调整指导目录。开展钢铁、煤炭去产能"回头看"，巩固去产能成果。加快推进工业领域低碳工艺革新和数字化转型。开展碳达峰试点园区建设。加快商贸流通、信息服务等绿色转型，提升服务业低碳发展水平。

（七）坚决遏制高耗能高排放项目盲目发展。新建、扩建钢铁、水泥、平板玻璃、电解铝等高耗能高排放项目严格落实产能等量或减量置换，出台煤电、石化、煤化工等产能控制政策。未纳入国家有关领域产业规划的，一律不得新建改扩建炼油和新建乙烯、对二甲苯、煤制烯烃项目。合理控制煤制油气产能规模。提升高耗能高排放项目能耗准入标准。加强产能过剩分析预警和窗口指导。

（八）大力发展绿色低碳产业。加快发展新一代信息技术、生物技术、新能源、新材料、高端装备、新能源汽车、绿色环保以及航空航天、海洋装备等战略性新兴产业。建设绿色制造体系。推动互联网、大数据、人工智能、第五代移动通信（5G）等新兴技术与绿色低碳产业深度融合。

五、加快构建清洁低碳安全高效能源体系

（九）强化能源消费强度和总量双控。坚持节能优先的能源发展战略，严格控制能耗和二氧化碳排放强度，合理控制能源消费总量，统筹建立二氧化碳排放总量控制制度。做好产业布局、结构调整、节能审查与能耗双控的衔接，对能耗强度下降目标完成形势严峻的地区实行项目缓批限批、能耗等量或减量替代。强化节能监察和执法，加强能耗及二氧化碳排放控制目标分析预警，严格责任落实和评价考核。加强甲烷等非二氧化碳温室气体管控。

（十）大幅提升能源利用效率。把节能贯穿于经济社会发展全过程和各领域，持续深化工业、建筑、交通运输、公共机构等重点领域节能，提升数据中心、新型通信等信息化基础设施能效水平。健全能源管理体系，强化重点用能单位节能管理和目标责任。瞄准国际先进水平，加快实施节能降碳改造升级，打造能效“领跑者”。

（十一）严格控制化石能源消费。加快煤炭减量步伐，“十四五”时期严控煤炭消费增长，“十五五”时期逐步减少。石油消费“十五五”时期进入峰值平台期。统筹煤电发展和保供调峰，严控煤电装机规模，加快现役煤电机组节能升级和灵活性改造。逐步减少直至禁止煤炭散烧。加快推进页岩气、煤层气、致密油气等非常规油气资源规模化开发。强化风险管控，确保能源安全稳定供应和平稳过渡。

（十二）积极发展非化石能源。实施可再生能源替代行动，大力发展风能、太阳能、生物质能、海洋能、地热能等，不断提高非化石能源消费比重。坚持集中式与分布式并举，优先推动风能、太阳能就地就近开发利用。因地制宜开发水能。积极安全有序发展核电。合理利用生物质能。加快推进抽水蓄能和新型储能规模化应用。统筹推进氢能“制储输用”全链条发展。构建以新能源为主体的新型电力系统，提高电网对高比例可再生能源的消纳和调控能力。

（十三）深化能源体制机制改革。全面推进电力市场化改革，加快培育发展配售电环节独立市场主体，完善中长期市场、现货市场和辅助服务市场衔接机制，扩大市场化交易规模。推进电网体制改革，

明确以消纳可再生能源为主的增量配电网、微电网和分布式电源的市场主体地位。加快形成以储能和调峰能力为基础支撑的新增电力装机发展机制。完善电力等能源品种价格市场化形成机制。从有利于节能的角度深化电价改革，理顺输配电价结构，全面放开竞争性环节电价。推进煤炭、油气等市场化改革，加快完善能源统一市场。

六、加快推进低碳交通运输体系建设

（十四）优化交通运输结构。加快建设综合立体交通网，大力发展多式联运，提高铁路、水路在综合运输中的承运比重，持续降低运输能耗和二氧化碳排放强度。优化客运组织，引导客运企业规模化、集约化经营。加快发展绿色物流，整合运输资源，提高利用效率。

（十五）推广节能低碳型交通工具。加快发展新能源和清洁能源车船，推广智能交通，推进铁路电气化改造，推动加氢站建设，促进船舶靠港使用岸电常态化。加快构建便利高效、适度超前的充换电网络体系。提高燃油车船能效标准，健全交通运输装备能效标识制度，加快淘汰高耗能高排放老旧车船。

（十六）积极引导低碳出行。加快城市轨道交通、公交专用道、快速公交系统等大容量公共交通基础设施建设，加强自行车专用道和行人步道等城市慢行系统建设。综合运用法律、经济、技术、行政等多种手段，加大城市交通拥堵治理力度。

七、提升城乡建设绿色低碳发展质量

（十七）推进城乡建设和管理模式低碳转型。在城乡规划建设管理各环节全面落实绿色低碳要求。推动城市组团式发展，建设城市生态和通风廊道，提升城市绿化水平。合理规划城镇建筑面积发展目标，严格管控高能耗公共建筑建设。实施工程建设全过程绿色建造，健全建筑拆除管理制度，杜绝大拆大建。加快推进绿色社区建设。结合实施乡村建设行动，推进县城和农村绿色低碳发展。

（十八）大力发展节能低碳建筑。持续提高新建建筑节能标准，加快推进超低能耗、近零能耗、低碳建筑规模化发展。大力推进城镇既有建筑和市政基础设施节能改造，提升建筑节能低碳水平。逐步开展建筑能耗限额管理，推行建筑能效测评标识，开展建筑领域低碳发展绩效评估。全面推广绿色低碳建材，推动建筑材料循环利用。发展绿色农房。

（十九）加快优化建筑用能结构。深化可再生能源建筑应用，加快推动建筑用能电气化和低碳化。开展建筑屋顶光伏行动，大幅提高建筑采暖、生活热水、炊事等电气化普及率。在北方城镇加快推进热电联产集中供暖，加快工业余热供暖规模化发展，积极稳妥推进核电余热供暖，因地制宜推进热泵、燃气、生物质能、地热能等清洁低碳供暖。

八、加强绿色低碳重大科技攻关和推广应用

（二十）**强化基础研究和前沿技术布局**。制定科技支撑碳达峰、碳中和行动方案，编制碳中和技术发展路线图。采用“揭榜挂帅”机制，开展低碳零碳负碳和储能新材料、新技术、新装备攻关。加强气候变化成因及影响、生态系统碳汇等基础理论和方法研究。推进高效率太阳能电池、可再生能源制氢、可控核聚变、零碳工业流程再造等低碳前沿技术攻关。培育一批节能降碳和新能源技术产品研发国家重点实验室、国家技术创新中心、重大科技创新平台。建设碳达峰、碳中和人才体系，鼓励高等学校增设碳达峰、碳中和相关学科专业。

（二十一）**加快先进适用技术研发和推广**。深入研究支撑风电、太阳能发电大规模友好并网的智能电网技术。加强电化学、压缩空气等新型储能技术攻关、示范和产业化应用。加强氢能生产、储存、应用关键技术研发、示范和规模化应用。推广园区能源梯级利用等节能低碳技术。推动气凝胶等新型材料研发应用。推进规模化碳捕集利用与封存技术研发、示范和产业化应用。建立完善绿色低碳技术评估、交易体系和科技创新服务平台。

九、持续巩固提升碳汇能力

（二十二）**巩固生态系统碳汇能力**。强化国土空间规划和用途管控，严守生态保护红线，严控生态空间占用，稳定现有森林、草原、湿地、海洋、土壤、冻土、岩溶等固碳作用。严格控制新增建设用地规模，推动城乡存量建设用地盘活利用。严格执行土地使用标准，加强节约集约用地评价，推广节地技术和节地模式。

（二十三）**提升生态系统碳汇增量**。实施生态保护修复重大工程，开展山水林田湖草沙一体化保护和修复。深入推进大规模国土绿化行动，巩固退耕还林还草成果，实施森林质量精准提升工程，持续增加森林面积和蓄积量。加强草原生态保护修复。强化湿地保护。整体推进海洋生态系统保护和修复，提升红树林、海草床、盐沼等固碳能力。开展耕地质量提升行动，实施国家黑土地保护工程，提升生态农业碳汇。积极推动岩溶碳汇开发利用。

十、提高对外开放绿色低碳发展水平

（二十四）**加快建立绿色贸易体系**。持续优化贸易结构，大力发展高质量、高技术、高附加值绿色产品贸易。完善出口政策，严格管理高耗能高排放产品出口。积极扩大绿色低碳产品、节能环保服务、环境服务等进口。

（二十五）**推进绿色“一带一路”倡议建设**。加快“一带一路”倡议投资合作绿色转型。支持共建“一带一路”倡议国家开展清洁能源开发利用。大力推动南南合作，帮助发展中国家提高应对气候变化能力。深化与各国在绿色技

术、绿色装备、绿色服务、绿色基础设施建设等方面的交流与合作，积极推动我国新能源等绿色低碳技术和产品走出去，让绿色成为共建“一带一路”倡议的底色。

（二十六）**加强国际交流与合作**。积极参与应对气候变化国际谈判，坚持我国发展中国家定位，坚持共同但有区别的责任原则、公平原则和各自能力原则，维护我国发展权益。履行《联合国气候变化框架公约》及其《巴黎协定》，发布我国长期温室气体低排放发展战略，积极参与国际规则和标准制定，推动建立公平合理、合作共赢的全球气候治理体系。加强应对气候变化国际交流合作，统筹国内外工作，主动参与全球气候和环境治理。

十一、健全法律法规标准和统计监测体系

（二十七）**健全法律法规**。全面清理现行法律法规中与碳达峰、碳中和工作不相适应的内容，加强法律法规间的衔接协调。研究制定碳中和专项法律，抓紧修订节约能源法、电力法、煤炭法、可再生能源法、循环经济促进法等，增强相关法律法规的针对性和有效性。

（二十八）**完善标准计量体系**。建立健全碳达峰、碳中和标准计量体系。加快节能标准更新升级，抓紧修订一批能耗限额、产品设备能效强制性国家标准和工程建设标准，提升重点产品能耗限额要求，扩大能耗限额标准覆盖范围，完善能源核算、检测认证、评估、审计等配套标准。加快完善地区、行业、企业、产品等碳排放核查核算报告标准，建立统一规范的碳核算体系。制定重点行业和产品温室气体排放标准，完善低碳产品标准标识制度。积极参与相关国际标准制定，加强标准国际衔接。

（二十九）**提升统计监测能力**。健全电力、钢铁、建筑等行业领域能耗统计监测和计量体系，加强重点用能单位能耗在线监测系统建设。加强二氧化碳排放统计核算能力建设，提升信息化实测水平。依托和拓展自然资源调查监测体系，建立生态系统碳汇监测核算体系，开展森林、草原、湿地、海洋、土壤、冻土、岩溶等碳汇本底调查和碳储量评估，实施生态保护修复碳汇成效监测评估。

十二、完善政策机制

（三十）**完善投资政策**。充分发挥政府投资引导作用，构建与碳达峰、碳中和相适应的投融资体系，严控煤电、钢铁、电解铝、水泥、石化等高碳项目投资，加大对节能环保、新能源、低碳交通运输装备和组织方式、碳捕集利用与封存等项目的支持力度。完善支持社会资本参与政策，激发市场主体绿色低碳投资活力。国有企业要加大绿色低碳投资，积极开展低碳零碳负碳技术研发应用。

（三十一）**积极发展绿色金融**。有序推进绿色低碳金融产品和服务开发，设立碳减排货币政策工具，将绿色信贷纳入

宏观审慎评估框架，引导银行等金融机构为绿色低碳项目提供长期限、低成本资金。鼓励开发性政策性金融机构按照市场化法治化原则为实现碳达峰、碳中和提供长期稳定融资支持。支持符合条件的企业上市融资和再融资用于绿色低碳项目建设运营，扩大绿色债券规模。研究设立国家低碳转型基金。鼓励社会资本设立绿色低碳产业投资基金。建立健全绿色金融标准体系。

（三十二）**完善财税价格政策**。各级财政要加大对绿色低碳产业发展、技术研发等的支持力度。完善政府绿色采购标准，加大绿色低碳产品采购力度。落实环境保护、节能节水、新能源和清洁能源车船税收优惠。研究碳减排相关税收政策。建立健全促进可再生能源规模化发展的价格机制。完善差别化电价、分时电价和居民阶梯电价政策。严禁对高耗能、高排放、资源型行业实施电价优惠。加快推进供热计量改革和按供热量收费。加快形成具有合理约束力的碳价机制。

（三十三）**推进市场化机制建设**。依托公共资源交易平台，加快建设完善全国碳排放权交易市场，逐步扩大市场覆盖范围，丰富交易品种和交易方式，完善配额分配管理。将碳汇交易纳入全国碳排放权交易市场，建立健全能够体现碳汇价值的生态保护补偿机制。健全企业、金融机构等碳排放报告和信息披露制度。完善用能权有偿使用和交易制度，加快建设全国用能权交易市场。加强电力交易、用能权交易和碳排放权交易的统筹衔接。发展市场化节能方式，推行合同能源管理，推广节能综合服务。

十三、切实加强组织实施

（三十四）**加强组织领导**。加强党中央对碳达峰、碳中和工作的集中统一领导，碳达峰碳中和工作领导小组指导和统筹做好碳达峰、碳中和工作。支持有条件的地方和重点行业、重点企业率先实现碳达峰，组织开展碳达峰、碳中和先行示范，探索有效模式和有益经验。将碳达峰、碳中和作为干部教育培训体系重要内容，增强各级领导干部推动绿色低碳发展的本领。

（三十五）**强化统筹协调**。国家发展改革委要加强统筹，组织落实2030年前碳达峰行动方案，加强碳中和工作谋划，定期调度各地区各有关部门落实碳达峰、碳中和目标任务进展情况，加强跟踪评估和督促检查，协调解决实施中遇到的重大问题。各有关部门要加强协调配合，形成工作合力，确保政策取向一致、步骤力度衔接。

（三十六）**压实地方责任**。落实领导干部生态文明建设责任制，地方各级党委和政府要坚决扛起碳达峰、碳中和责任，明确目标任务，制定落实举措，自觉为实现碳达峰、碳中和作出贡献。

（三十七）**严格监督考核**。各地区要将碳达峰、碳中和相关指标纳入经济社会发展综合评价体系，增加考核权重，加强指标约束。强化碳达峰、碳中和目标任务落实情况考核，对工作突出的地区、单位和个人按规定给予表彰奖励，对未完成目标任务的地区、部门依规依法实行通报批评和约谈问责，有关落实情况纳入中央生态环境保护督察。各地区各有关部门贯彻落实情况每年向党中央、国务院报告。

国务院关于印发2030年前碳达峰行动方案的通知

国发〔2021〕23号

各省、自治区、直辖市人民政府，国务院各部委、各直属机构：

现将《2030年前碳达峰行动方案》印发给你们，请认真贯彻执行。

国务院

2021年10月24日

2030年前碳达峰行动方案

为深入贯彻落实党中央、国务院关于碳达峰、碳中和的重大战略决策，扎实推进碳达峰行动，制定本方案。

一、总体要求

（一）指导思想。

以习近平新时代中国特色社会主义思想为指导，全面贯彻党的十九大和十九届二中、三中、四中、五中全会精神，深入贯彻习近平生态文明思想，立足新发展阶段，完整、准确、全面贯彻新发展理念，构建新发展格局，坚持系统观念，处理好发展和减排、整体和局部、短期和中长期的关系，统筹稳增长和调结构，把碳达峰、碳中和纳入经济社会发展全局，坚持“全国统筹、节约优先、双轮驱动、内外畅通、防范风险”的总方针，有力有序有效做好碳达峰工作，明确各地区、各领域、各行业目标任务，加快实现生产生活方式绿色变革，推动经济社会发展建立在资源高效利用和绿色低碳发展的基础之上，确保如期实现2030年前碳达峰目标。

（二）工作原则。

总体部署、分类施策。坚持全国一盘棋，强化顶层设计和各方统筹。各地区、各领域、各行业因地制宜、分类施策，明确既符合自身实际又满足总体要求的目标任务。

系统推进、重点突破。全面准确认识碳达峰行动对经济社会发展的深远影响，加强政策的系统性、协同性。抓住主要矛盾和矛盾的主要方面，推动重点领域、重点行业和有条件的地方率先达峰。

双轮驱动、两手发力。更好发挥政府作用，构建新型举国体制，充分发挥市场机制作用，大力推进绿色低碳科技创新，深化能源和相关领域改革，形成有效激励约束机制。

稳妥有序、安全降碳。立足我国富煤贫油少气的能源资源禀赋，坚持先立后破，稳住存量，拓展增量，以保障国家能源安全和经济发展为底线，争取时间实现新能源的逐渐替代，推动能源低碳转型平稳过渡，切实保障国家能源安全、产业链供应链安全、粮食安全和群众正常生产生活，着力化解各类风险隐患，防止过度反应，稳妥有序、循序渐进推进碳达峰行动，确保安全降碳。

二、主要目标

“十四五”期间，产业结构和能源结构调整优化取得明显进展，重点行业能源利用效率大幅提升，煤炭消费增长得到严格控制，新型电力系统加快构建，绿色低碳技术研发和推广应用取得新进展，绿色生产生活方式得到普遍推行，有利于绿色低碳循环发展的政策体系进一步完善。到 2025 年，非化石能源消费比重达到 20% 左右，单位国内生产总值能源消耗比 2020 年下降 13.5%，单位国内生产总值二氧化碳排放比 2020 年下降 18%，为实现碳达峰奠定坚实基础。

“十五五”期间，产业结构调整取得重大进展，清洁低碳安全高效的能源体系初步建立，重点领域低碳发展模式基本形成，重点耗能行业能源利用效率达到国际先进水平，非化石能源消费比重进一步提高，煤炭消费逐步减少，绿色低碳技术取得关键突破，绿色生活方式成为公众自觉选择，绿色低碳循环发展政策体系基本健全。到 2030 年，非化石能源消费比重达到 25% 左右，单位国内生产总值二氧化碳排放比 2005 年下降 65% 以上，顺利实现 2030 年前碳达峰目标。

三、重点任务

将碳达峰贯穿于经济社会发展全过程和各方面，重点实施能源绿色低碳转型行动、节能降碳增效行动、工业领域碳达峰行动、城乡建设碳达峰行动、交通运输绿色低碳行动、循环经济助力降碳行动、绿色低碳科技创新行动、碳汇能力巩固提升行动、绿色低碳全民行动、各地区梯次有序碳达峰行动等“碳达峰十大行动”。

（一）能源绿色低碳转型行动。

能源是经济社会发展的重要物质基础，也是碳排放的最主要来源。要坚持安全降碳，在保障能源安全的前提下，大力实施可再生能源替代，加快构建清洁低碳安全高效的能源体系。

1. 推进煤炭消费替代和转型升级。加快煤炭减量步伐，“十四五”时期严格合理控制煤炭消费增长，“十五五”时期逐步减少。严格控制新增煤电项目，新建机组煤耗标准达到国际先进水平，有序淘汰煤电落后产能，加快现役机组节能升级和灵活性改造，积极推进供热改造，推动煤电向基础保障性和系统调节性电源并重转型。严控跨区外送可再生能源电力配套煤电规模，新建通道可再生能源电量比例原则上不低于 50%。推动重点用煤行业减煤限煤。大力推动煤炭清洁利用，合理划定禁止散烧区域，多措并举、积极有序推进散煤替代，逐步减少直至禁止煤炭散烧。

2. 大力发展新能源。全面推进风电、太阳能发电大规模开发和高质量发展，坚持集中式与分布式并举，加快建设风电和光伏发电基地。加快智能光伏产业创新升级和特色应用，创新“光伏 +”模式，推进光伏发电多元布局。坚持陆海并重，推动风电协调快速发展，完善海上风电产业链，鼓励建设海上风电基地。积极发展太阳能光热发电，推动建立光热发电与光伏发电、风电互补调节的风光热综合可再生能源发电基地。因地制宜发展生物质发电、生物质能清洁供暖和生物天然气。探索深化地热能以及波浪能、潮流能、温差能等海洋新能源开发利用。进一步完善可再生能源电力消纳保障机制。到2030年，风电、太阳能发电总装机容量达到12亿千瓦以上。

3. 因地制宜开发水电。积极推进水电基地建设，推动金沙江上游、澜沧江上游、雅砻江中游、黄河上游等已纳入规划、符合生态保护要求的水电项目开工建设，推进雅鲁藏布江下游水电开发，推动小水电绿色发展。推动西南地区水电与风电、太阳能发电协同互补。统筹水电开发和生态保护，探索建立水能资源开发生态保护补偿机制。“十四五”“十五五”期间分别新增水电装机容量4000万千瓦左右，西南地区以水电为主的可再生能源体系基本建立。

4. 积极安全有序发展核电。合理确定核电站布局和开发时序，在确保安全的前提下有序发展核电，保持平稳建设节奏。积极推动高温气冷堆、快堆、模块化小型堆、海上浮动堆等先进堆型示范工程，开展核能综合利用示范。加大核电标准化、自主化力度，加快关键技术装备攻关，培育高端核电装备制造产业集群。实行最严格的安全标准和最严格的监管，持续提升核安全监管能力。

5. 合理调控油气消费。保持石油消费处于合理区间，逐步调整汽油消费规模，大力推进先进生物液体燃料、可持续航空燃料等替代传统燃油，提升终端燃油产品能效。加快推进页岩气、煤层气、致密油（气）等非常规油气资源规模化开发。有序引导天然气消费，优化利用结构，优先保障民生用气，大力推动天然气与多种能源融合发展，因地制宜建设天然气调峰电站，合理引导工业用气和化工原料用气。支持车船使用液化天然气作为燃料。

6. 加快建设新型电力系统。构建新能源占比逐渐提高的新型电力系统，推动清洁电力资源大范围优化配置。大力提升电力系统综合调节能力，加快灵活调节电源建设，引导自备电厂、传统高载能工业负荷、工商业可中断负荷、电动汽车充电网络、虚拟电厂等参与系统调节，建设坚强智能电网，提升电网安全保障水平。积极发展“新能源+储能”、源网荷储一体化和多能互补，支持分布式新能源合理配置储能系统。制定新一轮抽水蓄能电站中长期发展规划，完善促进抽水蓄能发展的政策机制。加快新型储能示范推广应用。深化电力体制改革，加快构建全国统一电力市场体系。到2025年，新型储能装机容量达到3000万千瓦以上。到2030年，抽水蓄能电站装机容量达到1.2亿千瓦左右，省级电网基本具备5%以上的尖峰负荷响应能力。

（二）节能降碳增效行动。

落实节约优先方针，完善能源消费强度和总量双控制度，严格控制能耗强度，合理控制能源消费总量，推动能源消费革命，建设能源节约型社会。

1. 全面提升节能管理能力。推行用能预算管理，强化固定资产投资项目节能审查，对项目用能和碳排放情况进行综合评价，从源头推进节能降碳。提高节能管理信息化水平，完善重点用能单位能耗在线监测系统，建立全国性、行业性节能技术推广服务平台，推动高耗能企业建立能源管理中心。完善能源计量体系，鼓励采用认证手段提升节能管理水平。加强节能监察能力建设，健全省、市、县三级节能监察体系，建立跨部门联动机制，综合运用行政处罚、信用监管、绿色电价等手段，增强节能监察约束力。

2. 实施节能降碳重点工程。实施城市节能降碳工程，开展建筑、交通、照明、供热等基础设施节能升级改造，推进先进绿色建筑技术示范应用，推动城市综合能效提升。实施园区节能降碳工程，以高耗能高排放项目（以下称“两高”项目）集聚度高的园区为重点，推动能源系统优化和梯级利用，打造一批达到国际先进水平的节能低碳园区。实施重点行业节能降碳工程，推动电力、钢铁、有色金属、建材、石化化工等行业开展节能降碳改造，提升能源资源利用效率。实施重大节能降碳技术示范工程，支持已取得突破的绿色低碳关键技术开展产业化示范应用。

3. 推进重点用能设备节能增效。以电机、风机、泵、压缩机、变压器、换热器、工业锅炉等设备为重点，全面提升能效标准。建立以能效为导向的激励约束机制，推广先进高效产品设备，加快淘汰落后低效设备。加强重点用能设备节能审查和日常监管，强化生产、经营、销售、使用、报废全链条管理，严厉打击违法违规行为，确保能效标准和节能要求全面落实。

4. 加强新型基础设施节能降碳。优化新型基础设施空间布局，统筹谋划、科学配置数据中心等新型基础设施，避免低水平重复建设。优化新型基础设施用能结构，采用直流供电、分布式储能、“光伏＋储能”等模式，探索多样化能源供应，提高非化石能源消费比重。对标国际先进水平，加快完善通信、运算、存储、传输等设备能效标准，提升准入门槛，淘汰落后设备和技术。加强新型基础设施用能管理，将年综合能耗超过 1 万吨标准煤的数据中心全部纳入重点用能单位能耗在线监测系统，开展能源计量审查。推动既有设施绿色升级改造，积极推广使用高效制冷、先进通风、余热利用、智能化用能控制等技术，提高设施能效水平。

（三）工业领域碳达峰行动。

工业是产生碳排放的主要领域之一，对全国整体实现碳达峰具有重要影响。工业领域要加快绿色低碳转型和高质量发展，力争率先实现碳达峰。

1. 推动工业领域绿色低碳发展。优化产业结构，加快退出落后产能，大力发展战略性新兴产业，加快传统产业绿色低碳改造。促进工业能源消费低碳化，推动化石能源清洁高效利用，提高可再生能源应用比重，加强电力需求侧管理，提升工业电气化水平。深入实施绿色制造工程，大力推行绿色设计，完善绿色制造体系，建设绿色工厂和绿色工业园区。推进工业领域数字化智能化绿色化融合发展，加强重点行业和领域技术改造。

2. 推动钢铁行业碳达峰。深化钢铁行业供给侧结构性改革，严格执行产能置换，严禁新增产能，推进存量优化，淘汰落后产能。推进钢铁企业跨地区、跨所有制兼并重组，提高行业集中度。优化生产力布局，以京津冀及周边地区为重点，继续压减钢铁产能。促进钢铁行业结构优化和清洁能源替代，大力推进非高炉炼铁技术示范，提升废钢资源回收利用水平，推行全废钢电炉工艺。推广先进适用技术，深挖节能降碳潜力，鼓励钢化联产，探索开展氢冶金、二氧化碳捕集利用一体化等试点示范，推动低品位余热供暖发展。

3. 推动有色金属行业碳达峰。巩固化解电解铝过剩产能成果，严格执行产能置换，严控新增产能。推进清洁能源替代，提高水电、风电、太阳能发电等应用比重。加快再生有色金属产业发展，完善废弃有色金属资源回收、分选和加工网络，提高再生有色金属产量。加快推广应用先进适用绿色低碳技术，提升有色金属生产过程余热回收水平，推动单位产品能耗持续下降。

4. 推动建材行业碳达峰。加强产能置换监管，加快低效产能退出，严禁新增水泥熟料、平板玻璃产能，引导建材行业向轻型化、集约化、制品化转型。推动水泥错峰生产常态化，合理缩短水泥熟料装置运转时间。因地制宜利用风能、太阳能等可再生能源，逐步提高电力、天然气应用比重。鼓励建材企业使用粉煤灰、工业废渣、尾矿渣等作为原料或水泥混合材。加快推进绿色建材产品认证和应用推广，加强新型胶凝材料、低碳混凝土、木竹建材等低碳建材产品研发应用。推广节能技术设备，开展能源管理体系建设，实现节能增效。

5. 推动石化化工行业碳达峰。优化产能规模和布局，加大落后产能淘汰力度，有效化解结构性过剩矛盾。严格项目准入，合理安排建设时序，严控新增炼油和传统煤化工生产能力，稳妥有序发展现代煤化工。引导企业转变用能方式，鼓励以电力、天然气等替代煤炭。调整原料结构，控制新增原料用煤，拓展富氢原料进口来源，推动石化化工原料轻质化。优化产品结构，促进石化化工与煤炭开采、冶金、建材、化纤等产业协同发展，加强炼厂干气、液化气等副产气体高效利用。鼓励企业节能升级改造，推动能量梯级利用、物料循环利用。到 2025 年，国内原油一次加工能力控制在 10 亿吨以内，主要产品产能利用率提升至 80% 以上。

6. 坚决遏制“两高”项目盲目发展。采取强有力措施，对“两高”项目实行清单管理、分类处置、动态监控。全面排查在建项目，对能效水平低于本行业能耗限额准入值的，按有关规定停工整改，推动能效水平应提尽提，力争全面达到国内乃至国际先进水平。科学评估拟建项目，对产能已饱和的行业，按照“减量替代”原则压减产能；对产能尚未饱和的行业，按照国家布局和审批备案等要求，对标国际先进水平提高准入门槛；对能耗量较大的新兴产业，支持引导企业应用绿色低碳技术，提高能效水平。深入挖潜存量项目，加快淘汰落后产能，通过改造升级挖掘节能减排潜力。强化常态化监管，坚决拿下不符合要求的“两高”项目。

（四）城乡建设碳达峰行动。

加快推进城乡建设绿色低碳发展，城市更新和乡村振兴都要落实绿色低碳要求。

1. 推进城乡建设绿色低碳转型。推动城市组团式发展，科学确定建设规模，控制新增建设用地过快增长。倡导绿色低碳规划设计理念，增强城乡气候韧性，建设海绵城市。推广绿色低碳建材和绿色建造方式，加快推进新型建筑工业化，大力发展装配式建筑，推广钢结构住宅，推动建材循环利用，强化绿色设计和绿色施工管理。加强县城绿色低碳建设。推动建立以绿色低碳为导向的城乡规划建设管理机制，制定建筑拆除管理办法，杜绝大拆大建。建设绿色城镇、绿色社区。

2. 加快提升建筑能效水平。加快更新建筑节能、市政基础设施等标准，提高节能降碳要求。加强适用于不同气候区、不同建筑类型的节能低碳技术研发和推广，推动超低能耗建筑、低碳建筑规模化发展。加快推进居住建筑和公共建筑节能改造，持续推动老旧供热管网等市政基础设施节能降碳改造。提升城镇建筑和基础设施运行管理智能化水平，加快推广供热计量收费和合同能源管理，逐步开展公共建筑能耗限额管理。到2025年，城镇新建建筑全面执行绿色建筑标准。

3. 加快优化建筑用能结构。深化可再生能源建筑应用，推广光伏发电与建筑一体化应用。积极推动严寒、寒冷地区清洁取暖，推进热电联产集中供暖，加快工业余热供暖规模化应用，积极稳妥开展核能供热示范，因地制宜推行热泵、生物质能、地热能、太阳能等清洁低碳供暖。引导夏热冬冷地区科学取暖，因地制宜采用清洁高效取暖方式。提高建筑终端电气化水平，建设集光伏发电、储能、直流配电、柔性用电于一体的“光储直柔”建筑。到2025年，城镇建筑可再生能源替代率达到8%，新建公共机构建筑、新建厂房屋顶光伏覆盖率力争达到50%。

4. 推进农村建设和用能低碳转型。推进绿色农房建设，加快农房节能改造。持续推进农村地区清洁取暖，因地制宜选择适宜取暖方式。发展节能低碳农业大棚。推广节能环保灶具、电动农用车辆、节能环保农机和渔船。加快生物质能、太阳能等可再生能源在农业生产和农村生活中的应用。加强农村电网建设，提升农村用能电气化水平。

（五）交通运输绿色低碳行动。

加快形成绿色低碳运输方式，确保交通运输领域碳排放增长保持在合理区间。

1. 推动运输工具装备低碳转型。积极扩大电力、氢能、天然气、先进生物液体燃料等新能源、清洁能源在交通运输领域应用。大力推广新能源汽车，逐步降低传统燃油汽车在新车产销和汽车保有量中的占比，推动城市公共服务车辆电动化替代，推广电力、氢燃料、液化天然气动力重型货运车辆。提升铁路系统电气化水平。

加快老旧船舶更新改造，发展电动、液化天然气动力船舶，深入推进船舶靠港使用岸电，因地制宜开展沿海、内河绿色智能船舶示范应用。提升机场运行电动化智能化水平，发展新能源航空器。到 2030 年，当年新增新能源、清洁能源动力的交通工具比例达到 40% 左右，营运交通工具单位换算周转量碳排放强度比 2020 年下降 9.5% 左右，国家铁路单位换算周转量综合能耗比 2020 年下降 10%。陆路交通运输石油消费力争 2030 年前达到峰值。

2. 构建绿色高效交通运输体系。发展智能交通，推动不同运输方式合理分工、有效衔接，降低空载率和不合理客货运周转量。大力发展以铁路、水路为骨干的多式联运，推进工矿企业、港口、物流园区等铁路专用线建设，加快内河高等级航道网建设，加快大宗货物和中长距离货物运输“公转铁”“公转水”。加快先进适用技术应用，提升民航运行管理效率，引导航空企业加强智慧运行，实现系统化节能降碳。加快城乡物流配送体系建设，创新绿色低碳、集约高效的配送模式。打造高效衔接、快捷舒适的公共交通服务体系，积极引导公众选择绿色低碳交通方式。“十四五”期间，集装箱铁水联运量年均增长 15% 以上。到 2030 年，城区常住人口 100 万以上的城市绿色出行比例不低于 70%。

3. 加快绿色交通基础设施建设。将绿色低碳理念贯穿于交通基础设施规划、建设、运营和维护全过程，降低全生命周期能耗和碳排放。开展交通基础设施绿色化提升改造，统筹利用综合运输通道线位、土地、空域等资源，加大岸线、锚地等资源整合力度，提高利用效率。有序推进充电桩、配套电网、加注（气）站、加氢站等基础设施建设，提升城市公共交通基础设施水平。到 2030 年，民用运输机场场内车辆装备等力争全面实现电动化。

（六）循环经济助力降碳行动。

抓住资源利用这个源头，大力发展循环经济，全面提高资源利用效率，充分发挥减少资源消耗和降碳的协同作用。

1. 推进产业园区循环化发展。以提升资源产出率和循环利用率为目标，优化园区空间布局，开展园区循环化改造。推动园区企业循环式生产、产业循环式组合，组织企业实施清洁生产改造，促进废物综合利用、能量梯级利用、水资源循环利用，推进工业余压余热、废气废液废渣资源化利用，积极推广集中供气供热。搭建基础设施和公共服务共享平台，加强园区物质流管理。到 2030 年，省级以上重点产业园区全部实施循环化改造。

2. 加强大宗固废综合利用。提高矿产资源综合开发利用水平和综合利用率，以煤矸石、粉煤灰、尾矿、共伴生矿、冶炼渣、工业副产石膏、建筑垃圾、农作物秸秆等大宗固废为重点，支持大掺量、规模化、高值化利用，鼓励应用于替代原生非金属矿、砂石等资源。在确保安全环保前提下，探索将磷石膏应用于土壤改良、井下充填、路基修筑等。推动建筑垃圾资源化利用，推广废弃路面材料原地再生利用。加快推进秸秆高值化利用，完善收储运体系，严格禁烧管控。加快大宗固废综合利用示范建设。到 2025 年，大宗固废年利用量达到 40 亿吨左右；到 2030 年，年利用量达到 45 亿吨左右。

3. 健全资源循环利用体系。完善废旧物资回收网络，推行"互联网 +"回收模式，实现再生资源应收尽收。加强再生资源综合利用行业规范管理，促进产业集聚发展。高水平建设现代化"城市矿产"基地，推动再生资源规范化、规模化、清洁化利用。推进退役动力电池、光伏组件、风电机组叶片等新兴产业废物循环利用。促进汽车零部件、工程机械、文办设备等再制造产业高质量发展。加强资源再生产品和再制造产品推广应用。到 2025 年，废钢铁、废铜、废铝、废铅、废锌、废纸、废塑料、废橡胶、废玻璃等 9 种主要再生资源循环利用量达到 4.5 亿吨，到 2030 年达到 5.1 亿吨。

4. 大力推进生活垃圾减量化资源化。扎实推进生活垃圾分类，加快建立覆盖全社会的生活垃圾收运处置体系，全面实现分类投放、分类收集、分类运输、分类处理。加强塑料污染全链条治理，整治过度包装，推动生活垃圾源头减量。推进生活垃圾焚烧处理，降低填埋比例，探索适合我国厨余垃圾特性的资源化利用技术。推进污水资源化利用。到 2025 年，城市生活垃圾分类体系基本健全，生活垃圾资源化利用比例提升至 60% 左右。到 2030 年，城市生活垃圾分类实现全覆盖，生活垃圾资源化利用比例提升至 65%。

（七）绿色低碳科技创新行动。

发挥科技创新的支撑引领作用，完善科技创新体制机制，强化创新能力，加快绿色低碳科技革命。

1. 完善创新体制机制。制定科技支撑碳达峰碳中和行动方案，在国家重点研发计划中设立碳达峰碳中和关键技术研究与示范等重点专项，采取"揭榜挂帅"机制，开展低碳零碳负碳关键核心技术攻关。将绿色低碳技术创新成果纳入高等学校、科研单位、国有企业有关绩效考核。强化企业创新主体地位，支持企业承担国家绿色低碳重大科技项目，鼓励设施、数据等资源开放共享。推进国家绿色技术交易中心建设，加快创新成果转化。加强绿色低碳技术和产品知识产权保护。完善绿色低碳技术和产品检测、评估、认证体系。

2. 加强创新能力建设和人才培养。组建碳达峰碳中和相关国家实验室、国家重点实验室和国家技术创新中心，适度超前布局国家重大科技基础设施，引导企业、高等学校、科研单位共建一批国家绿色低碳产业创新中心。创新人才培养模式，鼓励高等学校加快新能源、储能、氢能、碳减排、碳汇、碳排放权交易等学科建设和人才培养，建设一批绿色低碳领域未来技术学院、现代产业学院和示范性能源学院。深化产教融合，鼓励校企联合开展产学合作协同育人项目，组建碳达峰碳中和产教融合发展联盟，建设一批国家储能技术产教融合创新平台。

3. 强化应用基础研究。实施一批具有前瞻性、战略性的国家重大前沿科技项目，推动低碳零碳负碳技术装备研发取得突破性进展。聚焦化石能源绿色智能开发和清洁低碳利用、可再生能源大规模利用、新型电力系统、节能、氢能、储能、动力电池、二氧化碳捕集利用与封存等重点，深化应用基础研究。积极研发先进核电技术，加强可控核聚变等前沿颠覆性技术研究。

4. 加快先进适用技术研发和推广应用。集中力量开展复杂大电网安全稳定运行和控制、大容量风电、高效光伏、大功率液化天然气发动机、大容量储能、低成本可再生能源制氢、低成本二氧化碳捕集利用与封存等技术创新，加快碳纤维、气凝胶、特种钢材等基础材料研发，补齐关键零部件、元器件、软件等短板。推广先进成熟绿色低碳技术，开展示范应用。建设全流程、集成化、规模化二氧化碳捕集利用与封存示范项目。推进熔盐储能供热和发电示范应用。加快氢能技术研发和示范应用，探索在工业、交通运输、建筑等领域规模化应用。

（八）碳汇能力巩固提升行动。

坚持系统观念，推进山水林田湖草沙一体化保护和修复，提高生态系统质量和稳定性，提升生态系统碳汇增量。

1. 巩固生态系统固碳作用。结合国土空间规划编制和实施，构建有利于碳达峰、碳中和的国土空间开发保护格局。严守生态保护红线，严控生态空间占用，建立以国家公园为主体的自然保护地体系，稳定现有森林、草原、湿地、海洋、土壤、冻土、岩溶等固碳作用。严格执行土地使用标准，加强节约集约用地评价，推广节地技术和节地模式。

2. 提升生态系统碳汇能力。实施生态保护修复重大工程。深入推进大规模国土绿化行动，巩固退耕还林还草成果，扩大林草资源总量。强化森林资源保护，实施森林质量精准提升工程，提高森林质量和稳定性。加强草原生态保护修复，提高草原综合植被盖度。加强河湖、湿地保护修复。整体推进海洋生态系统保护和修复，提升红树林、海草床、盐沼等固碳能力。加强退化土地修复治理，开展荒漠化、石漠化、水土流失综合治理，实施历史遗留矿山生态修复工程。到2030年，全国森林覆盖率达到25%左右，森林蓄积量达到190亿立方米。

3. 加强生态系统碳汇基础支撑。依托和拓展自然资源调查监测体系，利用好国家林草生态综合监测评价成果，建立生态系统碳汇监测核算体系，开展森林、草原、湿地、海洋、土壤、冻土、岩溶等碳汇本底调查、碳储量评估、潜力分析，实施生态保护修复碳汇成效监测评估。加强陆地和海洋生态系统碳汇基础理论、基础方法、前沿颠覆性技术研究。建立健全能够体现碳汇价值的生态保护补偿机制，研究制定碳汇项目参与全国碳排放权交易相关规则。

4. 推进农业农村减排固碳。大力发展绿色低碳循环农业，推进农光互补、“光伏＋设施农业”、“海上风电＋海洋牧场”等低碳农业模式。研发应用增汇型农业技术。开展耕地质量提升行动，实施国家黑土地保护工程，提升土壤有机碳储量。合理控制化肥、农药、地膜使用量，实施化肥农药减量替代计划，加强农作物秸秆综合利用和畜禽粪污资源化利用。

（九）绿色低碳全民行动。

增强全民节约意识、环保意识、生态意识，倡导简约适度、绿色低碳、文明健康的生活方式，把绿色理念转化为全体人民的自觉行动。

1. 加强生态文明宣传教育。将生态文明教育纳入国民教育体系，开展多种形式的资源环境国情教育，普及碳达峰、碳中和基础知识。加强对公众的生态文明科普教育，将绿色低碳理念有机融入文艺作品，制作文创产品和公益广告，持续开展世界地球日、世界环境日、全国节能宣传周、全国低碳日等主题宣传活动，增强社会公众绿色低碳意识，推动生态文明理念更加深入人心。

2. 推广绿色低碳生活方式。坚决遏制奢侈浪费和不合理消费，着力破除奢靡铺张的歪风陋习，坚决制止餐饮浪费行为。在全社会倡导节约用能，开展绿色低碳社会行动示范创建，深入推进绿色生活创建行动，评选宣传一批优秀示范典型，营造绿色低碳生活新风尚。大力发展绿色消费，推广绿色低碳产品，完善绿色产品认证与标识制度。提升绿色产品在政府采购中的比例。

3. 引导企业履行社会责任。引导企业主动适应绿色低碳发展要求，强化环境责任意识，加强能源资源节约，提升绿色创新水平。重点领域国有企业特别是中央企业要制定实施企业碳达峰行动方案，发挥示范引领作用。重点用能单位要梳理核算自身碳排放情况，深入研究碳减排路径，“一企一策”制定专项工作方案，推进节能降碳。相关上市公司和发债企业要按照环境信息依法披露要求，定期公布企业碳排放信息。充分发挥行业协会等社会团体作用，督促企业自觉履行社会责任。

4. 强化领导干部培训。将学习贯彻习近平生态文明思想作为干部教育培训的重要内容，各级党校（行政学院）要把碳达峰、碳中和相关内容列入教学计划，分阶段、多层次对各级领导干部开展培训，普及科学知识，宣讲政策要点，强化法治意识，深化各级领导干部对碳达峰、碳中和工作重要性、紧迫性、科学性、系统性的认识。从事绿色低碳发展相关工作的领导干部要尽快提升专业素养和业务能力，切实增强推动绿色低碳发展的本领。

（十）各地区梯次有序碳达峰行动。

各地区要准确把握自身发展定位，结合本地区经济社会发展实际和资源环境禀赋，坚持分类施策、因地制宜、上下联动，梯次有序推进碳达峰。

1. 科学合理确定有序达峰目标。碳排放已经基本稳定的地区要巩固减排成果，在率先实现碳达峰的基础上进一步降低碳排放。产业结构较轻、能源结构较优的地区要坚持绿色低碳发展，坚决不走依靠“两高”项目拉动经济增长的老路，力争率先实现碳达峰。产业结构偏重、能源结构偏煤的地区和资源型地区要把节能降碳摆在突出位置，大力优化调整产业结构和能源结构，逐步实现碳排放增长与经济增长脱钩，力争与全国同步实现碳达峰。

2. 因地制宜推进绿色低碳发展。各地区要结合区域重大战略、区域协调发展战略和主体功能区战略，从实际出发推进本地区绿色低碳发展。京津冀、长三角、粤港澳大湾区等区域要发挥高质量发展动力源和增长极作用，率先推动经济社会发展全面绿色转型。长江经济带、黄河流域和国家生态文明试验区要严格落实生态优先、绿色发展战略导向，在绿色低碳发展方面走在全国前列。中西部和东北地区要着力优化能源结构，按照产业政策和能耗双控要求，有序推动高耗能行业向清洁能源优势地区集中，积极培育绿色发展动能。

3. 上下联动制定地方达峰方案。各省、自治区、直辖市人民政府要按照国家总体部署，结合本地区资源环境禀赋、产业布局、发展阶段等，坚持全国一盘棋，不抢跑，科学制定本地区碳达峰行动方案，提出符合实际、切实可行的碳达峰时间表、路线图、施工图，避免“一刀切”限电限产或运动式“减碳”。各地区碳达峰行动方案经碳达峰碳中和工作领导小组综合平衡、审核通过后，由地方自行印发实施。

4. 组织开展碳达峰试点建设。加大中央对地方推进碳达峰的支持力度，选择100个具有典型代表性的城市和园区开展碳达峰试点建设，在政策、资金、技术等方面对试点城市和园区给予支持，加快实现绿色低碳转型，为全国提供可操作、可复制、可推广的经验做法。

四、国际合作

（一）深度参与全球气候治理。

大力宣传习近平生态文明思想，分享中国生态文明、绿色发展理念与实践经验，为建设清洁美丽世界贡献中国智慧、中国方案、中国力量，共同构建人与自然生命共同体。主动参与全球绿色治理体系建设，坚持共同但有区别的责任原则、公平原则和各自能力原则，坚持多边主义，维护以联合国为核心的国际体系，推动各方全面履行《联合国气候变化框架公约》及其《巴黎协定》。积极参与国际航运、航空减排谈判。

（二）开展绿色经贸、技术与金融合作。

优化贸易结构，大力发展高质量、高技术、高附加值绿色产品贸易。加强绿色标准国际合作，推动落实合格评定合作和互认机制，做好绿色贸易规则与进出口政策的衔接。加强节能环保产品和服务进出口。加大绿色技术合作力度，推动开展可再生能源、储能、氢能、二氧化碳捕集利用与封存等领域科研合作和技术交流，积极参与国际热核聚变实验堆计划等国际大科学工程。深化绿色金融国际合作，积极参与碳定价机制和绿色金融标准体系国际宏观协调，与有关各方共同推动绿色低碳转型。

（三）推进绿色“一带一路”倡议建设。

秉持共商共建共享原则，弘扬开放、绿色、廉洁理念，加强与共建“一带一路”倡议国家的绿色基建、绿色能源、绿色金融等领域合作，提高境外项目环境可持续性，打造绿色、包容的“一带一路”倡议能源合作伙伴关系，扩大新能源技术和产品出口。发挥“一带一路”倡议绿色发展国际联盟等合作平台作用，推动实施《“一带一路”倡议绿色投资原则》，推进“一带一路”倡议应对气候变化南南合作计划和“一带一路”倡议科技创新行动计划。

五、政策保障

（一）建立统一规范的碳排放统计核算体系。

加强碳排放统计核算能力建设，深化核算方法研究，加快建立统一规范的碳排放统计核算体系。支持行业、企业依据自身特点开展碳排放核算方法学研究，建立健全碳排放计量体系。推进碳排放实测技术发展，加快遥感测量、大数据、云计算等新兴技术在碳排放实测技术领域的应用，提高统计核算水平。积极参与国际碳排放核算方法研究，推动建立更为公平合理的碳排放核算方法体系。

（二）健全法律法规标准。

构建有利于绿色低碳发展的法律体系，推动能源法、节约能源法、电力法、煤炭法、可再生能源法、循环经济促进法、清洁生产促进法等制定修订。加快节能标准更新，修订一批能耗限额、产品设备能效强制性国家标准和工程建设标准，提高节能降碳要求。健全可再生能源标准体系，加快相关领域标准制定修订。建立健全氢制、储、输、用标准。完善工业绿色低碳标准体系。建立重点企业碳排放核算、报告、核查等标准，探索建立重点产品全生命周期碳足迹标准。积极参与国际能效、低碳等标准制定修订，加强国际标准协调。

（三）完善经济政策。

各级人民政府要加大对碳达峰、碳中和工作的支持力度。建立健全有利于绿色低碳发展的税收政策体系，落实和完善节能节水、资源综合利用等税收优惠政策，更好发挥税收对市场主体绿色低碳发展的促进作用。完善绿色电价政策，健全居民阶梯电价制度和分时电价政策，探索建立分时电价动态调整机制。完善绿色金融评价机制，建立健全绿色金融标准体系。大力发展绿色贷款、绿色股权、绿色债券、绿色保险、绿色基金等金融工具，设立碳减排支持工具，引导金融机构为绿色低碳项目提供长期限、低成本资金，鼓励开发性政策性金融机构按照市场化法治化原则为碳达峰行动提供长期稳定融资支持。拓展绿色债券市场的深度和广度，支持符合条件的绿色企业上市融资、挂牌融资和再融资。研究设立国家低碳转型基金，支持传统产业和资源富集地区绿色转型。鼓励社会资本以市场化方式设立绿色低碳产业投资基金。

（四）建立健全市场化机制。

发挥全国碳排放权交易市场作用，进一步完善配套制度，逐步扩大交易行业范围。建设全国用能权交易市场，完善用能权有偿使用和交易制度，做好与能耗双控制度的衔接。统筹推进碳排放权、用能权、电力交易等市场建设，加强市场机制间的衔接与协调，将碳排放权、用能权交易纳入公共资源交易平台。积极推行合同能源管理，推广节能咨询、诊断、设计、融资、改造、托管等“一站式”综合服务模式。

六、组织实施

（一）**加强统筹协调**。

加强党中央对碳达峰、碳中和工作的集中统一领导，碳达峰碳中和工作领导小组对碳达峰相关工作进行整体部署和系统推进，统筹研究重要事项、制定重大政策。碳达峰碳中和工作领导小组成员单位要按照党中央、国务院决策部署和领导小组工作要求，扎实推进相关工作。碳达峰碳中和工作领导小组办公室要加强统筹协调，定期对各地区和重点领域、重点行业工作进展情况进行调度，科学提出碳达峰分步骤的时间表、路线图，督促将各项目标任务落实落细。

（二）**强化责任落实**。

各地区各有关部门要深刻认识碳达峰、碳中和工作的重要性、紧迫性、复杂性，切实扛起责任，按照《中共中央 国务院关于完整准确全面贯彻新发展理念做好碳达峰碳中和工作的意见》和本方案确定的主要目标和重点任务，着力抓好各项任务落实，确保政策到位、措施到位、成效到位，落实情况纳入中央和省级生态环境保护督察。各相关单位、人民团体、社会组织要按照国家有关部署，积极发挥自身作用，推进绿色低碳发展。

（三）**严格监督考核**。

实施以碳强度控制为主、碳排放总量控制为辅的制度，对能源消费和碳排放指标实行协同管理、协同分解、协同考核，逐步建立系统完善的碳达峰碳中和综合评价考核制度。加强监督考核结果应用，对碳达峰工作成效突出的地区、单位和个人按规定给予表彰奖励，对未完成目标任务的地区、部门依规依法实行通报批评和约谈问责。各省、自治区、直辖市人民政府要组织开展碳达峰目标任务年度评估，有关工作进展和重大问题要及时向碳达峰碳中和工作领导小组报告。

中国应对气候变化的政策与行动

中华人民共和国国务院新闻办公室（2021年10月）

目　录

前　言

气候变化是全人类的共同挑战。应对气候变化，事关中华民族永续发展，关乎人类前途命运。

中国高度重视应对气候变化。作为世界上最大的发展中国家，中国克服自身经济、社会等方面困难，实施一系列应对气候变化战略、措施和行动，参与全球气候治理，应对气候变化取得了积极成效。

中共十八大以来，在习近平生态文明思想指引下，中国贯彻新发展理念，将应对气候变化摆在国家治理更加突出的位置，不断提高碳排放强度削减幅度，不断强化自主贡献目标，以最大努力提高应对气候变化力度，推动经济社会发展全面绿色转型，建设人与自然和谐共生的现代化。2020年9月22日，中国国家主席习近平在第七十五届联合国大会一般性辩论上郑重宣示：中国将提高国家自主贡献力度，采取更加有力的政策和措施，二氧化碳排放力争于2030年前达到峰值，努力争取2060年前实现碳中和。中国正在为实现这一目标而付诸行动。

作为负责任的国家，中国积极推动共

建公平合理、合作共赢的全球气候治理体系，为应对气候变化贡献中国智慧中国力量。面对气候变化严峻挑战，中国愿与国际社会共同努力、并肩前行，助力《巴黎协定》行稳致远，为全球应对气候变化作出更大贡献。

为介绍中国应对气候变化进展，分享中国应对气候变化实践和经验，增进国际社会了解，特发布本白皮书。

一、中国应对气候变化新理念

中国把应对气候变化作为推进生态文明建设、实现高质量发展的重要抓手，基于中国实现可持续发展的内在要求和推动构建人类命运共同体的责任担当，形成应对气候变化新理念，以中国智慧为全球气候治理贡献力量。

（一）牢固树立共同体意识

坚持共建人类命运共同体。地球是人类唯一赖以生存的家园，面对全球气候挑战，人类是一荣俱荣、一损俱损的命运共同体，没有哪个国家能独善其身。世界各国应该加强团结、推进合作，携手共建人类命运共同体。这是各国人民的共同期待，也是中国为人类发展提供的新方案。

坚持共建人与自然生命共同体。中华文明历来崇尚天人合一、道法自然。但人类进入工业文明时代以来，在创造巨大物质财富的同时，人与自然深层次矛盾日益凸显，当前的新冠肺炎疫情更是触发了对人与自然关系的深刻反思。大自然孕育抚养了人类，人类应该以自然为根，尊重自然、顺应自然、保护自然。中国站在对人类文明负责的高度，积极应对气候变化，构建人与自然生命共同体，推动形成人与自然和谐共生新格局。

（二）贯彻新发展理念

理念是行动的先导。立足新发展阶段，中国秉持创新、协调、绿色、开放、共享的新发展理念，加快构建新发展格局。在新发展理念中，绿色发展是永续发展的必要条件和人民对美好生活追求的重要体现，也是应对气候变化问题的重要遵循。绿水青山就是金山银山，保护生态环境就是保护生产力，改善生态环境就是发展生产力。应对气候变化代表了全球绿色低碳转型的大方向。中国摒弃损害甚至破坏生态环境的发展模式，顺应当代科技革命和产业变革趋势，抓住绿色转型带来的巨大发展机遇，以创新为驱动，大力推进经济、能源、产业结构转型升级，推动实现绿色复苏发展，让良好生态环境成为经济社会可持续发展的支撑。

（三）以人民为中心

气候变化给各国经济社会发展和人民生命财产安全带来严重威胁，应对气候变化关系最广大人民的根本利益。减缓与适应气候变化不仅是增强人民群众生态环境获得感的迫切需要，而且可以为人民提供更高质量、更有效率、更加公平、更可持续、更为安全的发展空间。中国坚持人民至上、生命至上，呵护每个人的生命、价值、尊严，充分考虑人民对美好生活的向往、对优良环境的期待、对子孙后代的责任，探索应对气候变化和发展经济、创造就业、消除贫困、保护环境的协同增效，在发展中保障和改善民生，在绿色转型过程中努力实现社会公平正义，增加人民获得感、幸福感、安全感。

（四）大力推进碳达峰碳中和

实现碳达峰、碳中和是中国深思熟虑作出的重大战略决策，是着力解决资源环境约束突出问题、实现中华民族永续发展的必然选择，是构建人类命运共同体的庄严承诺。中国将碳达峰、碳中和纳入经济社会发展全局，坚持系统观念，统筹发展和减排、整体和局部、短期和中长期的关系，以经济社会发展全面绿色转型为引领，以能源绿色低碳发展为关键，加快形成节约资源和保护环境的产业结构、生产方式、生活方式、空间格局，坚定不移走生态优先、绿色低碳的高质量发展道路。

（五）减污降碳协同增效

二氧化碳和常规污染物的排放具有同源性，大部分来自化石能源的燃烧和利用。控制化石能源利用和碳排放对经济结构、能源结构、交通运输结构和生产生活方式都将产生深远的影响，有利于倒逼和推动经济结构绿色转型，助推高质量发展；有利于减缓气候变化带来的不利影响，减少对人民生命财产和经济社会造成的损失；有利于推动污染源头治理，实现降碳与污染物减排、改善生态环境质量协同增效；有利于促进生物多样性保护，提升生态系统服务功能。中国把握污染防治和气候治理的整体性，以结构调整、布局优化为重点，以政策协同、机制创新为手段，推动减污降碳协同增效一体谋划、一体部署、一体推进、一体考核，协同推进环境效益、气候效益、经济效益多赢，走出一条符合国情的温室气体减排道路。

二、实施积极应对气候变化国家战略

中国是拥有14亿多人口的最大发展中国家，面临着发展经济、改善民生、污染治理、生态保护等一系列艰巨任务。尽管如此，为实现应对气候变化目标，中国迎难而上，积极制定和实施了一系列应对气候变化战略、法规、政策、标准与行动，推动中国应对气候变化实践不断取得新进步。

（一）不断提高应对气候变化力度

中国确定的国家自主贡献新目标不是轻而易举就能实现的。中国要用30年左右的时间由碳达峰实现碳中和，完成全球最高碳排放强度降幅，需要付出艰苦努力。中国言行一致，采取积极有效措施，落实好碳达峰、碳中和战略部署。

加强应对气候变化统筹协调。应对气候变化工作覆盖面广、涉及领域众多。为加强协调、形成合力，中国成立由国务院总理任组长，30个相关部委为成员的国家应对气候变化及节能减排工作领导小组，各省（区、市）均成立了省级应对气候变化及节能减排工作领导小组。2018年4月，中国调整相关部门职能，由新组建的生态环境部负责应对气候变化工作，强化了应对气候变化与生态环境保护的协同。2021年，为指导和统筹做好碳达峰碳中和工作，中国成立碳达峰碳中和工作领导小组。各省（区、市）陆续成立碳达峰碳中和工作领导小组，加强地方碳达峰碳中和工作统筹。

将应对气候变化纳入国民经济社会发展规划。自“十二五”开始，中国将单位国内生产总值（GDP）二氧化碳排放（碳排放强度）下降幅度作为约束性指标纳入国民经济和社会发展规划纲要，并明确应对气候变化的重点任务、重要领域和重大工程。中国“十四五”规划和2035年远景目标纲要将“2025年单位GDP二氧化碳排放较2020年降低18%”作为约束性指标。中国各省（区、市）均将应对气候变化作为“十四五”规划的重要内容，明确具体目标和工作任务。

建立应对气候变化目标分解落实机制。为确保规划目标落实，综合考虑各省（区、市）发展阶段、资源禀赋、战略定位、生态环保等因素，中国分类确定省级碳排放控制目标，并对省级政府开展控制温室气体排放目标责任进行考核，将其作为各省（区、市）主要负责人和领导班子综合考核评价、干部奖惩任免等重要依据。省级政府对下一级行政区域控制温室气体排放目标责任也开展相应考核，确保应对气候变化与温室气体减排工作落地见效。

不断强化自主贡献目标。2015年，中国确定了到2030年的自主行动目标：二氧化碳排放2030年左右达到峰值并争取尽早达峰。截至2019年年底，中国已经提前超额完成2020年气候行动目标。2020年，中国宣布国家自主贡献新目标举措：中国二氧化碳排放力争于2030年前达到峰值，努力争取2060年前实现碳中和；到2030年，中国单位GDP二氧化碳排放将比2005年下降65%以上，非化石能源占一次能源消费比重将达到25%左右，森林蓄积量将比2005年增加60亿立方米，风电、太阳能发电总装机容量将达到12亿千瓦以上。相比2015年提出的自主贡献目标，时间更紧迫，碳排放强度削减幅度更大，非化石能源占一次能源消费比重再增加五个百分点，增加非化石能源装机容量目标，森林蓄积量再增加15亿立方米，明确争取2060年前实现碳中和。2021年，中国宣布不再新建境外煤电项目，展现中国应对气候变化的实际行动。

加快构建碳达峰碳中和“1+N”政策体系。中国制定并发布碳达峰碳中和工作顶层设计文件，编制2030年前碳达峰行动方案，制定能源、工业、城乡建设、交通运输、农业农村等分领域分行业碳达峰实施方案，积极谋划科技、财政、金融、价格、碳汇、能源转型、减污降碳协同等保障方案，进一步明确碳达峰碳中和的时间表、路线图、施工图，加快形成目标明确、分工合理、措施有力、衔接有序的政策体系和工作格局，全面推动碳达峰碳中和各项工作取得积极成效。

（二）坚定走绿色低碳发展道路

中国一直本着负责任的态度积极应对气候变化，将应对气候变化作为实现发展方式转变的重大机遇，积极探索符合中国国情的绿色低碳发展道路。走绿色低碳发展的道路，既不会超出资源、能源、环境的极限，又有利于实现碳达峰、碳中和目标，把地球家园呵护好。

实施减污降碳协同治理。实现减污降碳协同增效是中国新发展阶段经济社会发展全面绿色转型的必然选择。中国2015年修订的大气污染防治法专门增加条款，为实施大气污染物和温室气体协同控制和开展减污降碳协同增效工作提供法治基础。为加快推进应对气候变化与生态环境保护相关职能协同、工作协同和机制协同，中国从战略规划、政策法规、制度体系、试点示范、国际合作等方面，明确统筹和加强应对气候变化与生态环境保护的主要领域和重点任务。中国围绕打好污染防治攻坚战，重点把蓝天保卫战、柴油货车治理、长江保护修复、渤海综合治理、城市黑臭水体治理、水源地保护、农业农村污染治理七场标志性重大战役作为突破口和“牛鼻子”，制定作战计划和方案，细化目标任务、重点举措和保障条件，以重点突破带动整体推进，推动生态环境质量明显改善。

加快形成绿色发展的空间格局。国土是生态文明建设的空间载体，必须尊重自然，给自然生态留下休养生息的时间和空间。中国主动作为，精准施策，科学有序统筹布局农业、生态、城镇等功能空间，开展永久基本农田、生态保护红线、城镇开发边界“三条控制线”划定试点工作。将自然保护地、未纳入自然保护地但生态功能极重要生态极脆弱的区域，以及具有潜在重要生态价值的区域划入生态保护红线，推动生态系统休养生息，提高固碳能力。

大力发展绿色低碳产业。建立健全绿色低碳循环发展经济体系，促进经济社会发展全面绿色转型，是解决资源环境生态问题的基础之策。为推动形成绿色发展方式和生活方式，中国制定国家战略性新兴产业发展规划，以绿色低碳技术创新和应用为重点，引导绿色消费，推广绿色产品，提升新能源汽车和新能源的应用比例，全面推进高效节能、先进环保和资源循环利用产业体系建设，推动新能源汽车、新能源和节能环保产业快速壮大，积极推进统一的绿色产品认证与标识体系建设，增加绿色产品供给，积极培育绿色市场。持续推进产业结构调整，发布并持续修订产业指导目录，引导社会投资方向，改造提升传统产业，推动制造业高质量发展，大力培育发展新兴产业，更有力支持节能环保、清洁生产、清洁能源等绿色低碳产业发展。

坚决遏制高耗能高排放项目盲目发展。中国持续严格控制高耗能、高排放（以下简称“两高”）项目盲目扩张，依法依规淘汰落后产能，加快化解过剩产能。严格执行钢铁、铁合金、焦化等13个行业准入条件，提高在土地、环保、节能、技术、安全等方面的准入标准，落实国家差别电价政策，提高高耗能产品差别电价标准，扩大差别电价实施范围。公布12批重点工业行业淘汰落后产能企业名单，2018年至2020年连续开展淘汰落后产能督查检查，持续推动落后产能依法依规退出。中国把坚决遏制“两高”项目盲目发展作为抓好碳达峰碳中和工作的当务之急和重中之重，组织各地区全面梳理摸排“两高”项目，分类提出处置意见，开展“两高”项目专项检查，严肃查处违规建设运行的“两高”项目，对“两高”项目实行清单管理、分类处置、动态监控。建立通报批评、用能预警、约谈问责等工作机制，逐步形成一套完善的制度体系和监管体系。

优化调整能源结构。能源领域是温室气体排放的主要来源，中国不断加大节能减排力度，加快能源结构调整，构建清洁低碳安全高效的能源体系。确立能源安全新战略，推动能源消费革命、供给革命、技术革命、体制革命，全方位加强国际合作，优先发展非化石能源，推进水电绿色发展，全面协调推进风电和太阳能发电开发，在确保安全的前提下有序发展核电，因地制宜发展生物质能、地热能和海洋能，全面提升可再生能源利用率。积极推动煤炭供给侧结构性改革，化解煤炭过剩产能，加强煤炭安全智能绿色开发和清洁高效开发利用，推动煤电行业清洁高效高质量发展，大力推动煤炭消费减量替代和散煤综合治理，推进终端用能领域以电代煤、以电代油。深化能源体制改革，促进能源资源高效配置。

强化能源节约与能效提升。为进一步强化节约能源和提升能效目标责任落实，中国实施能源消费强度和总量双控制度，设定省级能源消费强度和总量控制目标并进行监督考核。把节能指标纳入生态文明、绿色发展等绩效评价指标体系，引导转变发展理念。强化重点用能单位节能管理，组织实施节能重点工程，加强先进节能技术推广，发布煤炭、电力、钢铁、有色、石化、化工、建材等13个行业共260项重点节能技术。建立能效“领跑者”制度，健全能效标识制度，发布15批实行能源效率标识的产品目录及相关实施细则。加快推行合同能源管理，强化节能法规标准约束，发布实施340多项国家节能标准，积极推动节能产品认证，已颁发节能产品认证证书近5万张，助力节能行业发展。加强公共机构节能增效示范引领，35%左右的县级及以上党政机关建成节约型机关，中央国家机关本级全部建成节约型机关，累计创建5114家节约型公共机构示范单位。加强工业领域节能，实施国家工业专项节能监察、工业节能诊断行动、通用设备能效提升行动及工业节能与绿色标准化行动等。加强需求侧管理，大力开展工业领域电力需求侧管理示范企业（园区）创建及参考产品（技术）遴选工作，实现用电管理可视化、自动化、智能化。

推动自然资源节约集约利用。为推进生态文明建设，中国把坚持节约资源和保护环境作为一项基本国策。大力节约集约利用资源，推动资源利用方式根本转变，深化增量安排与消化存量挂钩机制，改革土地计划管理方式，倒逼各省（区、市）下大力气盘活存量。严格土地使用标准控制，先后组织开展了公路、工业、光伏、机场等用地标准的制修订工作，严格依据标准审核建设项目土地使用情况。开展节约集约用地考核评价，大力推广节地技术和节地模式。积极推动矿业绿色发展。加大绿色矿山建设力度，全面建立和实施矿产资源开采利用最低指标和“领跑者”指标管理制度，发布360项矿产资源节约和综合利用先进适用技术。加强海洋资源用途管制，除国家重大项目外，全面禁止围填海。积极推进围填海历史遗留问题区域生态保护修复，严格保护自然岸线。

积极探索低碳发展新模式。中国积极探索低碳发展模式，鼓励地方、行业、企业因地制宜探索低碳发展路径，在能源、工业、建筑、交通等领域开展绿色低碳相关试点示范，初步形成了全方位、多层次的低碳试点体系。中国先后在10个省（市）和77个城市开展低碳试点工作，在组织领导、配套政策、市场机制、统计体系、评价考核、协同示范和合作交流等方面探索低碳发展模式和制度创新。试点地区碳排放强度下降幅度总体快于全国平均水平，形成了一批各具特色的低碳发展模式。

（三）加大温室气体排放控制力度

中国将应对气候变化全面融入国家经济社会发展的总战略，采取积极措施，有效控制重点工业行业温室气体排放，推动城乡建设和建筑领域绿色低碳发展，构建绿色低碳交通体系，推动非二氧化碳温室气体减排，统筹推进山水林田湖草沙系统治理，严格落实相关举措，持续提升生态碳汇能力。

有效控制重点工业行业温室气体排放。强化钢铁、建材、化工、有色金属等重点行业能源消费及碳排放目标管理，实施低碳标杆引领计划，推动重点行业企业开展碳排放对标活动，推行绿色制造，推进工业绿色化改造。加强工业过程温室气体排放控制，通过原料替代、改善生产工艺、改进设备使用等措施积极控制工业过程温室气体排放。加强再生资源回收利用，提高资源利用效率，减少资源全生命周期二氧化碳排放。

推动城乡建设领域绿色低碳发展。建设节能低碳城市和相关基础设施，以绿色发展引领乡村振兴。推广绿色建筑，逐步完善绿色建筑评价标准体系。开展超低能耗、近零能耗建筑示范。推动既有居住建筑节能改造，提升公共建筑能效水平，加强可再生能源建筑应用。大力开展绿色低碳宜居村镇建设，结合农村危房改造开展建筑节能示范，引导农户建设节能农房，加快推进中国北方地区冬季清洁取暖。

构建绿色低碳交通体系。调整运输结构，减少大宗货物公路运输量，增加铁路和水路运输量。以“绿色货运配送示范城市”建设为契机，加快建立“集约、高效、绿色、智能”的城市货运配送服务体系。提升铁路电气化水平，推广天然气车船，完善充换电和加氢基础设施，加大新能源汽车推广应用力度，鼓励靠港船舶和民航飞机停靠期间使用岸电。完善绿色交通制度和标准，发布相关标准体系、行动计划和方案，在节能减碳等方面发布了221项标准，积极推动绿色出行，已有100多个城市开展了绿色出行创建行动，每年在全国组织开展绿色出行宣传月和公交出行宣传周活动。加快交通燃料替代和优化，推动交通排放标准与油品标准升级，通过信息化手段提升交通运输效率。

推动非二氧化碳温室气体减排。中国历来重视非二氧化碳温室气体排放，在《国家应对气候变化规划（2014—2020年）》及控制温室气体排放工作方案中都明确了控制非二氧化碳温室气体排放的具体政策措施。自2014年起对三氟甲烷（HFC-23）的处置给予财政补贴。截至2019年，共支付补贴约14.17亿元，累计削减6.53万吨HFC-23，相当于减排9.66亿吨二氧化碳当量。严格落实《消耗臭氧层物质管理条例》和《关于消耗臭氧层物质的蒙特利尔议定书》，加大环保制冷剂的研发，积极推动制冷剂再利用和无害化处理。引导企业加快转换为采用低全球增温潜势（GWP）制冷剂的空调生产线，加速淘汰氢氯氟碳化物（HCFCs）制冷剂，限控氢氟碳化物（HFCs）的使用。成立“中国油气企业甲烷控排联盟”，推进全产业链甲烷控排行动。中国接受《〈关于消耗臭氧层物质的蒙特利尔议定书〉基加利修正案》，保护臭氧层和应对气候变化进入新阶段。

持续提升生态碳汇能力。统筹推进山水林田湖草沙系统治理，深入开展大规模国土绿化行动，持续实施三北、长江等防护林和天然林保护，东北黑土地保护，高标准农田建设，湿地保护修复，退耕还林还草，草原生态修复，京津风沙源治理，荒漠化、石漠化综合治理等重点工程。稳步推进城乡绿化，科学开展森林抚育经营，精准提升森林质量，积极发展生物质能源，加强林草资源保护，持续增加林草资源总量，巩固提升森林、草原、湿地生态系统碳汇能力。构建以国家公园为主体的自然保护地体系，正式设立第一批5个国家公园，开展自然保护地整合优化。建立健全生态保护修复制度体系，统筹编制生态保护修复规划，实施蓝色海湾整治行动、海岸带保护修复工程、渤海综合治理攻坚战行动、红树林保护修复专项行动。开展长江干流和主要支流两侧、京津冀周边和汾渭平原重点城市、黄河流域重点地区等重点区域历史遗留矿山生态修复，在青藏高原、黄河、长江等7大重点区域布局生态保护和修复重大工程，支持25个山水林田湖草生态保护修复工程试点。出台社会资本参与整治修复的系列文件，努力建立市场化、多元化生态修复投入机制。中国提出的“划定生态保护红线，减缓和适应气候变化案例”成功入选联合国“基于自然的解决方案”全球15个精品案例，得到了国际社会的充分肯定和高度认可。

（四）充分发挥市场机制作用

碳市场为处理好经济发展与碳减排关系提供了有效途径。全国碳排放权交易市场（以下简称全国碳市场）是利用市场机制控制和减少温室气体排放、推动绿色低碳发展的重大制度创新，也是落实中国二氧化碳排放达峰目标与碳中和愿景的重要政策工具。

开展碳排放权交易试点工作。碳市场可将温室气体控排责任压实到企业，利用市场机制发现合理碳价，引导碳排放资源的优化配置。2011年10月，碳排放权交易地方试点工作在北京、天津、上海、重庆、广东、湖北、深圳7个省、市启动。2013年起，7个试点碳市场陆续开始上线交易，覆盖了电力、钢铁、水泥20多个行业近3000家重点排放单位。截至2021年9月30日，7个试点碳市场累计配额成交量4.95亿吨二氧化碳当量，成交额约119.78亿元。试点碳市场重点排放单位履约率保持较高水平，市场覆盖范围内碳排放总量和强度保持双降趋势，有效促进了企业温室气体减排，强化了社会各界低碳发展的意识。碳市场地方试点为全国碳市场建设摸索了制度，锻炼了人才，积累了经验，奠定了基础，为全国碳市场建设积累了宝贵经验。

持续推进全国碳市场制度体系建设。制度体系是推进碳市场建设的重要保障，为更好地推进完善碳交易市场，先后印发《全国碳排放权交易市场建设方案（发电行业）》，出台《碳排放权交易管理办法（试行）》，印发全国碳市场第一个履约周期配额分配方案。2021年以来，陆续发布了企业温室气体排放报告、核查技术规范和碳排放权登记、交易、结算三项管理规则，初步构建起全国碳市场制度体系。积极推动《碳排放权交易管理暂行条例》立法进程，夯实碳排放权交易的法律基础，规范全国碳市场运行和管理的各重点环节。

启动全国碳市场上线交易。2021年7月16日，全国碳市场上线交易正式启动。纳入发电行业重点排放单位2162家，覆盖约45亿吨二氧化碳排放量，是全球规模最大的碳市场。全国碳市场上线交易得到国内国际高度关注和积极评价。截至2021年9月30日，全国碳市场碳排放配额累计成交量约1765万吨，累计成交金额约8.01亿元，市场运行总体平稳有序。

建立温室气体自愿减排交易机制。为调动全社会自觉参与碳减排活动的积极性，体现交易主体的社会责任和低碳发展需求，促进能源消费和产业结构低碳化，2012年，中国建立温室气体自愿减排交易机制。截至2021年9月30日，自愿减排交易累计成交量超过3.34亿吨二氧化碳当量，成交额逾29.51亿元，国家核证自愿减排量（CCER）已被用于碳排放权交易试点市场配额清缴抵销或公益性注销，有效促进了能源结构优化和生态保护补偿。

（五）增强适应气候变化能力

广大发展中国家由于生态环境、产业结构和社会经济发展水平等方面的原因，适应气候变化的能力普遍较弱，比发达国家更易受到气候变化的不利影响。中国是全球气候变化的敏感区和影响显著区，中国把主动适应气候变化作为实施积极应对气候变化国家战略的重要内容，推进和实施适应气候变化重大战略，开展重点区域、重点领域适应气候变化行动，强化监测预警和防灾减灾能力，努力提高适应气候变化能力和水平。

推进和实施适应气候变化重大战略。为统筹开展适应气候变化工作，2013年，中国制定了国家适应气候变化战略，明确了2014年至2020年国家适应气候变化工作的指导思想和原则、主要目标，制定实施基础设施、农业、水资源、海岸带和相关海域、森林和其他生态系统、人体健康、旅游业和其他产业七大重点任务等。2020年，中国启动编制《国家适应气候变化战略2035》，着力加强统筹指导和沟通协调，强化气候变化影响观测评估，提升重点领域和关键脆弱区域适应气候变化能力。

开展重点区域适应气候变化行动。在城市地区，制定城市适应气候变化行动方案，开展海绵城市以及气候适应型城市试点，提升城市基础设施建设的气候韧性，通过城市组团式布局和绿廊、绿道、公园等城市绿化环境建设，有效缓解城市热岛效应和相关气候风险，提升国家交通网络对低温冰雪、洪涝、台风等极端天气适应能力。在沿海地区，组织开展年度全国海平面变化监测、影响调查与评估，严格管控围填海，加强滨海湿地保护，提高沿海重点地区抵御气候变化风险能力。在其他重点生态地区，开展青藏高原、西北农牧交错带、西南石漠化地区、长江与黄河流域等生态脆弱地区气候适应与生态修复工作，协同提高适应气候变化能力。

推进重点领域适应气候变化行动。在农业领域，加快转变农业发展方式，推进农业可持续发展，启动实施东北地区秸秆处理等农业绿色发展五大行动，提升农业减排固碳能力。大力研发推广防灾减灾增产、气候资源利用等农业气象灾害防御和适应新技术，完成农业气象灾害风险区划5000多项。在林业和草原领域，因地制宜、适地适树科学造林绿化，优化造林模式，培育健康森林，全面提升林业适应气候变化能力。加强各类林地的保护管理，构建以国家公园为主体的自然保护地体系，实施草原保护修复重大工程，恢复和增强草原生态功能。在水资源领域，完善防洪减灾体系，加强水利基础设施建设，提升水资源优化配置和水旱灾害防御能力。实施国家节水行动，建立水资源刚性约束制度，推进水资源消耗总量和强度双控，提高水资源集约节约利用水平。在公众健康领域，组织开展气候变化健康风险评估，提升中国适应气候变化保护人群健康能力。启动实施“健康环境促进行动”，开展气候敏感性疾病防控工作，加强应对气候变化卫生应急保障。

强化监测预警和防灾减灾能力。强化自然灾害风险监测、调查和评估，完善自然灾害监测预警预报和综合风险防范体系。建立了全国范围内多种气象灾害长时间序列灾情数据库，完成国家级精细化气象灾害风险预警业务平台建设。建立空天地一体化的自然灾害综合风险监测预警系统，定期发布全国自然灾害风险形势报告。发布综合防灾减灾规划，指导气候变化背景下防灾减灾救灾工作。实施自然灾害防治九项重点工程建设，推动自然灾害防治能力持续提升，重点加强强对流天气、冰川灾害、堰塞湖等监测预警和会商研判。发挥国土空间规划对提升自然灾害防治能力的基础性作用。实现基层气象防灾减灾标准化全国县（区）全覆盖。

（六）持续提升应对气候变化支撑水平

中国高度重视应对气候变化支撑保障能力建设，不断完善温室气体排放统计核算体系，发挥绿色金融重要作用，提升科技创新支撑能力，积极推动应对气候变化技术转移转化。

完善温室气体排放统计核算体系。建立健全温室气体排放基础统计制度，提出涵盖气候变化及影响等 5 大类 36 个指标的应对气候变化统计指标体系，在此基础上构建应对气候变化统计报表制度，持续对统计报表进行整体更新与修订。编制国家温室气体清单，在已提交中华人民共和国气候变化初始国家信息通报的基础上，提交两次国家信息通报和两次两年更新报告。推动企业温室气体排放核算和报告，印发 24 个行业企业温室气体排放核算方法与报告指南，组织开展企业温室气体排放报告工作。碳达峰碳中和工作领导小组办公室设立碳排放统计核算工作组，加快完善碳排放统计核算体系。

加强绿色金融支持。中国不断加大资金投入，支持应对气候变化工作。加强绿色金融顶层设计，先后在浙江、江西、广东、贵州、甘肃、新疆等六省（区）九地设立了绿色金融改革创新试验区，强化金融支持绿色低碳转型功能，引导试验区加快经验复制推广。出台气候投融资综合配套政策，统筹推进气候投融资标准体系建设，强化市场资金引导机制，推动气候投融资试点工作。大力发展绿色信贷，完善绿色债券配套政策，发布相关支持项目目录，有效引导社会资本支持应对气候变化。截至 2020 年末，中国绿色贷款余额 11.95 万亿元，其中清洁能源贷款余额为 3.2 万亿元，绿色债券市场累计发行约 1.2 万亿元，存量规模达 8000 亿元，位于世界第二。

强化科技创新支撑。科技创新在发现、揭示和应对气候变化问题中发挥着基础性作用，在推动绿色低碳转型中将发挥关键性作用。中国先后发布应对气候变化相关科技创新专项规划、技术推广清单、绿色产业目录，全面部署了应对气候变化科技工作，持续开展应对气候变化基础科学研究，强化智库咨询支撑，加强低碳技术研发应用。国家重点研发计划开展 10 余个应对气候变化科技研发重大专项，积极推广温室气体削减和利用领域 143 项技术的应用。鼓励企业牵头绿色技术研发项目，支持绿色技术成果转移转化，建立综合性国家级绿色技术交易市场，引导企业采用先进适用的节能低碳新工艺和技术。成立二氧化碳捕集、利用与封存（以下简称 CCUS）创业技术创新战略联盟、CCUS 专委会等专门机构，持续推动 CCUS 领域技术进步、成果转化。

三、中国应对气候变化发生历史性变化

中国坚持创新、协调、绿色、开放、共享的新发展理念，立足国内、胸怀世界，以中国智慧和中国方案推动经济社会绿色低碳转型发展不断取得新成效，以大国担当为全球应对气候变化作出积极贡献。

（一）经济发展与减污降碳协同效应凸显

中国坚定不移走绿色、低碳、可持续发展道路，致力于将绿色发展理念融汇到经济建设的各方面和全过程，绿色已成为

经济高质量发展的亮丽底色，在经济社会持续健康发展的同时，碳排放强度显著下降。2020 年中国碳排放强度比 2015 年下降 18.8%，超额完成“十三五”约束性目标，比 2005 年下降 48.4%，超额完成了中国向国际社会承诺的到 2020 年下降 40%~45% 的目标，累计少排放二氧化碳约 58 亿吨，基本扭转了二氧化碳排放快速增长的局面。与此同时，中国经济实现跨越式发展，2020 年 GDP 比 2005 年增长超 4 倍，取得了近 1 亿农村贫困人口脱贫的巨大胜利，完成了消除绝对贫困的艰巨任务。中国生态环境保护工作也取得历史性成就，环境“颜值”普遍提升，美丽中国建设迈出坚实步伐。“十三五”规划纲要确定的生态环境约束性指标均圆满超额完成。其中，全国地级及以上城市优良天数比率为 87%（目标 84.5%）；$PM_{2.5}$ 未达标地级及以上城市平均浓度相比 2015 年下降 28.8%（目标 18%）；全国地表水优良水质断面比例提高到 83.4%（目标 70%）；劣 V 类水体比例下降到 0.6%（目标 5%）；二氧化硫、氮氧化物、化学需氧量、氨氮排放量和单位 GDP 二氧化碳排放指标，均在 2019 年提前完成“十三五”目标基础上继续保持下降。污染防治攻坚战阶段性目标任务高质量完成。蓝天、碧水、净土保卫战，七大标志性战役取得决定性成效。重污染天数明显减少。

（二）能源生产和消费革命取得显著成效

中国坚定不移实施能源安全新战略，能源生产和利用方式发生重大变革，能源发展取得历史性成就，为服务高质量发展、打赢脱贫攻坚战和全面建成小康社会提供重要支撑，为应对气候变化、建设清洁美丽世界作出积极贡献。

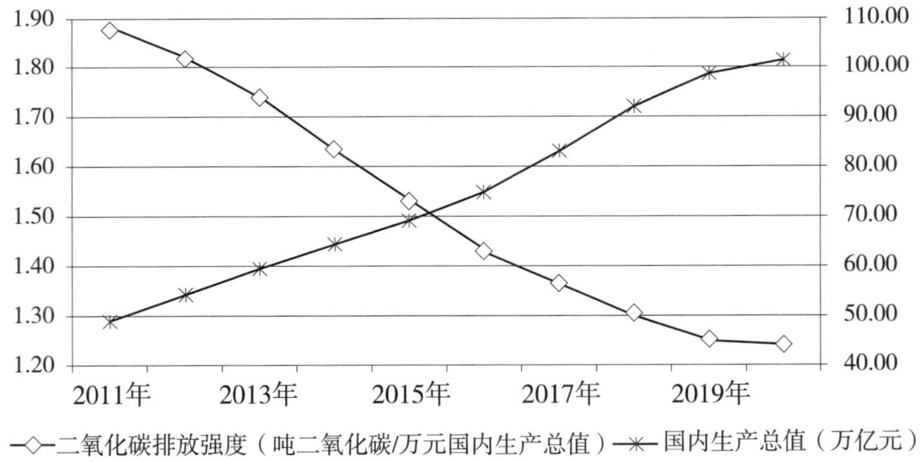

图 1　2011—2020 年中国二氧化碳排放量强度和国内生产总值

非化石能源快速发展。中国把非化石能源放在能源发展优先位置，大力开发利用非化石能源，推进能源绿色低碳转型。初步核算，2020 年，中国非化石能源占能源消费总量比重提高到 15.9%，比 2005 年大幅提升了 8.5 个百分点；中国非化石能源发电装机总规模达到 9.8 亿千瓦，占总装机的比重达到 44.7%，其中，风电、光伏、水电、生物质发电、核电装机容量分别达到 2.8 亿千瓦、2.5 亿千瓦、3.7 亿千瓦、2952 万千瓦、4989 万千瓦，光伏和风电装机容量较 2005 年分别增加了 3000 多倍和 200 多倍。非化石能源发电量达到 2.6 万亿千瓦时，占全社会用电量的比重达到三分之一以上。

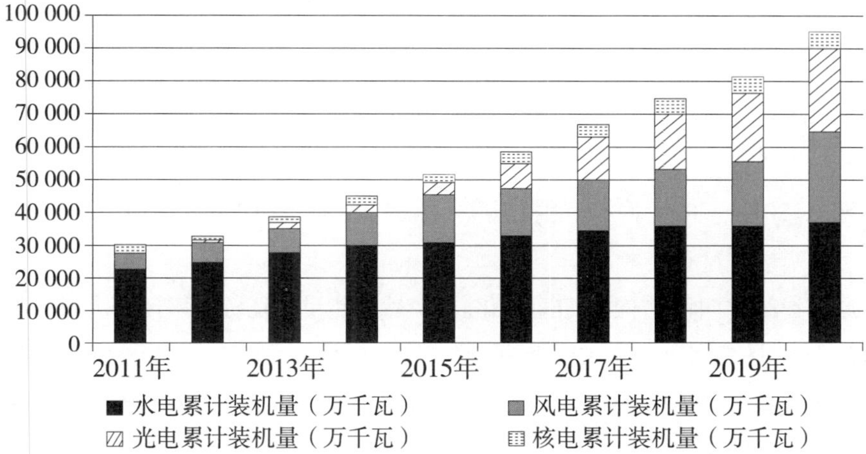

图 2　2011—2020 年中国非化石能源发电装机容量

能耗强度显著降低。中国是全球能耗强度降低最快的国家之一，初步核算，2011 年至 2020 年中国能耗强度累计下降 28.7%。“十三五”期间，中国以年均 2.8% 的能源消费量增长支撑了年均 5.7% 的经济增长，节约能源占同时期全球节能量的一半左右。中国煤电机组供电煤耗持续保持世界先进水平，截至 2020 年年底，中国达到超低排放水平的煤电机组约 9.5 亿千瓦，节能改造规模超过 8 亿千瓦，火电厂平均供电煤耗降至 305.8 克标煤 / 千瓦时，较 2010 年下降超过 27 克标煤 / 千瓦时。据测算，供电能耗降低使 2020 年火电行业相比 2010 年减少二氧化碳排放 3.7 亿吨。2016 年至 2020 年，中国发布强制性能耗限额标准 16 项，实现年节能量 7700 万吨标准煤，相当于减排二氧化碳 1.48 亿吨；发布强制性产品设备能效标准 26 项，实现年节电量 490 亿千瓦时。

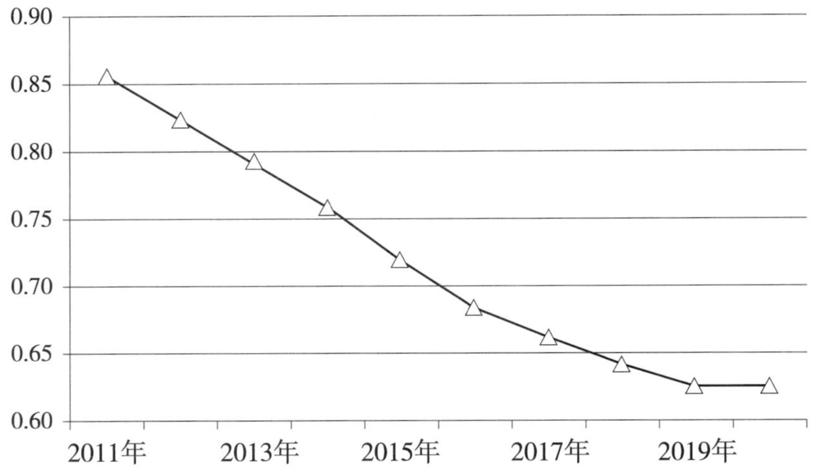

图 3　2011—2020 年中国能耗强度（单位：吨标准煤 / 万元国内生产总值）

能源消费结构向清洁低碳加速转化。为应对化石能源燃烧所带来的环境污染和气候变化问题，中国严控煤炭消费，煤炭消费占比持续明显下降。2020 年中国能源消费总量控制在 50 亿吨标准煤以内，煤炭占能源消费总量比重由 2005 年的 72.4% 下降至 2020 年的 56.8%。中国超额完成“十三五”煤炭去产能、淘汰煤电落后产能目标任务，累计淘汰煤电落后产能 4500 万千瓦以上。截至 2020 年年底，中国北方地区冬季清洁取暖率已提升到 60% 以上，京津冀及周边地区、汾渭平原累计完成散煤替代 2500 万户左右，削减散煤约 5000 万吨，据测算，相当于少排放二氧化碳约 9200 万吨。

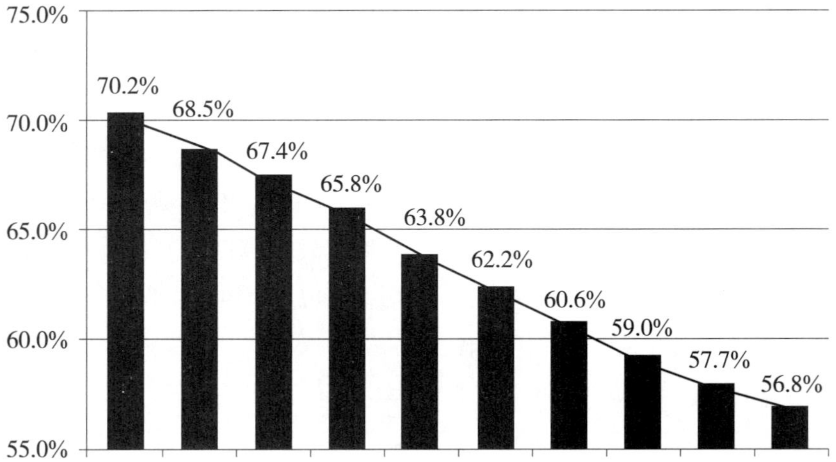

图 4　2011—2020 年中国煤炭消费量占能源消费总量比例

能源发展有力支持脱贫攻坚。中国实施能源扶贫工程，通过合理开发利用贫困地区能源资源，有效提升了贫困地区自身“造血”能力，为贫困地区经济发展增添新动能。中国累计建成超过 2600 万千瓦光伏扶贫电站，成千上万座“阳光银行”遍布贫困农村地区，惠及约 6 万个贫困村、415 万贫困户，形成了光伏与农业融合发展的创新模式，助力打赢脱贫攻坚战。

（三）产业低碳化为绿色发展提供新动能

中国坚持把生态优先、绿色发展的要求落实到产业升级之中，持续推动产业绿色低碳化和绿色低碳产业化，努力走出了一条产业发展和环境保护双赢的生态文明发展新路。

产业结构进一步优化。应对气候变化为中国产业绿色低碳发展赋予新使命，带来新机遇。2020 年中国第三产业增加值占 GDP 比重达到 54.5%，比 2015 年提高 3.7 个百分点，高于第二产业 16.7 个百分点。节能环保等战略性新兴产业快速壮大并逐步成为支柱产业，高技术制造业增加值占规模以上工业增加值比重为 15.1%。“十三五”期间，中国高耗能项目产能扩张得到有效控制，石化、化工、钢铁等重点行业转型升级加速，提前两年完成“十三五”化解钢铁过剩产能 1.5 亿吨上限目标任务，全面取缔“地条钢”产能 1 亿多吨。据测算，截至 2020 年，中国单位工业增加值二氧化碳排放量比 2015 年下降约 22%。2020 年主要资源产出率比 2015 年提高约 26%，废钢、废纸累计利用量分别达到约 2.6 亿吨、5490 万吨，再生有色金属产量达到 1450 万吨。

新能源产业蓬勃发展。随着新一轮科技革命和产业变革孕育兴起，新能源汽车产业正进入加速发展的新阶段。中国新能源汽车生产和销售规模连续 6 年位居全球第一，截至 2021 年 6 月，新能源汽车保有量已达 603 万辆。中国风电、光伏发电设备制造形成了全球最完整的产业链，技术水平和制造规模居世界前列，新型储能产业链日趋完善，技术路线多元化发展，为全球能源清洁低碳转型提供了重要保障。截至 2020 年年底，中国多晶硅、光伏电池、光伏组件等产品产量占全球总产量份额均位居全球第一，连续 8 年成为全球最大新增光伏市场；光伏产品出口到 200 多个国家及地区，降低了全球清洁能源使用成本；新型储能装机规模约 330 万千瓦，位居全球第一。

绿色节能建筑跨越式增长。以绿色发展理念为牵引，中国全面深入推进绿色建筑和建筑节能，充分释放建筑领域巨大的碳减排潜力。截至 2020 年年底，城镇新建绿色建筑占当年新建建筑比例高达 77%，累计建成绿色建筑面积超过 66 亿平方米。累计建成节能建筑面积超过 238 亿平方米，节能建筑占城镇民用建筑面积比例超过 63%。“十三五”期间，城镇新建建筑节能标准进一步提高，完成既有居住建筑节能改造面积 5.14 亿平方米，公共建筑节能改造面积 1.85 亿平方米。可再生能源替代民用建筑常规能源消耗比重达到 6%。

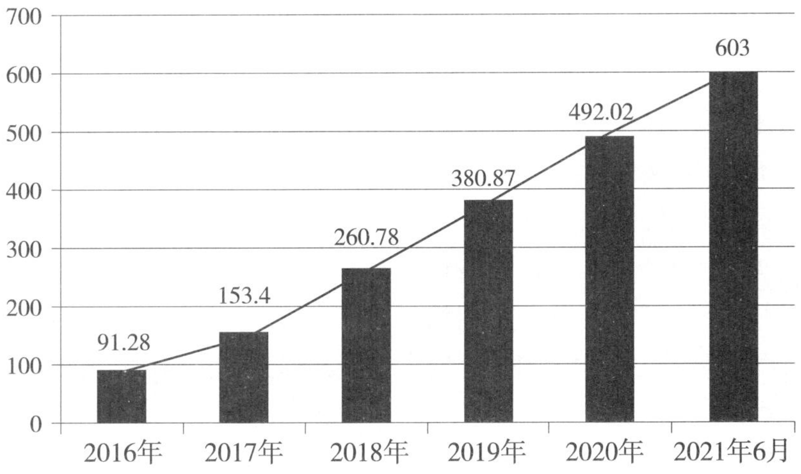

图 5　中国新能源汽车保有量（单位：万辆）

绿色交通体系日益完善。中国坚定不移推进交通领域节能减排，走出了一条能耗排放做“减法”、经济发展做“加法”的新路子。综合运输网络不断完善，大宗货物运输“公转铁”、“公转水”、江海直达运输、多式联运发展持续推进；铁路货运量占全社会货运量比例较 2017 年增长近两个百分点，水路货运量较 2010 年增加了 38.27 亿吨，集装箱铁水联运量“十三五”期间年均增长超过 23%。城市低碳交通系统建设成效显著，截至 2020 年年底，31 个省（区、市）中有 87 个城市开展了国家公交都市建设，43 个城市开通运营城市轨道交通。“十三五”期间城市公共交通累计完成客运量超 4270 亿人次，城市公共交通机动化出行分担率稳步提高。

（四）生态系统碳汇能力明显提高

中国坚持多措并举，有效发挥森林、草原、湿地、海洋、土壤、冻土等的固碳作用，持续巩固提升生态系统碳汇能力。中国是全球森林资源增长最多和人工造林面积最大的国家，成为全球“增绿”的主力军。2010 年至 2020 年，中国实施退耕还林还草约 1.08 亿亩。“十三五”期间，累计完成造林 5.45 亿亩、森林抚育 6.37 亿亩。2020 年年底，全国森林面积 2.2 亿公顷，全国森林覆盖率达到 23.04%，草原综合植被覆盖度达到 56.1%，湿地保护率达到 50% 以上，森林植被碳储备量 91.86 亿吨，“地球之肺”发挥了重要的碳汇价值。“十三五”期间，中国累计完成防沙治沙任务 1097.8 万公顷，完成石漠化治理面积 165 万公顷，新增水土流失综合治理面积 31 万平方公里，塞罕坝、库布齐等创造了一个个“荒漠变绿洲”的绿色传奇；修复退化湿地 46.74 万公顷，新增湿地面积 20.26 万公顷。截至 2020 年年底，中国建立了国家级自然保护区 474 处，面积超过国土面积的十分之一，累计建成高标准农田 8 亿亩，整治修复岸线 1200 公里，滨海湿地 2.3 万公顷，生态系统碳汇功能得到有效保护。

（五）绿色低碳生活成为新风尚

践行绿色生活已成为建设美丽中国的必要前提，也正在成为全社会共建美丽中国的自觉行动。中国长期开展“全国节能宣传周”“全国低碳日”“世界环境日”等活动，向社会公众普及气候变化知识，积极在国民教育体系中突出包括气候变化和绿色发展在内的生态文明教育，组织开展面向社会的应对气候变化培训。“美丽中国，我是行动者”活动在中国大地上如火如荼展开。以公交、地铁为主的城市公共交通日出行量超过 2 亿人次，骑行、步行等城市慢行系统建设稳步推进，绿色、低碳出行理念深入人心。从“光盘行动”、反对餐饮浪费、节水节纸、节电节能，到环保装修、拒绝过度包装、告别一次性用品，“绿色低碳节俭风”吹进千家万户，简约适度、绿色低碳、文明健康的生活方式成为社会新风尚。

四、共建公平合理、合作共赢的全球气候治理体系

面对复杂形势和诸多挑战，应对气候变化任重道远，需要全球广泛参与、共同行动。中国呼吁国际社会紧急行动起来，全面加强团结合作，坚持多边主义，坚定维护以联合国为核心的国际体系、以国际法为基础的国际秩序，坚定维护《联合国气候变化框架公约》及其《巴黎协定》确定的目标、原则和框架，全面落实《巴黎协定》，努力推动构建公平合理、合作共赢的全球气候治理体系。

（一）全球应对气候变化面临严峻挑战

工业革命以来的人类活动，特别是发达国家大量消费化石能源所产生的二氧化碳累积排放，导致大气中温室气体浓度显著增加，加剧了以变暖为主要特征的全球气候变化。世界气象组织发布的《2020年全球气候状况》报告表明，2020 年全球平均温度较工业化前水平高出约 1.2 ℃，2011 年至 2020 年是有记录以来最暖的 10 年。2021 年政府间气候变化专门委员会发布的第六次评估报告第一工作组报告表明，人类活动已造成气候系统发生了前所未有的变化。1970 年以来的 50 年是过去两千年以来最暖的 50 年。预计到本世纪中期，气候系统的变暖仍将持续。

气候变化对全球自然生态系统产生显著影响，全球许多区域出现并发极端天气气候事件和复合型事件的概率和频率大大增加，高温热浪及干旱并发，极端海平面和强降水叠加造成复合型洪涝事件加剧。2021 年，有的地区遭遇强降雨，并引发洪涝灾害，有的地区气温创下历史新高，有的地区森林火灾频发。全球变暖正在影响地球上每一个地区，其中许多变化不可逆转，温度升高、海平面上升、极端气候事件频发给人类生存和发展带来严峻挑战，对全球粮食、水、生态、能源、基础设施以及民众生命财产安全构成长期重大威胁，应对气候变化刻不容缓。

（二）中国为全球气候治理注入强大动力

中国一贯高度重视应对气候变化国际合作，积极参与气候变化谈判，推动达成和加快落实《巴黎协定》，以中国理念和实践引领全球气候治理新格局，逐步站到了全球气候治理舞台的中央。

领导人气候外交增强全球气候治理凝聚力。习近平主席多次在重要会议和活动中阐释中国的全球气候治理主张，推动全球气候治理取得重大进展。2015年，习近平主席出席气候变化巴黎大会并发表重要讲话，为达成2020年后全球合作应对气候变化的《巴黎协定》作出历史性贡献。2016年9月，习近平主席亲自交存中国批准《巴黎协定》的法律文书，推动《巴黎协定》快速生效，展示了中国应对气候变化的雄心和决心。在全球气候治理面临重大不确定性时，习近平主席多次表明中方坚定支持《巴黎协定》的态度，为推动全球气候治理指明了前进方向，注入了强劲动力。2020年9月，习近平主席在第七十五届联合国大会一般性辩论上宣布中国将提高国家自主贡献力度，表明了中国全力推进新发展理念的坚定意志，彰显了中国愿为全球应对气候变化作出新贡献的明确态度。2020年12月，习近平主席在气候雄心峰会上进一步宣布到2030年中国二氧化碳减排、非化石能源发展、森林蓄积量提升等一系列新目标。2021年9月，习近平主席出席第七十六届联合国大会一般性辩论时提出，中国将大力支持发展中国家能源绿色低碳发展，不再新建境外煤电项目，展现了中国负责任大国的责任担当。2021年10月，习近平主席出席《生物多样性公约》第十五次缔约方大会领导人峰会并发表主旨讲话，强调为推动实现碳达峰、碳中和目标，中国将陆续发布重点领域和行业碳达峰实施方案和一系列支撑保障措施，构建起碳达峰、碳中和“1+N”政策体系；中国将持续推进产业结构和能源结构调整，大力发展可再生能源，在沙漠、戈壁、荒漠地区加快规划建设大型风电光伏基地项目，第一期装机容量约1亿千瓦的项目已于近期有序开工。

积极建设性参与气候变化国际谈判。中国坚持公平、共同但有区别的责任和各自能力原则，坚持按照公开透明、广泛参与、缔约方驱动和协商一致的原则，引导和推动了《巴黎协定》等重要成果文件的达成。中国推动发起建立了“基础四国”部长级会议和气候行动部长级会议等多边磋商机制，积极协调“基础四国”“立场相近发展中国家”“七十七国集团和中国”应对气候变化谈判立场，为维护发展中国家团结、捍卫发展中国家共同利益发挥了重要作用。积极参加二十国集团（G20）、国际民航组织、国际海事组织、金砖国家会议等框架下气候议题磋商谈判，调动发挥多渠道协同效应，推动多边进程持续向前。

为广大发展中国家应对气候变化提供力所能及的支持和帮助。中国秉持“授人以渔”理念，积极同广大发展中国家开展应对气候变化南南合作，尽己所能帮助发展中国家特别是小岛屿国家、非洲国家和最不发达国家提高应对气候变化能力，减少气候变化带来的不利影响，中国应对气候变化南南合作成果看得见、摸得着、有实效。2011 年以来，中国累计安排约 12 亿元用于开展应对气候变化南南合作，与 35 个国家签署 40 份合作文件，通过建设低碳示范区，援助气象卫星、光伏发电系统和照明设备、新能源汽车、环境监测设备、清洁炉灶等应对气候变化相关物资，帮助有关国家提高应对气候变化能力，同时为近 120 个发展中国家培训了约 2000 名应对气候变化领域的官员和技术人员。

建设绿色丝绸之路为全球气候治理贡献中国方案。中国坚持把绿色作为底色，携手各方共建绿色丝绸之路，强调积极应对气候变化挑战，倡议加强在落实《巴黎协定》等方面的务实合作。2021 年，中国与 28 个国家共同发起“一带一路”倡议绿色发展伙伴关系倡议，呼吁各国应根据公平、共同但有区别的责任和各自能力原则，结合各自国情采取气候行动以应对气候变化。中国同有关国家一道实施“一带一路”倡议应对气候变化南南合作计划，成立“一带一路”倡议能源合作伙伴关系，促进共建“一带一路”倡议国家开展生态环境保护和应对气候变化。

（三）应对气候变化中国倡议

应对气候变化是全人类的共同事业，面对全球气候治理前所未有的困难，国际社会要以前所未有的雄心和行动，勇于担当，勠力同心，积极应对气候变化，共谋人与自然和谐共生之道。

坚持可持续发展。气候变化是人类不可持续发展模式的产物，只有在可持续发展的框架内加以统筹，才可能得到根本解决。要把应对气候变化纳入国家可持续发展整体规划，倡导绿色、低碳、循环、可持续的生产生活方式，不断开拓生产发展、生活富裕、生态良好的文明发展道路。

坚持多边主义。国际上的事要由大家共同商量着办，世界前途命运要由各国共同掌握。在气候变化挑战面前，人类命运与共，单边主义没有出路，只有坚持多边主义，讲团结、促合作，才能互利共赢，福泽各国人民。要坚持通过制度和规则来协调规范各国关系，反对恃强凌弱，规则一旦确定，就要有效遵循，不能合则用、不合则弃，这是共同应对气候变化的有效途径，也是国际社会的基本共识。

坚持共同但有区别的责任原则。这是全球气候治理的基石。发达国家和发展中国家在造成气候变化上历史责任不同，发展需求和能力也存在差异，用统一尺度来限制是不适当的，也是不公平的。要充分考虑各国国情和能力，坚持各尽所能、国家自主决定贡献的制度安排，不搞“一刀切”。发展中国家的特殊困难和关切应当得到充分重视，发达国家在应对气候变化方面要多作表率，为发展中国家提供资金、技术、能力建设等方面支持。

坚持合作共赢。当今世界正经历百年未有之大变局，人类也正处在一个挑战层出不穷、风险日益增多的时代，气候变化等非传统安全威胁持续蔓延，没有哪个国家能独善其身，需要同舟共济、团结合作。国际社会应深化伙伴关系，提升合作水平，在应对全球气候变化的征程中取长补短、互学互鉴、互利共赢，实现共同发展，惠及全人类。

坚持言出必行。应对气候变化关键在行动。各方共同推动《巴黎协定》实施，要持之以恒，不要朝令夕改；要重信守诺，不要言而无信。要积极推动各国落实已经提出的国家自主贡献目标，将目标转化为落实的政策、措施和具体行动，避免把提出目标变成空喊口号。

结束语

当前，中国已经全面建成小康社会，正开启全面建设社会主义现代化国家、实现中华民族伟大复兴的新征程。应对气候变化是中国高质量发展的应有之义，既关乎中国人民对美好生活的期待，也关系到各国人民福祉。

面对新征程，中国将立足新发展阶段，贯彻新发展理念，构建新发展格局，推动高质量发展，将碳达峰、碳中和纳入经济社会发展全局，以降碳为生态文明建设的重点战略方向，推动减污降碳协同增效，促进经济社会发展全面绿色转型，推动实现生态环境质量改善由量变到质变，努力建设人与自然和谐共生的现代化。

气候变化带给人类的挑战是现实的、严峻的、长远的。把一个清洁美丽的世界留给子孙后代，需要国际社会共同努力。无论国际形势如何变化，中国将重信守诺，继续坚定不移坚持多边主义，与各方一道推动《联合国气候变化框架公约》及其《巴黎协定》的全面平衡有效持续实施，脚踏实地落实国家自主贡献目标，强化温室气体排放控制，提升适应气候变化能力水平，为推动构建人类命运共同体作出更大努力和贡献，让人类生活的地球家园更加美好。

中共中央　国务院关于深入打好污染防治攻坚战的意见

（2021 年 11 月 2 日）

良好生态环境是实现中华民族永续发展的内在要求，是增进民生福祉的优先领域，是建设美丽中国的重要基础。党的十八大以来，以习近平同志为核心的党中央全面加强对生态文明建设和生态环境保护的领导，开展了一系列根本性、开创性、长远性工作，推动污染防治的措施之实、力度之大、成效之显著前所未有，污染防治攻坚战阶段性目标任务圆满完成，生态环境明显改善，人民群众获得感显著增强，厚植了全面建成小康社会的绿色底色和质量成色。同时应该看到，我国生态环境保护结构性、根源性、趋势性压力总体上尚未根本缓解，重点区域、重点行业污染问题仍然突出，实现碳达峰、碳中和任务艰巨，生态环境保护任重道远。为进一步加强生态环境保护，深入打好污染防治攻坚战，现提出如下意见。

一、总体要求

（一）指导思想。以习近平新时代中国特色社会主义思想为指导，全面贯彻党的十九大和十九届二中、三中、四中、五中全会精神，深入贯彻习近平生态文明思想，坚持以人民为中心的发展思想，立足新发展阶段，完整、准确、全面贯彻新发展理念，构建新发展格局，以实现减污降碳协同增效为总抓手，以改善生态环境质量为核心，以精准治污、科学治污、依法治污为工作方针，统筹污染治理、生态保护、应对气候变化，保持力度、延伸深度、拓宽广度，以更高标准打好蓝天、碧水、净土保卫战，以高水平保护推动高质量发展、创造高品质生活，努力建设人与自然和谐共生的美丽中国。

（二）工作原则

——坚持方向不变、力度不减。保持战略定力，坚定不移走生态优先、绿色发展之路，巩固拓展“十三五”时期污染防治攻坚成果，继续打好一批标志性战役，接续攻坚、久久为功。

——坚持问题导向、环保为民。把人民群众反映强烈的突出生态环境问题摆上重要议事日程，不断加以解决，增强广大人民群众的获得感、幸福感、安全感，以生态环境保护实际成效取信于民。

——坚持精准科学、依法治污。遵循客观规律，抓住主要矛盾和矛盾的主要方面，因地制宜、科学施策，落实最严格制度，加强全过程监管，提高污染治理的针对性、科学性、有效性。

——坚持系统观念、协同增效。推进山水林田湖草沙一体化保护和修复，强化多污染物协同控制和区域协同治理，注重综合治理、系统治理、源头治理，保障国家重大战略实施。

——坚持改革引领、创新驱动。深入推进生态文明体制改革，完善生态环境保护领导体制和工作机制，加大技术、政策、管理创新力度，加快构建现代环境治理体系。

（三）主要目标。到 2025 年，生态环境持续改善，主要污染物排放总量持续下降，单位国内生产总值二氧化碳排放比 2020 年下降 18%，地级及以上城市细颗粒物（PM2.5）浓度下降 10%，空气质量优良天数比率达到 87.5%，地表水Ⅰ～Ⅲ类水体比例达到 85%，近岸海域水质优良（一、二类）比例达到 79% 左右，重污染天气、城市黑臭水体基本消除，土壤污染风险得到有效管控，固体废物和新污染物治理能力明显增强，生态系统质量和稳定性持续提升，生态环境治理体系更加完善，生态文明建设实现新进步。

到 2035 年，广泛形成绿色生产生活方式，碳排放达峰后稳中有降，生态环境根本好转，美丽中国建设目标基本实现。

二、加快推动绿色低碳发展

（四）深入推进碳达峰行动。处理好减污降碳和能源安全、产业链供应链安全、粮食安全、群众正常生活的关系，落实 2030 年应对气候变化国家自主贡献目标，以能源、工业、城乡建设、交通运输等领域和钢铁、有色金属、建材、石化化工等行业为重点，深入开展碳达峰行动。在国家统一规划的前提下，支持有条件的地方和重点行业、重点企业率先达峰。统筹建立二氧化碳排放总量控制制度。建设完善全国碳排放权交易市场，有序扩大覆盖范围，丰富交易品种和交易方式，并纳入全国统一公共资源交易平台。加强甲烷等非二氧化碳温室气体排放管控。制定国家适应气候变化战略 2035。大力推进低碳和适应气候变化试点工作。健全排放源统计调查、核算核查、监管制度，将温室气体管控纳入环评管理。

（五）聚焦国家重大战略打造绿色发展高地。强化京津冀协同发展生态环境联建联防联治，打造雄安新区绿色高质量发展“样板之城”。积极推动长江经济带成为我国生态优先绿色发展主战场，深化长三角地区生态环境共保联治。扎实推动黄河流域生态保护和高质量发展。加快建设美丽粤港澳大湾区。加强海南自由贸易港生态环境保护和建设。

（六）推动能源清洁低碳转型。在保障能源安全的前提下，加快煤炭减量步伐，实施可再生能源替代行动。“十四五”时期，严控煤炭消费增长，非化石能源消费比重提高到 20% 左右，京津冀及周边地区、长三角地区煤炭消费量分别下降 10%、5% 左右，汾渭平原煤炭消费量实现负增长。原则上不再新增自备燃煤机组，支持自备燃煤机组实施清洁能源替代，鼓励自备电厂转为公用电厂。坚持“增气减煤”同步，新增天然气优先保障居民生活和清洁取暖需求。提高电能占终端能源消费比重。重点区域的平原地区散煤基本清零。有序扩大清洁取暖试点城市范围，稳步提升北方地区清洁取暖水平。

（七）坚决遏制高耗能高排放项目盲目发展。严把高耗能高排放项目准入关口，严格落实污染物排放区域削减要求，对不符合规定的项目坚决停批停建。依法依规淘汰落后产能和化解过剩产能。推动高炉—转炉长流程炼钢转型为电炉短流程炼钢。重点区域严禁新增钢铁、焦化、水泥熟料、平板玻璃、电解铝、氧化铝、煤化工产能，合理控制煤制油气产能规模，严控新增炼油产能。

（八）推进清洁生产和能源资源节约高效利用。引导重点行业深入实施清洁生产改造，依法开展自愿性清洁生产评价认证。大力推行绿色制造，构建资源循环利用体系。推动煤炭等化石能源清洁高效利用。加强重点领域节能，提高能源使用效率。实施国家节水行动，强化农业节水增效、工业节水减排、城镇节水降损。推进污水资源化利用和海水淡化规模化利用。

（九）加强生态环境分区管控。衔接国土空间规划分区和用途管制要求，将生态保护红线、环境质量底线、资源利用上线的硬约束落实到环境管控单元，建立差别化的生态环境准入清单，加强“三线一单”成果在政策制定、环境准入、园区管理、执法监管等方面的应用。健全以环评制度为主体的源头预防体系，严格规划环评审查和项目环评准入，开展重大经济技术政策的生态环境影响分析和重大生态环境政策的社会经济影响评估。

（十）加快形成绿色低碳生活方式。把生态文明教育纳入国民教育体系，增强全民节约意识、环保意识、生态意识。因地制宜推行垃圾分类制度，加快快递包装绿色转型，加强塑料污染全链条防治。深入开展绿色生活创建行动。建立绿色消费激励机制，推进绿色产品认证、标识体系建设，营造绿色低碳生活新时尚。

三、深入打好蓝天保卫战

（十一）着力打好重污染天气消除攻坚战。聚焦秋冬季细颗粒物污染，加大重点区域、重点行业结构调整和污染治理力度。京津冀及周边地区、汾渭平原持续开展秋冬季大气污染综合治理专项行动。东北地区加强秸秆禁烧管控和采暖燃煤污染治理。天山北坡城市群加强兵地协作，钢铁、有色金属、化工等行业参照重点区域执行重污染天气应急减排措施。科学调整大气污染防治重点区域范围，构建省市县三级重污染天气应急预案体系，实施重点行业企业绩效分级管理，依法严厉打击不落实应急减排措施行为。到2025年，全国重度及以上污染天数比率控制在1%以内。

（十二）着力打好臭氧污染防治攻坚战。聚焦夏秋季臭氧污染，大力推进挥发性有机物和氮氧化物协同减排。以石化、化工、涂装、医药、包装印刷、油品储运销等行业领域为重点，安全高效推进挥发性有机物综合治理，实施原辅材料和产品源头替代工程。完善挥发性有机物产品标准体系，建立低挥发性有机物含量产品标识制度。完善挥发性有机物监测技术和排放量计算方法，在相关条件成熟后，研究适时将挥发性有机物纳入环境保护税征收范围。推进钢铁、水泥、焦化行业企业超低排放改造，重点区域钢铁、燃煤机组、燃煤锅炉实现超低排放。开展涉气产业集群排查及分类治理，推进企业升级改造和区域环境综合整治。到2025年，挥发性有机物、氮氧化物排放总量比2020年分别下降10%以上，臭氧浓度增长趋势得到有效遏制，实现细颗粒物和臭氧协同控制。

（十三）持续打好柴油货车污染治理攻坚战。深入实施清洁柴油车（机）行动，全国基本淘汰国三及以下排放标准汽车，推动氢燃料电池汽车示范应用，有序推广清洁能源汽车。进一步推进大中城市公共交通、公务用车电动化进程。不断提高船舶靠港岸电使用率。实施更加严格的车用汽油质量标准。加快大宗货物和中长途货物运输“公转铁”“公转水”，大力发展公铁、铁水等多式联运。“十四五”时期，铁路货运量占比提高0.5个百分点，水路货运量年均增速超过2%。

（十四）加强大气面源和噪声污染治理。强化施工、道路、堆场、裸露地面等扬尘管控，加强城市保洁和清扫。加大餐饮油烟污染、恶臭异味治理力度。强化秸秆综合利用和禁烧管控。到2025年，京津冀及周边地区大型规模化养殖场氨排放总量比2020年下降5%。深化消耗臭氧层物质和氢氟碳化物环境管理。实施噪声污染防治行动，加快解决群众关心的突出噪声问题。到2025年，地级及以上城市全面实现功能区声环境质量自动监测，全国声环境功能区夜间达标率达到85%。

四、深入打好碧水保卫战

（十五）持续打好城市黑臭水体治理攻坚战。统筹好上下游、左右岸、干支流、城市和乡村，系统推进城市黑臭水体治理。加强农业农村和工业企业污染防治，有效控制入河污染物排放。强化溯源整治，杜绝污水直接排入雨水管网。推进城镇污水管网全覆盖，对进水情况出现明显异常的污水处理厂，开展片区管网系统化整治。因地制宜开展水体内源污染治理和生态修复，增强河湖自净功能。充分发挥河长制、湖长制作用，巩固城市黑臭水体治理成效，建立防止返黑返臭的长效机制。2022年6月底前，县级城市政府完成建成区内黑臭水体排查并制定整治方案，统一公布黑臭水体清单及达标期限。到2025年，县级城市建成区基本消除黑臭水体，京津冀、长三角、珠三角等区域力争提前1年完成。

（十六）持续打好长江保护修复攻坚战。推动长江全流域按单元精细化分区管控。狠抓突出生态环境问题整改，扎实推进城镇污水垃圾处理和工业、农业面源、船舶、尾矿库等污染治理工程。加强渝湘黔交界武陵山区“锰三角”污染综合整治。持续开展工业园区污染治理、“三磷”行业整治等专项行动。推进长江岸线生态修复，巩固小水电清理整改成果。实施好长江流域重点水域十年禁渔，有效恢复长江水生生物多样性。建立健全长江流域水生态环境考核评价制度并抓好组织实施。加强太湖、巢湖、滇池等重要湖泊蓝藻水华防控，开展河湖水生植被恢复、氮磷通量监测等试点。到 2025 年，长江流域总体水质保持为优，干流水质稳定达到Ⅱ类，重要河湖生态用水得到有效保障，水生态质量明显提升。

（十七）着力打好黄河生态保护治理攻坚战。全面落实以水定城、以水定地、以水定人、以水定产要求，实施深度节水控水行动，严控高耗水行业发展。维护上游水源涵养功能，推动以草定畜、定牧。加强中游水土流失治理，开展汾渭平原、河套灌区等农业面源污染治理。实施黄河三角洲湿地保护修复，强化黄河河口综合治理。加强沿黄河城镇污水处理设施及配套管网建设，开展黄河流域“清废行动”，基本完成尾矿库污染治理。到 2025 年，黄河干流上中游（花园口以上）水质达到Ⅱ类，干流及主要支流生态流量得到有效保障。

（十八）巩固提升饮用水安全保障水平。加快推进城市水源地规范化建设，加强农村水源地保护。基本完成乡镇级水源保护区划定、立标并开展环境问题排查整治。保障南水北调等重大输水工程水质安全。到 2025 年，全国县级及以上城市集中式饮用水水源水质达到或优于Ⅲ类比例总体高于 93%。

（十九）着力打好重点海域综合治理攻坚战。巩固深化渤海综合治理成果，实施长江口—杭州湾、珠江口邻近海域污染防治行动，“一湾一策”实施重点海湾综合治理。深入推进入海河流断面水质改善、沿岸直排海污染源整治、海水养殖环境治理，加强船舶港口、海洋垃圾等污染防治。推进重点海域生态系统保护修复，加强海洋伏季休渔监管执法。推进海洋环境风险排查整治和应急能力建设。到 2025 年，重点海域水质优良比例比 2020 年提升 2 个百分点左右，省控及以上河流入海断面基本消除劣Ⅴ类，滨海湿地和岸线得到有效保护。

（二十）强化陆域海域污染协同治理。持续开展入河入海排污口“查、测、溯、治”，到 2025 年，基本完成长江、黄河、渤海及赤水河等长江重要支流排污口整治。完善水污染防治流域协同机制，深化海河、辽河、淮河、松花江、珠江等重点流域综合治理，推进重要湖泊污染防治和生态修复。沿海城市加强固定污染源总氮排放控制和面源污染治理，实施入海河流总氮削减工程。建成一批具有全国示范价值的美丽河湖、美丽海湾。

五、深入打好净土保卫战

（二十一）持续打好农业农村污染治理攻坚战。注重统筹规划、有效衔接，因地制宜推进农村厕所革命、生活污水治理、生活垃圾治理，基本消除较大面积的农村黑臭水体，改善农村人居环境。实施化肥农药减量增效行动和农膜回收行动。加强种养结合，整县推进畜禽粪污资源化利用。规范工厂化水产养殖尾水排污口设置，在水产养殖主产区推进养殖尾水治理。到 2025 年，农村生活污水治理率达到 40%，化肥农药利用率达到 43%，全国畜禽粪污综合利用率达到 80% 以上。

（二十二）深入推进农用地土壤污染防治和安全利用。实施农用地土壤镉等重金属污染源头防治行动。依法推行农用地分类管理制度，强化受污染耕地安全利用和风险管控，受污染耕地集中的县级行政区开展污染溯源，因地制宜制定实施安全利用方案。在土壤污染面积较大的 100 个县级行政区推进农用地安全利用示范。严格落实粮食收购和销售出库质量安全检验制度和追溯制度。到 2025 年，受污染耕地安全利用率达到 93% 左右。

（二十三）有效管控建设用地土壤污染风险。严格建设用地土壤污染风险管控和修复名录内地块的准入管理。未依法完成土壤污染状况调查和风险评估的地块，不得开工建设与风险管控和修复无关的项目。从严管控农药、化工等行业的重度污染地块规划用途，确需开发利用的，鼓励用于拓展生态空间。完成重点地区危险化学品生产企业搬迁改造，推进腾退地块风险管控和修复。

（二十四）稳步推进“无废城市”建设。健全“无废城市”建设相关制度、技术、市场、监管体系，推进城市固体废物精细化管理。“十四五”时期，推进 100 个左右地级及以上城市开展“无废城市”建设，鼓励有条件的省份全域推进“无废城市”建设。

（二十五）加强新污染物治理。制定实施新污染物治理行动方案。针对持久性有机污染物、内分泌干扰物等新污染物，实施调查监测和环境风险评估，建立健全有毒有害化学物质环境风险管理制度，强化源头准入，动态发布重点管控新污染物清单及其禁止、限制、限排等环境风险管控措施。

（二十六）强化地下水污染协同防治。持续开展地下水环境状况调查评估，划定地下水型饮用水水源补给区并强化保护措施，开展地下水污染防治重点区划定及污染风险管控。健全分级分类的地下水环境监测评价体系。实施水土环境风险协同防控。在地表水、地下水交互密切的典型地区开展污染综合防治试点。

六、切实维护生态环境安全

（二十七）持续提升生态系统质量。实施重要生态系统保护和修复重大工程、山水林田湖草沙一体化保护和修复工程。科学推进荒漠化、石漠化、水土流失综合治理和历史遗留矿山生态修复，开展大规模国土绿化行动，实施河口、海湾、滨海湿地、典型海洋生态系统保护修复。推行草原森林河流湖泊休养生息，加强黑土地保护。有效应对气候变化对冰冻圈融化的影响。推进城市生态修复。加强生态保护修复监督评估。到 2025 年，森林覆盖率达到 24.1%，草原综合植被盖度稳定在 57% 左右，湿地保护率达到 55%。

（二十八）实施生物多样性保护重大工程。加快推进生物多样性保护优先区域和国家重大战略区域调查、观测、评估。完善以国家公园为主体的自然保护地体系，构筑生物多样性保护网络。加大珍稀濒危野生动植物保护拯救力度。加强生物遗传资源保护和管理，严格外来入侵物种防控。

（二十九）**强化生态保护监管**。用好第三次全国国土调查成果，构建完善生态监测网络，建立全国生态状况评估报告制度，加强重点区域流域海域、生态保护红线、自然保护地、县域重点生态功能区等生态状况监测评估。加强自然保护地和生态保护红线监管，依法加大生态破坏问题监督和查处力度，持续推进“绿盾”自然保护地强化监督专项行动。深入推动生态文明建设示范创建、“绿水青山就是金山银山”实践创新基地建设和美丽中国地方实践。

（三十）**确保核与辐射安全**。坚持安全第一、质量第一，实行最严格的安全标准和最严格的监管，持续强化在建和运行核电厂安全监管，加强核安全监管制度、队伍、能力建设，督促营运单位落实全面核安全责任。严格研究堆、核燃料循环设施、核技术利用等安全监管，积极稳妥推进放射性废物、伴生放射性废物处置，加强电磁辐射污染防治。强化风险预警监测和应急响应，不断提升核与辐射安全保障能力。

（三十一）**严密防控环境风险**。开展涉危险废物涉重金属企业、化工园区等重点领域环境风险调查评估，完成重点河流突发水污染事件“一河一策一图”全覆盖。开展涉铊企业排查整治行动。加强重金属污染防控，到2025年，全国重点行业重点重金属污染物排放量比2020年下降5%。强化生态环境与健康管理。健全国家环境应急指挥平台，推进流域及地方环境应急物资库建设，完善环境应急管理体系。

七、提高生态环境治理现代化水平

（三十二）**全面强化生态环境法治保障**。完善生态环境保护法律法规和适用规则，在法治轨道上推进生态环境治理，依法对生态环境违法犯罪行为严惩重罚。推进重点区域协同立法，探索深化区域执法协作。完善生态环境标准体系，鼓励有条件的地方制定出台更加严格的标准。健全生态环境损害赔偿制度。深化环境信息依法披露制度改革。加强生态环境保护法律宣传普及。强化生态环境行政执法与刑事司法衔接，联合开展专项行动。

（三十三）**健全生态环境经济政策**。扩大环境保护、节能节水等企业所得税优惠目录范围，完善绿色电价政策。大力发展绿色信贷、绿色债券、绿色基金，加快发展气候投融资，在环境高风险领域依法推行环境污染强制责任保险，强化对金融机构的绿色金融业绩评价。加快推进排污权、用能权、碳排放权市场化交易。全面实施环保信用评价，发挥环境保护综合名录的引导作用。完善市场化多元化生态保护补偿，推动长江、黄河等重要流域建立全流域生态保护补偿机制，建立健全森林、草原、湿地、沙化土地、海洋、水流、耕地等领域生态保护补偿制度。

（三十四）完善生态环境资金投入机制。各级政府要把生态环境作为财政支出的重点领域，把生态环境资金投入作为基础性、战略性投入予以重点保障，确保与污染防治攻坚任务相匹配。加快生态环境领域省以下财政事权和支出责任划分改革。加强有关转移支付分配与生态环境质量改善相衔接。综合运用土地、规划、金融、税收、价格等政策，引导和鼓励更多社会资本投入生态环境领域。

（三十五）实施环境基础设施补短板行动。构建集污水、垃圾、固体废物、危险废物、医疗废物处理处置设施和监测监管能力于一体的环境基础设施体系，形成由城市向建制镇和乡村延伸覆盖的环境基础设施网络。开展污水处理厂差别化精准提标。优先推广运行费用低、管护简便的农村生活污水治理技术，加强农村生活污水处理设施长效化运行维护。推动省域内危险废物处置能力与产废情况总体匹配，加快完善医疗废物收集转运处置体系。

（三十六）提升生态环境监管执法效能。全面推行排污许可“一证式”管理，建立基于排污许可证的排污单位监管执法体系和自行监测监管机制。建立健全以污染源自动监控为主的非现场监管执法体系，强化关键工况参数和用水用电等控制参数自动监测。加强移动源监管能力建设。深入开展生活垃圾焚烧发电行业达标排放专项整治。全面禁止进口“洋垃圾”。依法严厉打击危险废物非法转移、倾倒、处置等环境违法犯罪，严肃查处环评、监测等领域弄虚作假行为。

（三十七）建立完善现代化生态环境监测体系。构建政府主导、部门协同、企业履责、社会参与、公众监督的生态环境监测格局，建立健全基于现代感知技术和大数据技术的生态环境监测网络，优化监测站网布局，实现环境质量、生态质量、污染源监测全覆盖。提升国家、区域流域海域和地方生态环境监测基础能力，补齐细颗粒物和臭氧协同控制、水生态环境、温室气体排放等监测短板。加强监测质量监督检查，确保数据真实、准确、全面。

（三十八）构建服务型科技创新体系。组织开展生态环境领域科技攻关和技术创新，规范布局建设各类创新平台。加快发展节能环保产业，推广生态环境整体解决方案、托管服务和第三方治理。构建智慧高效的生态环境管理信息化体系。加强生态环境科技成果转化服务，组织开展百城千县万名专家生态环境科技帮扶行动。

八、加强组织实施

（三十九）加强组织领导。全面加强党对生态环境保护工作的领导，进一步完善中央统筹、省负总责、市县抓落实的攻坚机制。强化地方各级生态环境保护议事协调机制作用，研究推动解决本地区生态环境保护重要问题，加强统筹协调，形成工作合力，确保日常工作机构有场所、有人员、有经费。加快构建减污降碳一体谋划、一体部署、一体推进、一体考核的制度机制。研究制定强化地方党政领导干部生态环境保护责任有关措施。

（四十）**强化责任落实**。地方各级党委和政府要坚决扛起生态文明建设政治责任，深入打好污染防治攻坚战，把解决群众身边的生态环境问题作为“我为群众办实事”实践活动的重要内容，列出清单、建立台账，长期坚持、确保实效。各有关部门要全面落实生态环境保护责任，细化实化污染防治攻坚政策措施，分工协作、共同发力。各级人大及其常委会加强生态环境保护立法和监督。各级政协加大生态环境保护专题协商和民主监督力度。各级法院和检察院加强环境司法。生态环境部要做好任务分解，加强调度评估，重大情况及时向党中央、国务院报告。

（四十一）**强化监督考核**。完善中央生态环境保护督察制度，健全中央和省级两级生态环境保护督察体制，将污染防治攻坚战任务落实情况作为重点，深化例行督察，强化专项督察。深入开展重点区域、重点领域、重点行业监督帮扶。继续开展污染防治攻坚战成效考核，完善相关考核措施，强化考核结果运用。

（四十二）**强化宣传引导**。创新生态环境宣传方式方法，广泛传播生态文明理念。构建生态环境治理全民行动体系，发展壮大生态环境志愿服务力量，深入推动环保设施向公众开放，完善生态环境信息公开和有奖举报机制。积极参与生态环境保护国际合作，讲好生态文明建设“中国故事”。

（四十三）**强化队伍建设**。完善省以下生态环境机构监测监察执法垂直管理制度，全面推进生态环境监测监察执法机构能力标准化建设。将生态环境保护综合执法机构列入政府行政执法机构序列，统一保障执法用车和装备。持续加强生态环境保护铁军建设，锤炼过硬作风，严格对监督者的监督管理。注重选拔在生态文明建设和生态环境保护工作中敢于负责、勇于担当、善于作为、实绩突出的干部。按照有关规定表彰在污染防治攻坚战中成绩显著、贡献突出的先进单位和个人。

国务院国资委
关于印发《关于推进中央企业高质量发展做好碳达峰碳中和工作的指导意见》的通知

国资发科创〔2021〕93号

各中央企业，驻委纪检监察组，委内各厅局，各直属单位、直管协会：

现将《关于推进中央企业高质量发展做好碳达峰碳中和工作的指导意见》印发给你们，请结合实际认真贯彻落实。

国资委

2021年11月27日

关于推进中央企业高质量发展做好碳达峰碳中和工作的指导意见

实现碳达峰、碳中和，是以习近平同志为核心的党中央统筹国内国际两个大局作出的重大战略决策，对我国实现高质量发展、全面建设社会主义现代化强国具有重要意义。中央企业在关系国家安全与国民经济命脉的重要行业和关键领域占据重要地位，同时也是我国碳排放的重点单位，应当在推进国家碳达峰、碳中和中发挥示范引领作用。为深入贯彻落实党中央、国务院关于碳达峰、碳中和的决策部署，指导中央企业做好碳达峰、碳中和工作，现提出如下意见：

一、总体要求

（一）指导思想。

以习近平新时代中国特色社会主义思想为指导，全面贯彻党的十九大和十九届二中、三中、四中、五中、六中全会精神，深入贯彻习近平生态文明思想，立足新发展阶段，完整、准确、全面贯彻新发展理念，构建新发展格局，坚持系统观念，处理好发展和减排、整体和局部、短期和中长期的关系，把碳达峰、碳中和纳入国资央企发展全局，着力布局优化和结构调整，着力深化供给侧结构性改革，着力降强度控总量，着力科技和制度创新，加快中央企业绿色低碳转型和高质量发展，有力支撑国家如期实现碳达峰、碳中和。

（二）基本原则。

坚持系统谋划、统筹推进。加强统筹协调，健全激励约束机制，明确总体目标和实施路径，贯穿到企业生产经营全过程和各环节，加快构建有利于碳达峰、碳中和的国有经济布局和结构。鼓励有条件的中央企业率先达峰。

坚持节约优先、源头减碳。把节约能源资源放在首位，提升利用效率，优化能源结构，供给侧和需求侧两端同时发力，大力推进绿色低碳转型升级，持续降低单位产出能源资源消耗和碳排放，从源头减少二氧化碳排放。

坚持创新驱动、科技引领。充分发挥中央企业创新主体作用，强化科技创新和制度创新，突破绿色低碳关键核心技术，提升高质量绿色产品服务供给能力，加速绿色低碳关键技术产品推广应用。

坚持立足实际、稳妥有序。统筹发展与安全，立足我国能源资源禀赋和企业实际，以保障国家能源安全和经济发展为底线，加强风险研判和应对，着力化解各类风险隐患，确保安全降碳。

二、主要目标

到2025年，中央企业产业结构和能源结构调整优化取得明显进展，重点行业能源利用效率大幅提升，新型电力系统加快构建，绿色低碳技术研发和推广应用取得积极进展；中央企业万元产值综合能耗比2020年下降15%，万元产值二氧化碳排放比2020年下降18%，可再生能源发电装机比重达到50%以上，战略性新兴产业营收比重不低于30%，为实现碳达峰奠定坚实基础。

到2030年，中央企业全面绿色低碳转型取得显著成效，产业结构和能源结构调整取得重大进展，重点行业企业能源利用效率接近世界一流企业先进水平，绿色低碳技术取得重大突破，绿色低碳产业规模与比重明显提升，中央企业万元产值综合能耗大幅下降，万元产值二氧化碳排放比2005年下降65%以上，中央企业二氧化碳排放量整体达到峰值并实现稳中有降，有条件的中央企业力争碳排放率先达峰。

到2060年，中央企业绿色低碳循环发展的产业体系和清洁低碳安全高效的能源体系全面建立，能源利用效率达到世界一流企业先进水平，形成绿色低碳核心竞争优势，为国家顺利实现碳中和目标作出积极贡献。

三、推动绿色低碳转型发展

（一）强化国有资本绿色低碳布局。

服务国家绿色低碳发展战略，把绿色低碳发展理念完整、准确、全面贯彻到国资国企改革发展全过程和各领域，深入推进供给侧结构性改革，构建有利于国家实现碳达峰、碳中和的国有经济布局和结构。调整国有资本存量结构，加快清理处置不符合绿色低碳标准要求的资产和企业，深入推进战略性重组和专业化整合。优化国有资本增量投向，加大绿色低碳投资，充分发挥投资引导作用，推动国有资本增量向绿色低碳和前瞻性战略性新兴产业集中。

（二）强化绿色低碳发展规划引领。

将碳达峰、碳中和目标要求全面融入中央企业中长期发展规划。加强与各级各类规划的衔接协调，确保企业落实碳达峰、碳中和的主要目标、发展方向、重大项目与各方面部署要求协调一致。中央企业根据自身情况制定碳达峰行动方案，提出符合实际、切实可行的碳达峰时间表、路线图、施工图，积极开展碳中和实施路径研究，发挥示范引领作用。

（三）加快形成绿色低碳生产方式。

大力推动中央企业节能减排，建立资源循环型产业体系，全面提高能源资源利用效率。推进工业绿色升级，全面实施重点行业清洁生产提升改造、绿色化改造，鼓励建设厂房集约化、原料无害化、生产洁净化、废物资源化、能源低碳化的绿色工厂。支持中央企业通过项目合作、产业共建、搭建联盟等市场化方式引领各类市场主体绿色低碳发展，构建绿色低碳供应链体系。鼓励节能低碳和环境服务等新业态发展和模式创新。

（四）发挥绿色低碳消费引领作用。

扩大中央企业绿色低碳产品和服务的有效供给。推进产品绿色设计，强化产品全生命周期绿色管理，落实生产者责任延伸制。鼓励和推动绿色低碳产品和服务认证管理，鼓励企业发布绿色低碳产品名单。带头执行企业绿色采购指南，全面推行绿色低碳办公，倡导绿色低碳生活方式和消费模式。企业新建公共建筑要全面执行绿色低碳建筑标准，既有公共建筑要加快节能改造。

（五）积极开展绿色低碳国际交流合作。

推动中央企业强化绿色低碳经贸、技术国际交流合作。中央企业大力发展高质量、高技术、高附加值的绿色产品贸易，推动绿色低碳产品、服务和标准“走出去”，严格管理高耗能高排放产品出口。服务绿色“一带一路”倡议建设，深化与共建“一带一路”倡议国家和地区在绿色基建、绿色能源、绿色金融、绿色技术等领域的合作，优先采用低碳、节能、环保、绿色的材料与技术工艺，提高境外项目环境可持续性，打造绿色、包容的“一带一路”倡议合作伙伴关系。

四、建立绿色低碳循环产业体系

（一）坚决遏制高耗能高排放项目盲目发展。

中央企业要严控高耗能高排放项目，优化高耗能高排放项目产能规模和布局，实施台账管理、动态监控、分类处置。科学稳妥推进拟建项目，新建、扩建钢铁、水泥、平板玻璃、电解铝等高耗能高排放项目严格落实等量或减量置换，严格执行煤电、石化、煤化工等产能控制政策。深入挖掘存量项目潜力，加快实施改造升级，推动能效水平应提尽提，力争全面达到国内乃至国际先进水平。坚决关停不符合有关政策要求的高耗能高排放项目。

（二）推动传统产业转型升级。

坚持化解产能与产业升级相结合，巩固钢铁、煤炭去产能成果，加快淘汰落后产能。全面建设绿色制造体系，加快推进煤电、钢铁、有色金属、建材、石化化工、造纸等工业行业低碳工艺革新和数字化转型，提高工业电气化水平，促进绿色电力消费，提高能源资源利用效率。持续推进电子材料、电子整机产品制造绿色低碳工艺创新应用，显著降低制造能耗。提升建筑行业绿色低碳发展水平，全面推行绿色建造工艺和绿色低碳建材，推动建材减量化、循环化利用，推进超低能耗、近零能耗、低碳建筑规模化发展。打造绿色低碳综合交通运输体系，调整优化运输结构，积极推动大宗货物和中长距离货物运输“公转铁”“公转水”，推动交通领域电气化、智能化，推广节能和新能源载运工具及配套设施设备。加快商贸流通、信息服务等服务业绿色低碳转型，加快绿色数据中心建设。

（三）大力发展绿色低碳产业。

鼓励中央企业抢占绿色低碳发展先机，推动战略性新兴产业融合化、集群化、生态化发展。加快发展新一代信息技术、生物技术、新能源、新材料、高端装备、新能源汽车、绿色环保以及航空航天、海洋装备等战略性新兴产业。推动互联网、大数据、人工智能、5G等新兴技术与绿色低碳产业深度融合。进一步提升绿色环保产业发展质量效益，培育具有国际竞争力的大型绿色环保企业集团，培育综合能源服务、合同能源管理、第三方环境污染治理、碳排放管理综合服务等新业态新模式。

（四）加快构建循环经济体系。

中央企业要以减量化、再利用、资源化为重点，着力构建资源循环型产业体系。推动企业循环式生产、产业循环式组合，促进废物综合利用、能源梯级利用、余热余压余能利用、水资源循环使用，重点拓宽大宗工业固体废物、建筑垃圾等的综合利用渠道和利用规模，开展示范工程建设。推动再制造产业高质量发展，提升汽车零部件、工程机械、机床等再制造水平，鼓励企业广泛推广应用再制造产品和服务。支持有条件的企业积极参与城市生活垃圾协同处置。提升再生资源加工利用水平，推动废钢铁、废有色金属、废塑料、废旧动力电池等再生资源规模化、规范化、清洁化利用。

五、构建清洁低碳安全高效能源体系

（一）加快提升能源节约利用水平。

中央企业要统筹好“控能”和“控碳”的关系，坚持节约优先发展战略，强化能源消费总量和强度双控，严格能耗强度和碳排放强度约束性指标管理，探索增强能耗总量管理弹性，合理控制能源消费总量。健全能耗双控管理措施，严格落实建设项目节能评估审查要求，加快实施节能降碳重点工程，推进重点用能设备节能增效。加强产业规划布局、重大项目建设与能耗双控政策的有效衔接，推动能源资源配置更加合理、利用效率大幅提高。

（二）加快推进化石能源清洁高效利用。

中央企业要推进煤炭消费转型升级，严格合理控制煤炭消费增长。统筹煤电发展和保供调峰，严格控制煤电装机规模，根据发展需要合理建设先进煤电，继续有序淘汰落后煤电，加快现役机组节能升级和灵活性改造，推动煤电向基础保障性和系统调节性电源转型。支持企业探索利用退役火电机组的既有厂址和相关设施建设新型储能设施。推进其他重点用煤行业减煤限煤，有序推进煤炭替代和煤炭清洁利用。严控传统煤化工产能，稳妥有序发展现代煤化工，提高煤炭作为化工原料的综合利用效能，促进煤化工产业高端化、多元化、低碳化发展，积极发展煤基特种燃料、煤基生物可降解材料等。加快推进绿色智能煤矿建设，鼓励利用废弃矿区开展新能源及储能项目开发建设，加大对煤炭企业退出和转型发展以及从业人员的扶持力度。提升油气田清洁高效开采能力，加快页岩气、煤层气、致密油气等非常规油气资源规模化开发，鼓励油气企业利用自有建设用地发展可再生能源以及建设分布式能源设施，在油气田区域建设多能互补的区域供能系统。推动炼化企业转型升级，严控炼油产能，有序推进减油增化，优化产品结构。鼓励传统加油站、加气站建设油气电氢一体化综合交通能源服务站。

（三）加快推动非化石能源发展。

优化非化石能源发展布局，不断提高非化石能源业务占比。完善清洁能源装备制造产业链，支撑清洁能源开发利用。全面推进风电、太阳能发电大规模、高质量发展，因地制宜发展生物质能，探索深化海洋能、地热能等开发利用。坚持集中式与分布式并举，优先推动风能、太阳能就地就近开发利用，加快智能光伏产业创新升级和特色应用。因地制宜开发水电，推动已纳入国家规划、符合生态环保要求的水电项目开工建设。积极安全有序发展核电，培育高端核电装备制造产业集群。稳步构建氢能产业体系，完善氢能制、储、输、用一体化布局，结合工业、交通等领域典型用能场景，积极部署产业链示范项目。加大先进储能、温差能、地热能、潮汐能等新兴能源领域前瞻性布局力度。

（四）加快构建以新能源为主体的新型电力系统。

着力提升供电保障能力，提高电网对高比例可再生能源的消纳和调控能力，确保大电网安全稳定运行。加强源网荷储协同互动，着力提升电力系统灵活调节能力。加快实施煤电灵活性改造，推进自备电厂参与电力系统调节。高质量建设核心骨干网架，鼓励建设智慧能源系统和微电网。强化用电需求侧响应，推动中央企业积极参与虚拟电厂试点和实施。加快推进生态友好、条件成熟、指标优越的抽水蓄能电站建设，积极推进在建项目建设，结合地方规划积极开展中小型抽水蓄能建设，探索推进水电梯级融合改造，发展抽水蓄能现代化产业。推动高安全、低成本、高可靠、长寿命的新型储能技术研发和规模化应用。健全源网荷储互动技术应用架构和标准规范，建设源网荷储协同互动调控平台，塑造多元主体广泛参与的共建共享共赢产业生态。

六、强化绿色低碳技术科技攻关和创新应用

（一）加强绿色低碳技术布局与攻关。

充分发挥中央企业创新主体作用，支持中央企业加快绿色低碳重大科技攻关，积极承担国家绿色低碳重大科技项目，力争在低碳零碳负碳先进适用技术方面取得突破。布局化石能源绿色智能开发和清洁低碳利用、新型电力系统、零碳工业流程再造等低碳前沿技术攻关，深入开展智能电网、抽水蓄能、先进储能、高效光伏、大容量风电、绿色氢能、低碳冶金、现代煤化工、二氧化碳捕集利用与封存等关键技术攻关，鼓励加强产业共性基础技术研

究，加快碳纤维、气凝胶等新型材料研发应用。加强绿色氢能示范验证和规模应用，推动建设低成本、全流程、集成化、规模化的二氧化碳捕集利用与封存示范项目。

（二）**打造绿色低碳科技创新平台**。

聚焦先进核能、绿色低碳电力装备、新型电力系统、新能源汽车及智能（网联）汽车等重点领域，推动中央企业布局建设一批原创技术策源地，强化原创技术供给，加速创新要素集聚。推进创新主体协同，鼓励中央企业积极承建或参与绿色低碳技术领域国家重点实验室、国家技术创新中心等平台建设，加强行业共性技术问题的应用研究，发挥行业引领示范作用。支持中央企业整合企业、高校、科研院所、产业园区等力量，在绿色低碳技术领域建立体系化、任务型创新联合体，整合创新资源，加强创新合作，打造绿色低碳产业技术协同创新平台。

（三）**强化绿色低碳技术成果应用**。

支持中央企业加快绿色低碳新技术、新工艺、新装备应用，有效支撑中央企业"碳达峰、碳中和"目标实现。研究实施绿色低碳技术重大创新成果考核奖励，激励中央企业扩大绿色低碳首台（套）装备和首批次新材料应用。推动中央企业实施绿色低碳领域重大科技成果产业化示范工程，发挥重大工程牵引带动作用，与有条件的地方和科技园区协同联动，推动绿色低碳重大先进技术成果示范应用，带动产业链上下游各类企业推广应用先进成熟技术。

七、建立完善碳排放管理机制

（一）**提升碳排放管理能力**。

推动中央企业建立健全碳排放统计、监测、核查、报告、披露等体系。提高统计监测能力，加强重点单位能耗在线监测系统建设。加强二氧化碳排放统计核算能力建设，提升信息化实测水平。科学开展碳排放盘查工作，建立健全碳足迹评估体系，强化产品全生命周期碳排放精细化管理，重点排放单位严格落实温室气体排放报告编制及上报要求。创新人才培养机制，组织开展碳减排、碳管理、碳交易等专业化、系统化培训，打造一支高水平的专业人才队伍。

（二）**提升碳交易管理能力**。

鼓励中央企业加快建立完善碳交易管理机制，严格落实碳排放权交易有关会计处理规定，加强对购入碳排放配额的资产管理。支持有条件的企业设立专业碳交易管理机构，建立企业碳交易管理信息系统，强化碳市场分析、碳配额管理、排放报告编制、碳交易运作等工作。积极参加全国和区域碳排放权交易，严格执行碳排放权交易有关管理规定，按要求开展排放权交易及配额清缴。积极培育新产品与新业务，开发碳汇项目与国家核证自愿减排量（CCER）项目。完善国有资产监管信息平台，建立中央企业碳交易信息共享共用机制，发挥协同效应。

（三）**提升绿色金融支撑能力**。

积极发展绿色金融，有序推进绿色低碳金融产品和服务开发，拓展绿色信贷、绿色债券、绿色基金、绿色保险业务范围，积极探索碳排放权抵押贷款等绿色信贷业务。支持符合条件的绿色低碳产业企业上市融资和再融资。鼓励有条件的企业发起设立低碳基金，推动绿色低碳产业项目落实。

八、切实加强组织实施

（一）加强组织领导

国资委成立碳达峰、碳中和工作领导小组，全面统筹推进中央企业碳达峰、碳中和工作。中央企业建立相应领导机构，企业主要负责同志是本企业碳达峰、碳中和工作第一责任人，其他有关负责同志在职责范围内承担相应责任。将碳达峰、碳中和作为干部教育培训体系重要内容，增强各级领导干部抓好绿色低碳发展的本领。

（二）加强统筹协调

国资委加强对企业落实进展情况的跟踪评估和督促检查，统筹各方面资源，充分发挥行业协会作用，协调解决企业实施工作中遇到的重大问题。各中央企业集团公司要结合实际制定具体实施方案，明确工作目标，分解具体任务，压实工作责任，坚决杜绝“运动式”减碳，确保如期高质量完成目标任务。

（三）加强考核约束

国资委将碳达峰、碳中和工作纳入中央企业考核评价体系，对工作成效突出的企业予以表彰奖励。对落实党中央、国务院决策部署不力、未完成目标的企业实行通报批评和约谈，对造成严重不良影响的，严肃追责问责。中央企业要建立健全企业内部碳达峰、碳中和工作监督考核机制，有关贯彻落实情况每年向国资委报告。

（四）加强重点推动

以煤电、钢铁、有色金属、建材、石化化工等排放量大的行业企业为重点，加强政策指导，加大推动力度，支持有条件的中央企业率先实现碳达峰。鼓励企业积极开展绿色低碳先行示范，培育示范企业，打造示范园区，探索并推广有效模式和有益经验。

（五）加强宣传引导

及时总结提炼促进碳减排的先进做法、成功经验、典型模式并加以推广，积极宣传中央企业应对气候变化的举措、成效，善于用案例讲好应对气候变化的央企故事，彰显中央企业责任担当。

生态环境部、国家发展和改革委员会令

第22号

《民用核设施操作人员资格管理规定》已于2020年12月25日由生态环境部部务会议审议通过，并经国家发展和改革委员会同意，现予公布，自2021年7月1日起施行。

生态环境部部长　黄润秋

发展改革委主任　何立峰

2021年1月27日

民用核设施操作人员资格管理规定

第一章　总　则

第一条　为了加强民用核设施（以下简称核设施）操作人员的资格管理，根据《中华人民共和国核安全法》《中华人民共和国民用核设施安全监督管理条例》等有关法律法规，制定本规定。

第二条　本规定适用于下列核设施操作人员（以下简称操作人员）的执照申请、培训、考核、颁发，以及相关监督管理工作：

（一）核电厂、核热电厂、核供汽供热厂等核动力厂及装置（以下统称核动力厂）；

（二）核动力厂以外的研究堆、实验堆、临界装置等其他反应堆（以下统称研究堆）；

（三）核燃料后处理生产设施（以下统称后处理设施）。

本规定所称操作人员，是指《中华人民共和国核安全法》《中华人民共和国民用核设施安全监督管理条例》等法律法规规定的核设施操纵人员或者核设施操纵员，即在核设施主控室中担任操作或者指导他人操作核设施控制系统工作的运行值班人员。

第三条　操作人员应当按照本规定申请《操作员执照》或者《高级操作员执照》（以下统称执照）。

持有《操作员执照》的人员方可担任操作核设施控制系统的工作；持有《高级操作员执照》的人员方可担任操作或者指导他人操作核设施控制系统的工作。

申请执照人员，需要使用核设施控制系统进行操作培训的，应当取得核设施营运单位临时授权并在操作人员监护下方可进行。核设施营运单位和进行监护的操作人员对上述培训人员的活动负责。

第四条　国务院核安全监督管理部门负责批准颁发执照，组织研究堆和后处理设施操作人员执照培训和考核，对操作人员资格有关工作进行监督管理。

国务院能源主管部门负责组织核动力厂操作人员执照培训和考核。

第五条　对核设施营运单位实施控股管理的企业集团（以下简称企业集团）应当承担或者委托有能力的核设施营运单位承担执照申请、培训和考核工作。

无前款所称企业集团的核设施营运单

位具备能力的，可以自行承担前款相关工作；没有能力的，应当委托有能力的单位承担。

第六条 核设施营运单位应当聘用取得执照的人员从事核设施操作工作，加强岗位管理。

第二章 申请与颁发

第七条 申请《操作员执照》的人员应当具备下列条件：

（一）身体健康；

（二）具有中专及以上文化程度，其中核动力厂操作人员应当具有大专及以上文化程度；

（三）经过培训，且考核合格。

第八条 申请《高级操作员执照》的人员应当具备下列条件：

（一）身体健康；

（二）具有大专及以上文化程度；

（三）经过培训，且考核合格；

（四）担任操作员两年以上，且成绩优秀。

申请核动力厂《高级操作员执照》的人员，前款第四项规定的成绩优秀应当包括担任操作员两年内参加运行值班至少一千六百小时的条件。

第九条 申请研究堆和后处理设施执照的人员，由承担执照申请工作的单位组织向国务院核安全监督管理部门提交申请材料。

申请核动力厂执照的人员，应当先参加国务院能源主管部门组织的执照培训和考核，并通过国务院能源主管部门审查后，由承担执照申请工作的单位组织向国务院核安全监督管理部门提交申请材料。

第十条 申请材料应当通过全国一体化在线政务服务平台生态环境部政务服务大厅（网址：http://zwfw.mee.gov.cn，以下简称政务服务大厅）或者邮寄、当面递交等方式提交，包括下列内容：

（一）申请表；

（二）学历证明；

（三）健康检查结果；

（四）培训和考核情况。

申请核动力厂执照的，还应当提交国务院能源主管部门的审查意见；申请《高级操作员执照》的，还应当提交成绩证明材料。

申请材料应当真实、准确、完整。

第十一条 国务院核安全监督管理部门对收到的申请材料进行审查。

申请材料不齐全或者不符合法定形式的，应当在五个工作日内一次告知需要补正的全部内容；逾期不告知的，自收到申请材料之日起即视为受理。

申请材料齐全、符合法定形式，或者按照要求提交全部补正申请材料的，应当在五个工作日内受理申请。

第十二条 国务院核安全监督管理部门组织对受理的申请进行技术审查。

技术审查应当委托与承担执照申请工作的单位没有利益关系的技术支持单位进行。受委托的技术支持单位应当对其审查意见的真实性、准确性负责。

技术审查过程中，国务院核安全监督

管理部门或者受委托的技术支持单位可以根据需要要求提交必要的支持性材料。

第十三条 国务院核安全监督管理部门在技术审查完成之日起二十日内作出是否批准颁发执照的决定。执照包括下列内容：

（一）持照人员身份信息；

（二）所在核设施营运单位；

（三）执照种类；

（四）核设施名称；

（五）执照有效期；

（六）执照编号。

第十四条 执照有效期为五年。

执照有效期届满拟继续从事核设施操作工作的人员，应当在执照有效期届满三个月前申请延续执照。

第十五条 延续申请材料应当通过政务服务大厅或者邮寄、当面递交等方式提交，包括下列内容：

（一）延续申请表；

（二）执照有效期内健康检查结果；

（三）再培训和延续考核情况。

申请延续核动力厂执照的，还应当提交国务院能源主管部门的审查意见。

第十六条 国务院核安全监督管理部门应当自受理延续申请之日起，在执照有效期届满前完成审查，符合条件的予以延续，换发新执照；不符合条件的，不予延续。

第十七条 执照有效期内拟转至执照载明的核设施以外的其他核设施继续从事核设施操作工作的人员，应当在执照有效期内申请变更执照。

第十八条 变更申请材料应当通过政务服务大厅或者邮寄、当面递交等方式提交，包括下列内容：

（一）变更申请表；

（二）执照有效期内健康检查结果；

（三）差异性培训和变更考核情况。

申请变更核动力厂执照的，还应当提交国务院能源主管部门的审查意见。

国务院核安全监督管理部门应当及时进行审查，符合条件的予以变更，换发新执照；不符合条件的，不予变更。

第十九条 有下列情形之一的人员，不得申请执照：

（一）被吊销执照的人员，自执照吊销之日起未满三年的；

（二）按照本规定第三十八条、第三十九条的规定，受到不得申请执照的处理，期限尚未届满的。

第三章 培训与考核

第二十条 申请执照的人员应当按照本规定的要求完成培训并通过申请考核。

前款所指申请考核包括笔试、口试和操作考试。

第二十一条 申请《操作员执照》的人员应当培训和考核下列知识技能：

（一）核设施的基础理论、系统设备、辐射防护等相关知识；

（二）核设施的运行技术规格书等操作知识；

（三）操作核设施控制系统的能力。

第二十二条 申请《高级操作员执照》的人员应当培训和考核下列知识技能：

（一）本规定第二十一条规定的知识技能；

（二）核设施运行管理知识；

（三）指导他人操作核设施控制系统的能力。

第二十三条 申请延续执照的人员应当完成规定的再培训并通过延续考核，保持应当具备的知识技能并掌握核设施经验反馈、技术变更等情况。

申请延续执照的人员，执照有效期内工作成绩符合规定的，可以免予笔试，仅参加口试和操作考试；其中核动力厂操作人员的工作成绩中应当包括参加运行值班至少两千小时的条件。

第二十四条 申请变更执照的人员应当根据拟转至核设施与原所在核设施对操作人员知识技能要求的差异，完成规定的差异性培训并通过变更考核。变更考核包括差异性笔试、口试和操作考试。

无法实施差异性培训和变更考核的，应当重新申请执照。

第二十五条 操作人员培训应当按照培训大纲实施，兼顾理论知识与实际操作，注重安全文化和行为规范的培育。

培训大纲由承担培训工作的单位制定，包括培训组织分工、培训内容设置、培训管理评价以及培训资源保障等内容。

核动力厂培训大纲应当由国务院能源主管部门审定。研究堆和后处理设施培训大纲应当由国务院核安全监督管理部门审定。

第二十六条 操作人员考核应当按照考核标准实施。

核动力厂操作人员考核标准由国务院能源主管部门制定，国务院核安全监督管理部门核准。研究堆、后处理设施考核标准由国务院核安全监督管理部门制定。

考核标准应当包括参加考核人员应当具备的条件、考评组织组成原则、考题编制要求、考核评定准则和合格标准等内容。

第二十七条 申请、延续或者变更执照的人员所参加的笔试、口试和操作考试成绩均达到合格标准的，属于考核合格。

第四章 监督与管理

第二十八条 操作人员资格管理有关责任单位应当明确责任部门，合理配置资源，建立并有效实施相关管理制度，严格落实有关要求。

各责任单位主要负责人应当加强对有关责任部门和人员履职情况的督促检查，切实履行管理责任。

第二十九条 操作人员岗位配置应当满足安全运行需要，并在核设施营运单位提交给国务院核安全监督管理部门的最终安全分析报告中予以明确。

第三十条 核设施运行值班负责人应当由具备相关工作经历、成绩优秀的操作人员担任。

核动力厂、Ⅰ类和Ⅱ类研究堆、后处理设施的运行值班负责人应当具有两个以上操作人员岗位工作的经历，且持有《高级操作员执照》。

第三十一条 核设施营运单位应当明确负责核设施运行管理的部门（以下简称

运行部门)。

核动力厂、Ⅰ类和Ⅱ类研究堆、后处理设施运行部门的主要负责人和分管运行的负责人应当具有担任运行值班负责人的经历，且至少一人持有所在核设施《高级操作员执照》。持有《高级操作员执照》的核动力厂运行部门负责人，运行值班应当同时满足下列条件：

（一）每十二个月参加运行值班至少一百小时；

（二）执照有效期内执行或者指导过启动、升降功率、换料运行等重要工作。

Ⅲ类研究堆运行部门的负责人中应当至少有一人持有《操作员执照》或者《高级操作员执照》。

第三十二条 核设施营运单位应当严格操作人员岗位管理，明确岗位职责和任职要求，对操作人员进行岗位授权，合理安排运行值班、培训；对身体健康状况、参加培训情况、运行值班情况等不满足规定要求的操作人员，应当取消其岗位授权。

核动力厂操作人员的运行值班应当同时满足下列条件：

（一）每十二个月参加运行值班至少四百小时；

（二）每六个月参加运行值班至少一百五十小时。

不能同时满足前款规定条件的，核设施营运单位应当取消操作人员岗位授权。

第三十三条 取消岗位授权的操作人员拟重新参加运行值班的，核设施营运单位应当安排必要的补充培训、岗位实践等，经评估合格后方可重新授权。

第三十四条 操作人员应当遵守职业操守和行为规范，杜绝违规操作和弄虚作假，提高知识技能，严格尽职履责。

操作人员存在因饮酒、使用药物等可能影响履行岗位职责情形的，应当及时向所在核设施营运单位报告。核设施营运单位应当根据情况确定该操作人员是否可以参加运行值班。

第三十五条 国务院核安全监督管理部门对操作人员资格管理有关工作进行监督检查。监督检查主要围绕以下事项开展：

（一）培训大纲、培训计划、培训实施等培训管理情况；

（二）考评组织、考核试题、考核实施、考核结果等考核管理情况；

（三）人员配置、授权管理、运行值班等岗位管理情况。

监督检查主要通过文件审查、现场检查、记录确认或者谈话等方式进行，必要时可以抽查复验。

第三十六条 对国务院核安全监督管理部门依法进行的监督检查，被检查单位和人员应当予以配合，如实反映情况，提供必要资料，不得拒绝和阻挠。

第三十七条 操作人员有下列情形之一的，国务院核安全监督管理部门应当依法办理执照注销手续：

（一）因身体健康等原因无法继续满足执照申请条件的；

（二）执照依法被撤销、吊销的；

（三）法律、行政法规规定的应当注销执照的其他情形。

第五章　罚　则

第三十八条　申请执照的人员隐瞒有关情况或者提供虚假材料的，国务院核安全监督管理部门依据《中华人民共和国行政许可法》的有关规定不予受理或者不予许可，并给予警告；被警告人员一年内不得再次申请。

第三十九条　申请执照的人员以欺骗、贿赂等不正当手段取得执照的，由国务院核安全监督管理部门依据《中华人民共和国行政许可法》的有关规定撤销其执照，三年内不得再次申请。

第四十条　操作人员有下列情形之一的，属于《中华人民共和国民用核设施安全监督管理条例》第二十一条第三项规定的“违章操纵”，国务院核安全监督管理部门应当依法予以处罚：

（一）操作人员不符合核安全法律法规和本规定的条件的；

（二）未按照规定程序操作导致后果的，或者虽未导致后果但在工作中未按照程序操作两次以上的；

（三）超出执照范围从事核设施操作工作的。

第四十一条　操作人员资格管理有关责任单位有下列情形之一的，由国务院核安全监督管理部门责令改正，给予警告，并可以处三万元以下的罚款：

（一）执照申请过程中存在弄虚作假，谎报有关资料、事实等行为的；

（二）未按有关规定对操作人员进行岗位授权或者取消岗位授权，或者隐瞒操作人员违章操作的。

第四十二条　核设施营运单位聘用未取得《操作员执照》或者《高级操作员执照》的人员从事核设施操作工作的，依据《中华人民共和国核安全法》的相关规定予以处罚。

对国务院核安全监督管理部门或者其他有关部门依法进行的监督检查，企业集团或者核设施营运单位拒绝、阻挠的，依据《中华人民共和国核安全法》的相关规定予以处罚。

第四十三条　操作人员考核工作人员有下列情形之一的，由国务院核安全监督管理部门、国务院能源主管部门按照职责分工，依据国家有关专业技术人员资格考试违纪违规处理规定，予以处理：

（一）以不正当手段协助他人取得考核资格或者取得执照的；

（二）泄露考务实施工作中应当保密的信息的；

（三）在评阅卷工作中，擅自更改评分标准或者不按评分标准进行评卷的；

（四）指使或者纵容他人作弊，或者参与考场内外串通作弊的；

（五）其他严重违纪违规行为。

第六章　附　则

第四十四条　本规定中下列用语的含义：

（一）核设施控制系统，对于核动力厂和研究堆，是指影响反应堆反应性或者功率水平，或者影响专设安全设施状态的控制设备和装置；对于后处理设施，是指影响核设施物理、化学或者核过程的控制设备和装置。

（二）身体健康，是指体能、感知、表达和情绪等各方面能够满足从事核设施操作工作需要，不存在可能影响履行职责的健康问题，包括但不限于神经系统、心血管系统、内分泌系统、听觉、视觉、精神疾病或者缺陷。健康检查的具体判定由具备条件的医疗机构按照国家有关医学标准实施。

第四十五条 本规定自 2021 年 7 月 1 日起施行。1993 年 12 月 31 日国家核安全局发布的《核电厂操纵人员执照颁发和管理程序》同时废止。

生态环境部关于发布国家生态环境标准《辐射环境监测技术规范》的公告

公告2021年第6号

为贯彻《中华人民共和国环境保护法》《中华人民共和国放射性污染防治法》《中华人民共和国核安全法》，保护生态环境，保障人体健康，规范辐射环境质量监测、监督性监测和应急监测等工作，现批准《辐射环境监测技术规范》为国家生态环境标准，并予发布。

标准名称、编号如下：

《辐射环境监测技术规范》（HJ 61—2021）

以上标准自2021年5月1日起实施，自该标准实施之日起，《辐射环境监测技术规范》（HJ/T 61—2001）废止，《环境核辐射监测规定》（GB 12379—1990）在相应的国家放射性污染防治标准实施中停止执行。

本标准内容可在生态环境部网站（http://www.mee.gov.cn）查询。

生态环境部

2021年2月24日

附件：《辐射环境监测技术规范》（HJ 61—2021）（略）

生态环境部关于进一步优化辐射安全考核的公告

公告 2021 年 第 9 号

为进一步落实党中央、国务院“放管服”改革精神，贯彻分级分类监管原则，我部决定进一步优化核技术利用辐射安全考核模式。现将有关事项公告如下。

一、仅从事Ⅲ类射线装置销售、使用活动的辐射工作人员无需参加集中考核，由核技术利用单位自行组织考核。已参加集中考核并取得成绩报告单的，原成绩报告单继续有效。自行考核结果有效期五年，有效期届满的，应当由核技术利用单位组织再培训和考核。

二、生态环境部已针对销售、使用Ⅲ类射线装置辐射安全知识组织编制了参考试题库及考核规则，并在国家核技术利用辐射安全与防护培训平台（http://fushe.mee.gov.cn/）和辐射安全培训微信公众号（“辐射安全培训”）公布。核技术利用单位应在参考试题库中按照考核规则选取题目，对本单位仅从事Ⅲ类射线装置销售、使用的辐射工作人员进行考核。

三、核技术利用单位应妥善留存本单位相关辐射工作人员自行考核记录，各级生态环境部门可采取现场抽测的方式，对自行考核单位考核责任落实情况进行监督检查。

四、近期生态环境部将对集中考核各科目的试题库进行优化，并对试题组成、合格标准等作相应调整，完成后将通过培训平台和微信公众号等渠道公布，请有培训和考核需求的单位和人员及时关注。

五、本公告自 2021 年 3 月 15 日起实施。

特此公告。

生态环境部

2021 年 3 月 11 日

生态环境部关于发布国家生态环境标准《环境γ辐射剂量率测量技术规范》的公告

公告 2021 年 第 10 号

为贯彻《中华人民共和国环境保护法》《中华人民共和国放射性污染防治法》《中华人民共和国核安全法》，保护生态环境，保障人体健康，规范环境 γ 辐射剂量率的测量工作，现批准《环境 γ 辐射剂量率测量技术规范》为国家生态环境标准，并予发布。

标准名称、编号如下：

《环境 γ 辐射剂量率测量技术规范》（HJ 1157—2021）

以上标准自 2021 年 5 月 1 日起实施，自该标准实施之日起，《环境地表 γ 辐射剂量率测定规范》（GB/T 14583—1993）在相应的国家放射性污染防治标准实施中停止执行。

本标准内容可在生态环境部网站（http://www.mee.gov.cn）查询。

生态环境部

2021 年 3 月 19 日

附件：《环境 γ 辐射剂量率测量技术规范》（略）

生态环境部关于发布国家放射性污染防治标准《电离辐射监测质量保证通用要求》的公告

公告2021年第18号

为贯彻《中华人民共和国环境保护法》《中华人民共和国放射性污染防治法》《中华人民共和国核安全法》，规范电离辐射监测质量管理，现批准《电离辐射监测质量保证通用要求》为国家放射性污染防治标准，并由生态环境部与国家市场监督管理总局联合发布。

标准名称、编号如下：

《电离辐射监测质量保证通用要求》（GB 8999—2021）。

按有关法律规定，本标准具有强制执行的效力。

本标准自2021年8月1日起实施。自本标准实施之日起，《电离辐射监测质量保证一般规定》（GB 8999—1988）、《核设施流出物和环境放射性监测质量保证计划的一般要求》（GB 11216—1989）废止。

本标准内容可在生态环境部网站（http://www.mee.gov.cn）查询。

特此公告。

生态环境部

2021年5月7日

附件：《电离辐射监测质量保证通用要求》（略）

生态环境部
关于发布国家生态环境标准《放射性物品运输核与辐射安全分析报告书格式和内容》公告

公告 2021 年 第 37 号

为贯彻落实《中华人民共和国核安全法》《放射性物品运输安全管理条例》，规范放射性物品运输核与辐射安全分析报告书编制工作，现批准《放射性物品运输核与辐射安全分析报告书格式和内容》为国家生态环境标准，并予公布。

标准名称、编号如下：

《放射性物品运输核与辐射安全分析报告书格式和内容》（HJ 1187—2021）。

本标准自 2021 年 11 月 1 日起实施。

标准内容可在生态环境部网站（http://www.mee.gov.cn/）查询。

特此公告。

生态环境部

2021 年 8 月 27 日

附件：《放射性物品运输核与辐射安全分析报告书格式和内容》（略）

生态环境部 关于发布国家生态环境标准《核医学辐射防护与安全要求》的公告

公告2021年第38号

为贯彻《中华人民共和国环境保护法》《中华人民共和国放射性污染防治法》，保护生态环境，保障人体健康，规范核医学辐射防护与安全工作，现批准《核医学辐射防护与安全要求》为国家生态环境标准，并予发布。

标准名称、编号如下：

《核医学辐射防护与安全要求》（HJ 1188—2021）

本标准自2021年11月1日起实施。

本标准内容可在生态环境部网站（http://www.mee.gov.cn）查询。

生态环境部

2021年9月6日

附件：《核医学辐射防护与安全要求》（略）

生态环境部
关于发布放射性物品运输安全标准
《乏燃料运输容器结构分析的载荷组合和设计准则》的公告

公告 2021 年 第 35 号

为贯彻《中华人民共和国环境保护法》《中华人民共和国放射性污染防治法》《中华人民共和国核安全法》，规范乏燃料运输容器的结构分析工作，现批准《乏燃料运输容器结构分析的载荷组合和设计准则》为放射性物品运输安全标准，并由生态环境部与国家市场监督管理总局联合发布。

标准名称、编号如下：

《乏燃料运输容器结构分析的载荷组合和设计准则》（GB/T 41024—2021）

本标准自 2021 年 12 月 1 日起实施。

本标准内容可在生态环境部网站（http://www.mee.gov.cn）查询。

特此公告。

（此公告业经国家市场监督管理总局田世宏会签）

生态环境部

2021 年 11 月 1 日

附件：《乏燃料运输容器结构分析的载荷组合和设计准则》（略）

生态环境部关于发布《放射性物品运输容器防脆性断裂的安全设计指南》等两项国家生态环境标准的公告

公告 2021 年 第 56 号

为贯彻落实《中华人民共和国核安全法》《放射性物品运输安全管理条例》，规范放射性物品运输容器防脆性断裂安全设计和钢制乏燃料运输容器制造，现批准《放射性物品运输容器防脆性断裂的安全设计指南》等两项国家生态环境标准，并予公布。

标准名称、编号如下。

一、《放射性物品运输容器防脆性断裂的安全设计指南》（HJ 1201—2021）

二、《钢制乏燃料运输容器制造通用技术要求》（HJ 1202—2021）

以上标准自 2021 年 12 月 1 日起实施。

标准内容可在生态环境部网站（http://www.mee.gov.cn）查询。

生态环境部

2021 年 11 月 13 日

附件 1：《放射性物品运输容器防脆性断裂的安全设计指南》（略）

附件 2：《钢制乏燃料运输容器制造通用技术要求》（略）

生态环境部
关于发布国家生态环境标准
《滨海核电厂温排水卫星遥感监测技术规范（试行）》
的公告

公告 2021 年 第 64 号

为贯彻《中华人民共和国环境保护法》《中华人民共和国海洋环境保护法》和《中华人民共和国核安全法》，指导滨海核电厂温排水卫星遥感监测工作，规范滨海核电厂温排水卫星遥感监测方法，现批准《滨海核电厂温排水卫星遥感监测技术规范（试行）》为国家生态环境标准，并予发布。

标准名称、编号如下：

《滨海核电厂温排水卫星遥感监测技术规范（试行）》（HJ 1213—2021）

该标准自 2022 年 3 月 1 日起实施，标准内容可在生态环境部网站（www.mee.gov.cn）查询。

特此公告。

生态环境部

2021 年 11 月 26 日

附件：《滨海核电厂温排水卫星遥感监测技术规范（试行）》（略）

生态环境部、公安部、交通运输部令

第23号

《危险废物转移管理办法》已于2021年9月18日由生态环境部部务会议审议通过，并经公安部和交通运输部同意，现予公布，自2022年1月1日起施行。

生态环境部部长　黄润秋
公安部部长　赵克志
交通运输部部长　李小鹏
2021年11月30日

危险废物转移管理办法

第一章　总　则

第一条　为加强对危险废物转移活动的监督管理，防止污染环境，根据《中华人民共和国固体废物污染环境防治法》等有关法律法规，制定本办法。

第二条　本办法适用于在中华人民共和国境内转移危险废物及其监督管理活动。

转移符合豁免要求的危险废物的，按照国家相关规定实行豁免管理。

在海洋转移危险废物的，不适用本办法。

第三条　危险废物转移应当遵循就近原则。

跨省、自治区、直辖市转移（以下简称跨省转移）处置危险废物的，应当以转移至相邻或者开展区域合作的省、自治区、直辖市的危险废物处置设施，以及全国统筹布局的危险废物处置设施为主。

第四条　生态环境主管部门依法对危险废物转移污染环境防治工作以及危险废物转移联单运行实施监督管理，查处危险废物污染环境违法行为。

各级交通运输主管部门依法查处危险废物运输违反危险货物运输管理相关规定的违法行为。

公安机关依法查处危险废物运输车辆的交通违法行为，打击涉危险废物污染环境犯罪行为。

第五条　生态环境主管部门、交通运输主管部门和公安机关应当建立健全协作机制，共享危险废物转移联单信息、运输车辆行驶轨迹动态信息和运输车辆限制通行区域信息，加强联合监管执法。

第六条　转移危险废物的，应当执行危险废物转移联单制度，法律法规另有规定的除外。

危险废物转移联单的格式和内容由生态环境部另行制定。

第七条　转移危险废物的，应当通过国家危险废物信息管理系统（以下简称信息系统）填写、运行危险废物电子转移联单，并依照国家有关规定公开危险废物转移相关污染环境防治信息。

生态环境部负责建设、运行和维护信息系统。

第八条　运输危险废物的，应当遵守国家有关危险货物运输管理的规定。未经公安机关批准，危险废物运输车辆不得进入危险货物运输车辆限制通行的区域。

第二章　相关方责任

第九条　危险废物移出人、危险废物承运人、危险废物接受人（以下分别简称移出人、承运人和接受人）在危险废物转移过程中应当采取防扬散、防流失、防渗漏或者其他防止污染环境的措施，不得擅自倾倒、堆放、丢弃、遗撒危险废物，并对所造成的环境污染及生态破坏依法承担责任。

移出人、承运人、接受人应当依法制定突发环境事件的防范措施和应急预案，并报有关部门备案；发生危险废物突发环境事件时，应当立即采取有效措施消除或者减轻对环境的污染危害，并按相关规定向事故发生地有关部门报告，接受调查处理。

第十条　移出人应当履行以下义务：

（一）对承运人或者接受人的主体资格和技术能力进行核实，依法签订书面合同，并在合同中约定运输、贮存、利用、处置危险废物的污染防治要求及相关责任；

（二）制定危险废物管理计划，明确拟转移危险废物的种类、重量（数量）和流向等信息；

（三）建立危险废物管理台账，对转移的危险废物进行计量称重，如实记录、妥善保管转移危险废物的种类、重量（数量）和接受人等相关信息；

（四）填写、运行危险废物转移联单，在危险废物转移联单中如实填写移出人、承运人、接受人信息，转移危险废物的种类、重量（数量）、危险特性等信息，以及突发环境事件的防范措施等；

（五）及时核实接受人贮存、利用或者处置相关危险废物情况；

（六）法律法规规定的其他义务。

移出人应当按照国家有关要求开展危险废物鉴别。禁止将危险废物以副产品等名义提供或者委托给无危险废物经营许可证的单位或者其他生产经营者从事收集、贮存、利用、处置活动。

第十一条　承运人应当履行以下义务：

（一）核实危险废物转移联单，没有转移联单的，应当拒绝运输；

（二）填写、运行危险废物转移联单，在危险废物转移联单中如实填写承运人名称、运输工具及其营运证件号，以及运输起点和终点等运输相关信息，并与危险货物运单一并随运输工具携带；

（三）按照危险废物污染环境防治和危险货物运输相关规定运输危险废物，记录运输轨迹，防范危险废物丢失、包装破损、泄漏或者发生突发环境事件；

（四）将运输的危险废物运抵接受人地址，交付给危险废物转移联单上指定的接受人，并将运输情况及时告知移出人；

（五）法律法规规定的其他义务。

第十二条　接受人应当履行以下义务：

（一）核实拟接受的危险废物的种类、重量（数量）、包装、识别标志等相关信息；

（二）填写、运行危险废物转移联单，

在危险废物转移联单中如实填写是否接受的意见，以及利用、处置方式和接受量等信息；

（三）按照国家和地方有关规定和标准，对接受的危险废物进行贮存、利用或者处置；

（四）将危险废物接受情况、利用或者处置结果及时告知移出人；

（五）法律法规规定的其他义务。

第十三条 危险废物托运人（以下简称托运人）应当按照国家危险货物相关标准确定危险废物对应危险货物的类别、项别、编号等，并委托具备相应危险货物运输资质的单位承运危险废物，依法签订运输合同。

采用包装方式运输危险废物的，应当妥善包装，并按照国家有关标准在外包装上设置相应的识别标志。

装载危险废物时，托运人应当核实承运人、运输工具及收运人员是否具有相应经营范围的有效危险货物运输许可证件，以及待转移的危险废物识别标志中的相关信息与危险废物转移联单是否相符；不相符的，应当不予装载。装载采用包装方式运输的危险废物的，应当确保将包装完好的危险废物交付承运人。

第三章 危险废物转移联单的运行和管理

第十四条 危险废物转移联单应当根据危险废物管理计划中填报的危险废物转移等备案信息填写、运行。

第十五条 危险废物转移联单实行全国统一编号，编号由十四位阿拉伯数字组成。第一至四位数字为年份代码；第五、六位数字为移出地省级行政区划代码；第七、八位数字为移出地设区的市级行政区划代码；其余六位数字以移出地设区的市级行政区域为单位进行流水编号。

第十六条 移出人每转移一车（船或者其他运输工具）次同类危险废物，应当填写、运行一份危险废物转移联单；每车（船或者其他运输工具）次转移多类危险废物的，可以填写、运行一份危险废物转移联单，也可以每一类危险废物填写、运行一份危险废物转移联单。

使用同一车（船或者其他运输工具）一次为多个移出人转移危险废物的，每个移出人应当分别填写、运行危险废物转移联单。

第十七条 采用联运方式转移危险废物的，前一承运人和后一承运人应当明确运输交接的时间和地点。后一承运人应当核实危险废物转移联单确定的移出人信息、前一承运人信息及危险废物相关信息。

第十八条 接受人应当对运抵的危险废物进行核实验收，并在接受之日起五个工作日内通过信息系统确认接受。

运抵的危险废物的名称、数量、特性、形态、包装方式与危险废物转移联单填写内容不符的，接受人应当及时告知移出人，视情况决定是否接受，同时向接受地生态环境主管部门报告。

第十九条 对不通过车（船或者其他运输工具），且无法按次对危险废物计量的其他方式转移危险废物的，移出人和接受人应当分别配备计量记录设备，将每天危险废物转移的种类、重量（数量）、形态和危险特性等信息纳入相关台账记录，并根据所在地设区的市级以上地方生态环境主管部门的要求填写、运行危险废物转移联单。

第二十条 危险废物电子转移联单数据应当在信息系统中至少保存十年。

因特殊原因无法运行危险废物电子转移联单的，可以先使用纸质转移联单，并于转移活动完成后十个工作日内在信息系统中补录电子转移联单。

第四章 危险废物跨省转移管理

第二十一条 跨省转移危险废物的，应当向危险废物移出地省级生态环境主管部门提出申请。移出地省级生态环境主管部门应当商经接受地省级生态环境主管部门同意后，批准转移该危险废物。未经批准的，不得转移。

鼓励开展区域合作的移出地和接受地省级生态环境主管部门按照合作协议简化跨省转移危险废物审批程序。

第二十二条 申请跨省转移危险废物的，移出人应当填写危险废物跨省转移申请表，并提交下列材料：

（一）接受人的危险废物经营许可证复印件；

（二）接受人提供的贮存、利用或者处置危险废物方式的说明；

（三）移出人与接受人签订的委托协议、意向或者合同；

（四）危险废物移出地的地方性法规规定的其他材料。

移出人应当在危险废物跨省转移申请表中提出拟开展危险废物转移活动的时间期限。

省级生态环境主管部门应当向社会公开办理危险废物跨省转移需要的申请材料。

危险废物跨省转移申请表的格式和内容，由生态环境部另行制定。

第二十三条 对于申请材料齐全、符合要求的，受理申请的省级生态环境主管部门应当立即予以受理；申请材料存在可以当场更正的错误的，应当允许申请人当场更正；申请材料不齐全或者不符合要求的，应当当场或者在五个工作日内一次性告知移出人需要补正的全部内容，逾期不告知的，自收到申请材料之日起即为受理。

第二十四条 危险废物移出地省级生态环境主管部门应当自受理申请之日起五个工作日内，根据移出人提交的申请材料和危险废物管理计划等信息，提出初步审核意见。初步审核同意移出的，通过信息系统向危险废物接受地省级生态环境主管部门发出跨省转移商请函；不同意移出的，书面答复移出人，并说明理由。

第二十五条 危险废物接受地省级生态环境主管部门应当自收到移出地省级生态环境主管部门的商请函之日起十个工作日内，出具是否同意接受的意见，并通过信息系统函复移出地省级生态环境主管部门；不同意接受的，应当说明理由。

第二十六条　危险废物移出地省级生态环境主管部门应当自收到接受地省级生态环境主管部门复函之日起五个工作日内作出是否批准转移该危险废物的决定；不同意转移的，应当说明理由。危险废物移出地省级生态环境主管部门应当将批准信息通报移出地省级交通运输主管部门和移入地等相关省级生态环境主管部门和交通运输主管部门。

第二十七条　批准跨省转移危险废物的决定，应当包括批准转移危险废物的名称，类别，废物代码，重量（数量），移出人，接受人，贮存、利用或者处置方式等信息。

批准跨省转移危险废物的决定的有效期为十二个月，但不得超过移出人申请开展危险废物转移活动的时间期限和接受人危险废物经营许可证的剩余有效期限。

跨省转移危险废物的申请经批准后，移出人应当按照批准跨省转移危险废物的决定填写、运行危险废物转移联单，实施危险废物转移活动。移出人可以按照批准跨省转移危险废物的决定在有效期内多次转移危险废物。

第二十八条　发生下列情形之一的，移出人应当重新提出危险废物跨省转移申请：

（一）计划转移的危险废物的种类发生变化或者重量（数量）超过原批准重量（数量）的；

（二）计划转移的危险废物的贮存、利用、处置方式发生变化的；

（三）接受人发生变更或者接受人不再具备拟接受危险废物的贮存、利用或者处置条件的。

第五章　法律责任

第二十九条　违反本办法规定，未填写、运行危险废物转移联单，将危险废物以副产品等名义提供或者委托给无危险废物经营许可证的单位或者其他生产经营者从事收集、贮存、利用、处置活动，或者未经批准擅自跨省转移危险废物的，由生态环境主管部门和公安机关依照《中华人民共和国固体废物污染环境防治法》有关规定进行处罚。

违反危险货物运输管理相关规定运输危险废物的，由交通运输主管部门、公安机关和生态环境主管部门依法进行处罚。

违反本办法规定，未规范填写、运行危险废物转移联单，及时改正，且没有造成危害后果的，依法不予行政处罚；主动消除或者减轻危害后果的，生态环境主管部门可以依法从轻或者减轻行政处罚。

第三十条　违反本办法规定，构成违反治安管理行为的，由公安机关依法进行处罚；构成犯罪的，依法追究刑事责任。

生态环境主管部门、交通运输主管部门在监督检查时，发现涉嫌犯罪的案件，应当按照行政执法和刑事司法相衔接相关规定及时移送公安机关。

第六章　附　则

第三十一条　本办法下列用语的含义：

（一）转移，是指以贮存、利用或者

处置危险废物为目的，将危险废物从移出人的场所移出，交付承运人并移入接受人场所的活动。

（二）移出人，是指危险废物转移的起始单位，包括危险废物产生单位、危险废物收集单位等。

（三）承运人，是指承担危险废物运输作业任务的单位。

（四）接受人，是指危险废物转移的目的地单位，即危险货物的收货人。

（五）托运人，是指委托承运人运输危险废物的单位，只能由移出人或者接受人担任。

第三十二条 本办法自2022年1月1日起施行。《危险废物转移联单管理办法》（原国家环境保护总局令第5号）同时废止。

国家原子能机构等八部委关于印发《医用同位素中长期发展规划（2021—2035）》的通知

国原发〔2021〕2号

各省、自治区、直辖市国防科技工业管理部门、科技厅（委、局）、公安厅（局）、生态环境厅（局）、交通运输厅（委、局）、卫生健康委、医保局、药品监督管理局，中国核工业集团有限公司、中国工程物理研究院，国家电力投资集团有限公司、中国广核集团有限公司，同位素与辐射行业协会、中华医学会核医学分会：

现将《医用同位素中长期发展规划(2021—2035年)》印发你们，请认真贯彻执行。

国家原子能机构
科技部
公安部
生态环境部
交通运输部
国家卫生健康委
国家医疗保障局
国家药品监督管理局
2021年5月26日

附件：《医用同位素中长期发展规划(2021—2035年)》（略）

国家能源局　生态环境部关于加强核电工程建设质量管理的通知

国能发核电〔2020〕68号

各有关单位：

为进一步加强核电工程建设质量管理，切实履行《中华人民共和国核安全法》等有关法律法规要求，明确和落实核电工程建设相关单位质量责任，保证工程质量，确保核安全，现将有关要求通知如下。

一、充分认识核电工程质量的重要性

党中央、国务院高度重视核电安全。核安全不仅是核电的生命线，更是国家安全的重要组成部分。工程质量是保证核电安全的物质基础，建设期的质量就是运行期的核安全。各单位要进一步提高认识，站在维护国家安全的高度，充分认识核电工程质量的极端重要性。坚决贯彻落实党中央、国务院决策部署，坚持安全第一、质量第一，以对党和国家、对人民、对事业高度负责的态度，更加严格认真做好核电工程建设质量管理工作，确保核安全万无一失。

二、切实落实核电工程质量责任制

核电厂控股企业集团（简称核电集团）、核电厂营运单位（简称建设单位）、核电工程总承包单位（简称总包单位）、设计单位、设备制造单位、施工单位、监理单位等按照各自职责对所承担的核电工程质量负有终身责任，要严格遵守《中华人民共和国核安全法》《中华人民共和国建筑法》《建设工程质量管理条例》《民用核安全设备监督管理条例》《核电厂质量保证安全规定》等核安全和工程建设领域法律法规要求，认真履职尽责，落实主体责任，确保核电工程质量。各参建单位必须按照国家法律法规及有关规定，自觉接受有关部门的质量管理和监督。

（一）核电集团对核电工程质量负有领导责任。要建立核电建设全面质量管理制度，明确界定总部职能部门和下属单位的质量责任，按照责权利一致原则，规范建设单位和总包单位的关系。加强对质量工作的组织领导和监督考核，从绩效考核、机构设置、选人用人、资源配置等方面，全面落实质量管理各项要求。建立和实施质量责任追究制度，组织各参建单位签订质量终身责任承诺书。加强对各核电项目质量管理的监督检查，建立核电工程质量总监派驻制度。

（二）建设单位对核电工程质量负总责。建设单位是工程建设管理的主体和质量的总责任方。要严格按照国家基本建设程序组织开展工程建设，保证合理的工期和概算。强化建设单位监督职能，建立健全质量保证体系并有效运行，严格执行质量保证大纲，合理设置质量管理机构，配备足够的质量管理人员。严格审查和控制主要承包商的准入条件，确保其资质和能力满足工程建设要求。对各参建单位的质量责任落实情况进行监督检查，督促落实施工人员的直接责任和各级质量控制人员的监督责任，形成职责清晰、上下联动、齐抓共管的管理格局。对质量管理不到位的单位，要及时采取约谈，责令更换项目负责人乃至终止合同等纠正措施。

（三）总包单位对核电工程质量负责。总包单位对其承担的工程设计、设备采购、施工管理、调试等工作负直接责任，要实施全过程质量管理，加强对设计、设备、材料及施工单位的质量管理和监督，优化接口管理，提升质量管理效能，确保质量保证体系有效运行。建立工程资源评估机制，定期评价关键资源配置情况并向建设单位报告。

（四）设计单位对核电工程设计质量负责。要严格按照法规标准开展工程设计，强化设计接口管理，统筹专业协同设计，加强设计审查，提高设计质量。规范设计变更管理，严格审查因制造、施工偏差导致的设计变更，杜绝从设计上随意降低安全质量标准。

（五）设备制造单位对核电工程设备制造质量负责。要加强原材料采购质量管控，持续提升设备制造工艺水平，优化设备制造过程质量监控手段，通过合同措施加强对分包商、供货商监督管理力度，不断提高设备制造质量。持续做好已供货设备运行质量跟踪和维保服务，针对运行问题做好设备设计和制造优化，提高设备整体质量。

（六）施工单位对核电工程施工质量负责。要合理配置施工资源，保障项目资源需求及人员资质要求。完善施工质量管理体系，明确各级组织、人员的质量责任。不断提高核安全意识和专业技能水平，打造高素质专业化核电工程施工队伍，并采取措施保证施工队伍稳定。

（七）监理单位对核电工程施工质量承担监理责任。要严格按照相关标准开展独立第三方监理工作，不得与项目建设单位、总包单位、施工单位有隶属或人员派遣关系。要建立健全并严格执行监理工作质量管理体系，保证现场监理人员、设备投入，采取旁站、巡视和平行检验等形式，确保施工关键部位、关键环节、关键工序监理到位。要及时总结共性质量问题，建立标准化工作流程，不断提高监理成效。

三、全面加强核电工程建设过程质量管理

针对当前影响核电工程质量的问题，各参建单位要高度重视，落实责任，完善制度，加强工程建设全过程质量控制和监督管理，确保质量保证体系有效运行。

（一）充分做好工程评估和风险管理。核电集团要建立核电项目建设各阶段评估标准和机制，组织开展各阶段开工前准备工作和执行效果评估，保证项目建设满足质量目标要求。项目主体工程施工前，确保施工图满足工程进展需求，避免“三边工程”。建设单位、总包单位、施工单位要对工程建设各阶段存在的质量风险进行全面评估，实行质量风险动态分级管理。

（二）规范核电建设市场行为。规范核电工程招投标管理，将安全与质量标准作为招标文件强制性要求和条件，公开、公平、公正开展招标评标工作，防止不合理低价中标。对首次进入核岛工程建设领域的施工单位，要强化企业业绩复核、人员资质审核、核安全文化评估等工作，确保满足要求。建设单位和总包单位要按照《中华人民共和国建筑法》《民用核安全设备监督管理条例》等有关要求，严格控制施工单位的分包活动，制定不允许分包物项和服务清单。分包工作不转移施工单位的质量责任。施工单位要切实加强对分包单位的监督管理，做好分包单位人员技术指导和技术交底，杜绝“以包代管”。

（三）强化质量保证工作独立性和权威性。建设单位质量保证机构应单独设置，部门负责人应直接向本单位主要负责人汇报工作。总包单位、施工单位和监理单位的现场项目部质保部门负责人除向项目部主要负责人汇报工作外，还应向本单位总部独立报告。各参建单位质保部门要强化质保监查，及时发现、报告问题并督促整改，保证质保体系有效运转。建立工程质量评价机制，动态评价施工质量状态、结果和趋势。

（四）建立质量抽检复查制度。建设单位、总包单位、监理单位应建立程序，制定计划，明确质量抽检复查覆盖区域、比例等要求，对关键设备、零部件、大宗材料以及特殊工艺过程，开展随机抽检复查。抽检复查必须独立开展或委托第三方检验机构进行。

（五）加强特殊工艺过程质量管理。施工单位要加强特殊工艺（如焊接、无损检验等）过程管理，完善特殊工艺过程质量管理制度，对人员、设备、材料质量进行控制。建设单位、总包单位、监理单位要明确特殊工艺过程质量监督检查比例等管理要求并严格实施，不得随意减少或取消质量控制点。加强隐蔽工程（如混凝土浇筑等）管理，强化现场见证，隐蔽工程施工前要保证所有相关物项验收合格，质量文件真实有效，并按程序规定经各方进行审核和签字确认。

（六）强化关键岗位人员管理。各参建单位应加强对关键岗位人员（包括核安全相关的质量控制人员、试化验检验检测人员、核级焊工/焊接操作工、核级无损检验人员等）配置、资格、考勤、培训及授权的管理。要做好人力动员，严格按照相关工作资格管理规定进行执业管理，并对其工作质量负责。

（七）严格质量记录管理。各参建单位应保证合理的记录人员及资源投入，切实做到质量记录文件同实体工作同时完成。严禁“造数据、补记录、假报告”等违规行为，确保质量记录全面、及时、准确、有效。要明确记录编制、审核、批准等签字人员资质要求并认真执行，严禁冒签或无授权代签。要制定质量记录监督检查细则，结合施工关键部位和关键节点，对质量记录开展定期检查和随机抽查。

四、加强核安全文化建设

各参建单位要坚持安全第一、质量第一,制定并公布本单位安全质量政策声明。单位主要负责人要确保在任何情况下作出表率，正确处理进度和质量关系，坚持进度服从质量。

（一）建立培训管理制度。各参建单位应建立制度，积极探索切实管用的核安全文化教育形式，定期对领导层、质量管理人员、技术人员和作业人员开展培训教育，重点做好上岗、转岗前培训，严把“入场关”。创新培训形式,强化行为习惯，增强质量意识，提高施工作业技能水平。

（二）建立经验反馈和警示教育制度。各参建单位要建立多渠道经验反馈机制，积极参与行业组织开展的经验反馈交流活动。针对本项目和其他项目发生的工程质量问题案例，定期组织开展经验反馈和警示教育，深入汲取教训，举一反三，对照自查，制定纠正措施，防范问题重复发生。

（三）建立预防和惩治工程质量造假制度。各参建单位要建立防造假制度，并采取制度震慑、技术防范、人员监督等措施预防工程质量造假。建设单位要牵头建立针对工程质量造假问题的举报渠道和处理程序。对组织实施和参与工程质量造假的单位和个人，坚持以“零容忍”态度严肃处理、依法依规问责，构成犯罪的，依法追究刑事责任，处理结果及时向有关部门报告。

国家能源局、国家核安全局将依据国家有关规定，加大监督惩戒力度，对核电工程质量造假问题发现一起、通报一起，将失信行为记入相关责任单位和责任人员信用记录，纳入全国信用信息共享平台，依法依规向社会公开并实施失信联合惩戒，视情节在一定期限内实施市场和行业禁入措施，直至永久逐出市场。

五、发挥现代信息化技术在核电建设管理中的作用

深入研究推广信息化、智能化、大数据、区块链等新技术在核电工程建设管理中的应用，统筹建设共享高效的信息管理平台和“智慧工地”，提高建设项目管理信息化、智能化水平，更好保障工程质量。

（一）建立现场人员识别和定位系统。施工单位要落实施工人员实名制管理要求，建立并管理施工人员基本信息、从业信息、诚信信息，并向建设单位和总包单位备案。建设单位、总包单位要组织各参建单位统筹配备必要的硬件设施设备，对进入工程现场的人员，采用人脸、虹膜等生物识别技术进行电子打卡，采用移动定位、电子围栏等技术对作业人员进行提醒和监督。

（二）提高工程管理信息化水平。积极推广设计图纸、操作规程、施工方案、质量计划等标准化、电子化开发，确保现场作业人员高效便利获得和掌握设计信息、施工方法和质量要求。建立关键设备和重要物资编码管理体系，探索采用射频识别、物联网、无线通信等技术，实现物项质量状态、存放位置、数量等的动态管

理。探索区块链等技术在质量管理中的应用，加强质量信息管理，防止质量信息篡改。

（三）加强重要环节和重点部位监控。要推动建立工程远程监控系统，对重点部位、隐蔽工程、关键工序实施全过程在线监控。探索应用人工智能工业影像识别技术，辅助现场质量检查人员开展人、机双重检验。建立和落实影像留存制度，工程开工前需制定质量影像档案管理方案，明确影像留存要求。特别要对大体积混凝土浇筑、核安全设备焊接和无损检测等重要活动，以及重大质量问题和整改过程进行摄录，影像记录应具有可追溯性。

核电集团和各有关单位要按照本通知要求，结合本单位实际，制定落实方案并组织实施，将各项要求落到实处，确保核电工程质量。

本通知自发布之日起施行，有效期为5年。

特此通知。

国家能源局 生态环境部

2020年12月25日

注：发布时间为2021年1月。

国家能源局
关于印发《核电厂操纵人员现场考试实施细则》《核电厂操纵人员模拟机考试实施细则》的通知

中国核工业集团有限公司、中国华能集团有限公司、国家电力投资集团有限公司、中国广核集团有限公司：

为进一步加强核电厂操纵人员执照考核管理，规范核电厂操纵人员现场考试和模拟机考试，根据《中华人民共和国民用核设施安全监督管理条例》《民用核设施操作人员资格管理规定》《核电厂操纵人员培训与执照考核管理办法》等有关规定，我局制定了《核电厂操纵人员现场考试实施细则》和《核电厂操纵人员模拟机考试实施细则》，现予印发，请遵照执行。

特此通知。

国家能源局

2021年4月7日

附件：《核电厂操纵人员现场考试实施细则》《核电厂操纵人员模拟机考试实施细则》（略）

国家能源局综合司
关于调整能源行业核电标准化
管理机构的通知

国能综通科技〔2021〕76号

中国核电发展中心、中核集团核工业标准化研究所：

核电标准化是支撑我国核电安全和可持续发展的重要保障。为进一步加强核电标准化管理，经研究，对能源行业核电标准化管理机构作出调整，并就有关事项通知如下：

一、将能源行业核电标准化管理机构由中核集团核工业标准化研究所（以下简称核工业标准化所）调整为中国核电发展中心（以下简称核电中心）。

二、请核电中心根据《国家能源局关于印发 < 能源标准化管理办法 > 及实施细则的通知》（国能发科技〔2019〕38号）、《国家能源局关于进一步完善能源行业标准化技术委员会管理的通知》（国能发科技〔2021〕9号）有关要求，配合国家能源局做好能源行业核电标准化技术委员会日常管理等工作。

三、请核电中心、核工业标准化所加强衔接配合，履职尽责，组织调动核电行业标准化各有关单位积极性，加快推进自主核电标准体系建设。

工作中有关重大事项请及时报我局。

国家能源局综合司

2021年7月26日

国家能源局
发布《核电厂非生产区消防安全管理暂行规定》

国能发核电规〔2021〕46号

中国核工业集团有限公司、中国华能集团有限公司、国家电力投资集团有限公司、中国广核集团有限公司：

为规范核电厂非生产区建设工程消防设计审查和验收工作，加强消防管理，保障核电厂人员生命和财产安全，根据《中华人民共和国消防法》，我局制定了《核电厂非生产区消防安全管理暂行规定》，现印发你们，请遵照执行。

国家能源局

2021年9月23日

核电厂非生产区消防安全管理暂行规定

第一章　总　则

第一条　为加强核电厂非生产区消防安全管理，预防火灾和减少火灾危害，保障人员生命和财产安全，根据《中华人民共和国消防法》，制定本规定。

第二条　本规定适用于核电厂非生产区建设工程的消防安全管理。本规定所称核电厂非生产区是指核电项目核准和建设用地审批明确的核电厂用地范围之内、控制区单围墙之外的区域。

第三条　核电厂营运单位（以下简称业主单位）对核电厂非生产区消防安全全面负责。

第四条　业主单位应当遵守《中华人民共和国消防法》《机关、团体、企业事业单位消防安全管理规定》（中华人民共和国公安部令第61号）等消防法律、法规、规章要求，贯彻预防为主、防消结合的消防工作方针，履行消防安全职责，落实消防安全重点单位管理要求，建立健全核电厂非生产区消防工作制度和管理机构，加强消防管理，保障消防安全。

第二章　消防设计审查和验收

第五条　业主单位应当按照《国务院办公厅关于全面开展工程建设项目审批制度改革的实施意见》（国办发〔2019〕11号）《建设工程消防设计审查验收管理暂行规定》（中华人民共和国住房和城乡建设部令第51号）等有关要求，主动向地方有关部门申报核电厂非生产区建设工程，根据各地具体规定，履行立项用地规划许可、工程建设许可、施工许可、竣工验收等审批程序，开展消防设计审查和验收工作。

第六条　对因故未能纳入地方管理的核电厂非生产区建设工程，由核电厂控股企业集团（以下简称核电集团）组织核电厂参照民用建筑消防管理有关要求和法规标准，开展非生产区建设工程消防设计审查和验收，并将审查和验收情况报送国家能源局，其中应具体说明与地方有关部门沟通情况及相关意见。消防设计审查和验收的具体办法由核电集团制定。未经消防设计审查或审查不合格的，不得施工；未经消防验收或验收不合格的，不得投入使用。

第三章　消防管理

第七条　业主单位应当按照国家有关规定，结合本单位的特点，建立健全各项消防安全制度和保障消防安全的操作规程，并公布执行。

第八条　业主单位应当将容易发生火灾、一旦发生火灾可能严重危及人身和财产安全以及对消防安全有重大影响的部位确定为消防安全重点部位，设置明显的防火标志，实行严格管理。

第九条　业主单位应当保障疏散通道、安全出口畅通，并设置符合国家规定的消防安全疏散指示标志和应急照明设施，保持防火门、防火卷帘、消防安全疏散指示标志、应急照明、机械排烟送风、火灾事故广播等设施处于正常状态。

第十条　业主单位应当通过多种形式开展经常性的消防安全宣传教育，提高全员消防安全意识，对每名员工应当至少每年进行一次消防安全培训，对新上岗和进入新岗位的员工应当进行上岗前的消防安全培训。

第十一条　业主单位应当按照建筑消防设施检查维修保养有关规定的要求，对建筑消防设施的完好有效情况进行检查和维修保养。

第十二条　业主单位应当进行每日防火巡查，确定巡查人员、内容、部位和频次，至少每月进行一次防火检查。

第十三条　业主单位应当制定核电厂非生产区灭火和应急疏散预案，至少每半年进行一次演练，并结合实际，不断完善预案。

第十四条　核电厂非生产区发生火灾时，应当立即实施灭火和应急疏散预案，务必做到及时报警，迅速扑救火灾，及时疏散人员。

第四章　监督检查

第十五条　核电集团负责督促、检查和指导核电厂消防工作，统筹开展核电厂生产区和非生产区消防监督检查，每个核电厂每年不少于 1 次，每年 3 月将上年度监督检查情况报送国家能源局。

第十六条　业主单位要主动与地方有关部门沟通汇报非生产区消防工作，接受地方有关部门的监督检查和工作指导。对未纳入地方管理的核电厂非生产区建设工程，国家能源局按照“双随机、一公开”方式进行监督抽查。

第五章　附　则

第十七条　消防站和应急指挥中心的消防设计审查、验收和运行管理按照《核电厂消防安全监督管理暂行规定》（国能核电〔2015〕415 号）有关要求执行。

第十八条　本规定由国家能源局负责解释。

第十九条　本规定自发布之日起施行，有效期 5 年。

国家核安全局 关于发布核安全导则《乏燃料后处理设施安全》的通知

为进一步完善我国核与辐射安全法规体系，我局组织制定了核安全导则《乏燃料后处理设施安全》（HAD 301/05—2021）。现予公布，自公布之日起实施。

导则内容可在生态环境部网站（http://www.mee.gov.cn）查询。

国家核安全局

2021 年 4 月 18 日

附件：《乏燃料后处理设施安全》（略）

国家核安全局关于发布核安全导则《低水平放射性固体废物贮存设施安全》的通知

为进一步完善我国核与辐射安全法规体系，我局组织制定了核安全导则《低水平放射性固体废物贮存设施安全》（HAD 401/13—2021）。现予公布，自公布之日起实施。

国家核安全局

2021 年 5 月 22 日

（此件社会公开）

附件：《低水平放射性固体废物贮存设施安全》（略）

国家核安全局关于发布核安全导则《铀转化和铀浓缩设施的安全》的通知

为进一步完善我国核与辐射安全法规体系，我局组织制定了核安全导则《铀转化和铀浓缩设施的安全》（HAD 301/06—2021）。现予公布，自公布之日起实施。

导则内容可在生态环境部网站（http://www.mee.gov.cn）查询。

国家核安全局

2021 年 5 月 28 日

附件：《铀转化和铀浓缩设施的安全》（略）

国家核安全局
关于发布核安全导则《核技术利用设施退役》的通知

为进一步完善我国核与辐射安全法规体系，我局组织制定了核安全导则《核技术利用设施退役》（HAD 401/14—2021）。现予公布，自公布之日起实施，核安全导则《γ 辐照装置退役》（HAD 401/07—2013）同时废止。

国家核安全局

2021 年 10 月 13 日

核能行业概况

综　述

2021 年，我国商运核电机组达到 51 台，核电发电量同比增加 11.17%，在建核电机组规模继续保持全球第一，核能科技创新取得一系列新成果，核燃料循环产业、核电装备制造、行业管理与安全保障、行业人才保障能力不断提升，核能国际合作不断深入，核技术应用取得新的进展。我国核能产业发展已进入“积极安全有序”新阶段。

一、核能科技创新

2021 年，我国核能科技创新继续取得新的进展。“华龙一号”国内外首堆相继投入商运，标志着我国真正自主掌握了三代核电技术，核电技术水平跻身世界前列。大型先进压水堆及高温气冷堆核电重大专项持续推进，陆上模块化小堆开工建设，钠冷快堆、铅冷快堆、熔盐堆、聚变堆等先进核能系统的关键技术研发获得新突破，涉核自主软件开发和应用取得新进展。

自主三代核电“国和一号”示范工程建设进展顺利。国产焊接材料首次在示范工程核一级设备制造中获得应用，核电站池边检查技术研发获得突破，自主化仪控系统及堆内外核测系统研制成功，具有自主知识产权的三代核电技术标准体系进一步完善，“国和一号 +”智慧核能综合利用示范项目正式投运。

高温气冷堆核电站示范工程 1 号反应堆实现成功并网。高温气冷堆重大专项围绕解决高温气冷堆核电技术工程化应用难题和提升核电站运维可靠性为目标，系统性开展设计优化技术研究，同时积极开展替代燃煤机组的产业化推广、氦气透平直接循环发电、高温制氢等研发设计工作。

“华龙一号”关键设备自主化研制取得新的突破。一批自主化关键核心设备部件已在项目中得到应用；数字化智能化水平不断提升，基于经验反馈的设计优化改进持续开展，后续型号研发积极推进。

小型反应堆发展取得重要进展。海南昌江多用途模块式小型堆科技示范工程开工建设，海上小堆研发取得积极进展，气冷微堆总体技术方案已完成固化，多种供热堆型号都在积极推进示范工程项目落地。

快中子堆取得积极进展。示范快堆工程建设顺利推进，快堆高性能数值模拟及仿真关键技术取得重要突破。铅铋快堆研究领域建成一批高性能试验系统，为热工水力、材料测试、软件验证等方面研究奠定了坚实基础。2 MW 液态燃料钍基熔盐实验堆工程建设顺利推进，主体装置厂房完成建设，一批关键设备陆续安装调试。

聚变堆研发积极推进。我国东方超环（EAST）分别实现了可重复的 1.2 亿度 101 秒等离子体运行、1.6 亿度 20 秒等离子体运行、1056 秒的长脉冲高参数等离子体运行，接连创造了托卡马克实验装置运行新的世界纪录。中国环流器HL-2A装置完成主要部件的升级改造，HL-2M装置通过现场竣工验收，为后续开展高参数高性能聚变等离子体科学实验奠定基础。

首款自主化多质多相流体动力学计算分析软件成功发布。自主化核电软件COSINE取证工作顺利推进；“华龙一号”自主软件取证工作取得阶段性成果，核设计软件包（PCM）获准应用于“华龙一号”项目。

二、核电生产运行

我国商运核电机组装机规模持续增长。2021年，新投入商运核电机组3台，为福清核电5号机组、田湾核电6号机组与红沿河核电5号机组；秦山核电厂1号机组运行许可证获准延续。截至2021年12月底，我国商运核电机组数为51台，总装机容量为5327.5万千瓦，仅次于美国、法国，位列全球第三，核电总装机容量占全国电力装机总量的2.24%。

2021年，我国核电发电量为4071.41亿千瓦时，同比增加11.17%，约占全国总发电量的4.8%。与燃煤发电相比，核电发电相当于减少燃烧标准煤11 558.05万吨①，减少排放二氧化碳30 282.09万吨、二氧化硫98.24万吨、氮氧化物85.53万吨②。十年来，我国核电发电量持续增长，为保障电力供应安全和推动节能减排作出了重要贡献。此外，国家能源核能供热商用示范工程二期项目以及我国南方地区首个核能供热项目也于2021年分别在山东海阳和浙江海盐正式投运。

2021年，我国核电设备利用小时数为7777.85小时，同比上升4.72%；机组平均能力因子为92.27%，同比大幅上升9.13%。

2021年1—12月，我国运行核电厂严格控制机组的运行风险，未发生国际核事件分级（INES）1级及以上的运行事件。我国运行核电厂放射性流出物的排放量均低于国家核安全局批准限值，各运行核电基地外围监督性监测自动站测出的环境空气吸收剂量率在当地本底辐射水平正常范围内，未监测到因核电机组运行引起的异常。

根据世界核电运营者协会（WANO）发布的2021年业绩指标数据统计，我国核电厂满足WANO综合指数计算条件的48台机组中，有34台机组WANO综合指数达到满分100，占世界满分机组（77台）的44.2%。我国核电机组的WANO综合指数满分比例和WANO综合指数平均值均高于美国、俄罗斯、法国、韩国等主要核电国家，同时优于全球机组的平均水平。

三、核电工程建设

2021年，我国新开工核电机组6台，

---

① 国家能源局2022年1月26日发布信息显示，2021年我国火电供电煤耗为302.5克标准煤/千瓦时。

② 减排计算方法来源于我国火电行业通用计算标准，按照工业锅炉每燃烧一吨标准煤产生二氧化碳2620千克，二氧化硫8.5千克，氮氧化物7.4千克计算。

分别是昌江核电厂3、4号机组，田湾核电厂7号机组，海南昌江小堆示范工程，徐大堡核电厂3号机组和三澳核电厂2号机组。截至2021年年底，我国在建核电机组20台，总装机容量2142.9万千瓦，在建机组装机容量继续保持全球第一。国内在建核电项目情况如表1所示。

表1 国内在建核电项目情况（截至2021年12月31日）

序号	机组	堆型	额定容量/MW	开工时间
1	山东石岛湾1号	高温气冷堆HTR-PM	211	2012.12.09
2	辽宁红沿河6号	压水堆ACPR1000	1119	2015.07.24
3	福建福清6号	压水堆HPR1000	1150	2015.12.22
4	广西防城港3号	压水堆HPR1000	1180	2015.12.24
5	广西防城港4号	压水堆HPR1000	1180	2016.12.23
6	福建霞浦示范快堆1号机组	钠冷快堆CFR600	600	2017.12.29
7	国核示范工程1号	压水堆CAP1400	1534	--
8	国核示范工程2号	压水堆CAP1400	1534	--
9	福建漳州1号	压水堆HPR1000	1212	2019.10.16
10	广东太平岭1号	压水堆HPR1000	1202	2019.12.26
11	福建漳州2号	压水堆HPR1000	1212	2020.09.04
12	广东太平岭2号	压水堆HPR1000	1202	2020.10.15
13	福建霞浦示范快堆2号机组	钠冷快堆CFR600	600	2020.12.27
14	浙江三澳1号	压水堆HPR1000	1210	2020.12.31
15	海南昌江3号	压水堆HPR1000	1200	2021.03.31
16	江苏田湾7号	压水堆VVER-1200	1274	2021.05.19
17	海南昌江小堆示范工程	压水堆ACP100	125	2021.07.13
18	辽宁徐大堡3号	压水堆VVER-1200	1274	2021.07.27
19	海南昌江4号	压水堆HPR1000	1200	2021.12.28
20	浙江三澳2号	压水堆HPR1000	1210	2021.12.30

2021年国内在建核电工程整体上稳步推进，项目安全、质量、技术、环境保护等方面均得到有效控制。其中，石岛湾高温气冷堆核电站示范工程1号反应堆成功并网发电，成为全球首个并网发电的球床模块式高温气冷堆。

四、核燃料循环产业

2021年我国核燃料循环产业生产运

行保持稳定，自主关键技术取得新成果，为我国核能发展和“走出去”提供了可靠的保障。

铀矿勘查采冶取得新进展。铀矿成矿理论、勘查采冶新技术、新方法取得突破。全年按计划完成钻探工作量，探明资源量进一步增加，新区、新类型、新层位找矿取得重要进展，伊犁盆地新发现平米铀量创国内新纪录的工业矿段；新疆伊犁大基地高效稳定运行，内蒙古通辽、鄂尔多斯千吨级大基地建设加快推进，国内天然铀保障能力得到进一步巩固。

核燃料加工生产稳定运行。铀纯化转化关键技术实现突破，先进控制技术、三废处理工艺不断提升。铀浓缩产业在保持稳定生产的基础上，加大标准化运行组织改革，推进数字化技术应用，生产运行工艺水平及管理水平不断提升。

燃料元件系列化、型谱化发展继续推进。重水堆燃料元件生产线改造完成，改进型 37M 核燃料棒束下线。高温堆燃料元件成功入堆，为全球首座高温堆核电站并网提供保障。自主三代压水堆元件、环形燃料元件、耐事故燃料元件研发稳步推进。已经形成了完整可靠的核级海绵锆生产及锆合金加工体系。

核电站乏燃料及放射性废物管理得到加强。公海铁乏燃料运输体系实现试运行，后处理科研专项及示范工程建设稳步推进。广东阳江低放废物处置场开工建设。我国首座玻璃固化工程完成热试并投入试运行。

五、核电装备制造

2021 年，装备制造企业继续大力推进核安全文化建设，以提升产品质量筑牢核安全基础，重点推进“华龙一号”“国和一号”和示范快堆等重点核电项目设备制造。通过实施核心设备和零部件国产化攻关，推进核电装备制造业高质量发展，我国已形成年供 10 台 / 套左右百万千瓦级压水堆核电主设备成套供货能力，核电主要堆型设备国产化率达到 90% 以上。特别是高温气冷堆蒸汽发生器、“国和一号”蒸汽发生器和湿绕组电机主泵、核电站用 ML-C 型控制棒驱动机构等在内的一批核电关键装备的研制成功，表明我国核电装备领域技术及研制能力达到了世界先进水平。

2021 年，“国和一号”示范工程 1 号机组首台蒸汽发生器、稳压器和堆内构件完工交付，屏蔽电机主泵样机通过鉴定。“华龙一号”堆型核岛主设备形成批量化制造能力，交付的设备包括漳州核电、防城港核电等 6 台蒸汽发生器，漳州核电 1 号机组反应堆压力容器和稳压器。2021 年国内核电主设备累计交付 51 台套，交付数量创近四年新高，具体情况见表 2 和图 1。

表 2　2021 年国内核电主设备出产情况

堆型	设备	交付数量
“国和一号”	反应堆压力容器	1
	蒸汽发生器	2
	稳压器	2
	控制棒驱动机构	1
	堆内构件	1
	湿绕组电机主泵	1
	发电机	1
	汽轮机	1
	高压加热器	4
	MSR	1
“华龙一号”	反应堆压力容器	2
	蒸汽发生器	6
	稳压器	2
	汽轮机	1
	凝汽器	1
示范快堆	蒸汽发生器	16
	堆芯支承	1
	余热排出系统钠—空冷器	4
	发电机	1
	汽轮机	1
	MSR	1
合计		51

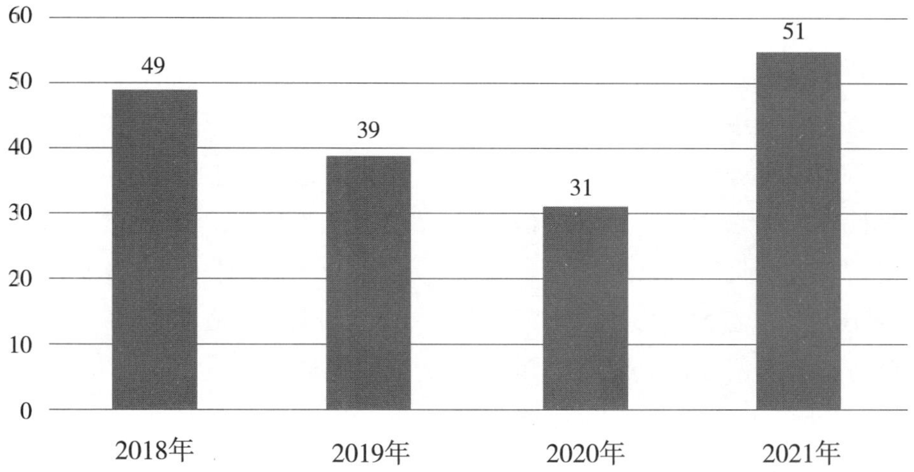

图 1　历年主设备交付数量

六、核能行业管理与安全保障

2021 年，国家对核电的发展方针更加明确。中共中央、国务院《关于完整准确全面贯彻新发展理念做好碳达峰碳中和工作的意见》提出，积极安全有序发展核电。国务院《2030 年前碳达峰行动方案》提出，积极安全有序发展核电，合理确定核电站布局和开发时序，保持平稳建设节奏。核领域基础性法律《原子能法》经国务院常务会议审议并原则通过，正在履行后续程序。核损害赔偿法、放射性废物管理法、核电管理条例、核安保条例、乏燃料管理条例等立法研究工作深入推进。

国家原子能机构、国家能源局、生态环境部等部门共发布 11 项部门规章。发布核工业、核科技、退役治理、国家核应急工作等“十四五”规划。编制核安全与放射性污染防治“十四五”规划。国家原子能机构等 8 部门首次联合发布《医用同位素中长期发展规划（2021—2035 年）》。

2021 年，核安全、核应急、核安保等领域工作积极开展。在运核电机组保持安全稳定运行，核电安全总体受控。核应急能力建设持续加强，审批完成山东省、福建省、广西壮族自治区核应急预案，圆满完成“神盾—2021”国家级核事故应急联合演习及评估。核材料管制工作进一步加强，核安保培训与演练水平进一步提高，举办“风暴—2021”核安保综合演练，首次以网络安全为主要元素，揭示核设施面临的网络安全风险及其可能的后果。

七、人才队伍建设

2021 年，我国核能人才队伍规模及质量不断提升，人才培养工作体系化、制度化和标准化进一步增强，人才发展的体制机制持续优化。截至 2021 年年底，我国主要核能企业（中核集团、中广核集团、国家电投集团、华能集团）形成了一支规模约 20 万人的高素质核能人才队伍。

2021 年，中国科学院院士王大中获国家最高科学技术奖。中国核潜艇首任总设计师彭士禄院士被追授“时代楷模”称号。

我国涉核企业坚持“人才强核”等发展战略，实施分层分类人才培养计划，创新人才引进路径，进一步推进校企合作和人才共育为我国核电、核燃料循环、核技术应用等领域科技创新与产业发展提供了保障。

八、核能国际合作

2021 年，面对纷繁复杂的国际形势，我国核能行业深入推进对外开放，秉持开放合作、互利共赢理念，努力克服新冠疫情蔓延的不利影响，主动担当、积极作为，推动“一带一路”倡议和新发展格局，同频共振，在核电工程、核能产业链、科技创新、国际治理等领域持续加强国际合作。

国际核电合作取得重要进展。中俄元首共同见证田湾核电站 7/8 号和徐大堡 3/4 号机组项目正式开工。巴基斯坦卡拉奇 K-2 机组投入商运。卡拉奇 K-3 机组首次装料，进入带核调试阶段。国际热核聚变实验堆 ITER 装置主机安装第一阶段最后里程碑圆满完成。英国欣克利角 C 项目土建施工有序推进。阿尔及利亚 B-1/B-2 项目完成验收。积极推进巴基斯坦恰希玛 C-5 项目和阿根廷核电项目。“华龙一号”核电技术在英国通用设计审查所有重要审评问题全部正式关闭。

核能产业链国际合作取得积极进展。我国企业参与合作投资建设的首座海外核燃料组件厂正式建成投产。铀资源贸易高质量推进，海绵锆、锆 4 管坯产品实现出口。海外核电运维业务快速增长，18 家中资企业成功注册成为阿联酋核电公司合格供应商，巴基斯坦 C-4 机组首获 WANO 综合运行指标评分满分。

核科技创新国际合作取得新成果。ITER 中国氦冷固态实验包层系统（HCCB TBS）首个项目启动，“核电厂 1E 级电缆老化和鉴定”EPRI 技术合作项目圆满完成。我国核电企业主导编制的国际标准 ISO 23468《傅里叶红外光谱法测量重水浓度》《核电厂—安全重要仪表和控制系统—地震停堆系统准则》（IEC 63186:2021）正式发布。《核聚变堆高温承压部件的热氦检漏方法》在国际标准化组织成功立项。

积极参与核领域全球治理。深化与 IAEA 合作，宣介中国核能发展政策及实践，设立高放废物地质处置等 3 个协作中心。履行核领域国际义务，高温堆示范工程全面落实 IAEA 核保障监督要求；中国专家参加日本福岛核事故污染水处置问题技术工作组。积极参与 WANO 全球活动，WANO 上海办公室正式揭牌，国内核电 WANO 指标不断提升。推进国际人才交流，支持新兴核能国家人才培养，推动国内专家学者近 800 人次参与各类国际研讨活动。

九、核技术应用

2021 年，我国核技术应用在同位素、医学、工业、农业、安保等领域取得了较大进展。

放射性同位素、稳定同位素产业化取得较大进展,生产能力不断提升。碘（^{131}I）化钠胶囊取得药品注册证书，成为 16 年来首个获批的国产放射性新药；^{131}I 及碘（^{131}I）化钠口服液生产工艺取得新进展，建立连续稳定运行的规模化干法 ^{131}I 及碘（^{131}I）化钠口服溶液生产线；全球首批商用堆 ^{14}C 靶件研制正式启动。

核医疗装备国产化加快推进。我国首款国产单光子药物自动配置系统—辐睿智配发布，集智能化、高精度、低辐射为一体的全自动放射性药物配制设备；国产螺旋断层放疗系统 V1 版本产品设计及开发完成，实现国内生产；适用全身的智能化钴 60 锥束聚焦立体定向治疗系统——智能伽马刀，整合先进影像引导和精准定位六维治疗床技术，为广大癌症患者提供更加精准的放射治疗；质子治疗领域的“布拉格治疗”技术成功治疗多位晚期肿瘤患者；首例特许准入钇（^{90}Y）树脂微球临床治疗肝癌手术成功实施。

工业领域应用场景不断推广、应用范围不断扩大。电子束治污技术已成功应用于多个领域，在广东江门、湖北十堰、新疆伊宁、湖北汉川等地有多个示范项目。国内市场工业辐照钴 –60 首次实现全部国内自主供应。新冠病毒辐照消杀技术在冷链食品新冠病毒防控辐照消杀方面取得新进展。

辐射诱变育种、食品辐照持续走在全球前列。我国持续推动核辐射诱变技术发展，实现在小麦、水稻、玉米、大豆、棉花、蔬菜等作物上诱变育种了 60 多个新品种，为我国农作物诱变育种产业打下坚实基础。我国农产品及食品辐照加工技术在国际上处于领先地位。

核安保产业智能化、个性化水平不断提升，为多个大型活动保驾护航。打造了全球首创的智能空中轨道集疏运系统，开工建设了全球首套航空箱 CT 安检系统建设工程。核技术应用为全球大型赛事和会议活动提供智能化、集成化、可视化的安检解决方案。

（以上“综述”内容由中国核能行业协会战略研究部提供）

核 电

在役核电厂运行情况

2021 年 4 月 14 日，田湾核电站 6 号机组首次装料；5 月 15 日，红沿河核电厂 5 号机组首次装料；8 月 21 日，石岛湾核电厂 1 号机组首次装料；11 月 6 日，福清核电厂 6 号机组首次装料。至此，我国运行核电机组数量达到 53 台[①]，总装机容量为 54 646.95 MW。截至 2021 年 12 月 31 日，总运行堆年为 468.65 堆年，机组数量及装机容量均列世界第三。

2021 年，我国运行核电机组继续保持安全、稳定运行，取得良好业绩。全年运行核电机组发电量为 4075.23 亿千瓦时，同比增长 11.27%；上网电量为 3824.33 亿千瓦时，同比增长 11.54%；核电装机容量约占全国电力总装机容量的 2.30%，发电量占全国总发电量的 5.02%；与燃煤发电相比，核能发电相当于减少燃烧标准煤约 11 568.59 万吨[②]，减少排放二氧化碳约 30 309.70 万吨、二氧化硫约 98.33 万吨、氮氧化物约 85.61 万吨。截至 2021 年，我国运行核电机组自首次并网以来累计发电量为 31 059.01 亿千瓦时，累计上网电量为 29 147.41 亿千瓦时，每台机组日均发电量为 1859.50 万千瓦时 / 天，每台机组单位功率日均发电量为 1.99 万千瓦时 / 兆瓦 · 天。

2021 年，我国共有 46 台核电机组未发生非计划自动停堆，共有 37 台核电机组按计划执行机组换料大修，共向国家核安全局上报 27 起国际核事件分级表（INES）0 级运行事件。核电厂人员的个人剂量和集体剂量均保持较低水平，放射性流出物排放总量低于国家监管部门批准排放年限值，环境空气吸收剂量率在当地本底辐射水平正常涨落范围之内，没有发生影响环境与公众健康的事件。

① 本报告将我国已进行首次装料核电机组列入运行核电机组进行统计。

② 国家能源局 2022 年 1 月 26 日发布信息显示，2021 年我国火电供电煤耗（6000 千瓦及以上电厂）为 302.5 克标准煤 / 千瓦时。减排计算方法来源于国家统计局网站，按照工业锅炉每燃烧 1 吨标准煤产生二氧化碳 2620 千克，二氧化硫 8.5 千克，氮氧化物 7.4 千克计算。

一、2021 年全国发电量统计

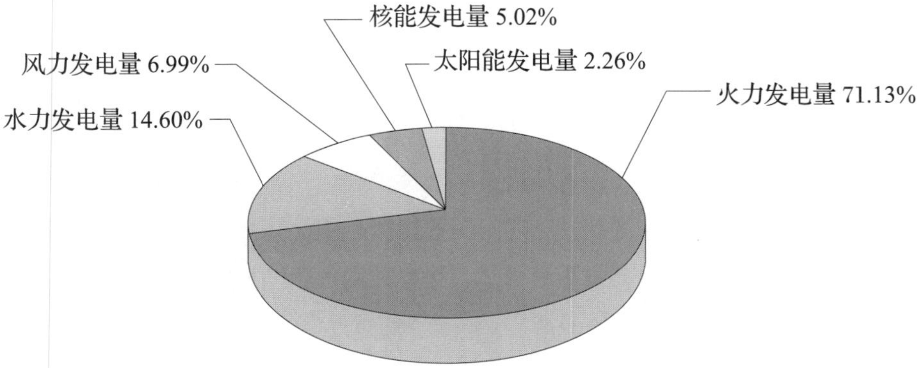

二、2012—2021 年中国核电运行机组数量与装机容量统计

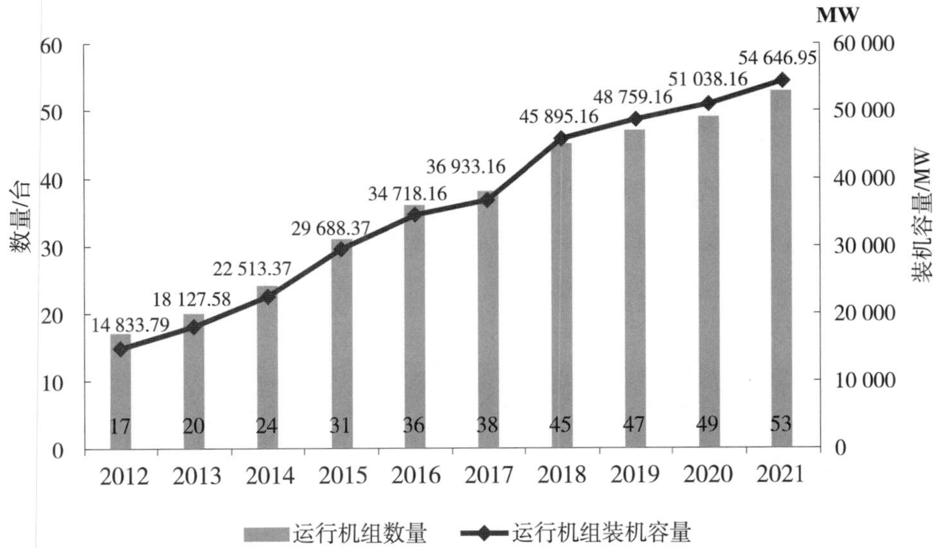

三、2012—2021 年中国运行核电机组发电量和上网电量统计

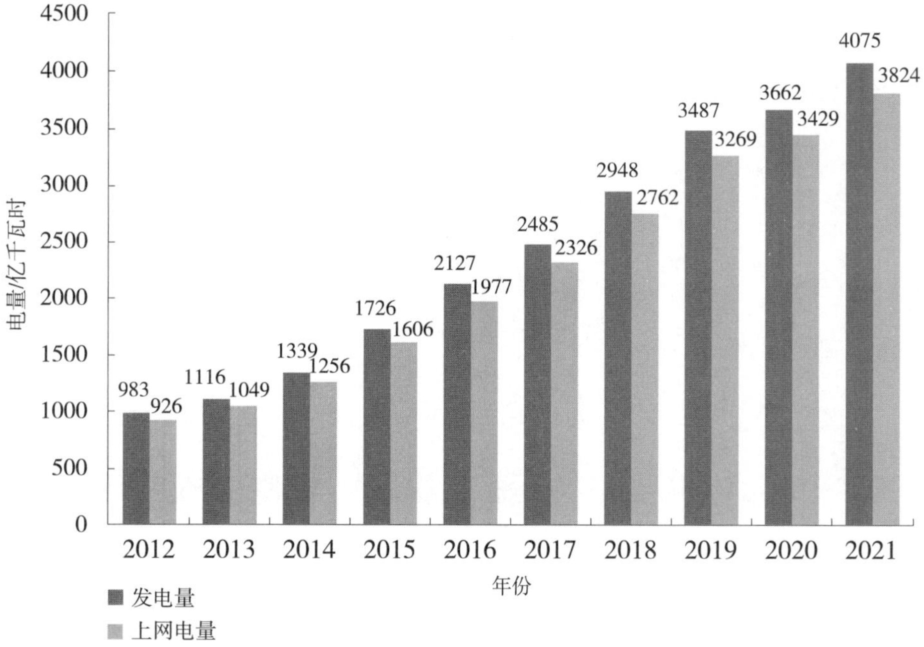

四、2021 年中国运行核电机组

2021 年中国运行核电机组一览表

核电厂—机组		机组[①]CN 号	隶属集团[②]	堆型	额定功率 /MW	开工日期	首次装料日期	首次并网日期	商业运行日期
秦山核电厂	1号机组	CN–01	中核集团	压水堆	330	1985–03–20	1991–08–02	1991–12–15	1994–04–01
大亚湾核电厂	1号机组 2号机组	CN–02 CN–03	中国广核集团	压水堆	2×984	1987–08–07 1988–04–07	1993–06–01 1993–11–26	1993–08–31 1994–02–07	1994–02–01 1994–05–06
秦山第二核电厂	1号机组 2号机组	CN–04 CN–05	中核集团	压水堆	2×650	1996–06–02 1997–04–01	2001–10–09 2004–01–29	2002–02–06 2004–03–11	2002–04–15 2004–05–03
	3号机组 4号机组	CN–14 CN–15			2×660	2006–04–28 2007–01–28	2010–05–30 2011–10–21	2010–08–01 2011–11–25	2010–10–05 2011–12–30
岭澳核电厂	1号机组 2号机组	CN–06 CN–07	中国广核集团	压水堆	2×990	1997–05–15 1997–11–28	2001–12–08 2002–07–15	2002–02–26 2002–09–14	2002–05–28 2003–01–08
	3号机组 4号机组	CN–12 CN–13			2×1086	2005–12–15 2006–06–15	2010–04–21 2011–01–05	2010–07–15 2011–05–03	2010–09–15 2011–08–07
秦山第三核电厂	1号机组 2号机组	CN–08 CN–09	中核集团	重水堆	2×728	1998–06–08 1998–09–25	2002–07–18 2003–03–16	2002–11–19 2003–06–12	2002–12–31 2003–07–24
田湾核电站	1号机组 2号机组	CN–10 CN–11	中核集团	压水堆	2×1060	1999–10–20 2000–09–20	2005–10–18 2007–03–16	2006–05–12 2007–05–14	2007–05–17 2007–08–16
	3号机组 4号机组	CN–45 CN–46			2×1126	2012–12–27 2013–09–27	2017–08–18 2018–08–25	2017–12–30 2018–10–27	2018–02–15 2018–12–22
	5号机组 6号机组	CN–53 CN–54			2×1118	2015–12–27 2016–09–07	2020–07–09 2021–04–14	2020–08–08 2021–05–11	2020–09–08 2021–06–02

① 机组 CN 号为国际原子能机构核动力堆信息系统（IAEA—PRIS）对我国核电机组的统一编号。

② 表中各集团公司名称均为简称，“中核集团”全称“中国核工业集团有限公司”，“中国广核集团”全称“中国广核集团有限公司”，“国家电投”全称“国家电力投资集团有限公司”，“华能集团”全称“中国华能集团有限公司”。

续表

核电厂—机组		机组 CN 号	隶属集团	堆型	额定功率 /MW	开工日期	首次装料日期	首次并网日期	商业运行日期
红沿河核电厂	1号机组	CN-16	中国广核集团—国家电投	压水堆	5×1118.79	2007-08-18	2012-11-26	2013-02-17	2013-06-06
	2号机组	CN-17				2008-03-28	2013-09-03	2013-11-23	2014-05-13
	3号机组	CN-26				2009-03-07	2014-09-18	2015-03-23	2015-08-16
	4号机组	CN-27				2009-08-15	2016-01-18	2016-04-01	2016-06-08
	5号机组	CN-49				2015-03-29	2021-05-15	2021-06-25	2021-07-31
宁德核电厂	1号机组	CN-18	中国广核集团	压水堆	4×1089	2008-02-18	2012-09-29	2012-12-28	2013-04-15
	2号机组	CN-19				2008-11-12	2013-11-08	2014-01-04	2014-05-04
	3号机组	CN-34				2010-01-08	2015-01-29	2015-03-21	2015-06-10
	4号机组	CN-35				2010-09-29	2015-12-31	2016-03-29	2016-07-21
福清核电厂	1号机组	CN-20	中核集团	压水堆	4×1089	2008-11-21	2014-05-30	2014-08-20	2014-11-22
	2号机组	CN-21				2009-06-17	2015-05-15	2015-08-06	2015-10-16
	3号机组	CN-42				2010-12-31	2016-04-01	2016-09-07	2016-10-24
	4号机组	CN-43				2012-11-17	2017-06-13	2017-07-29	2017-09-17
	5号机组	CN-51			2×1161	2015-05-07	2020-09-04	2020-11-27	2021-01-30
	6号机组	CN-52				2015-12-22	2021-11-06	2022-01-01	2022-03-25
阳江核电厂	1号机组	CN-22	中国广核集团	压水堆	6×1086	2008-12-16	2013-10-25	2013-12-31	2014-03-25
	2号机组	CN-23				2009-06-04	2015-01-25	2015-03-10	2015-06-05
	3号机组	CN-40				2010-11-15	2015-09-09	2015-10-18	2016-01-01
	4号机组	CN-41				2012-11-17	2016-11-19	2017-01-08	2017-03-15
	5号机组	CN-47				2013-09-18	2018-04-20	2018-05-23	2018-07-12
	6号机组	CN-48				2013-12-23	2019-04-29	2019-06-29	2019-07-24
方家山核电厂	1号机组	CN-24	中核集团	压水堆	2×1089	2008-12-26	2014-09-01	2014-11-04	2014-12-15
	2号机组	CN-25				2009-07-17	2014-12-03	2015-01-12	2015-02-12
三门核电厂	1号机组	CN-28	中核集团	压水堆	2×1251	2009-04-19	2018-04-25	2018-06-30	2018-09-21
	2号机组	CN-29				2009-12-15	2018-07-04	2018-08-24	2018-11-05
海阳核电厂	1号机组	CN-30	国家电投	压水堆	2×1253	2009-09-24	2018-06-21	2018-08-17	2018-10-22
	2号机组	CN-31				2010-06-20	2018-08-08	2018-10-13	2019-01-09
台山核电厂	1号机组	CN-32	中国广核集团	压水堆	2×1750	2010-04-15	2018-04-10	2018-06-29	2018-12-13
	2号机组	CN-33				2010-04-15	2019-05-30	2019-06-23	2019-09-07

续表

核电厂—机组		机组 CN 号	隶属集团	堆型	额定功率 /MW	开工日期	首次装料日期	首次并网日期	商业运行日期
昌江核电厂	1号机组 2号机组	CN-36 CN-37	中核集团	压水堆	2×650	2010-04-25 2010-11-21	2015-08-26 2016-05-06	2015-11-07 2016-06-20	2015-12-25 2016-08-12
防城港核电厂	1号机组 2号机组	CN-38 CN-39	中国广核集团	压水堆	2×1086	2010-07-30 2010-12-23	2015-09-02 2016-05-22	2015-10-25 2016-07-15	2016-01-01 2016-10-01
石岛湾核电厂	1号机组	CN-44	华能集团	高温气冷堆	211	2012-12-09	2021-08-21	2021-12-14	
合计	53台机组，总装机容量54646.95 MWe								

五、发电量和上网电量

2021 年，我国运行核电机组全年发电量[①]为 4075.23 亿千瓦时，上网电量为 3824.33 亿千瓦时，较 2020 年发电量增加 11.27%、上网电量增加 11.54%。

2012—2021 年运行核电厂发电量

项目 / 年份 核电厂	年度发电量 / 亿千瓦时									
	2012	2013	2014	2015	2016	2017	2018	2019	2020	2021
秦山核电厂	28.44	23.03	26.23	25.71	25.80	28.14	16.25	26.27	26.82	27.45
大亚湾核电厂	159.30	148.95	151.40	154.25	151.72	164.33	164.81	161.95	166.01	164.67
秦山第二核电厂	201.62	203.70	202.35	202.85	208.06	211.59	208.67	209.72	214.55	214.28
岭澳核电厂	315.13	315.48	325.53	322.78	321.30	316.09	320.37	315.21	310.52	318.67

① 自机组并网后开始统计发电量及上网电量。

续表

项目 / 年份 核电厂	年度发电量 / 亿千瓦时									
	2012	2013	2014	2015	2016	2017	2018	2019	2020	2021
秦山第三核电厂	116.27	119.17	116.88	112.35	108.63	109.77	112.56	116.35	116.64	115.71
田湾核电站	162.41	166.86	167.67	166.17	153.73	172.83	242.18	328.90	355.39	485.16
红沿河核电厂	/	63.71	119.61	144.66	199.83	235.98	301.57	327.30	327.03	400.07
宁德核电厂	/	75.19	125.33	202.32	247.46	305.08	338.26	313.64	327.52	352.94
福清核电厂	/	/	15.69	87.77	161.66	255.01	305.42	307.53	325.03	424.23
阳江核电厂	/	/	79.23	140.70	230.43	323.71	377.92	443.37	453.07	523.28
方家山核电厂	/	/	8.80	155.31	161.15	161.06	182.90	169.47	165.02	175.49
三门核电厂	/	/	/	/	/	/	66.56	106.71	189.13	199.80
海阳核电厂	/	/	/	/	/	/	39.03	207.20	190.51	197.08
台山核电厂	/	/	/	/	/	/	33.36	185.04	231.18	197.49
昌江核电厂	/	/	/	4.37	60.10	74.59	77.17	97.20	95.63	97.62
防城港核电厂	/	/	/	6.61	97.59	126.81	160.96	171.53	168.37	181.26
石岛湾核电厂	/	/	/	/	/	/	/	/	/	0.03
合计	983.17	1116.09	1338.72	1725.85	2127.46	2484.99	2947.99	3487.41	3662.42	4075.23

说明："/"为机组当年未并网发电。

2012-2021年运行核电厂上网电量

项目/年份 核电厂	年度上网电量/亿千瓦时									
	2012	2013	2014	2015	2016	2017	2018	2019	2020	2021
秦山核电厂	26.59	21.59	24.41	23.94	23.97	26.16	15.09	24.48	24.97	25.60
大亚湾核电厂	152.51	142.41	144.97	147.75	145.26	157.20	157.51	154.76	158.73	157.43
秦山第二核电厂	188.90	191.12	189.79	190.06	195.01	198.57	195.86	196.86	201.08	201.02
岭澳核电厂	298.62	299.15	308.85	306.03	304.33	299.38	303.86	298.68	294.41	302.68
秦山第三核电厂	107.55	110.31	108.18	103.82	100.30	101.41	104.14	107.78	107.76	106.82
田湾核电站	151.90	156.10	156.92	155.61	143.54	160.73	223.91	305.67	329.45	452.43
红沿河核电厂	/	58.57	110.57	131.88	183.23	218.62	282.70	307.64	306.50	375.75
宁德核电厂	/	69.48	116.15	182.26	223.37	284.69	317.32	292.78	306.39	331.55
福清核电厂	/	/	14.27	80.69	149.08	238.01	286.29	287.33	303.10	397.34
阳江核电厂	/	/	74.15	131.88	215.83	303.53	355.10	416.41	424.93	492.15
方家山核电厂	/	/	8.20	145.81	151.52	151.50	172.34	159.59	154.98	165.16
三门核电厂	/	/	/	/	/	/	60.53	98.61	175.45	186.44
海阳核电厂	/	/	/	/	/	/	34.92	193.99	178.37	184.10
台山核电厂	/	/	/	/	/	/	30.56	173.09	215.73	184.87
昌江核电厂	/	/	/	0.66	51.09	68.28	70.90	89.95	88.48	90.40
防城港核电厂	/	/	/	6.01	90.14	117.82	150.82	161.19	158.20	170.56
石岛湾核电厂	/	/	/	/	/	/	/	/	/	0.01
合计	926.07	1048.73	1256.46	1606.40	1976.67	2325.90	2761.85	3268.77	3428.53	3824.33

说明："/"为机组当年未并网发电。

六、机组能力因子和负荷因子

2012-2021 年运行核电机组能力因子

核电厂 / 机组	项目 / 年份	机组能力因子 /%									
		2012	2013	2014	2015	2016	2017	2018	2019	2020	2021
秦山核电厂	1 号机组	99.94	81.61	92.69	90.92	91.38	99.97	56.46	88.09	92.20	90.72
大亚湾核电厂	1 号机组	83.94	86.83	99.66	78.83	86.58	99.98	89.25	92.94	99.99	88.92
	2 号机组	99.97	85.93	75.58	98.65	87.42	88.74	99.72	92.35	89.21	99.98
秦山第二核电厂	1 号机组	85.24	85.79	83.53	88.93	90.45	99.52	87.00	88.13	99.96	92.15
	2 号机组	79.68	88.74	85.01	90.84	82.96	88.83	97.66	86.75	92.34	99.91
	3 号机组	90.10	93.50	92.00	85.60	99.81	88.42	87.93	98.80	90.43	88.18
	4 号机组	95.81	84.28	89.77	90.65	92.39	90.62	88.16	91.50	99.97	89.13
岭澳核电厂	1 号机组	93.59	82.94	90.44	86.80	99.81	89.15	87.52	95.04	99.99	89.67
	2 号机组	91.25	88.58	94.55	93.64	88.65	96.32	92.09	87.12	89.17	99.98
	3 号机组	88.45	90.11	89.42	90.10	91.62	86.99	89.32	99.98	90.71	83.40
	4 号机组	80.60	88.95	90.31	90.29	87.84	91.33	98.34	89.29	92.77	86.11
秦山第三核电厂	1 号机组	96.26	89.91	96.16	83.17	94.91	79.83	99.98	87.62	99.93	89.52
	2 号机组	90.46	99.86	90.14	97.47	79.28	99.96	82.62	99.99	91.04	98.61
田湾核电站	1 号机组	86.78	90.70	89.83	91.07	81.87	92.05	90.05	98.64	89.57	90.13
	2 号机组	87.77	89.14	91.11	88.22	87.23	99.90	92.50	91.43	98.56	93.14
	3 号机组	/	/	/	/	/	/	99.04	81.88	91.28	93.38
	4 号机组	/	/	/	/	/	/	/	84.75	95.39	95.93
	5 号机组	/	/	/	/	/	/	/	/	100.00	85.95
	6 号机组	/	/	/	/	/	/	/	/	/	99.99
红沿河核电厂	1 号机组	/	99.90	70.04	87.75	87.19	88.92	99.98	90.30	91.09	99.99
	2 号机组	/	/	75.69	65.53	87.49	98.08	89.80	91.57	90.88	91.26
	3 号机组	/	/	/	100.00	94.90	83.07	91.17	84.75	99.78	88.16
	4 号机组	/	/	/	/	99.98	85.76	85.16	92.02	92.74	92.90
	5 号机组	/	/	/	/	/	/	/	/	/	/

续表

核电厂 / 机组	项目 / 年份	机组能力因子 /%									
		2012	2013	2014	2015	2016	2017	2018	2019	2020	2021
宁德核电厂	1 号机组	/	99.95	57.31	88.22	98.13	83.66	88.50	97.54	91.39	92.56
	2 号机组	/	/	99.83	80.73	86.38	98.80	89.13	91.13	99.99	90.70
	3 号机组	/	/	/	94.37	80.08	95.62	92.54	91.62	96.73	95.06
	4 号机组	/	/	/	/	99.98	84.38	99.99	90.92	91.22	99.99
福清核电厂	1 号机组	/	/	/	74.08	99.31	89.46	87.56	89.16	99.30	92.54
	2 号机组	/	/	/	99.06	81.55	86.73	85.47	99.35	92.02	88.15
	3 号机组	/	/	/	/	/	83.01	86.27	95.76	89.69	90.99
	4 号机组	/	/	/	/	/	100.00	78.22	91.79	92.47	100.00
	5 号机组	/	/	/	/	/	/	/	/	/	90.42
阳江核电厂	1 号机组	/	/	99.93	79.45	81.56	99.61	88.23	89.23	98.50	88.72
	2 号机组	/	/	/	99.64	77.68	87.97	99.98	90.24	85.96	99.97
	3 号机组	/	/	/	/	91.24	86.49	91.61	99.99	85.51	93.33
	4 号机组	/	/	/	/	/	90.00	82.42	91.72	96.18	89.41
	5 号机组	/	/	/	/	/	/	99.60	82.10	92.64	94.40
	6 号机组	/	/	/	/	/	/	/	95.99	81.82	98.02
方家山核电厂	1 号机组	/	/	/	83.68	91.23	89.52	99.60	91.18	89.78	99.86
	2 号机组	/	/	/	93.10	86.88	85.72	98.08	91.49	99.96	88.14
三门核电厂	1 号机组	/	/	/	/	/	/	99.98	92.26	88.18	93.94
	2 号机组	/	/	/	/	/	/	83.84	8.96	99.99	91.54
海阳核电厂	1 号机组	/	/	/	/	/	/	94.28	97.44	86.73	93.18
	2 号机组	/	/	/	/	/	/	/	99.66	90.05	93.48

续表

核电厂 / 机组	项目 / 年份	机组能力因子 /%									
		2012	2013	2014	2015	2016	2017	2018	2019	2020	2021
台山核电厂	1 号机组	/	/	/	/	/	/	/	90.88	71.56	55.79
	2 号机组	/	/	/	/	/	/	/	/	97.71	78.96
昌江核电厂	1 号机组	/	/	/	100.00	93.96	79.25	87.39	89.49	90.83	92.71
	2 号机组	/	/	/	/	/	87.78	73.85	95.87	93.07	92.01
防城港核电厂	1 号机组	/	/	/	/	99.02	76.19	89.60	99.29	91.20	92.69
	2 号机组	/	/	/	/	99.95	80.70	99.98	92.14	91.98	99.99
石岛湾核电厂	1 号机组	/	/	/	/	/	/	/	/	/	/

说明："/"为机组当年未投入商运或不满足 WANO 指标年度值统计要求。

2012-2021 年运行核电机组负荷因子

核电厂 / 机组	项目 / 年份	负荷因子 /%									
		2012	2013	2014	2015	2016	2017	2018	2019	2020	2021
秦山核电厂	1 号机组	101.19	82.17	96.58	91.74	91.80	103.62	59.84	90.88	92.53	94.95
大亚湾核电厂	1 号机组	83.86	86.76	100.02	79.65	87.48	101.23	90.34	94.36	101.64	90.01
	2 号机组	100.45	86.04	75.62	99.30	88.05	89.41	100.87	93.52	90.41	101.02
秦山第二核电厂	1 号机组	84.66	86.80	85.60	89.31	88.34	100.00	88.16	89.56	97.49	93.80
	2 号机组	81.05	90.02	86.59	91.27	84.64	89.86	99.35	88.74	91.11	101.37
	3 号机组	90.65	94.63	91.14	83.53	96.92	87.96	87.99	98.55	87.40	88.31
	4 号机组	96.77	84.56	89.27	89.49	91.60	90.40	88.26	88.60	97.00	90.09
岭澳核电厂	1 号机组	91.87	82.38	88.59	86.37	99.11	84.59	84.19	90.62	90.71	89.52
	2 号机组	89.70	87.28	93.46	91.01	83.94	93.22	87.61	82.70	84.18	98.03
	3 号机组	86.30	88.78	87.88	88.90	89.23	84.19	88.21	93.22	84.22	81.66
	4 号机组	78.52	88.18	88.35	88.69	80.72	85.97	91.94	80.11	81.86	82.34
秦山第三核电厂	1 号机组	97.43	88.64	94.79	80.67	92.76	76.97	97.07	85.57	94.89	86.05
	2 号机组	91.67	98.23	88.48	95.50	77.12	95.16	79.44	96.87	87.50	95.40

续表

核电厂 / 机组	项目 / 年份	负荷因子 /%									
		2012	2013	2014	2015	2016	2017	2018	2019	2020	2021
田湾核电站	1 号机组	86.72	90.60	89.64	90.81	81.59	91.10	82.29	95.41	85.88	87.55
	2 号机组	87.71	89.10	90.94	88.15	85.09	95.00	89.23	88.23	89.89	92.18
	3 号机组	/	/	/	/	/	/	79.50	78.17	78.26	87.08
	4 号机组	/	/	/	/	/	/	97.81	82.39	84.29	94.28
	5 号机组	/	/	/	/	/	/	/	/	79.46	82.18
	6 号机组	/	/	/	/	/	/	/	/	/	93.75
红沿河核电厂	1 号机组	/	96.33	67.13	82.57	66.36	79.41	95.96	87.78	85.89	97.59
	2 号机组	/	/	74.80	39.26	57.56	63.77	84.04	87.66	84.53	88.89
	3 号机组	/	/	/	24.44	59.90	61.46	71.13	81.35	75.63	86.32
	4 号机组	/	/	/	/	49.02	36.14	56.57	77.17	86.71	90.39
	5 号机组	/	/	/	/	/	/	/	/	/	97.99
宁德核电厂	1 号机组	/	98.51	56.70	85.93	76.44	79.86	84.48	89.90	83.22	90.06
	2 号机组	/	/	98.44	73.72	65.46	91.11	86.30	74.22	90.32	89.78
	3 号机组	/	/	/	81.67	68.91	88.20	89.54	83.01	87.39	90.56
	4 号机组	/	/	/	/	92.47	60.63	94.27	81.65	81.46	99.58
福清核电厂	1 号机组	/	/	/	69.05	75.84	83.69	84.23	73.25	93.61	90.96
	2 号机组	/	/	/	89.11	69.11	82.20	82.17	89.89	87.58	85.42
	3 号机组	/	/	/	/	/	66.36	78.14	84.11	82.06	80.98
	4 号机组	/	/	/	/	/	99.93	75.62	75.12	75.00	94.61
	5 号机组	/	/	/	/	/	/	/	/	15.13	88.31
阳江核电厂	1 号机组	/	/	98.78	78.86	79.16	97.10	86.09	89.19	90.85	88.51
	2 号机组	/	/	/	99.94	77.29	84.17	99.72	83.76	72.91	98.07
	3 号机组	/	/	/	/	85.11	83.00	88.58	96.37	73.72	87.39
	4 号机组	/	/	/	/	/	89.41	73.79	77.60	89.02	89.15
	5 号机组	/	/	/	/	/	/	95.05	75.04	81.89	91.62
	6 号机组	/	/	/	/	/	/	/	91.33	66.56	95.31
方家山核电厂	1 号机组	/	/	/	80.03	87.11	84.98	97.54	89.05	80.24	98.86
	2 号机组	/	/	/	89.24	81.36	83.86	94.18	88.60	92.27	85.10

续表

核电厂 / 机组	项目 / 年份	负荷因子 /%									
		2012	2013	2014	2015	2016	2017	2018	2019	2020	2021
三门核电厂	1 号机组	/	/	/	/	/	/	98.60	88.40	85.96	92.44
	2 号机组	/	/	/	/	/	/	83.88	8.98	86.15	89.89
海阳核电厂	1 号机组	/	/	/	/	/	/	94.12	91.96	85.06	90.80
	2 号机组	/	/	/	/	/	/	/	96.81	88.03	91.02
台山核电厂	1 号机组	/	/	/	/	/	/	94.97	83.28	63.52	53.03
	2 号机组	/	/	/	/	/	/	/	71.34	86.87	75.80
昌江核电厂	1 号机组	/	/	/	65.95	70.24	65.19	73.23	82.30	85.68	84.80
	2 号机组	/	/	/	/	/	65.80	61.83	88.41	81.81	86.66
防城港核电厂	1 号机组	/	/	/	/	81.21	59.05	83.32	95.85	88.42	91.26
	2 号机组	/	/	/	/	84.12	74.25	85.87	84.46	88.08	99.27
石岛湾核电厂	1 号机组	/	/	/	/	/	/	/	/	/	2.85

说明：“/” 为机组当年未并网。

七、非计划自动停堆

2012-2021 年核电机组非计划自动停堆次数统计表

核电厂 / 机组	年度	2012	2013	2014	2015	2016	2017	2018	2019	2020	2021
秦山核电厂	1 号机组	0	1	0	0	0	0	0	1	1	0
大亚湾核电厂	1 号机组	0	0	1	0	0	0	0	0	0	0
	2 号机组	0	0	0	0	0	0	1	0	0	0
秦山第二核电厂	1 号机组	0	0	0	1	0	1	0	0	0	0
	2 号机组	0	1	1	1	0	0	1	0	0	0
	3 号机组	2	1	0	0	0	0	0	1	0	0
	4 号机组	0	0	0	0	0	0	0	1	0	0

续表

核电厂 / 机组（年度）		2012	2013	2014	2015	2016	2017	2018	2019	2020	2021
岭澳核电厂	1 号机组	0	0	0	0	0	0	0	0	0	0
	2 号机组	0	0	1	0	1	0	0	0	0	0
	3 号机组	0	0	0	0	0	0	0	0	0	0
	4 号机组	0	0	0	0	0	0	0	0	0	0
秦山第三核电厂	1 号机组	0	0	0	0	0	0	0	0	0	0
	2 号机组	0	0	0	0	0	0	0	0	0	0
田湾核电站	1 号机组	0	0	0	0	0	1	0	1	0	1
	2 号机组	0	0	0	1	1	0	0	0	0	0
	3 号机组	/	/	/	/	/	0	2	0	0	0
	4 号机组	/	/	/	/	/	/	0	0	0	0
	5 号机组	/	/	/	/	/	/	/	/	0	0
	6 号机组	/	/	/	/	/	/	/	/	/	1
红沿河核电厂	1 号机组	/	4	1	0	0	0	0	0	0	0
	2 号机组	/	1	1	0	0	0	0	0	0	0
	3 号机组	/	/	1	2	0	1	0	1	0	0
	4 号机组	/	/	/	/	0	0	0	0	0	0
	5 号机组	/	/	/	/	/	/	/	/	/	0
宁德核电厂	1 号机组	0	2	0	0	0	0	0	0	0	0
	2 号机组	/	0	1	0	0	0	0	0	0	0
	3 号机组	/	/	/	3	0	0	1	0	0	0
	4 号机组	/	/	/	/	0	0	0	0	0	0

续表

核电厂 / 机组	年度	2012	2013	2014	2015	2016	2017	2018	2019	2020	2021
福清核电厂	1 号机组	/	/	0	2	0	0	0	0	0	0
	2 号机组	/	/	/	1	1	1	0	0	0	0
	3 号机组	/	/	/	/	0	0	0	0	0	1
	4 号机组	/	/	/	/	/	0	1	0	0	0
	5 号机组	/	/	/	/	/	/	/	/	1	1
	6 号机组	/	/	/	/	/	/	/	/	/	0
阳江核电厂	1 号机组	/	0	2	0	0	0	0	0	0	0
	2 号机组	/	/	/	2	0	1	0	0	1	0
	3 号机组	/	/	/	1	0	0	0	0	1	0
	4 号机组	/	/	/	/	0	1	0	0	2	0
	5 号机组	/	/	/	/	/	/	0	0	0	0
	6 号机组	/	/	/	/	/	/	/	0	1	0
方家山核电厂	1 号机组	/	/	2	0	0	0	1	1	0	0
	2 号机组	/	/	0	0	0	0	0	1	0	0
三门核电厂	1 号机组	/	/	/	/	/	/	0	0	1	0
	2 号机组	/	/	/	/	/	/	1	0	0	0
海阳核电厂	1 号机组	/	/	/	/	/	/	0	0	0	0
	2 号机组	/	/	/	/	/	/	0	0	1	1
台山核电厂	1 号机组	/	/	/	/	/	/	9	1	0	1
	2 号机组	/	/	/	/	/	/	/	1	0	0

续表

年度 核电厂 / 机组		2012	2013	2014	2015	2016	2017	2018	2019	2020	2021
昌江核电厂	1 号机组	/	/	/	2	0	1	1	1	0	0
	2 号机组	/	/	/	/	3	1	1	1	0	0
防城港核电厂	1 号机组	/	/	/	0	0	0	0	1	0	0
	2 号机组	/	/	/	/	1	0	0	0	0	0
石岛湾核电厂	1 号机组	/	/	/	/	/	/	/	/	/	1
合计		2	10	11	16	7	8	19	12	9	7

说明：

1. 非计划自动停堆次数自机组首次临界后开始统计，“/”表示机组当年未首次临界，不适用统计。
2. 田湾核电站 1 号机组：2021 年 10 月 19 日反应堆手动停堆控制回路异常导致控制棒供电电源断开触发反应堆自动停堆。
3. 田湾核电站 6 号机组：2021 年 5 月 12 日汽轮机高压调阀异常开启导致蒸汽发生器高高液位叠加核功率大于 10%FP 触发机组停机停堆。
4. 福清核电厂 3 号机组：2021 年 2 月 20 日厂用变压器 A 有载调压开关瓦斯继电器故障引发反应堆自动停堆。
5. 福清核电厂 5 号机组：2021 年 1 月 16 日执行停机不停堆试验时触发反应堆停堆。
6. 海阳核电厂 2 号机组：2021 年 8 月 23 日主泵 2B 停运导致反应堆冷却剂环路 2 热段流量低 2 触发反应堆自动停堆。
7. 台山核电厂 1 号机组：2021 年 2 月 21 日正常功率运行期间一台主泵跳闸导致反应堆自动停堆。
8. 石岛湾核电厂 1 号机组：2021 年 12 月 10 日运行人员误开阀门引起一回路压力下降快导致 1 号反应堆保护动作。

八、职业照射

国家标准《电离辐射防护与辐射源安全基本标准》（GB 18871—2002）中规定了工作人员职业照射的剂量限值：连续 5 年的年平均有效剂量不超过 20 mSv，任何一年中的有效剂量不超过 50 mSv。2012 年至 2021 年，我国运行核电厂工作人员所受到的照射剂量均远低于国家标准规定的限值。

2012-2021 年核电厂工作人员职业照射情况

核电厂 \ 项目	年度	年人均有效剂量 /mSv	年度最大个人剂量 /mSv	年度集体有效剂量 /(man · Sv)	归一化集体有效剂量 /(man · mSv/GWh)
秦山核电厂	2012	0.041	3.681	0.038	0.013
	2013	0.281	6.073	0.495	0.215
	2014	0.143	4.035	0.253	0.096
	2015	0.201	4.278	0.405	0.157
	2016	0.133	3.439	0.281	0.109
	2017	0.029	2.135	0.042	0.015
	2018	0.272	5.687	0.764	0.470
	2019	0.142	4.254	0.317	0.121
	2020	0.031	1.810	0.113	0.042
	2021	0.165	4.199	0.386	0.141
大亚湾核电厂	2012	0.413	8.116	1.235	0.078
	2013	0.549	13.345	1.769	0.119
	2014	0.462	6.906	1.512	0.100
	2015	0.331	7.140	1.035	0.067
	2016	0.303	8.277	1.032	0.068
	2017	0.242	6.756	0.712	0.043
	2018	0.260	5.114	0.753	0.046
	2019	0.299	9.139	0.960	0.059
	2020	0.244	5.023	0.676	0.041
	2021	0.229	5.269	0.642	0.039
秦山第二核电厂	2012	0.428	9.389	1.229	0.061
	2013	0.385	8.726	1.177	0.058
	2014	0.336	8.948	1.111	0.055

续表

核电厂＼项目	年度	年人均有效剂量 /mSv	年度最大个人剂量 /mSv	年度集体有效剂量 /(man · Sv)	归一化集体有效剂量 /(man · mSv/GWh)
	2015	0.204	7.914	0.683	0.034
	2016	0.307	7.171	1.092	0.052
	2017	0.251	7.639	0.941	0.044
	2018	0.295	9.730	1.149	0.055
	2019	0.302	7.000	1.098	0.052
	2020	0.163	5.438	0.628	0.029
	2021	0.231	6.241	1.003	0.047
岭澳核电厂 1、2 号机组	2012	0.297	6.059	0.947	0.060
	2013	0.887	13.696	3.238	0.220
	2014	0.300	7.731	0.858	0.054
	2015	0.502	8.505	1.619	0.105
	2016	0.348	6.071	1.117	0.070
	2017	0.301	6.610	0.917	0.059
	2018	0.517	10.323	1.623	0.109
	2019	0.425	6.936	1.312	0.087
	2020	0.256	6.767	0.681	0.045
	2021	0.360	6.692	0.946	0.058
岭澳核电厂 3、4 号机组	2012	0.286	6.644	0.929	0.059
	2013	0.188	5.660	0.577	0.034
	2014	0.185	4.098	0.624	0.037
	2015	0.193	5.261	0.597	0.035
	2016	0.305	6.834	1.028	0.063
	2017	0.332	7.668	1.200	0.074
	2018	0.223	5.247	0.628	0.037
	2019	0.298	5.813	0.826	0.050
	2020	0.250	4.695	0.712	0.045
	2021	0.552	9.970	1.889	0.121
秦山第三核电厂	2012	0.316	8.661	0.689	0.059
	2013	0.324	6.362	0.630	0.053
	2014	0.342	7.192	0.721	0.062

续表

核电厂 \ 项目	年度	年人均有效剂量 /mSv	年度最大个人剂量 /mSv	年度集体有效剂量 /(man · Sv)	归一化集体有效剂量 /(man · mSv/GWh)
	2015	0.366	4.964	0.804	0.072
	2016	0.474	7.167	1.009	0.093
	2017	0.303	6.033	0.702	0.064
	2018	0.355	6.801	0.855	0.076
	2019	0.279	6.324	0.687	0.059
	2020	0.164	3.741	0.534	0.046
	2021	0.303	8.175	0.889	0.077
田湾核电站	2012	0.345	4.232	1.014	0.062
	2013	0.177	2.615	0.467	0.028
	2014	0.180	2.994	0.497	0.030
	2015	0.169	2.866	0.520	0.031
	2016	0.297	6.032	1.010	0.066
	2017	0.126	2.140	0.326	0.019
	2018	0.107	3.074	0.600	0.026
	2019	0.249	5.319	1.260	0.038
	2020	0.130	3.105	0.813	0.023
	2021	0.221	6.060	1.486	0.031
红沿河核电厂	2013	0.016	1.112	0.033	0.005
	2014	0.329	8.076	1.002	0.084
	2015	0.295	5.623	1.028	0.071
	2016	0.274	5.404	0.905	0.045
	2017	0.486	7.803	1.697	0.072
	2018	0.435	7.601	1.530	0.051
	2019	0.563	8.792	2.143	0.065
	2020	0.397	6.444	1.383	0.042
	2021	0.261	5.983	1.117	0.028
宁德核电厂	2013	0.012	1.272	0.026	0.004
	2014	0.286	6.064	0.783	0.068
	2015	0.497	12.008	1.841	0.094

续表

项目 / 核电厂	年度	年人均有效剂量 /mSv	年度最大个人剂量 /mSv	年度集体有效剂量 /(man · Sv)	归一化集体有效剂量 /(man · mSv/GWh)
	2016	0.399	7.537	1.487	0.060
	2017	0.514	8.624	1.965	0.064
	2018	0.369	7.998	1.448	0.043
	2019	0.420	8.735	1.478	0.047
	2020	0.416	11.219	1.460	0.045
	2021	0.342	7.325	1.152	0.033
福清核电厂	2014	0.016	3.323	0.028	0.017
	2015	0.258	6.072	0.787	0.094
	2016	0.241	8.763	0.930	0.057
	2017	0.362	8.007	1.599	0.056
	2018	0.387	9.999	1.768	0.058
	2019	0.205	6.609	0.771	0.025
	2020	0.225	7.661	1.018	0.031
	2021	0.214	7.272	1.060	0.025
阳江核电厂	2013	0.002	1.571	0.004	NA
	2014	0.008	1.023	0.017	0.002
	2015	0.176	6.715	0.669	0.048
	2016	0.443	13.078	2.124	0.092
	2017	0.256	7.889	0.975	0.030
	2018	0.265	8.112	1.473	0.039
	2019	0.507	11.823	2.565	0.058
	2020	0.441	12.047	1.906	0.042
	2021	0.389	8.831	1.680	0.032
方家山核电厂	2014	0.012	2.528	0.016	0.039
	2015	0.389	6.904	1.102	0.071
	2016	0.234	6.595	0.723	0.045
	2017	0.352	8.503	1.168	0.073
	2018	0.034	0.984	0.074	0.004
	2019	0.279	6.016	0.836	0.049

续表

项目 核电厂	年度	年人均有效剂量 /mSv	年度最大个人剂量 /mSv	年度集体有效剂量 /(man · Sv)	归一化集体有效剂量 /(man · mSv/GWh)
	2020	0.298	5.883	0.800	0.048
	2021	0.288	9.244	0.756	0.043
三门核电厂	2018	0.005	0.246	0.009	0.001
	2019	0.160	4.105	0.398	0.037
	2020	0.049	1.100	0.077	0.004
	2021	0.259	6.848	0.570	0.029
海阳核电厂	2018	0.003	0.232	0.008	0.002
	2019	0.008	0.612	0.010	0.000
	2020	0.287	6.388	0.604	0.032
	2021	0.286	5.017	0.583	0.030
台山核电厂	2018	0.007	0.288	0.014	0.004
	2019	0.014	1.013	0.054	0.003
	2020	0.294	7.160	0.941	0.041
	2021	0.237	8.521	0.843	0.043
昌江核电厂	2015	0.005	1.157	0.008	0.018
	2016	0.011	0.945	0.018	0.031
	2017	0.320	5.890	0.842	0.113
	2018	0.221	4.335	0.549	0.071
	2019	0.167	5.918	0.382	0.039
	2020	0.152	2.811	0.302	0.032
	2021	0.173	4.197	0.410	0.042
防城港核电厂	2015	0.005	0.540	0.009	0.013
	2016	0.011	0.432	0.022	0.002
	2017	0.431	8.034	1.377	0.109
	2018	0.135	3.588	0.298	0.019
	2019	0.245	4.096	0.493	0.029
	2020	0.301	6.361	0.775	0.046
	2021	0.200	3.608	0.444	0.024
石岛湾核电厂	2021	0.000	0.018	0.000	0.102

说明：归一化集体有效剂量为年度集体有效剂量除以年度发电量。

九、放射性流出物的排放和环境监测

按照国家环境保护法规和环境辐射监测标准，依据国家监管部门批准的排放限值，我国核电厂对放射性流出物的排放进行了严格控制，对核电厂周围环境进行了有效监测。2021 年环境监测结果表明，我国核电厂运行期间放射性流出物的排放量均低于国家监管部门批准的排放限值。

2021 年核电厂放射性流出物排放情况统计表

核电厂	放射性废物种类	气态流出物 /Bq					液态流出物 /Bq			
		氚	碳 -14	惰性气体	卤素	气溶胶	氚	碳 -14	其余核素（除氚和碳 14 外）	其余核素（除氚外）
秦山核电厂	年累计排放总量	1.14×10^{14}	1.36×10^{12}	2.81×10^{12}	1.70×10^{7}	1.46×10^{7}	2.18×10^{14}	9.74×10^{9}	8.14×10^{8}	4.48×10^{9}
	排放年限值	7.08×10^{14}	5.10×10^{12}	2.40×10^{15}	8.00×10^{10}	2.00×10^{11}	8.04×10^{14}	6.00×10^{11}	2.00×10^{11}	2.88×10^{11}
	占比	16.070%	26.708%	0.117%	0.021%	0.007%	27.170%	1.624%	0.407%	1.555%
大亚湾核电站 1、2 号机组	年累计排放总量	7.32×10^{12}	1.43×10^{12}	3.19×10^{12}	2.05×10^{7}	1.16×10^{7}	1.22×10^{14}	4.93×10^{10}	3.08×10^{8}	/
	排放年限值	2.40×10^{13}	2.20×10^{12}	7.00×10^{14}	2.50×10^{10}	3.80×10^{9}	2.25×10^{14}	3.00×10^{11}	1.30×10^{11}	/
	占比	30.500%	65.136%	0.456%	0.082%	0.305%	54.133%	16.433%	0.237%	/
田湾核电站 1-4 号机组	年累计排放总量	8.55×10^{11}	3.66×10^{11}	5.44×10^{12}	5.80×10^{6}	2.70×10^{6}	5.91×10^{13}	2.27×10^{10}	1.06×10^{08}	/
	排放年限值	1.28×10^{13}	1.00×10^{12}	1.53×10^{14}	7.40×10^{08}	2.40×10^{8}	1.26×10^{14}	6.00×10^{10}	1.20×10^{10}	/
	占比	6.680%	36.600%	3.556%	0.784%	1.125%	46.905%	37.667%	0.883%	/
田湾核电站 5、6 号机组	年累计排放总量	2.34×10^{11}	1.28×10^{11}	1.12×10^{12}	2.53×10^{6}	1.19×10^{6}	2.01×10^{13}	6.49×10^{9}	3.96×10^{8}	/
	排放年限值	5.37×10^{12}	6.77×10^{11}	$9.09E\times10^{13}$	6.45×10^{8}	7.16×10^{7}	6.20×10^{13}	5.66×10^{10}	2.46×10^{10}	/
	占比	4.358%	18.907%	1.232%	0.392%	1.662%	32.419%	11.466%	1.610%	/

续表

核电厂	放射性废物种类	气态流出物/Bq					液态流出物/Bq			
		氚	碳-14	惰性气体	卤素	气溶胶	氚	碳-14	其余核素（除氚和碳14外）	其余核素（除氚外）
红沿河核电厂1-4号机组	年累计排放总量	2.25×10^{12}	1.05×10^{12}	1.59×10^{13}	7.25×10^{6}	3.80×10^{7}	8.92×10^{13}	2.24×10^{10}	2.12×10^{8}	/
	排放年限值	1.40×10^{13}	1.48×10^{12}	7.06×10^{14}	1.01×10^{10}	6.12×10^{9}	1.26×10^{14}	2.00×10^{11}	8.00×10^{10}	/
	占比	16.100%	71.080%	2.250%	0.070%	0.620%	70.810%	11.200%	0.270%	/
红沿河核电厂5、6号机组	年累计排放总量	1.47×10^{10}	1.15×10^{9}	7.60×10^{12}	1.69×10^{6}	1.04×10^{7}	1.15×10^{12}	3.13×10^{8}	1.03×10^{8}	/
	排放年限值	9.70×10^{12}	7.40×10^{11}	5.49×10^{14}	5.92×10^{9}	3.06×10^{9}	8.73×10^{13}	1.00×10^{11}	4.00×10^{10}	/
	占比	0.150%	0.150%	1.380%	0.030%	0.340%	1.320%	0.310%	0.260%	/
宁德核电厂	年累计排放总量	1.62×10^{12}	5.72×10^{11}	2.95×10^{12}	7.04×10^{6}	5.20×10^{6}	1.02×10^{14}	3.10×10^{10}	2.41×10^{8}	/
	排放年限值	1.94×10^{13}	1.48×10^{12}	1.10×10^{15}	1.18×10^{10}	6.20×10^{9}	1.75×10^{14}	2.00×10^{11}	6.00×10^{10}	/
	占比	8.340%	38.660%	0.270%	0.060%	0.080%	58.090%	15.520%	0.400%	/
福清核电厂1、2号机组	年累计排放总量	1.14×10^{12}	3.17×10^{11}	3.35×10^{11}	3.52×10^{6}	1.10×10^{6}	5.33×10^{13}	1.44×10^{10}	5.53×10^{8}	/
	排放年限值	9.90×10^{12}	7.81×10^{11}	1.37×10^{14}	1.18×10^{9}	1.31×10^{8}	9.90×10^{13}	5.87×10^{10}	5.56×10^{10}	/
	占比	11.570%	40.620%	0.240%	0.300%	0.840%	53.800%	24.470%	0.995%	/
福清核电厂3、4号机组	年累计排放总量	9.27×10^{11}	2.53×10^{11}	2.41×10^{11}	2.64×10^{6}	1.23×10^{6}	4.54×10^{13}	7.99×10^{9}	1.19×10^{8}	/
	排放年限值	9.95×10^{12}	7.81×10^{11}	1.37×10^{14}	1.18×10^{9}	1.31×10^{8}	9.95×10^{13}	5.87×10^{10}	5.56×10^{10}	/
	占比	9.310%	32.330%	0.180%	0.220%	0.940%	45.590%	13.610%	0.210%	/
福清核电厂5、6号机组	年累计排放总量	3.03×10^{11}	7.93×10^{10}	2.30×10^{11}	1.58×10^{6}	9.19×10^{5}	1.48×10^{13}	4.06×10^{9}	1.27×10^{8}	/
	排放年限值	8.26×10^{12}	6.91×10^{11}	1.15×10^{14}	1.10×10^{9}	1.68×10^{8}	8.26×10^{13}	5.06×10^{10}	1.30×10^{10}	/
	占比	3.670%	11.470%	0.200%	0.140%	0.550%	17.980%	8.030%	0.980%	/

续表

核电厂 \ 放射性废物种类		气态流出物 /Bq					液态流出物 /Bq			
		氚	碳 -14	惰性气体	卤素	气溶胶	氚	碳 -14	其余核素（除氚和碳 14 外）	其余核素（除氚外）
阳江核电厂	年累计排放总量	1.81×10^{12}	9.61×10^{12}	3.13×10^{12}	1.12×10^{7}	1.03×10^{7}	1.12×10^{14}	3.94×10^{10}	4.62×10^{8}	/
	排放年限值	2.91×10^{13}	2.22×10^{12}	1.65×10^{15}	1.78×10^{7}	9.18×10^{9}	2.62×10^{14}	3.00×10^{11}	1.20×10^{11}	/
	占比	6.210%	43.310%	0.190%	0.060%	0.110%	42.930%	13.130%	0.390%	/
三门核电厂	年累计排放总量	7.25×10^{11}	5.07×10^{11}	2.15×10^{12}	2.30×10^{7}	1.11×10^{7}	4.19×10^{13}	5.46×10^{9}	6.16×10^{8}	/
	排放年限值	9.46×10^{12}	6.40×10^{11}	2.36×10^{14}	1.28×10^{10}	1.91×10^{10}	8.52×10^{13}	7.10×10^{10}	2.28×10^{10}	/
	占比	7.660%	79.190%	0.910%	0.180%	0.060%	49.170%	7.690%	2.700%	/
海阳核电厂	年累计排放总量	7.73×10^{11}	6.18×10^{11}	1.30×10^{13}	4.35×10^{07}	1.76×10^{7}	8.26×10^{13}	1.77×10^{10}	4.02×10^{8}	/
	排放年限值	9.46×10^{12}	6.40×10^{11}	2.36×10^{14}	1.28×10^{10}	1.91×10^{10}	8.52×10^{13}	7.10×10^{10}	2.28×10^{10}	/
	占比	8.170%	96.520%	5.520%	0.340%	0.090%	96.920%	24.860%	1.760%	/
台山核电厂	年累计排放总量	4.43×10^{11}	3.98×10^{11}	1.26×10^{13}	1.08×10^{7}	5.93×10^{6}	4.70×10^{13}	2.42×10^{10}	7.93×10^{8}	/
	排放年限值	1.56×10^{13}	1.48×10^{12}	1.45×10^{14}	1.38×10^{9}	5.14×10^{8}	1.41×10^{14}	1.12×10^{11}	1.27×10^{10}	/
	占比	2.840%	26.860%	8.670%	0.780%	1.150%	33.340%	21.600%	6.240%	/
昌江核电厂	年累计排放总量	4.07×10^{11}	1.56×10^{11}	1.26×10^{12}	1.35×10^{7}	4.71×10^{6}	3.75×10^{13}	6.73×10^{9}	2.19×10^{8}	/
	排放年限值	6.08×10^{12}	4.07×10^{11}	1.54×10^{14}	8.10×10^{8}	1.26×10^{8}	6.38×10^{13}	2.83×10^{10}	1.35×10^{10}	/
	占比	6.690%	38.350%	0.820%	1.670%	3.730%	58.740%	23.810%	1.620%	/
防城港核电厂	年累计排放总量	5.94×10^{11}	3.27×10^{11}	1.58×10^{12}	4.49×10^{6}	3.87×10^{6}	6.74×10^{13}	2.07×10^{10}	7.88×10^{7}	/
	排放年限值	9.70×10^{12}	7.40×10^{11}	5.50×10^{14}	5.92×10^{9}	3.06×10^{9}	8.74×10^{13}	1.00×10^{11}	4.00×10^{10}	/
	占比	6.130%	44.210%	0.290%	0.080%	0.130%	77.090%	20.690%	0.200%	/

续表

核电厂 \ 放射性废物种类		气态流出物 /Bq					液态流出物 /Bq			
		氚	碳 -14	惰性气体	卤素	气溶胶	氚	碳 -14	其余核素（除氚和碳 14 外）	其余核素（除氚外）
石岛湾核电厂	年累计排放总量	4.04×10^{8}	2.25×10^{8}	4.71×10^{10}	6.07×10^{5}	2.16×10^{5}	3.21×10^{9}	/	/	4.24E+05
	排放年限值	2.00×10^{12}	2.00×10^{11}	9.92×10^{12}	2.65×10^{9}	2.34×10^{6}	5.60×10^{12}	/	/	1.89E+08
	占比	0.020%	0.110%	0.480%	0.020%	9.220%	0.060%	/	/	0.220%

说明：

1. 根据国家标准《核动力厂环境辐射防护规定》（GB 6249—2011），重水堆液态流出物的“碳 -14”和“其余核素”合并在一起设定控制值。秦山核电基地的放射性流出物的国家监管部门批准排放年限值中，液态流出物的“碳 -14”和“其余核素”排放年限值为 7 台轻水堆机组共享 [秦山第三核电厂 2 台重水堆机组将“碳 -14”和“其余核素”合并为“其余核素（除氚外）”单独一项设定了排放年限值]，其余排放年限值均为 9 台机组共享。
2. 大亚湾核电站、岭澳核电厂的气态流出物及液态流出物的国家监管部门批准排放年限值为大亚湾核电基地 6 台机组共享。
3. 昌江核电厂放射性流出物排放年限值实际为管理目标值。
4. 石岛湾核电厂将“碳 -14”和“其余核素”合并为“其余核素（除氚外）”单独一项设定了排放年限值。
5. 统计气态流出物时，秦山核电基地、红沿河核电厂、宁德核电厂、福清核电厂、阳江核电厂、三门核电厂、海阳核电厂、台山核电厂、昌江核电厂、防城港核电厂、石岛湾核电厂卤素一项实际统计为碘；秦山核电基地、宁德核电厂、福清核电厂、阳江核电厂、三门核电厂、海阳核电厂、台山核电厂、昌江核电厂、防城港核电厂气溶胶一项实际统计为粒子。

2021 年核电厂固体放射性废物产生情况统计表

核电厂	固体放射性废物产生体积 /m^3
秦山核电厂	53.250
大亚湾核电站	25.960
秦山第二核电厂	192.910
岭澳核电厂	140.768
秦山第三核电厂	82.140
田湾核电站	179.950
红沿河核电厂	96.686
宁德核电厂	63.600
福清核电厂	63.600
阳江核电厂	103.850
方家山核电厂	68.800
三门核电厂	53.800
海阳核电厂	71.850
台山核电厂	92.600
昌江核电厂	56.000
防城港核电厂	72.180
石岛湾核电厂	2.000

说明：大亚湾核电站、岭澳核电厂、田湾核电站、三门核电厂、海阳核电厂、台山核电厂、防城港核电厂、石岛湾核电厂放射性固体废物产生量为预估的废物货包体积。

十、机组大修

2021 年，除台山核电厂 1 号机组因燃料破损临停大修外，我国核电机组按计划共执行了 37 次大修。其中，田湾核电站 2 号机组第 12 次换料大修实际工期为 21.09 天，创造了世界 VVER 型机组年度大修最短工期纪录；三门核电厂 2 号机组第 1 次换料大修实际工期为 28.14 天，创造了世界压水堆核电机组首次大修最短工期纪录。

2021 年运行核电机组大修情况统计表

核电厂	机组	大修轮次	起止日期	实际工期 /d
秦山核电厂	1 号机组	120	2020-12-24—2021-02-02	39.97
大亚湾核电站	1 号机组	121	2021-03-19—2021-04-26	38.57
	2 号机组	未安排大修		
秦山第二核电厂	1 号机组	116	2021-04-28—2021-05-24	26.75
	2 号机组	未安排大修		
	3 号机组	309	2021-10-15—2021-11-25	41.34
	4 号机组	408	2021-01-17—2021-02-22	35.93
岭澳核电厂	1 号机组	117	2021-02-10—2021-03-18	35.99
	2 号机组	未安排大修		
	3 号机组	310	2021-03-30—2021-05-27	58.71
	4 号机组	409	2021-10-01—2021-11-19	48.82
秦山第三核电厂	1 号机组	111	2021-04-01—2021-05-04	33.75
	2 号机组	未安排大修		
田湾核电站	1 号机组	113	2021-11-02—2021-12-06	33.60
	2 号机组	212	2021-03-08—2021-03-29	21.09
	3 号机组	303	2021-09-29—2021-10-22	23.06
	4 号机组	402	2020-12-15—2021-01-09	25.03
	5 号机组	501	2021-09-02—2021-10-22	49.68
	6 号机组	未安排大修		
红沿河核电厂	1 号机组	未安排大修		
	2 号机组	206	2021-10-20—2021-11-19	30.52
	3 号机组	305	2021-01-27—2021-03-10	41.85
	4 号机组	404	2021-05-01—2021-05-25	24.30
	5 号机组	未安排大修		

续表

核电厂	机组	大修轮次	起止日期	实际工期 /d
宁德核电厂	1 号机组	106	2021-10-09—2021-11-03	25.58
	2 号机组	205	2021-02-10—2021-03-14	32.50
	3 号机组	304	2020-12-20—2021-01-16	27.60
	4 号机组	未安排大修		
福清核电厂	1 号机组	105	2021-03-25—2021-04-19	24.76
	2 号机组	205	2021-10-23—2021-12-03	40.79
	3 号机组	304	2021-08-22—2021-09-19	28.16
	4 号机组	未安排大修		
	5 号机组	501	2021-12-06—2022-03-11	95.29
	6 号机组	未安排大修		
阳江核电厂	1 号机组	105	2021-01-30—2021-03-09	34.70
	2 号机组	未安排大修		
	3 号机组	304	2021-09-25—2021-10-15	20.58
	4 号机组	403	2021-02-10—2021-03-18	36.06
	5 号机组	502	2020-12-23—2021-01-19	27.40
	6 号机组	未安排大修		
方家山核电厂	1 号机组	未安排大修		
	2 号机组	205	2021-01-25—2021-03-01	35.57
三门核电厂	1 号机组	102	2021-06-03—2021-06-24	20.51
	2 号机组	201	2021-01-31—2021-02-28	28.14
海阳核电厂	1 号机组	102	2021-08-21—2021-09-13	22.64
	2 号机组	202	2021-09-18—2021-10-07	19.63
台山核电厂	1 号机组	临停	2021-07-31 开始，暂未结束	
	2 号机组	201	2021-04-02—2021-06-10	68.90
昌江核电厂	1 号机组	105	2021-09-01—2021-09-26	25.43
	2 号机组	204	2021-04-01—2021-04-26	25.55
防城港核电厂	1 号机组	104	2021-08-23—2021-09-16	24.20
	2 号机组	未安排大修		
石岛湾核电厂	1 号机组	未安排大修		

2012-2021 年运行核电机组大修用时统计表

核电厂 / 机组	项目 / 年份	大修用时 /d									
		2012	2013	2014	2015	2016	2017	2018	2019	2020	2021
秦山核电厂	1 号机组	/	68.30	18.12	31.76	29.37	/	171.47	40.73	7.53	32.43
大亚湾核电站	1 号机组	55.53	44.93	/	75.30	46.40	/	35.83	23.98	/	38.57
	2 号机组	/	48.13	88.87	2.51	43.11	39.19	/	25.73	37.28	/
秦山第二核电厂	1 号机组	51.71	47.33	56.21	35.85	32.78	/	44.49	40.80	/	26.75
	2 号机组	39.71	35.29	45.80	/	59.62	38.70	/	44.99	26.11	/
	3 号机组	32.67	21.33	28.80	28.80	/	39.26	36.96	/	32.86	41.34
	4 号机组	/	55.50	31.50	32.30	27.36	27.21	41.64	28.20	/	35.93
岭澳核电厂	1 号机组	20.79	59.17	31.78	46.00	/	37.84	42.73	16.53	/	35.99
	2 号机组	28.06	39.83	16.46	19.92	38.36	/	27.14	37.16	36.56	/
	3 号机组	35.93	30.99	35.85	30.64	27.76	45.50	37.30	/	30.63	58.71
	4 号机组	68.13	36.68	32.88	33.20	42.17	29.98	/	36.74	24.79	48.82
秦山第三核电厂	1 号机组	/	24.70	/	61.18	/	73.40	/	44.48	/	33.75
	2 号机组	29.40	/	35.13	/	75.20	/	60.00	/	32.79	/
田湾核电站	1 号机组	47.90	33.39	36.32	31.81	63.26	27.11	24.08	2.64	37.53	33.60
	2 号机组	44.24	29.07	31.75	29.38	43.92	/	26.86	30.16	/	21.09
	3 号机组	/	/	/	/	/	/	/	67.57	30.07	23.06
	4 号机组	/	/	/	/	/	/	/	53.91	16.08	8.95
	5 号机组	/	/	/	/	/	/	/	/	/	49.68
	6 号机组	/	/	/	/	/	/	/	/	/	/
红沿河核电厂	1 号机组	/	/	80.79	39.54	37.62	37.29	/	33.58	31.28	/
	2 号机组	/	/	27.29	149.01	45.58	5.57	35.60	29.50	31.93	30.52
	3 号机组	/	/	/	/	/	59.63	30.64	51.40	/	41.85
	4 号机组	/	/	/	/	/	/	52.73	26.96	23.58	24.30
	5 号机组	/	/	/	/	/	/	/	/	/	/
宁德核电厂	1 号机组	/	/	91.03	40.05	/	44.06	41.85	4.26	28.62	25.58

续表

项目 / 年份 核电厂 / 机组		大修用时 /d									
		2012	2013	2014	2015	2016	2017	2018	2019	2020	2021
	2 号机组	/	/	/	67.25	46.91	/	34.26	30.54	/	32.50
	3 号机组	/	/	/	/	70.80	15.82	24.84	28.50	11.84	15.76
	4 号机组	/	/	/	/	/	54.20	/	31.26	27.69	/
福清核电厂	1 号机组	/	/	/	88.28	/	36.58	44.08	37.19	/	24.76
	2 号机组	/	/	/	/	64.13	36.27	39.89	/	26.94	40.79
	3 号机组	/	/	/	/	/	61.15	45.46	13.60	35.51	28.16
	4 号机组	/	/	/	/	/	/	74.30	27.59	25.24	/
	5 号机组	/	/	/	/	/	/	/	/	/	25.67
	6 号机组	/	/	/	/	/	/	/	/	/	/
阳江核电厂	1 号机组	/	/	/	70.32	65.68	/	40.47	37.43	/	34.70
	2 号机组	/	/	/	/	78.53	39.73	/	33.98	30.49	/
	3 号机组	/	/	/	/	31.84	42.38	28.46	/	37.15	20.58
	4 号机组	/	/	/	/	/	/	58.76	27.94	/	36.06
	5 号机组	/	/	/	/	/	/	/	60.34	8.82	18.57
	6 号机组	/	/	/	/	/	/	/	/	49.73	/
方家山核电厂	1 号机组	/	/	/	56.70	30.19	35.44	/	29.94	34.97	/
	2 号机组	/	/	/	22.56	41.12	49.87	3.10	29.19	/	35.57
三门核电厂	1 号机组	/	/	/	/	/	/	/	28.17	18.49	20.51
	2 号机组	/	/	/	/	/	/	/	/	/	28.14
海阳核电厂	1 号机组	/	/	/	/	/	/	/	/	44.73	22.64
	2 号机组	/	/	/	/	/	/	/	/	32.82	19.63
台山核电厂	1 号机组	/	/	/	/	/	/	/	/	87.73	153.33
	2 号机组	/	/	/	/	/	/	/	/	/	68.90
昌江核电厂	1 号机组	/	/	/	/	/	71.25	38.47	38.05	29.73	25.43
	2 号机组	/	/	/	/	/	42.00	87.72	11.51	25.75	25.55
防城港核电厂	1 号机组	/	/	/	/	/	81.75	33.89	/	26.54	24.20
	2 号机组	/	/	/	/	/	63.76	/	26.92	27.29	/
石岛湾核电厂	1 号机组	/	/	/	/	/	/	/	/	/	/

说明：

1. “/”表示该年度机组未开始运行或未安排大修。
2. 秦山核电厂 1 号机组第 20 次换料大修跨 2020 年、2021 年，其中 2021 年内大修用时 32.43 天。
3. 田湾核电站 4 号机组第 2 次换料大修跨 2020 年、2021 年，其中 2021 年内大修用时 8.95 天。
4. 宁德核电厂 3 号机组第 4 次换料大修跨 2020 年、2021 年，其中 2021 年内大修用时 15.76 天。
5. 福清核电厂 5 号机组第 1 次换料大修跨 2021 年、2022 年，其中 2021 年内大修用时 25.67 天。
6. 阳江核电厂 5 号机组第 2 次换料大修跨 2020 年、2021 年，其中 2021 年内大修用时 18.57 天。
7. 三门核电厂 1 号机组第 1 次换料大修跨 2019 年、2020 年，其中 2020 年内大修用时 18.49 天。

十一、WANO 业绩指标

2021 年运行核电机组 WANO 业绩指标达标情况表

机组	达到先进值	介于先进值、中值水平之间指标数量	未达到中值指标数量(名称)
秦山核电厂 1 号机组	11	1	2(SP5、CRE)
大亚湾核电站 1 号机组	11	2	1(CRE)
大亚湾核电站 2 号机组	14	0	0
秦山第二核电厂 1 号机组	11	3	0
秦山第二核电厂 2 号机组	13	1	0
秦山第二核电厂 3 号机组	11	2	1(CRE)
秦山第二核电厂 4 号机组	9	3	2(SP1、SP2)
岭澳核电厂 1 号机组	11	1	2(UCL、CRE)
岭澳核电厂 2 号机组	14	0	0
岭澳核电厂 3 号机组	10	2	2(UCF、CRE)
岭澳核电厂 4 号机组	12	0	2(UCF、CRE)
秦山第三核电厂 1 号机组	11	2	1(CRE)
秦山第三核电厂 2 号机组	11	2	1(FRI)
田湾核电站 1 号机组	8	2	4(FLR、UA7、US7、CRE)
田湾核电站 2 号机组	10	3	1(FLR)
田湾核电站 3 号机组	11	2	1(GRLF)
田湾核电站 4 号机组	13	0	1(GRLF)
田湾核电站 5 号机组	9	0	5(UCF、GRLF、SP1、SP2、CRE)
田湾核电站 6 号机组	14	0	0
红沿河核电厂 1 号机组	14	0	0
红沿河核电厂 2 号机组	12	1	1(CRE)
红沿河核电厂 3 号机组	11	1	2(UCF、UCL)
红沿河核电厂 4 号机组	12	2	0
宁德核电厂 1 号机组	12	1	1(CRE)
宁德核电厂 2 号机组	12	1	1(CRE)
宁德核电厂 3 号机组	13	1	0
宁德核电厂 4 号机组	13	0	1(FRI)
福清核电厂 1 号机组	10	2	2(SP2、CISA)
福清核电厂 2 号机组	9	0	5(UCF、UCL、SP1、CRE、CISA)

续表

机组	达到先进值	介于先进值、中值水平之间指标数量	未达到中值指标数量（名称）
福清核电厂 3 号机组	6	3	5（FLR、UA7、US7、SP5、CISA）
福清核电厂 4 号机组	11	0	3（SP1、SP5、CISA）
福清核电厂 5 号机组	9	4	1（SP1）
阳江核电厂 1 号机组	12	1	1（CRE）
阳江核电厂 2 号机组	14	0	0
阳江核电厂 3 号机组	10	3	1（CRE）
阳江核电厂 4 号机组	10	3	1（CRE）
阳江核电厂 5 号机组	13	1	0
阳江核电厂 6 号机组	13	0	1（FRI）
方家山核电厂 1 号机组	12	0	2（SP1、SP5）
方家山核电厂 2 号机组	9	0	5（UCF、UCL、FLR、SP5、CRE）
三门核电厂 1 号机组	12	1	1（CRE）
三门核电厂 2 号机组	12	2	0
海阳核电厂 1 号机组	10	4	0
海阳核电厂 2 号机组	8	3	3（UA7、US7、CRE）
台山核电厂 1 号机组	7	0	7（UCF、UCL、FLR、UA7、US7、FRI、CRE）
台山核电厂 2 号机组	10	2	2（UCF、CRE）
昌江核电厂 1 号机组	10	2	2（SP2、SP5）
昌江核电厂 2 号机组	10	2	2（SP2、SP5）
防城港核电厂 1 号机组	12	1	1（CRE）
防城港核电厂 2 号机组	14	0	0

说明：

1. 指标英文缩写含义如下
   UCF，机组能力因子；
   UCL，非计划能力损失因子；
   FLR，强迫损失率；
   GRLF，电网相关损失因子；
   UA7，临界 7000 小时非计划自动停堆次数；
   US7，临界 7000 小时非计划停堆次数；
   SP1，高压安注系统性能；
   SP2，辅助给水系统性能；
   SP5，应急交流电系统性能；
   FRI，燃料可靠性；
   CPI，化学性能；
   CRE，集体辐照剂量；
   ISA，工业安全事故率；
   CISA，承包商工业安全事故率；
   CRE，集体辐照剂量；
   CPI，化学性能。
2. 核算各机组达到 WANO 先进值、中值的单项指标数量时，单机组的应急交流电系统性能、工业安全事故率、承包商工业安全事故三项指标使用电厂值（或生产单元值）。
3. 福清核电厂 6 号机组、石岛湾核电厂 1 号机组截至 2021 年年底暂未商运，未统计 WANO 指标数据。

2021 年运行核电机组 WANO 业绩单项指标

核电厂 / 机组	指标名称	机组能力因子 /%	非计划能力损失因子 /%	强迫损失率 /%	电网相关损失因子 /%	临界 7000 小时非计划自动停堆次数	临界 7000 小时非计划停堆次数	高压安注系统性能	辅助给水系统性能	应急交流电系统性能	燃料可靠性 /（Bq/g）	化学性能	集体辐照剂量 /（man•Sv）	工业安全事故率	承包商工业安全事故率
秦山核电厂	1 号机组	90.72	0.00	0.00	0.00	0.00	0.00	0.0000	0.0000	0.0002	0.037	1.00	0.38617	0.00	0.00
大亚湾核电站	1 号机组	88.92	0.84	0.00	0.00	0.00	0.00	0.0000	0.0000	0.0000	0.037	1.00	0.57827	0.00	0.00
	2 号机组	99.98	0.00	0.00	0.00	0.00	0.00	0.0000	0.0000	0.0000	0.037	1.00	0.06341	0.00	0.00
秦山第二核电厂	1 号机组	92.15	0.00	0.00	0.00	0.00	0.00	0.0000	0.0000	0.0001	0.037	1.00	0.25636	0.00	0.00
	2 号机组	99.91	0.00	0.00	0.00	0.00	0.00	0.0000	0.0000	0.0001	0.037	1.00	0.03144	0.00	0.00
	3 号机组	88.18	0.00	0.00	0.00	0.00	0.00	0.0000	0.0000	0.0001	0.037	1.00	0.40235	0.00	0.00
	4 号机组	89.13	0.00	0.00	0.00	0.00	0.00	0.0003	0.0003	0.0001	0.037	1.00	0.31267	0.00	0.00
岭澳核电厂	1 号机组	89.67	2.32	0.00	0.00	0.00	0.00	0.0000	0.0000	0.0000	0.037	1.00	0.86768	0.00	0.00
	2 号机组	99.98	0.00	0.00	0.00	0.00	0.00	0.0000	0.0000	0.0000	0.037	1.00	0.07838	0.00	0.00
	3 号机组	83.40	0.90	0.02	0.00	0.00	0.00	0.0000	0.0000	0.0000	0.037	1.00	0.95646	0.00	0.00
	4 号机组	86.11	0.00	0.00	0.00	0.00	0.00	0.0000	0.0000	0.0000	0.037	1.00	0.93233	0.00	0.00
秦山第三核电厂	1 号机组	89.52	0.00	0.00	0.00	0.00	0.00	0.0000	0.0000	0.0001	0.037	1.00	0.71189	0.00	0.00
	2 号机组	98.61	0.00	0.00	0.00	0.00	0.00	0.0000	0.0000	0.0001	2.520	1.00	0.17706	0.00	0.00
田湾核电站	1 号机组	90.13	0.50	0.55	0.00	0.88	0.88	0.0000	0.0000	0.0000	0.037	1.00	0.42752	0.00	0.00
	2 号机组	93.50	0.78	0.83	0.00	0.00	0.00	0.0000	0.0000	0.0000	0.037	1.00	0.24521	0.00	0.00
	3 号机组	93.38	0.00	0.00	0.02	0.00	0.00	0.0000	0.0000	0.0000	0.037	1.00	0.28050	0.00	0.00
	4 号机组	95.87	0.00	0.00	0.01	0.00	0.00	0.0000	0.0000	0.0000	0.037	1.00	0.05692	0.00	0.00

续表

核电厂 / 机组	指标名称	机组能力因子 /%	非计划能力损失因子 /%	强迫损失率 /%	电网相关损失因子 /%	临界 7000 小时非计划自动停堆次数	临界 7000 小时非计划停堆次数	高压安注系统性能	辅助给水系统性能	应急交流电系统性能	燃料可靠性 / (Bq/g)	化学性能	集体辐照剂量 / (man•Sv)	工业安全事故率	承包商工业安全事故率
	5 号机组	85.95	0.00	0.00	0.20	0.00	0.00	0.0002	0.0007	0.0000	0.037	1.00	0.46486	0.00	0.00
	6 号机组	99.99	0.01	0.01	0.00	0.00	0.00	0.0000	0.0000	0.0000	0.037	1.00	0.00599	0.00	0.00
红沿河核电厂	1 号机组	99.99	0.00	0.00	0.00	0.00	0.00	0.0000	0.0000	0.0000	0.037	1.00	0.02918	0.00	0.00
	2 号机组	91.26	0.00	0.00	0.00	0.00	0.00	0.0000	0.0000	0.0000	0.037	1.00	0.52933	0.00	0.00
	3 号机组	88.16	2.84	0.00	0.00	0.00	0.00	0.0000	0.0000	0.0000	0.037	1.00	0.29905	0.00	0.00
	4 号机组	92.90	0.00	0.00	0.00	0.00	0.00	0.0000	0.0000	0.0000	0.037	1.00	0.25045	0.00	0.00
宁德核电厂	1 号机组	92.56	0.00	0.00	0.00	0.00	0.00	0.0000	0.0000	0.0000	0.037	1.00	0.40341	0.00	0.00
	2 号机组	90.70	0.00	0.00	0.00	0.00	0.00	0.0000	0.0000	0.0000	0.037	1.00	0.39611	0.00	0.00
	3 号机组	95.06	0.00	0.00	0.00	0.00	0.00	0.0000	0.0000	0.0000	0.037	1.00	0.29923	0.00	0.00
	4 号机组	99.99	0.00	0.00	0.00	0.00	0.00	0.0000	0.0000	0.0000	1.169	1.00	0.05305	0.00	0.00
福清核电厂	1 号机组	92.54	0.00	0.00	0.00	0.00	0.00	0.0000	0.0002	0.0000	0.037	1.00	0.23492	0.00	0.05
	2 号机组	88.15	3.59	0.00	0.00	0.00	0.00	0.0001	0.0000	0.0000	0.037	1.00	0.34698	0.00	0.05
	3 号机组	90.99	0.65	0.70	0.00	0.87	0.87	0.0000	0.0000	0.0004	0.037	1.00	0.23976	0.00	0.06
	4 号机组	100.00	0.00	0.00	0.00	0.00	0.00	0.0008	0.0000	0.0004	0.037	1.00	0.02485	0.00	0.06
	5 号机组	90.42	0.24	0.27	0.00	0.00	0.00	0.0007	0.0000	0.0000	0.037	1.00	0.21010	0.00	0.00
阳江核电厂	1 号机组	88.72	0.00	0.00	0.00	0.00	0.00	0.0000	0.0000	0.0000	0.037	1.00	0.57170	0.00	0.00
	2 号机组	99.97	0.00	0.00	0.00	0.00	0.00	0.0000	0.0000	0.0000	0.037	1.00	0.05590	0.00	0.00
	3 号机组	93.33	0.23	0.24	0.00	0.00	0.00	0.0000	0.0000	0.0000	0.037	1.00	0.35170	0.00	0.00

续表

核电厂 / 机组 \ 指标名称		机组能力因子 /%	非计划能力损失因子 /%	强迫损失率 /%	电网相关损失因子 /%	临界 7000 小时非计划自动停堆次数	临界 7000 小时非计划停堆次数	高压安注系统性能	辅助给水系统性能	应急交流电系统性能	燃料可靠性 /（Bq/g）	化学性能	集体辐照剂量 /（man•Sv）	工业安全事故率	承包商工业安全事故率
	4 号机组	89.41	0.08	0.08	0.00	0.00	0.00	0.0000	0.0000	0.0000	0.037	1.00	0.43540	0.00	0.00
	5 号机组	94.40	0.00	0.00	0.00	0.00	0.00	0.0000	0.0000	0.0000	0.037	1.00	0.24280	0.00	0.00
	6 号机组	98.02	0.00	0.00	0.00	0.00	0.00	0.0000	0.0000	0.0000	2.627	1.00	0.02380	0.00	0.00
方家山核电厂	1 号机组	99.86	0.00	0.00	0.00	0.00	0.00	0.0002	0.0000	0.0203	0.037	1.00	0.04398	0.00	0.00
	2 号机组	88.14	1.48	1.66	0.00	0.00	0.00	0.0000	0.0000	0.0203	0.037	1.00	0.71248	0.00	0.00
三门核电厂	1 号机组	93.94	0.00	0.00	0.00	0.00	0.00	0.0000	0.0000	0.0000	0.037	1.00	0.36554	0.00	0.00
	2 号机组	91.54	0.00	0.00	0.00	0.00	0.00	0.0000	0.0000	0.0000	0.037	1.00	0.20419	0.00	0.00
海阳核电厂	1 号机组	93.18	0.21	0.23	0.00	0.00	0.00	0.0000	0.0000	0.0000	0.037	1.00	0.25454	0.00	0.00
	2 号机组	93.48	0.31	0.33	0.00	0.86	0.86	0.0000	0.0000	0.0000	0.037	1.00	0.32808	0.00	0.00
台山核电厂	1 号机组	55.79	2.06	3.56	0.00	1.40	1.40	0.0000	0.0000	0.0000	1753.202	1.00	0.34786	0.00	0.00
	2 号机组	78.96	0.32	0.41	0.00	0.00	0.00	0.0000	0.0000	0.0000	0.037	1.00	0.49538	0.00	0.00
昌江核电厂	1 号机组	92.71	0.00	0.00	0.00	0.00	0.00	0.0000	0.0008	0.0002	0.037	1.00	0.24393	0.00	0.00
	2 号机组	92.01	0.00	0.00	0.00	0.00	0.00	0.0000	0.0008	0.0002	0.037	1.00	0.16528	0.00	0.00
防城港核电厂	1 号机组	92.69	0.00	0.00	0.00	0.00	0.00	0.0000	0.0000	0.0000	0.037	1.00	0.41385	0.00	0.00
	2 号机组	99.99	0.00	0.00	0.00	0.00	0.00	0.0000	0.0000	0.0000	0.037	1.00	0.02912	0.00	0.00
WANO 先进值		94.08	0.04	0.01	0.00	0.00	0.00	0.0000	0.0000	0.0000	0.037	1.00	0.15639	0.00	0.00
WANO 中值		88.18	0.93	0.53	0.00	0.00	0.00	0.0000	0.0000	0.0001	0.191	1.00	0.32500	0.00	0.00

说明：

1. 表中 WANO 单项指标的中值、先进值为 2021 年度值，根据 2022 年 3 月 12 日 WANO 网站发布文件《Performance Indicators Quarterly Report—2021Q4》计算得到。
2. WANO 单项指标中，除机组能力因子数值越高表示业绩越好外，其余指标均是数值越低表示业绩越好（燃料可靠性最小值为 0.037 Bq/g，化学性能最小值为 1.00）。表中各机组 WANO 性能指标数据的精度与 WANO 惯例保持一致，进行了四舍五入。
3. 表中“浅灰色”表示该指标没有达到 WANO 中值，“中灰色”表示该指标达到 WANO 中值但没有达到先进值，“深灰色”表示该指标达到 WANO 先进值。

（注：以上“在役核电厂运行情况”内容由中国核能行业协会核电评估部提供）

在建核电项目进展情况

截至 2021 年 12 月底，我国在建核电机组共 20 台，各项目建设稳步有序推进，设计、采购、建造、施工等按计划正常进行，工程建设安全质量状态整体可控，未发生安全质量事故事件。

2021 年我国在建核电机组中 11 台机组堆型为“华龙一号”HPR1000，总装机容量为 13 169 兆瓦，其他在建核电堆型分别为石岛湾高温气冷堆示范工程为高温气冷堆 HTR-PM，红沿河 6 号机组为 ACPR1000，示范快堆工程 1、2 号机组为钠冷快堆 CFR600，国核示范 1、2 号机组为国和一号 CAP1400，昌江小堆示范工程为玲龙一号 ACP100，田湾 7 号机组及徐大堡 3 号机组为 VVER 1200。主要核电在建项目进展如下：

（一）华能山东石岛湾高温气冷堆示范工程

华能山东石岛湾高温气冷堆核电示范工程	
控股集团	华能核电开发有限公司、核建高温堆控股有限公司、清华控股有限公司
业主单位	华能山东石岛湾核电有限公司
堆型	高温气冷堆 HTR-PM
设计功率	211 MW
开工日期	2012 年 12 月 09 日
计划完工日期	2022 年 04 月 05 日

2021 年主要建设进展

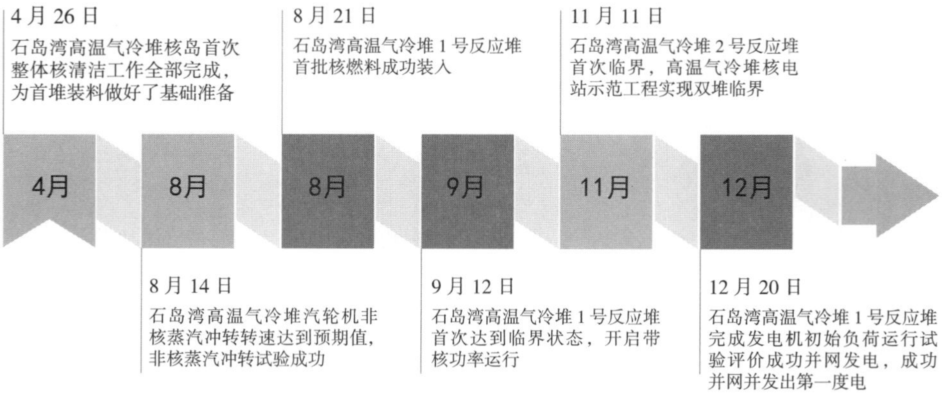

注：图中深灰色标识为 2021 年完成的一级里程碑节点，浅灰色标识为一般建设节点。

（二）辽宁红沿河核电 5、6 号机组

辽宁红沿河核电 5、6 号机组	
控股集团	中国广核集团有限公司、中电投核电有限公司、大连市建设投资公司，按照 45%、45% 和 10% 的股比投资组建，项目建设和前五年运营由中国广核集团有限公司为主负责，中国电力投资集团公司全面参与。工程建设由项目公司通过委托协议委托中广核工程公司管理，中电投电力工程公司全面参与。
业主单位	辽宁红沿河核电有限公司
堆型	压水堆 ACPR1000
设计功率	5、6 号两台机组各 1119 MW
开工日期	5 号机组：2015 年 03 月 31 日 6 号机组：2015 年 08 月 31 日
计划完工日期	5 号机组：2021 年 07 月 31 日 6 号机组：2021 年 12 月 31 日

5 号机组 2021 年主要建设进展

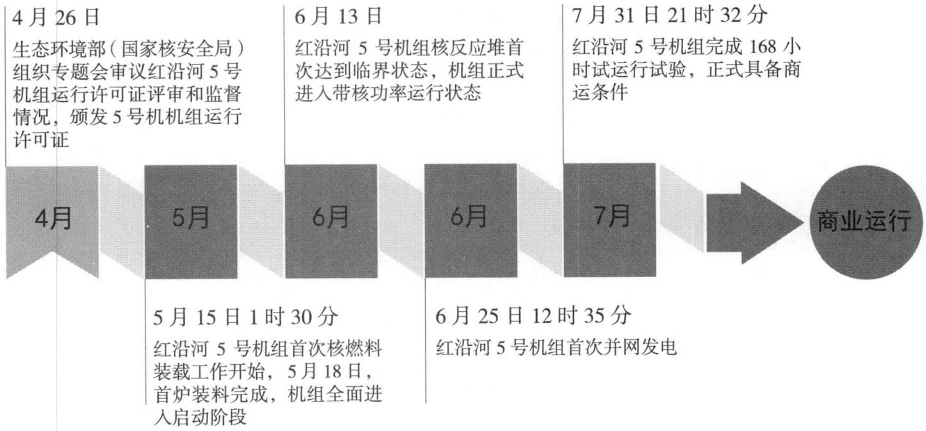

注：图中深灰色标识为 2021 年完成的一级里程碑节点，浅灰色标识为一般建设节点。

6 号机组 2021 年主要建设进展

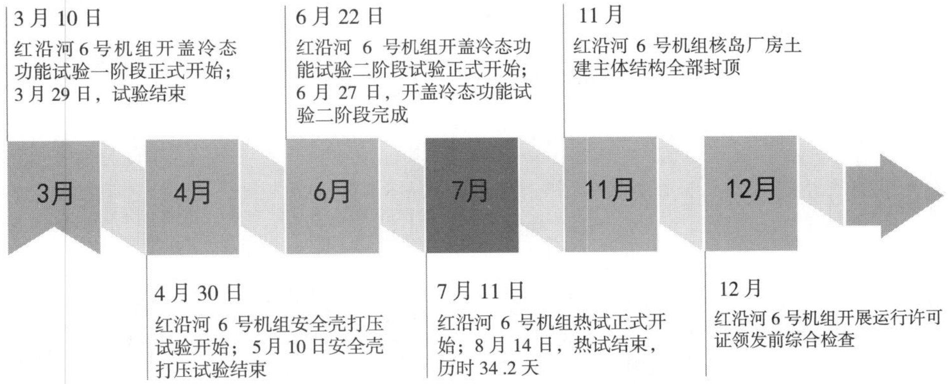

注：图中深灰色标识为 2021 年完成的一级里程碑节点，浅灰色标识为一般建设节点。

（三）福建福清核电 5、6 号机组

福建福清核电 5、6 号机组	
控股集团	中国核能电力股份有限公司、华电福建发电有限公司和福建省投资开发集团有限责任公司分别以 51% 控股、39% 和 10% 比例参股
业主单位	福建福清核电有限公司
堆型	压水堆 HPR1000
设计功率	5、6 号两台机组各 1161 MW
开工日期	5 号机组：2015 年 05 月 07 日 6 号机组：2015 年 12 月 22 日
计划完工日期	5 号机组：2020 年 01 月 6 号机组：2021 年 12 月

5 号机组项目进展

2021 年 1 月 30 日，“华龙一号”全球首堆——福清核电 5 号机组投入商业运行。

6 号机组 2021 年主要建设进展

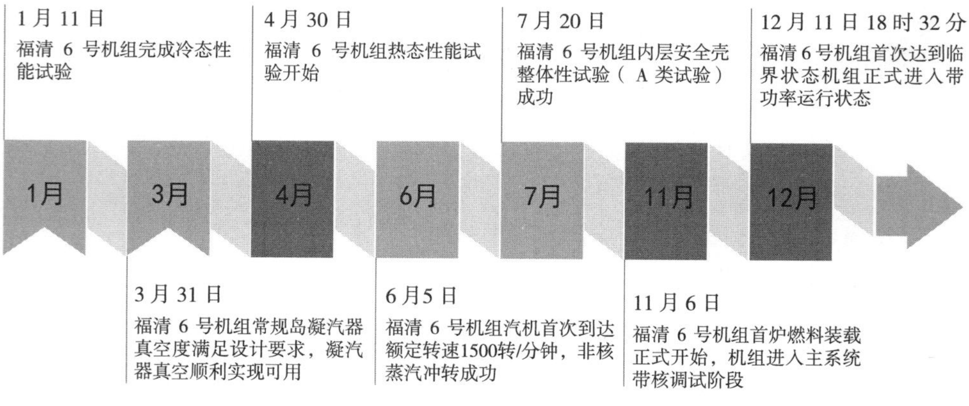

注：图中深灰色标识为 2021 年完成的一级里程碑节点，浅灰色标识为一般建设节点。

（四）广西防城港核电 3、4 号机组

广西防城港核电 3、4 号机组	
控股集团	中国广东核电集团有限公司控股 61%，为主负责工程建设和运营管理，广西投资集团有限公司持股 39%
业主单位	广西防城港核电有限公司
堆型	压水堆 HPR1000
设计功率	3、4 号两台机组各 1180 MW
开工日期	3 号机组：2015 年 12 月 23 日 4 号机组：2016 年 12 月 24 日
计划完工日期	3 号机组：2021 年 10 月 31 日 4 号机组：2022 年 09 月 30 日

3 号机组 2021 年主要建设进展

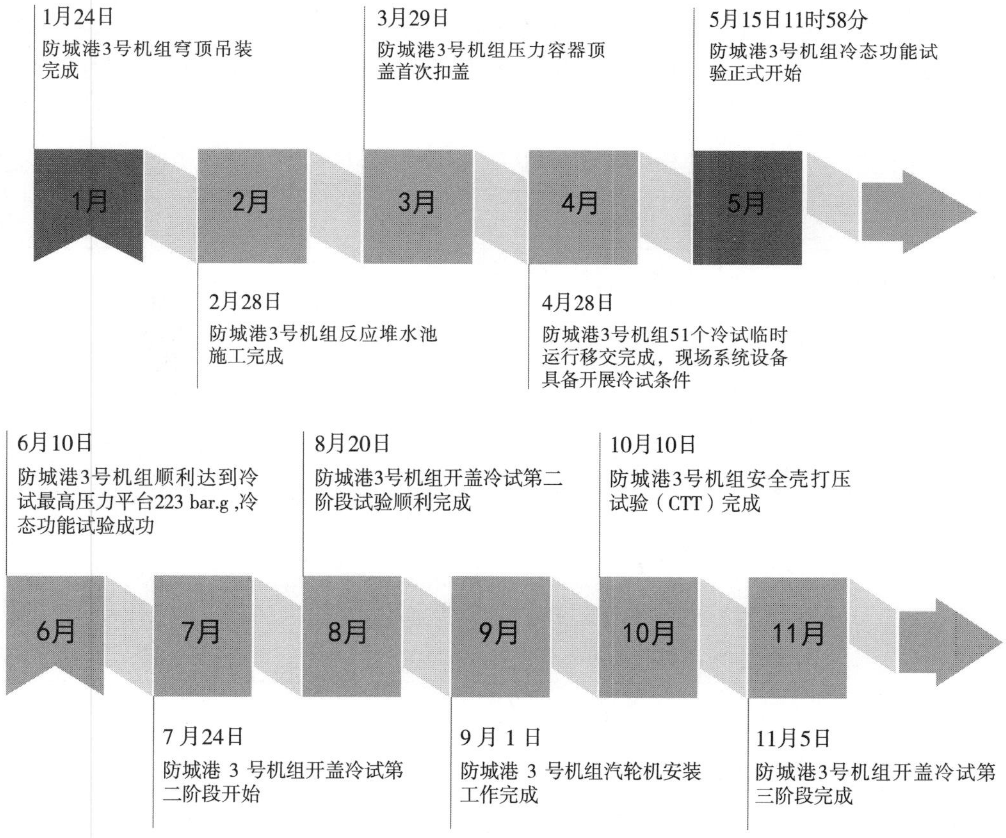

注：图中深灰色标识为 2021 年完成的一级里程碑节点，浅灰色标识为一般建设节点。

4 号机组 2021 年主要建设进展

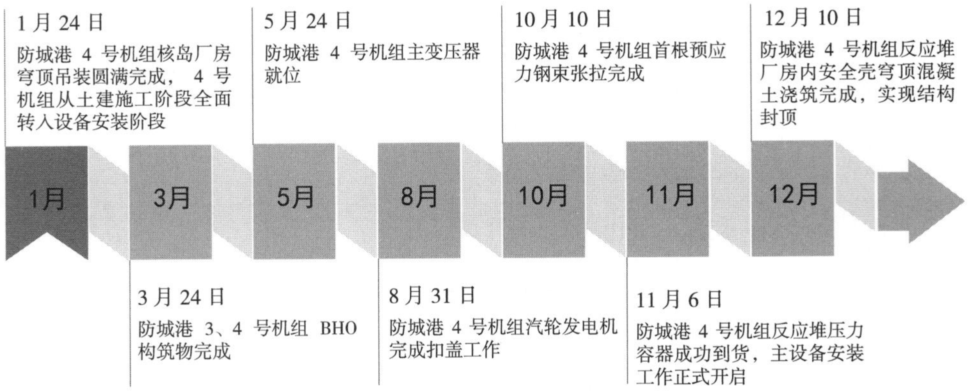

注：图中深灰色标识为 2021 年完成的一级里程碑节点，浅灰色标识为一般建设节点。

（五）中国示范快堆工程 1、2 号机组

中国示范快堆工程 1、2 号机组	
控股集团	中国核能电力股份有限公司、福建福能股份有限公司、华能核电开发有限公司、中国长江电力股份有限公司和宁德市国有资产投资经营有限公司按 55%、20%、10%、10% 和 5% 的比例共同出资组建。
业主单位	中核霞浦核电有限公司
堆型	钠冷快堆 CFR600
设计功率	1、2 号两台机组各 600 MW
开工日期	1 号机组：2017 年 12 月 29 日 2 号机组：2020 年 12 月 27 日

（六）国核示范“国和一号”1、2 号机组

国核示范“国和一号”1、2 号机组	
控股集团	国家核电技术公司和中国华能集团公司按 75% 和 25% 比例出资组建，国家核电控股
业主单位	国核示范电站有限责任公司
堆型	压水堆 CAP1400
设计功率	1、2 号两台机组各 1534 MW

（七）江苏田湾核电 5、6 号机组

江苏田湾核电 5、6 号机组	
控股集团	中国核能电力股份有限公司 50%、上海禾曦能源投资有限公司 30%、江苏省国信资产管理集团有限公司 20%
业主单位	江苏核电有限公司
堆型	5、6 号两台机组均为 CNP1000
设计功率	5、6 号两台机组各 1118 MW
开工日期	5 号机组：2015 年 12 月 27 日 6 号机组：2016 年 09 月 07 日
计划完工日期	5 号机组：2020 年 12 月 31 日 6 号机组：2021 年 10 月 07 日

6 号机组 2021 年主要建设进展

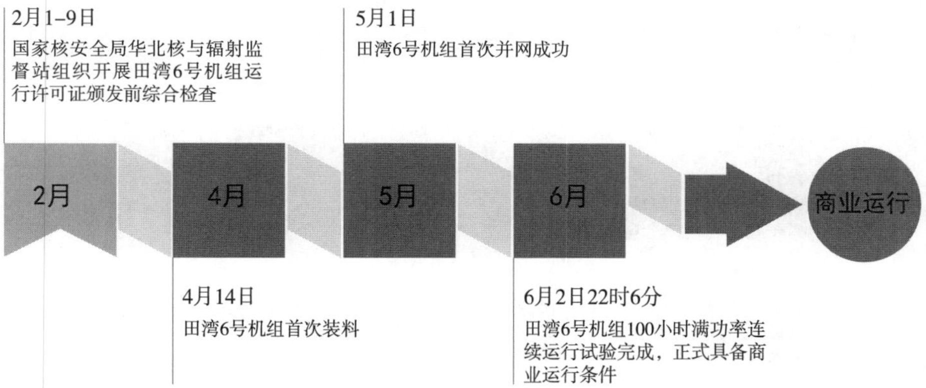

注：图中深灰色标识为 2021 年完成的一级里程碑节点，浅灰色标识为一般建设节点。

（八）福建漳州核电 1、2 号机组

福建漳州核电 1、2 号机组	
控股集团	中国核能电力股份有限公司控股和中国国电集团公司按 51%、49% 的股比共同出资组建，由中国核电控股
业主单位	中核国电漳州能源有限公司
堆型	压水堆 HPR1000
设计功率	1、2 号两台机组各 1202 MW
开工日期	1 号机组：2019 年 10 月 16 日 2 号机组：2020 年 09 月 04 日
计划完工日期	1 号机组：2024 年 10 月 16 日 2 号机组：2025 年 09 月 04 日

1 号机组 2021 年主要建设进展

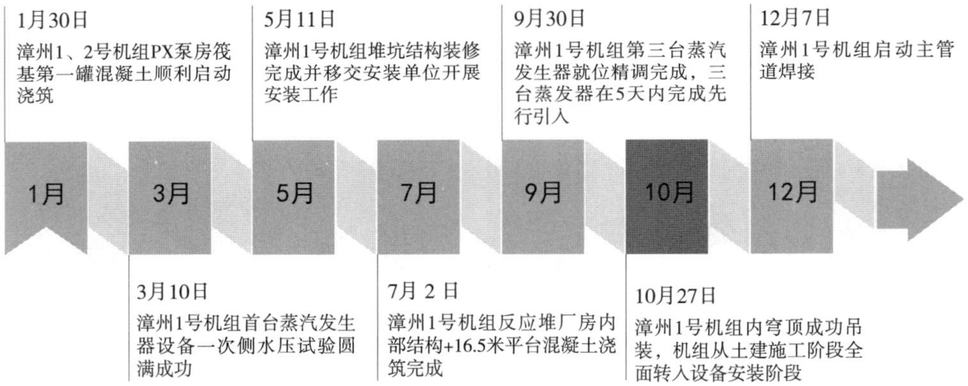

注：图中深灰色标识为 2021 年完成的一级里程碑节点，浅灰色标识为一般建设节点。

2 号机组 2021 年主要建设进展

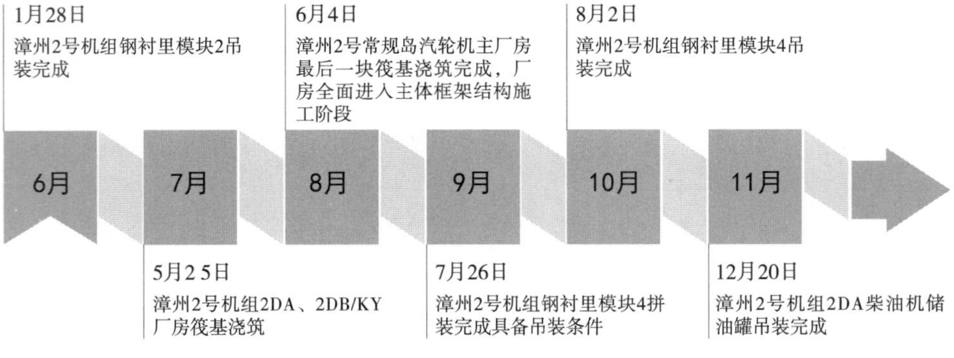

（九）广东太平岭核电 1、2 号机组

广东太平岭核电 1、2 号机组	
控股集团	中国广东核电集团有限公司全部控股，负责工程建设和运营管理
业主单位	中广核惠州核电有限公司
堆型	压水堆 HPR1000
设计功率	1、2 号两台机组各 1202 MW
开工日期	1 号机组：2019 年 12 月 26 日 2 号机组：2020 年 10 月 15 日
计划完工日期	1 号机组：2024 年 12 月 30 日 2 号机组：2025 年 10 月 15 日

1 号机组 2021 年主要建设进展

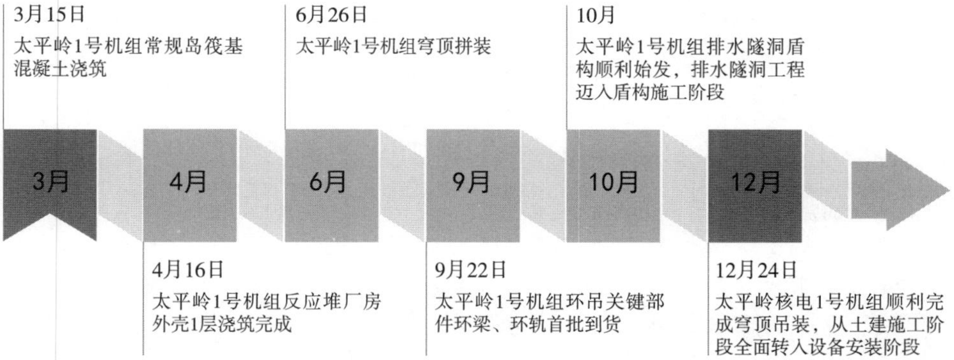

注：图中深灰色标识为 2021 年完成的一级里程碑节点，浅灰色标识为一般建设节点。

2 号机组 2021 年主要建设进展

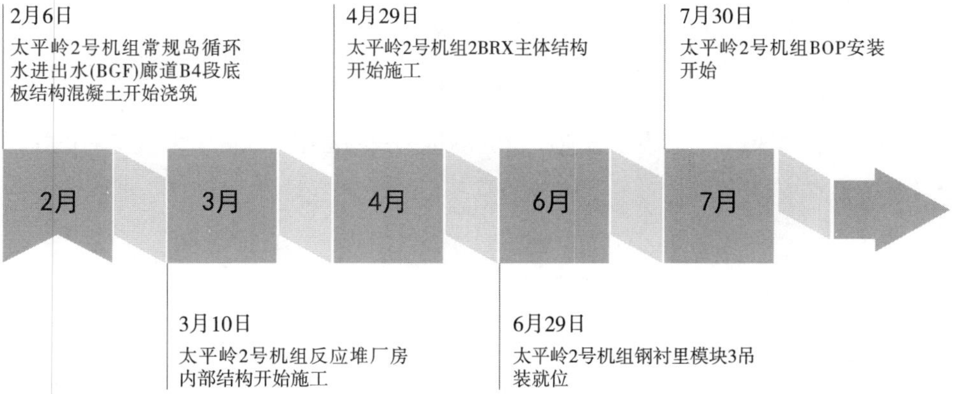

（十）浙江三澳核电 1、2 号机组

浙江三澳核电 1、2 号机组	
控股集团	控股股东为中国广核集团有限公司，持股比例为 46%；第二大股东为浙江浙能电力股份有限公司，持股比例为 34%。苍南县海西建设发展有限公司、温州市核能发展有限公司和吉利迈捷投资有限公司，持股比例分别是 9%、9% 和 2%
业主单位	中广核苍南核电有限公司
堆型	压水堆 HPR1000
设计功率	1、2 号两台机组各 1210 MW
开工日期	1 号机组：2020 年 12 月 31 日 2 号机组：2021 年 12 月 31 日
计划完工日期	1 号机组：2025 年 12 月 31 日 2 号机组：2026 年 12 月 31 日

1 号机组 2021 年主要建设进展

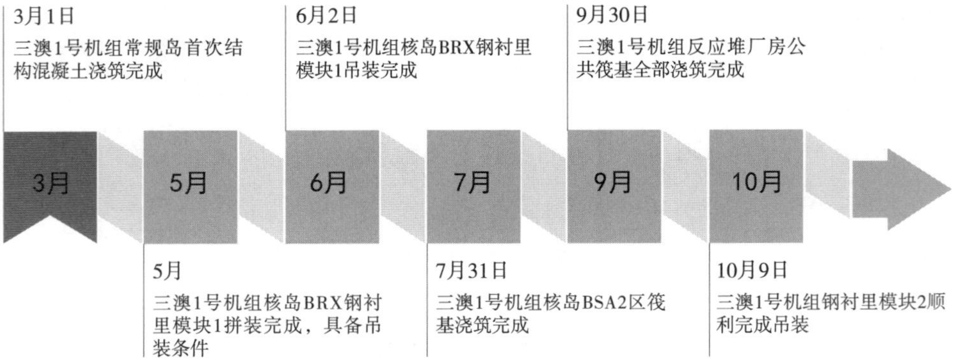

注：图中深灰色标识为 2021 年完成的一级里程碑节点，浅灰色标识为一般建设节点。

2 号机组 2021 年项目进展

2021 年 12 月 30 日，三澳 2 号机组核岛浇筑第一罐混凝土，机组主体工程正式开工。

（十一）海南昌江核电 3、4 号机组

海南昌江核电 3、4 号机组	
控股集团	中国华能集团 (股比 51%)、中国核工业集团公司 (股比 49%) 共同出资组建，负责核电项目的建造、调试、运营和安全管理
业主单位	华能海南昌江核电有限公司
堆型	压水堆 HPR1000
设计功率	3、4 号两台机组各 1110 MW
开工日期	3 号机组：2021 年 03 月 31 日 4 号机组：2021 年 12 月 28 日
计划完工日期	3 号机组：2026 年 03 月 31 日 4 号机组：预计 2026 年 12 月 31 日

3 号机组 2021 年主要建设进展

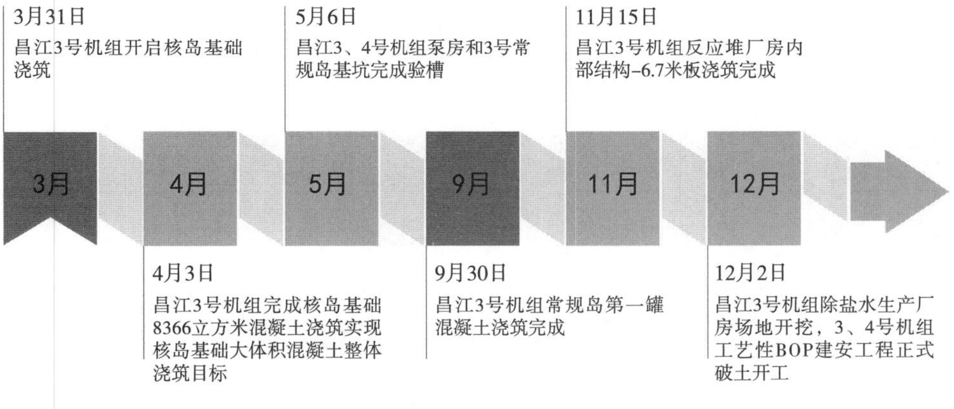

注：图中深灰色标识为 2021 年完成的一级里程碑节点，浅灰色标识为一般建设节点。

4 号机组 2021 年项目进展

2021 年 12 月 28 日，昌江 4 号机组核岛反应堆厂房筏基底板开始浇筑第一罐混凝土，4 号机组正式开工建设。

（十二）江苏田湾核电 7、8 号机组

江苏田湾核电 7、8 号机组	
控股集团	中国核能电力股份有限公司 51%、连云港金联能源投资有限公司 29%、江苏省国信资产管理集团有限公司 20%
业主单位	中核苏能核电有限公司
堆型	7、8 号两台机组均为 VVER 1200
设计功率	7、8 号两台机组各 1265 MW
开工日期	7 号机组：2021 年 05 月 19 日 8 号机组：未开工，计划 2022 年 03 月
计划完工日期	7 号机组：2026 年 10 月 19 日 8 号机组：未开工，计划 2027 年 08 月

7 号机组 2021 年主要建设进展

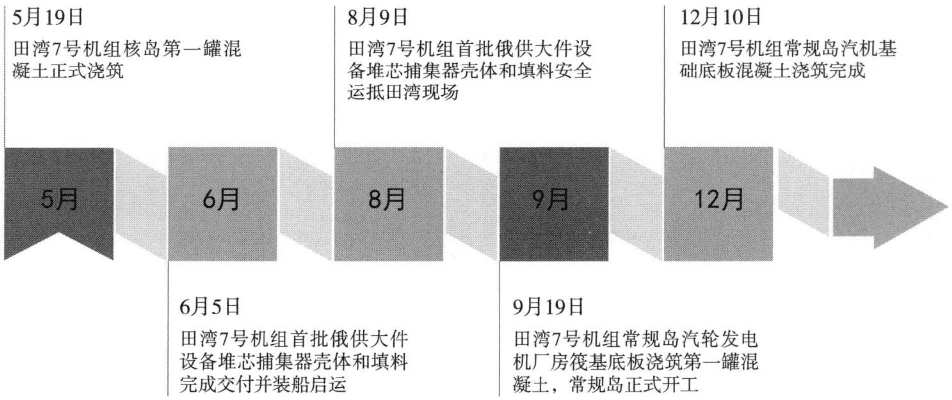

注：图中深灰色标识为 2021 年完成的一级里程碑节点，浅灰色标识为一般建设节点。

（十三）海南昌江小堆示范工程

海南昌江小堆示范工程	
控股集团	中国核工业集团公司 100% 控股
业主单位	中核海南核电有限公司
堆型	玲龙一号 ACP100
设计功率	125 MW
开工日期	2021 年 07 月 13 日
预计完工日期	2026 年 05 月 13 日

2021 年主要建设进展

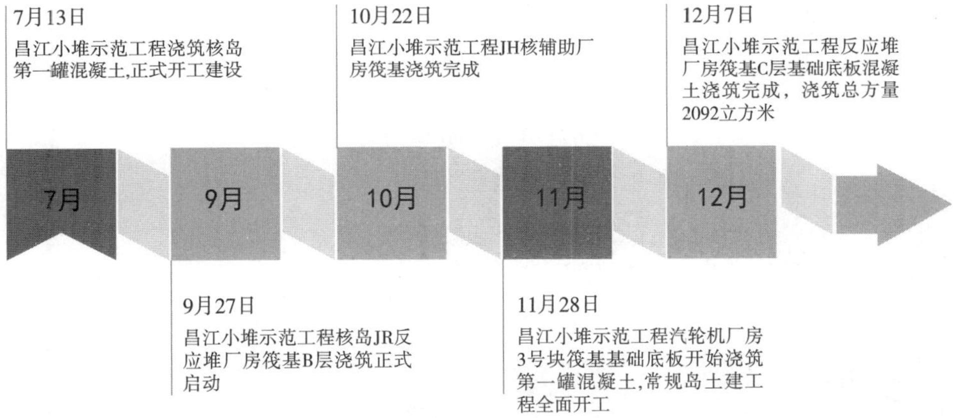

注：图中深灰色标识为 2021 年完成的一级里程碑节点，浅灰色标识为一般建设节点。

（十四）徐大堡核电 3、4 号机组

徐大堡核电 3、4 号机组	
控股集团	中国核能电力股份有限公司、大唐国际发电股份有限公司、国家开发投资公司、浙江省能源集团有限公司、江苏省国信资产管理集团有限公司分别按 50%、20%、10%、10%、10% 的比例共同出资组建，中核集团全面负责徐大堡核电项目的建造、调试、运营和管理
业主单位	中核辽宁核电有限公司
堆型	VVER 1200
设计功率	3、4 号两台机组各 1274 MW
开工日期	3 号机组：2021 年 07 月 28 日 4 号机组：未开工，计划 2022 年 08 月
计划完工日期	3 号机组：2027 年 5 月 28 日 4 号机组：未开工，计划 2028 年 01 月

2021 年主要建设进展

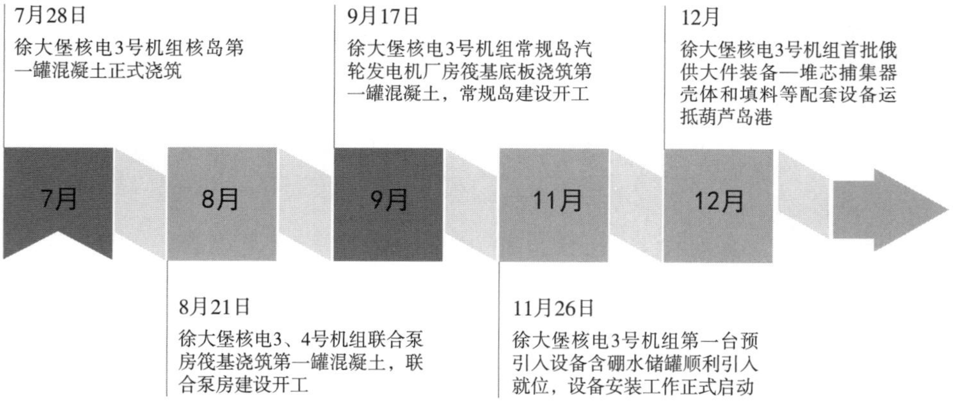

2021 年我国在建核电机组一级里程碑完成时间

序号	里程碑	石岛湾高温气冷堆示范工程	红沿河 6 号	福清 6 号	防城港 3 号	防城港 4 号	漳州 1 号	漳州 2 号	太平岭 1 号
1	取得建造许可证	2012-12-04	2015-03-13	2015-05-06	2015-12-23	2015-12-23	2019-10-09	2019-10-09	2019-12-25
2	核岛 FCD	2012-12-09	2015-07-24	2015-12-22	2015-12-24	2016-12-23	2019-10-09	2020-09-04	2019-12-26
3	常规岛 FCD	2014-09-07	2015-08-04	2016-08-24	2016-09-28	2017-05-26	2019-12-12	2020-12-18	2020-05-15
4	核岛安装	2016-11-25	2017-08-07	2017-08-06	2017-10-16	2018-08-09	2020-11-27	—	2021-05-28
5	穹顶吊装	2015-09-16	2017-09-08	2018-03-21	2018-05-23	2021-01-24	2021-10-27	—	2021-12-24
6	冷试	2020-10-06	2020-10-19	2020-12-15	2021-05-15	—	—	—	—
7	热试	2020-12-15	2021-07-11	2021-04-30	—	—	—	—	—
8	首次装料	2021-08-21	—	2021-11-06	—	—	—	—	—
9	首次临界	2021-09-12	—	2021-12-11	—	—	—	—	—
10	首次并网	2021-12-20	—	—	—	—	—	—	—
11	商业运行	—	—	—	—	—	—	—	—

续表

序号	里程碑	太平岭 2 号	三澳 1 号	三澳 2 号	昌江 3 号	昌江 4 号	田湾 7 号	昌江小堆示范工程	徐大堡 3 号
1	取得建造许可证	2019-03-25	2020-12-30	2020-12-30	2021-03-31	2021-03-31	2021-05-19	2021-06-03	2021-07-28
2	核岛 FCD	2020-10-15	2020-12-31	2021-12-30	2021-03-31	2021-12-28	2021-05-19	2021-07-13	2021-07-28
3	常规岛 FCD	—	2021-03-01	—	2021-09-30	—	2021-09-19	2021-11-28	2021-09-17
4	核岛安装	—	—	—	—	—	—	—	—
5	穹顶吊装	—	—	—	—	—	—	—	—
6	冷试	—	—	—	—	—	—	—	—
7	热试	—	—	—	—	—	—	—	—
8	首次装料	—	—	—	—	—	—	—	—
9	首次临界	—	—	—	—	—	—	—	—
10	首次并网	—	—	—	—	—	—	—	—
11	商业运行	—	—	—	—	—	—	—	—

注：在建机组项目一级里程碑信息未包括中国示范快堆工程 1、2 号机组和国核示范“国和一号”1、2 号机组，统计日期截至 2021 年 12 月 31 日

（注：以上“在建核电项目进展情况”内容由中国核能行业协会建设评价部提供）

核燃料循环

铀矿勘查与采冶

一、中国核工业集团有限公司

2021 年，中国铀业坚决落实中核集团的决策部署，统筹国内国际两个市场、两种资源，全面提升经营管理效能，主要经济指标连续两年保持高速增长，全年天然铀销量跻身全球第二。实现营业收入 200 亿元、同比增长 18.7%，两年复合增长率 29.6%；实现净利润 12.65 亿元、同比增长 20.7%，实现 EVA7.05 亿元、同比增长 28.6%，两年复合增长率 20.7%，

（一）产业经济

天然铀综合实力不断夯实。巴音青格力矿床资源量规模由大型增加到特大型，新发现 3 个矿产地。铀矿地质勘查能力建设项目总体方案获批。天然铀生产顶住多轮疫情冲击，克服极端灾害天气不利影响，国内生产稳定有序，罗辛铀矿产量创十年来新高。

综合矿业发展规模不断扩大。湖南独居石项目于 9 月实现月产千吨并保持连续稳定运行；江西独居石项目已开展研发基地“土地三通一平”工作。沽源铀业钼酸铵产量增加；钼回收率提高。内蒙古图古日格金矿正式恢复试生产。广东辉绿岩项目公司注册成立，预计 2023 年投产。

地矿延伸发展质量持续提升。积极拓展新业务领域，向矿山生态修复、污染环境调查、地质灾害调查治理等方向转型，市场开拓取得积极进展。中核地矿科技连续中标怀安历史遗留矿山生态修复和废弃矿石资源利用项目、徐州千古山关闭矿山地质环境恢复治理生态修复项目施工。中核矿业科技中标西北低中放固体废物处置场一期二阶段建设项目。

（二）一体化业务

抢抓市场机遇，扩大天然铀销售规模，全年天然铀总销量位居全球第二。与中国核电签署《2026—2030 年天然铀购销协议》，锁定“十五五”天然铀需求；8 月铀价上涨前采购大量低价产品，夯实了未来几年国内核电天然铀供应保障。持续扩大两端在外贸易规模，高抛低吸，实现收入 28.68 亿元。阿拉山口天然铀保税库项目稳步推进，一期库按期建成，提前完成二期库征地和项目建议书的编制评审工作。协助国家能源局编写天然铀企业社会责任储备方案，搭建自主价格预测模型并完成第一期价格预测。

（三）重大项目

纳岭沟项目取得积极进展，与神东煤炭集团就塔然高勒矿区铀煤协同开采达成全面共识。哈萨克斯坦项目积极推进，克服疫情困难赴哈与哈原工、哈萨克斯坦能源部进行深入洽谈，哈原工与中国铀业就项目收购、产品采购等子合作签署谅解备

忘录。龙泰工程项目正式开工建设，标志着我国高放废物地质处置研发正式从选址和厂址评价阶段向地下实验室现场试验阶段迈进。

（四）科技创新

成功申报“第四代铀矿勘查采冶关键技术研究与示范”项目。9项关键技术获得突破，研究发布高效低成本勘查技术体系方案，地浸矿山二次开发技术助推铀资源回收利用率大幅提高。出台中国铀业成果科技转化实施细则，年度实现7项科技成果转化并通过集团备案。内蒙古矿业在本部建成远程管控中心，和生产现场实现无缝对接。沽源铀业建成“北斗+勘查采冶”技术示范应用场景。联合25家外部单位成功组建天然铀产业技术创新联合体，成为中核集团首个科技创新联合体。高放废物地质处置国家原子能机构创新中心成功挂牌。制定揭榜挂帅项目管理办法，发布首批揭榜挂帅项目清单。新获批中核集团重点实验室1个、工程技术研究中心5个；1人荣获李四光地质科学奖；申请专利500项、授权160项；发布国家标准1项，牵头制修订国家标准4项、行业标准23项、集团标准14项。

二、中国广核集团有限公司

2021年，中广核湖山铀矿积极面对新冠疫情影响，通过提前谋划、科学组织，持续推动产能提升。针对产能提升中的关键技术问题，重点开展湖山铀矿卡车扫描站技术应用、铀矿水冶工艺优化、低品位铀矿石大型堆浸试验研究等科技攻关并取得良好成果，为湖山铀矿“十四五”规划目标的实现奠定坚实基础。全年超额完成年度剥采量任务，磨矿量保持2020年水平，矿山安全生产水平持续提升，水冶生产再创新高。

三、国家电力投资集团有限公司

国核铀业发展有限责任公司是国内三家具有天然铀进口贸易资质的企业之一，是国家电投集团的核燃料供应保障平台，主要通过从国际天然铀市场实施现货和中长期采购的形式，保障国家电投集团旗下核能项目天然铀供应。2021年国核铀业按照核能项目需求计划签订并执行天然铀采购合同，实物交付的天然铀可满足集团所属核能项目的天然铀需求。

核燃料生产

一、中国核工业集团有限公司

中国原子能工业有限公司克服新冠疫情、原材料价格上涨、新一轮核燃料中长期合同主产品分离功价格降低30%等困难与挑战，各项年度目标任务圆满完成，实现营业收入247.4亿元；集团外营业收入154亿元，利润总额38.2亿元；经济增加值（EVA）25.9亿元。

（一）核燃料研发、供应

1. 科技创新

科技创新成果收获颇丰。累计有效发

明专利895项。科技成果转化合同签订14项，激励实施方案备案5项，年度累计获得国防奖6项。

关键技术研发取得突破。专用设备改进机型性能提升；环形燃料元件打通全流程工艺，完成试验组件验收；耐事故燃料入堆辐照考验；VVER国产化材料实现特征化组件入堆。数字化转型工作加快推进，中国原子能智慧核燃料工程技术研究中心挂牌成立，系统工程转型应用试点取得成效，自动化生产线、数字化工厂加快建设。标准化工作稳步推进。2项国际标准提案已正式递交国际标准化组织，发布1项国家标准，3项行业标准，1项团体标准。

2. 市场开发

完成广核铀业、国核铀业及华能核电的核燃料供应合同谈判签订，圆满完成年度核燃料产品交付任务。全球首条高温气冷堆核燃料元件生产线产品首次发运；示范快堆核燃料供应完成首批产品现场验收。韩国市场分离功出口合同中标。首批自主品牌CF3核燃料元件完成对巴交付。

对俄合作平台建设卓有成效，签订《中国原子能工业有限公司与俄原子能东亚（北京）咨询有限公司合作谅解备忘录》。实现海绵锆俄罗斯出口，锆4管坯加拿大出口，首次实现俄罗斯市场氢氟酸出口。深入打造"独居石-稀土"全产业链,深化产业合作。阿根廷技转、示范快堆、苏能、徐大堡3-4号、玻璃固化、大厂等项目按计划有序开展。在建在役核电站相关设备和燃料零部件合同按计划执行。

稳定同位素业务产业化发展实现突破，锗-76样品完成生产交付、氙-129实现海外出口，稳定同位素领域实现新签合同5项，新签合同额4150万元。激光清洗等核技术应用取得新成果。

3. 安全绿色发展

安全生产专项整治三年行动集中攻坚任务取得实效，整体完成率75.4%。中核北方完成液氨储罐紧急切断装置和自动化控制系统的升级改造；中核晶环完成"两重点一重大"生产装置、储存设施集中控制室主体建设，完成245吨积压氯化铵的销售处置工作。危险废物外送处置渠道基本畅通，年度产生的危废全部完成处置。

安全环保风险点管控与消降取得成效。2021年，中国原子能Ⅰ级安全环保风险点减少到16个。中核北方较原计划提前4个月完成8批次共计1139吨废旧钢铁外运处置；中核北方铀化工转化生产线、冶金研究所元件生产设施治理项目取得建造许可证，按期开展土建施工。

（二）乏燃料和放射性废物处理处置

1. 重点工程实现突破

国内首座玻璃固化工程正式投运。9月11日，我国首座玻璃固化工程圆满完成热试，顺利投入试运行，10月27日，提前实现年度废液处理任务目标。作为我国核工业产业链后端标志性工程，工程投运标志着我国实现废液处理技术和能力的重大突破，成为世界上少数几个具备玻璃固化技术的国家，对我国核工业安全绿色发展具有重要意义。

公海铁联运体系建设初见成效。完成13辆乏燃料铁路货包车配置；完成海运合资公司入股及专用船舶配置；10台新采购容器基本完成主体制造，首批3台国际容器已于2021年8月抵达上海港并运送至秦山码头存放；首台自主设计制造的百吨级乏燃料运输容器顺利下线；乏燃料容器维修维护设施自主投资项目正在推进购地相关事宜；徐大堡码头及铁路线项目可研报告已批复，正在开展项目实施准备工作。

放废处理处置能力显著增强。龙和近地表处置场建造阶段环评和建造许可证获得生态环境部批复，处置场一期一阶段建设年底完成主体施工；年内完成600立方米核电可燃废物外运暂存，缓解核电废物暂存压力；国内首条人工放射性核素废旧金属熔炼处理回收线完成试运行，完成部分秦山核电废旧金属处理，正在开展运行许可申领及返回产品加工。

2. 产业发展初具规模

1）成功中标连云港碱渣治理与综合利用项目

历经三年孵化，成功中标连云港碱渣治理与综合利用项目，项目总投资66亿元，针对连云区5250亩的碱渣处理和利用，提供中核环保特色解决方案，向“非核工业环保领域强有力市场竞争者”迈出更为坚实的一步。

2）布局工业拆除与资源再生领域

充分发挥国有企业和民营企业各自优势，成立中核资源再生有限公司，进入工业设施退役资源再生领域，规范引领企业发展，形成新的经济增长点。目前已中标10个工业拆除项目，中标合同额达14亿元。

3）打造伴生放射性废物治理标杆项目

生态环境部重点督办的亚运会重点保障项目 - 浙江神仙洞环境整治项目，中核环保统筹资源、联合攻关，清理镭钡渣、独居石、绿柱石等固体废物共计2万余立方米，提前一个月完成废物清库，提前两个月完成现场工作，获得生态环境部和地方省市政府的高度评价。

3. 科技创新能力显著增强

科研平台建设加速推进。成功获批1个国家级研发平台、3个省部级研发平台，承接1个国际平台搭建。国家原子能机构（CAEA）核技术（放射性药物非临床评价）研发中心落户中辐院，成为中核集团首批授牌的核技术研发中心。

科技成果取得新的突破。中辐院“工程规模放射性惰性气体活性炭滞留装置的研发”获山西省科学技术一等奖，该技术成果已成功应用于AP1000、EPR、“华龙一号”等多个核电机组及部分核技术应用场所。加大科技成果转化力度，完成3个科技成果转化项目签约、1项成果转化项目激励。

协同创新体系不断完善。中核环保牵头组建成立核学会数字化与系统工程分会、核学会核环保分会，不断发挥桥梁纽带作用，加强技术与管理创新，建立健全高效、灵活、优势互补的协同创新体系，为核工业发展贡献更多智慧。

二、中国广核集团有限公司

（一）核燃料生产与研制

中哈合资核燃料元件组件厂是国家“一带一路”倡议和哈萨克斯坦“光明之路”的标志性项目，也是中广核核燃料产业布局的重大战略项目，项目于2016年12月开工建设，并于2021年11月10日正式建成投产。

（二）乏燃料和放射性废物处理、处置的情况

1. 中广核放废管理创一流活动

2021年，中广核继续强化群厂放废统筹及减容管理，努力推动集团放废管理创世界一流，通过从全局角度开展群厂放废统筹管理优化、制定前端减容方案、建立源头控制持续改进流程、细化制定目标路径与行动计划等多项措施，实现群厂放射性固体废物单机组年均产量为27.11立方米，同比2020年度单机组年均产量（33.01立方米）下降21.25%，创下群厂放废单机年产量历史最新纪录。此外，2021年中广核在放废管理方面还开展一系列行动。一是生效集团首个固废领域管理标准—《核电厂固废管理评估导则》，并组织开展首次固废管理评估。二是生效集团首个固废领域技术导则—《核电厂放射性固体废物统计技术导则》，明确群厂各类废物流统计标准，提高放废产量数据的统计效率和数据的准确性。三是积极参与推进甘肃集中处置场项目合资公司组建等有关工作。目前，龙和处置场项目建设工作顺利推进，2022年处置场具备废物接收条件。四是推进国内首个新型处置场（阳江核电环保配套工程）开工建设。

2. 北龙处置场运行与管理

2021年，北龙处置场继续保持安全稳定运行，处置场工程屏障持续有效，已接收存放的放射性废物包均处于安全可控状态，未对周边环境产生任何可探测到的放射性影响。

三、国家电力投资集团有限公司

（一）核燃料供应保障

2021年5月、7月，完成海阳核电C103、C203换料燃料组件交付，国核铀业组织燃料组件运输工作，托运人能力得到全面验证。2021年9月，完成红沿河H2R06换料燃料组件交付。

2021年，国核铀业分别与中国原子能工业公司、中核包头、中核建中等单位签署“十四五”期间的铀加工及组件加工服务合同，落实各核能项目“十四五”期间需求。

（二）燃料国产化

统筹各方打造AP1000国产化能力。2021年完成格架国产化鉴定，管座国产化鉴定、ZrB_2靶材辐照验证等工作正在积极推进。

牵头“先导辐照供货攻坚组”，自主化先导棒目标在海阳C204换料大修时入堆辐照。

核能科研

一、中国核工业集团有限公司

2021年，自主三代核电“华龙一号”全球首堆、海外首堆投入商运并保持连续稳定运行，成为全球唯一没有拖期的三代核电首堆。自主四代核电高温气冷堆示范工程实现并网发电。我国核电技术水平跻身世界前列，核电跨越赶超引领态势加快形成。

持续加大科研投入，重大科研攻关扎实推进。中核集团2021年科技研发投入351亿元，占营业收入的14%。“创新2030”工程深入实施，“华龙二号”总体设计要求、参数、技术方案确定。锦屏深地核天体物理实验首批成果发布，兆瓦铅铋核电源1:1非核综合演示验证取得成功，与堆型匹配发展的CF4、环形、ATF等燃料进入先导组件研制阶段，气冷微堆总体技术方案固化，成功研制首批TRISO弥散燃料，智能伽马刀完成主体集成调试。面向国民经济主战场，110项科技成果完成转化，转化合同收入6.7亿元，达到上年度的2.2倍。成果获得国家科技进步奖二等奖，“华龙一号”成果获得中国专利金奖，4项国际标准正式发布。

核科技创新体系不断完善。国防科技工业高放废物地质处置创新中心、同位素及药物国家工程研究中心等创新平台获批，围绕重点战略方向新设21个国家级研发平台。中核集团与清华大学等高校、科研机构合作共建不断走深走实，组建高温气冷堆碳中和制氢产业技术联盟、海水提铀技术创新联盟。

二、中国广核集团有限公司

2021年，中广核按照“三位一体”总体布局，面向核能领域前瞻性技术，继续实施“华龙一号”、铅铋快堆、小型压水堆、燃料、智能核电“五大战略专项”，突破一批关键核心技术，掌握未来先进生产力，总体进展符合预期。为解决“卡脖子”问题，全力攻克自主化专项，实现核电领域关键核心设备全面自主可控，掌握自身发展主动权。为提升生产、工程经营业绩，支撑产业发展，大力实施尖峰计划，取得一系列成果。

在国家科研项目方面，各类项目整体进展顺利。其中，核能开发项目：医疗废水辐照应急处理科技示范装置已通过科工局验收。国家重点研发计划：核电站机器人检修智能作业系统、核电关键材料服役行为的高通量评价与预测技术等完成项目综合绩效评价。

在科技成果方面，2021年，集团申请专利1646项，获得授权专利1261项，获得中国专利优秀奖6项，获省部级及全国性社团科技奖励57项。其中，“大型核电站核安全级数字化控制保护系统研制及产业化”获2021年度北京市科技进步一等奖，“核电站高效安全换料大修机器人关键技术与智能装备研发及应用”获2021年度广东省科技进步一等奖，“核电站安全壳密封性与强度高精度测试技术研发与应用”“三代核电站结构安全评价及防护关键技术研究与应用”获深圳市科技进步一等奖。

三、国家电力投资集团有限公司

（一）大型先进压水堆重大专项

1. 总体概述

“国和一号”（CAP1400）是在国家重大专项的支持下，由国家电力投资集团牵头实施，联合国内600多家单位共同攻关，在消化、吸收AP1000技术，全面掌握以非能动安全为标志的第三代核电技术的基础上，研究开发的具有我国自主知识产权的大型先进压水堆型号，是我国核电实现跨越式发展和国家重大专项自主创新的标志性成果。

截至2021年年底，压水堆专项课题数量199项，137项课题已通过综合绩效评价（正式验收）；15项课题正在实施，47项课题已结题，准备进行验收。累计形成知识产权及成果8548项。

2. 2021年主要进展

1）完成课题验收情况

2021年，完成AP1000首堆调试关键技术研究、CAP1400全范围模拟机自主化核心技术研究、CAP1400人因工程设计分析和验证关键技术研究、CAP1400核电关键建造调试技术研究、包壳材料关键性能试验研究平台建设等26项课题的综合绩效评价。

2）主要成果

“国和一号”首台屏蔽电机主泵完成出厂试验。10月28日，屏蔽电机主泵完成出厂试验，试验结果完全满足验收标准和技术规范要求。具有自主知识产权的大型屏蔽电机主泵具备出厂和商业应用条件，标志着我国核电装备制造达到世界领先水平。保障了重大专项示范工程“国和一号”建设，也促进了核电高端材料制造以及装备制造业整体水平能力提升，对推动我国实现高水平科技自立自强具有重要意义。

“国和一号”自主化燃料组件研制。支撑先导组件入堆辐照考验安全审评的全部堆外试验均已完成。“国和一号自主化燃料先导辐照考验方案”通过专家组评审，专家组一致认为：“国和一号”自主化燃料已具备转入随堆考验阶段的条件，考验方案合理、可行，技术考核指标明确，可实现自主化燃料商用目标。2021年10月，完成新锆合金先导棒工艺合格性鉴定工作，并通过行业专家评审。2021年10月，先导棒辐照考验实施方案通过山东核电配置管理委员会审查，11月通过山东核电核安全管理委员会评审，具备向国家核安全局提交申请条件。

基于国产芯片的“和睿”仪控系统及堆内外核测系统研制成功。堆内外核测系统研制成功，进入“国和一号”示范工程产品制造阶段。完成基于国产CPU、

FPGA 芯片、操作系统等关键软硬件的，新一代安全可控的，核电仪控系统工程样机的设计、制造、试验验证，试验结果满足设计要求。

构建了可支撑行业发展的三代核电标准体系框架和运转机制成果体系。依托国家科技重大专项课题，形成具有自主产权的先进核电技术标准体系，编制各类技术标准 878 项：342 项转化为行业标准、7 项转化为国家行业标准、2 项国际标准；《核电厂—安全重要仪表和控制系统—地震停堆系统准则》1 项国际标准由国际电工委员会（IEC）正式发布。10 月 29 日，中国先进核电标准体系研究课题高分通过国家能源局组织的正式验收。

“国和一号 +”智慧核能综合利用示范项目正式投用。10 月 16 日，“国和一号 +”智慧核能综合利用示范项目一期工程正式投用，该项目为依托国家科技重大专项“国和一号”平台，打造的集核能供热、海水淡化、核风光储综合智慧能源系统、智慧多能管控平台等于一体的首个“核能 +”商业模式创新项目；是全国核电行业首个智慧核能综合利用示范项目；“国和一号 +”建成投运后，平均每年可增加发电量 600 万度，节约标准煤约 1889 吨，减排二氧化碳 5167 吨；一期工程完成建设装机容量为 1182 千瓦的分布式光伏发电系统。“国和一号 +”智慧核能综合利用示范项目，被 2021 年联合国气候变化大会做为典型案例进行宣传。

（二）小型反应堆创新研发

国和系列小堆 2021 年取得的成就

基于重大专项研发成果，瞄准核能供热市场，依托型号研发平台，突出关键技术研究，形成国和系列的小型堆型号，计划在黑龙江佳木斯等厂址建造。

1. 一体化供热堆研发进展

上海核工院研发的 200 MW 一体化中压供热堆，具有供热、供汽等多种功能，主要应用于北方寒冷地区的集中供暖，可有效解决煤炭供暖造成的环境污染问题，同时兼具为当地制造业提供工业蒸汽的能力，当前已完成初步设计，正在开展施工设计。黑龙江佳木斯核能供热示范项目以此技术为基础，采用“核能供热 + 生物质”的商业模式，保障供热堆安全稳定运行，适应采暖用汽负荷变化，提供供暖可靠性，形成具有商业推广价值的核能供热示范样本。2021 年 9 月，完成项目可研工作，项目可研报告审查会议顺利召开。目前，正在积极开展项目核准准备工作，除安评和规划限制批复区外，其余核准支持要件均已取得，项目申请报告已编制完成。

2. 海洋小堆研发进展

已完成海洋核动力堆蒸汽发生器换热组件结构设计，开发两个换热组件热工 - 水力计算分析软件，形成支撑直流蒸汽发生器换热组件的设计、分析和验证技术。同时，完成海洋核动力堆反应堆压力容器接管和接管段一体化锻件取样试验以及控制棒驱动机构电机制造和出厂试验，支撑了海洋小堆技术开发。

3. 小型铅冷快堆研发进展

已完成铅冷快堆示范堆百兆瓦总体概念与方案预研，初步掌握关键热工水力现象、关键结构材料、关键设备与部件、抗震与隔震技术、关键设计分析软件等铅冷快堆关键共性技术。建立了高温液态铅铋环境静态浸泡腐蚀试验装置、可持续搅拌腐蚀试验装置、氧含量可控高温液态铅铋环境应力腐蚀疲劳试验装置等铅冷快堆研究装置。

四、中国华能集团有限公司

华能集团在核能科技创新领域以全面消化吸收第四代核电技术、掌握第四代核电运维关键技术为目标，以增强科技创新能力为核心，构建核能科技创新体制和创新机制。以国家科技重大专项高温气冷堆示范工程建设为依托，牵头管理并承担高温堆重大专项科研课题，同时积极开发集团科技项目、软科学研究、管理创新研究以及“众创”项目等。

创新平台效能日益增强。集中华能核电技术力量优势，实现华能核能技术研究院实体化运作。启动首批科技创新项目策划，承接核电领域 33 项课题任务。发挥科技创新依托平台作用，组织相关联合单位拓展后续科研项目合作，确立了打造华能核电技术品牌和高温气冷堆多用途型谱产品的发展路线；发挥技术发展支撑平台作用，完成高温气冷堆产业链“链长”和原创技术“策源地”实施方案。

科技成果加速产出。依托高温气冷堆示范工程科研课题研发，在工程建设、设备制造、调试运维领域形成一系列知识产权成果。专利方面，华能核电系统全年累计申请专利 217 件，同比增长 343%；授权专利 92 件，同比增长 379%。标准方面，完成核电技术标准体系表架构策划，37 项团体标准完成立项。2021 年 11 月，高温气冷堆标准体系研究及标准开发项目顺利启动。成果奖项方面，2 项科技项目获得省部级科技奖，2 项职工技术创新成果获全国能源化学地质系统奖励。

公司系统信息化工作成效显著。围绕集团公司核电产业发展战略规划，推动核电 ERP 系统上线运行，全面提高业务办理效率。发布华能核电“十四五”信息规划、网络安全规划；启动 16 项核电产业信息化项目；完成核电公司网络架构升级改造、门户系统建设、统一工作平台建设和重点时期网络安全防护工作。

核电工程设计、建造与管理

核电工程设计与管理

一、中国核工业集团有限公司

二代加核电任务圆满收官，三代核电批量化设计建造全面铺开。“华龙一号”建设稳步推进：福清5号机组投入商运；福清6号机组实现并网；漳州1号机组实现穹顶吊装；三门5、6号机组，漳州3、4号机组有序推进；K2机组实现商运，K3机组完成装料；海南昌江3、4号机组实现FCD。其他项目进展顺利：田湾7、8号和徐大堡3、4号在中俄两国元首共同见证下正式于5月19日开工；田湾4号机组实现最终验收，田湾6号机组投入商运；海南昌江“玲龙一号”示范工程实现FCD；高温气冷堆示范工程实现并网。

二、中国广核集团有限公司

中广核工程公司设计院具备核电型号研发、工程设计、在役退役服务和新能源电力设计能力，是中国唯一一家以核电为主、集核电站核岛、常规岛、电站辅助设施及全厂总体设计为一体的清洁电力工程设计咨询高新技术企业，是中广核创新与发展的核心竞争力。

（一）项目设计

防城港3、4号机组，解决主蒸汽隔离阀相关变更、稳压器喷淋阀控制机柜设备鉴定、在役检查大纲审评等难点问题，保障NCC、冷试、CTT等重大调试试验节点。成立3R专项团队，落实RIC系统补充鉴定试验、RPN源量程灵敏度补充试验和二次中子源等重大分析评价。组织策划推进FSAR、运行环评和执照申请审评对话。

太平岭项目，一期工程年度完成约6.6万份文件输出。解决二次侧解耦、SG隔间模块化等重大技术问题，采取措施提高可建造性。二期项目，研发与工程建设并行推进，完成两评报告提交。

三澳项目，1号机核岛四大主厂房施工图纸储备量满足现场施工需求并保有三层裕量。2号机FCD前设计文件全部出版，满足连续施工需求。完成306个采购包技术规格书可用。二期工程项目总图、取排水等重大技术方案基本明确。

红沿河项目，集中优势力量提供设计支持，保障5号机商运、支持6号机冷试等关键节点，确保冲转一类项清零。完成温排水解决方案研究报告，配合推动温排问题审评，确保6号机具备装料条件。

陆丰5、6号机组，两评、可研报告获批，项目申请报告提交国家发改委审议。妥善处理6号机核岛地基强风化引起的基岩厂址西移问题，优化廊道设计。

贵州玉屏小堆示范项目，总图及土石

方平衡报告通过外部专家评审，两评报告完成出版。

前期项目，防城港5、6号机方面，推进海域使用论证工作，选址两评完成第二次对话问题单答复，项目申请报告完成预评审，水土保持和核应急方案专题获批；招远项目方面，完成循环冷却方式及取排水重大技术方案，解决近海厂址自然通风冷却塔冷却问题，推动解决矿硐问题。宁德二期、岭澳三期等前期核准工作准备就绪。

（二）国际认证

“华龙一号”GDA（英国通用设计审查）所有技术问题全部关闭，具备颁发设计认可确认（DAC）和设计可接受性声明（SoDA）证书条件。

（三）市场开发

国内市场，签署山东石岛湾核电厂扩建一期工程可研合同，中标山东海阳核电3～6号机消防工程服务项目，推动阳江冷源EPC项目、红沿河核能供暖示范项目等一系列重大合同签订。国际市场，获得ITER保温材料设计供货、ITER VVPSS系统管件供货等两项集团外国际合同。

项目执行方面。持续开展台山乏燃料水池、控制棒驱动机构，大亚湾基地应急柴油机、三废改造等在役改造工作，落实阳江环保配套工程、中广核热室、中海油放射源库等项目服务，大修期间为多个在役电站提供力学评估、设备评估和设备故障问题处理等快速技术支持服务。完成CPR1000核电机组整体性改造方案，推出91个改造项，面向在役电站发布设计院系列产品。

（四）科研创新

发布《“十四五”科技创新与能力建设规划》，授权发明专利69项、实用新型24项、软件著作权43项，荣获科技奖项51项，其中中国专利优秀奖1项、省市科技奖3项。“三代核电站结构安全评价及防护关键技术研究与应用”获深圳市科学技术奖一等奖。

重大专项方面，完成华龙一号持续改进战略专项第一阶段研发里程碑任务，完成安全系统总体方案及核岛布置方案固化。先进建造技术应用模块总体技术方案已在太平岭一期、三澳一期等项目实施。国家重点研发计划“放射性废物减容与减害技术研究”项目专家审查会顺利召开，中期进展和成果获得专家组认可。

技术标准方面，2项国际标准提案通过ISO/IEC形式审查，进入预申报阶段投票环节；核电厂工控系统信息安全等3项NQI（国家质量技术基础）国家标准结题；设计院主编的首份核安全导则《核动力厂电力系统设计》正式发布，发布《滨海电厂冷源技术标准》，发布《核电厂施工图设计文件内容和深度规定》。

成果转化方面。主泵静压轴封国产化研发在红沿河项目通过热试考验，随机组投入商运。自主研发的蒸汽发生器结题，正式转入工程应用。科工局课题“岩洞处置工程技术研究”完成课题中期检查，在选址准则研究、智能化贮运装置及融合控制系统研制等方面取得技术突破，示范项目同步推进。自主研发的新型吸力筒导管架基础在后湖海上风电场实现示范应用。疲劳监测系统等四项产品分别实现向太平岭项目和苍南项目的自主供货。

（五）安全质量

在深化机制建设上，实现质保和技术监控协同管控，推动解决 21 个典型和共性质量问题。全面落实设计质量管理纲要，本质安全设计试点专业拓展至 16 个，进一步完善“5S1D”管理模型，从设计源头消除或减少安全风险。完成设计质量信息平台一期建设。

在细化过程管控上，一是建立设计质量驱动指数，构建基于“设计人”的质量评价模型。二是强化全过程质量管控，采取全周期设计会审制度等手段提升设计过程质量把关效能。三是加强设计偏差管控，开展内部自查，实施设计质量通报机制。设计原因引发的设计变更，太平岭项目比防城港二期同期降低 45.6%，三澳项目比太平岭项目同期降低 38.6%。

（六）经营管理

设计管理方面，开展标准化设计，形成主设备采购制造文件 1440 份、技术规格书 231 份、标准图集 106 份、外部接口清单 5104 条等一系列标准化成果。开展可建造性优化，在防城港二期、太平岭一期、三澳一期、陆丰 5、6 号机等项目落地 75 项优化。发布《华龙项目限额设计实施方案》，建立热反馈机制、开展华龙项目专项反馈、建立重要里程碑经验反馈标准清单，保证经验反馈在各华龙项目有效落实。注重信息化建设，设计研发专网建成上线，推进 PDMS 深度应用，实现数字化提资；Engineering 打通仪表设备协同设计生产流程，并在三澳项目应用。

三、国家电力投资集团有限公司

（一）“国和一号 +”智慧核能综合利用示范项目正式投用

10 月 16 日，“国和一号 +”智慧核能综合利用示范项目一期工程正式投用，该项目为依托国家科技重大专项“国和一号”平台，打造的集核能供热、海水淡化、核风光储综合智慧能源系统、智慧多能管控平台等于一体的首个“核能 +”商业模式创新项目；是全国核电行业首个智慧核能综合利用示范项目；“国和一号 +”建成投运后，平均每年可增加发电量 600 万度，节约标准煤约 1889 吨，减排二氧化碳 5167 吨；一期工程完成建设装机容量为 1182 千瓦的分布式光伏发电系统。“国和一号 +”智慧核能综合利用示范项目，被 2021 年联合国气候变化大会做为典型案例进行宣传。

（二）山东海阳核电一期工程项目通过竣工验收

9 月 15 日至 16 日，国家电投在山东海阳组织召开海阳核电一期工程竣工验收会议。国家电投核电业务总监王凤学担任竣工验收委员会主任，验收专家成员由生态环境部、水利部、国家档案局、国家电投集团、股东方代表及各领域专家组成。验收委员会认为，山东海阳核电一期工程已全面建成投产，工程各项指标满足设计要求，工程质量合格，运行安全可靠，经济、社会和环境效益良好，各单项验收均已完成，同意山东海阳核电一期工程项目通过竣工验收，并颁发合格证书。

（三）山东海阳核能供暖二期工程投产

11 月 9 日,国家电投“暖核一号”——国家能源核能供热商用示范工程二期 450 万平方米项目在山东海阳提前 6 天投运，供暖面积覆盖海阳全城区，惠及 20 万居民,海阳成为全国首个“零碳”供暖城市。11 月 15 日，山东海阳核能供暖二期工程投产暨“暖核”科普活动启动仪式在京举行，发布国家电投“暖核一号”核能供热品牌。

核电工程建筑安装与管理

一、中国核工业集团有限公司

（一）规模效益再创新高

中国核建主要经营指标（管理口径）同比往年再创新高，全年预计实现营业收入 896 亿元，同比增长 14.4%；考核净利润 32.98 亿元，同比增长 14.9%；EVA 完成 15.49 亿元，同比增长 2%；资产负债率（不含中核兴业）81.95%,同比下降 0.37 个百分点。

（二）重大工程进展顺利

核电工程方面，在建的国内外 19 台核电机组进展顺利，截至三季度末实现里程碑节点 16 个，包括 4 台机组实现 FCD，1 台机组冷试开始，2 台机组冷试完成，2 台机组热试开始，4 台机组装料，3 台机组并网。

此外，中国核建积极推动集团重点任务巴格诺尔电站项目进展，完成特许权补充协议签署，购电协议谈判等重大节点。

二、中国广核集团有限公司

中广核工程公司施工管理中心的现场“集成”功能是工程公司存在和发展的“基石和保障”，同时还具有人才资源培养与发展，施工管理传承与发展、优化与提升职能，施工管理中心的功能定位为：核电建造集成中心、施工资源统筹中心和先进建造技术研发中心，是公司项目建设的“承重墙”，也是支撑公司战略和品牌实现的基石。

2021 年制定并推动落实《施工管理中心核安全文化建设方案》17 项行动，营造核安全文化氛围，推动核安全文化向全产业链延伸，通过合同条款明确核安全文化建设要求，强化承包商主体责任。

三、中国华能集团有限公司

（一）高温气冷堆示范工程

2021 年，中国华能集团进一步深入贯彻习近平总书记关于高温气冷堆示范工程科技重大专项的重要指示批示精神，狠抓项目组织管理，全力沟通协调监管部门，于 3 月底完成双堆热试，8 月 20 日获颁运行许可证。示范工程 1 号堆于 8 月 21 日启动装料，9 月 12 日实现首次临界；2 号堆于 9 月 30 日启动装料，11 月 11 日首次临界，标志着示范工程进入双堆带核功率运行阶段，12 月 20 日 1 号堆完成发电机初始负荷运行试验评价，成功并网发电，标志着全球首座具有第四代先进核能系统特征的球床模块式高温气冷堆从“实验室”到“工程应用”的飞跃，对巩固我国高温气冷堆世界领先地位、抢占第四代先进核能技术制高点具有重要意义。

（二）华能海南昌江核电

昌江核电基地是由中国华能集团、中核集团联合开发的核电厂址。二期工程由中国华能集团牵头建设的 2 台“华龙一号”（融合版）百万千瓦级压水堆核电机组。昌江二期工程于 2020 年 9 月 25 日获得国务院核准，2021 年 3 月 31 日获颁建造许可证及首台机组核岛 FCD，12 月 28 日第二台机组核岛 FCD，成为我国“十四五”期间首个开工建设的核电项目，也是开展海南自贸区（港）建设以来在琼投资最大的项目。

核设备制造

一、中国一重集团有限公司

（一）核电生产情况

中国一重是国内唯一具有核电石化产品设计及转化、材料研发、锻件制造、加工、焊接、装配、包装发运等全流程技术、制造能力的供应商，拥有高纯净钢锭、整体锻造等多项自主研发，并处于国际先进水平的关键制造技术，可实现年产钢水50万吨、锻件24万吨，拥有4台大型自由锻造压力机，具备年产12台核岛全套主锻件（含反应堆压力容器、蒸汽发生器、稳压器、主泵泵壳等锻件）的能力。拥有目前重复定位精度高、工作台承载500吨位的INNSE ϕ260数控铣镗床，PAMA ϕ160数控落地镗铣床、(7×15)米及(5×10)米数控桥式动梁龙门镗铣床等世界一流水平的重型加工设备数十台；拥有560/250吨桥式起重机等几十台重型起重设备；拥有1100吨桅杆吊；拥有弯管/直管/立管堆焊焊机、带极堆焊设备、窄间隙焊机、马鞍接管焊机、热丝TIG焊机等百余台自动焊机，焊接设备的能力和规模均为国内顶尖水平；拥有涡流检测系统、多通道超声检测系统、CRDM&BMI超声检测系统及3台9 MeV直线加速器等多台先进的探伤设备；拥有三个国家认可的检测中心，具备化学分析、力学性能试验、金相检验能力，配置了透射电镜、Gleeble3500热力模拟试验机、激光跟踪仪、数控三坐标测量机、齿轮检查仪等检测设备。

雄厚的装备实力，奠定了中国一重在国内外核电主设备制造领域的独特地位。具备了年产压水堆反应堆压力容器14台、主管道5台、稳压器5台、蒸汽发生器3台、堆内构件1台及泵壳12台；高温堆压力容器10台、金属堆芯支承12台及蒸汽发生器4台的制造能力。2021年，先后完成“华龙一号”漳州1号机组反应堆压力容器、“华龙一号”防城港4号机组反应堆压力容器以及“国和一号”示范2号机组反应堆压力容器等主设备的交货，完成示范快堆1号机组堆容器的压力试验，完成太平岭2号机组反应堆压力容器（目前调配至1号机组）及宁德5号机组反应堆压力容器的水压试验。核电锻件合格率达到100%，完成一批漳州、三澳、陆丰等项目蒸汽发生器主锻件的交货。

（二）科研开发进展情况

2021年，中国一重加快核电产品科技创新步伐，承担国家重大科技专项4项、重大科研开发项目5项研制任务。

1. 国家重大科技专项进展情况

在核电设备用大尺寸材料无痕构筑技术研究方面，开展“CAP小堆水室封头整体模锻成型技术研究”，采用构筑技术制备坯料，完成水室封头胎模锻成形，并进行全断面的低倍与不同位置的力学性能检测，与传统冶炼的试验件进行性能对比验证。目前项目已完工，待国家主管部门进行验收。该技术属于颠覆性技术研发，技术水平达到国际领先水平。

在超大尺度金属材料构件均质化构筑成形基础研究方面，开展“构筑技术在ϕ5米级三代核电容器筒体上示范应用”项目研究，围绕变形量、变形温度、变形速率等关键工艺参数和界面氧化物弥散控制机理开展基础研究，目前已开展8组小型锻件及1组小型中试件研制，申报发明专利1项。研究水平处于国际领先地位。

2. 重大科研开发项目进展情况

在乏燃料贮运容器球墨铸铁筒体研制方面，乏燃料贮运容器已完成全尺寸样件试制，正在开展综合性能评价工作。

在反应堆核容器锻件集成制造技术研究方面，完成反应堆核容器集成锻件试制，达到项目要求的目标，经行业专家验收评价，技术水平达到国际先进。

在大型核电焊接转子锻件研究方面，掌握了20Cr2NiMo材质成分优化及提升淬透性和低温韧性的关键热加工技术。已完成高中压轮盘试验件的性能评价工作。

在中低放废液絮凝吸附处理技术与装置开发方面，主要对核电厂中低放废液絮凝吸附处理的工艺流程、絮凝剂配方、活性炭选型等进行研究，并完成1:1样机装置试制，进行试验验证。目前已具备市场推介条件，技术水平处于国际先进。

在超临界水氧化系统方面，主要研究超临界水氧化系统的反应控制工艺、核心反应器与关键材料、系统控制与系统集成、三维布置及相关测试验证等，以实现超临界水氧化系统的国产化，进而解决我国当前危废处理困境。目前已具备市场推介条件，技术水平处于国际先进。

二、哈尔滨电气集团有限公司

（一）市场开发

2021年度，核电产业市场中标率超过三分之一，主设备市场开发成效显著（参与招标25项，中标9项，哈电占比36%）。

以用户关注为焦点，强化自主创新能力，创新市场营销模式，与用户共同开展沙盘推演，满足用户需求。中标中广核集团核主泵项目，取得核主泵设备进入中广核市场的“零的突破”。

通过提高用户满意度，加强在建机组的服务力度，策划集团公司高层领导多层次走访，获得清华大学信任和支持，策划高温堆产能提升，一举中标8台高温堆蒸发器，合同额18.40亿元。巩固了哈电集团在四代核电领域的地位。

严抓在手项目执行，提升蒸发器批量化生产管理水平，获得用户认可，2021年再获中广核蒸发器项目，巩固了“华龙一号”机型蒸发器的市场占有率。

深耕存量机组服务市场，获得备件、服务合同59项，合同额7394万元。

（二）项目管理

核电产业2021年在制核电项目11个。其中高温堆、“国和一号”是2个国家重大专项。“国和一号”核主泵样机研制受到国务院、能源局、国家电投高度关注，历经艰辛，取得重大突破，通过专家验收。

核电事业部承担股份公司核电项目管理职责，对外与核电产业集团、业主、总包方、设计院、监管单位进行对接和协调。对核电项目实施TOP10管理，风险预警管理，高层会、季度会、月度会管理等。核电项目要求的文件多，NCR处理周期长，通过积极传达并落实用户关切，帮助现场监造代表解决实际问题，协助业主、设计院、华北站等加快审批、流转速度，确保项目顺利进行。牵头各涉核单位实现内部配套。

2021年，“国和一号”核主泵样机、昌江ACP100小堆核主泵样机通过鉴定，漳州1号机组3台蒸发器同时发运创行业之最，惠州1号机组蒸发器完成制造，昌江3/4号机组核主泵满足用户提前交货需求。

（三）用户服务

一是积极推进联采联储、稳固存量市场，与中国核电及5家核电公司签署备件服务联采联储合作协议。二是深化“制造+检修”模式，与中核检修签订战略合作协议，共同拓展业务市场。三是阀门公司获得核级阀门供货合同，成功续证。

（四）质量保证工作

哈电股份2020年11月获得《核蒸汽供应系统集成供货管理体系》试运行资格。一年来，哈电股份建立了上下统一的核质保体系，在遵守核安全法规，质保体系监查监督，质量经验反馈，质量趋势分析，股份公司内部核电资源共享，核安全文化建设等方面取得了良好实践。

三、东方电气股份有限公司

（一）东方电气所属主要核设备制造企业概况

1. 东方电气集团东方汽轮机有限公司(简称东方汽轮机)

东方汽轮机是我国从事电站动力设备和新能源领域开发与制造的国有大型骨干企业之一，主要从事汽轮机（燃煤、核能）、燃气轮机、工业透平及特种装备的研发、设计、制造和服务，在核电设备方面主要产品为核岛控制棒驱动机构及常规岛汽轮机、凝汽器等。

2. 东方电气集团东方电机有限公司(简称东方电机)

东方电机是国内发电设备制造大型骨干企业之一，主要从事水轮发电机组、热能发电机（燃煤、燃气、核能）、交（直）流电机的研发、设计、制造和服务，在核设备方面主要产品为常规岛发电机及核电主泵电机等。

3. 东方电气（广州）重型机器有限公司（简称东方重机）

东方重机是我国大型核承压设备国产化的专业制造基地之一，主要生产核电反应堆压力容器、蒸汽发生器、汽水分离再热器、非能动余热排出热交换器、稳压器等核电站核岛及常规岛主设备。

4. 东方电气集团东方锅炉股份有限公司(简称东方锅炉)

东方锅炉是我国大型发电设备制造和

出口基地之一，主要从事火电锅炉（燃煤、燃气）、压力/化工容器及特种换热器的研发、设计、制造和服务，在核电方面主要产品为核岛稳压器、硼注箱、安注箱、重型支撑、堆顶结构；常规岛高压加热器、除氧器等。

5. 东方电气（武汉）核设备有限公司（简称东方武核）

东方武核是核电堆内构件设备的专业制造商，主要制造各种堆型反应堆堆内构件等。

6. 东方电气自动控制工程有限公司（简称东方自控）

东方自控是电站控制系统的专业制造商，在核电方面主要产品为汽轮发电机组控制系统（DEH/RTC/AUX）；汽轮机监视诊断系统（TSI/TDM）；汽机危急遮断系统（ETS）；核电液压（EH）系统；发电机氢气冷却系统；发电机定子冷却水系统；发电机密封油系统；发电机励磁系统等。

7. 东方法马通核泵有限责任公司（简称东方法马通）

东方法马通核泵有限责任公司，原名为东方阿海珐核泵有限责任公司，因股东方名字变更，于2018年11月更名为东方法马通。由法国法马通集团和中国东方电气集团于2005年投资兴建。公司的经营范围包括设计、制造、销售核反应堆冷却剂泵、核反应堆冷却剂泵的驱动电机、备品、备件，相关产品改造、维修及售后服务。

（二）核设备制造能力、业绩

1. 设备制造能力表

	设备名称	年产能
核岛设备	反应堆压力容器（RPV）	4 ~ 6台
	蒸汽发生器（SG）	12 ~ 18台
	堆内构件（RVI）	4套
	控制棒驱动机构（CRDM）	4 ~ 6套
	一回路主泵（RCP）	12 ~ 18套
	稳压器（PRZ）	6 ~ 8台
	余热排出热交换器（PRHR）	6 ~ 8台
常规岛设备	汽轮发电机组（TG）	6 ~ 8套

2. 东方电气核电业绩表（截至2021年12月31日）

堆型	投运机组	东方电气供货
二代加	岭澳二期2台	核岛主设备：2号机蒸汽发生器、反应堆压力容器、反应堆主冷却剂泵；1&2号机稳压器、安注箱、硼注箱、重型支撑等 常规岛：1&2号机汽轮发电机组
	红沿河一期4台	核岛主设备：2 ~ 4号机蒸汽发生器、反应堆压力容器；1 ~ 4号机反应堆主冷却剂泵、稳压器、重型支撑；4号机控制棒驱动机构；1 ~ 3号机安注箱；1 ~ 3号机硼注箱等 常规岛：1 ~ 4号机汽轮发电机组

续表

堆型	投运机组	东方电气供货
二代加	红沿河二期 1 台	核岛主设备：5 号主泵和稳压器 常规岛：5 号汽轮发电机组
	宁德一期 4 台	核岛主设备：1 号机蒸汽发生器、反应堆压力容器；1&2 号机稳压器；1 ~ 4 号机反应堆主冷却剂泵、安注箱、硼注箱、重型支撑等 常规岛：1 ~ 4 号机汽轮发电机组
	阳江 6 台	核岛主设备：1、5 号机蒸汽发生器；2、4 号机反应堆压力容器；2、5、6 号机稳压器 4 号机控制棒驱动机构、堆内构件；1 ~ 4 号机反应堆主冷却剂泵、安注箱、硼注箱；1 ~ 6 号机重型支撑等
	福清 4 台	核岛主设备：1 ~ 4 号机蒸汽发生器、重型支撑等 常规岛：1 ~ 4 号机汽轮发电机组
	方家山 2 台	常规岛：1&2 号机汽轮发电机组
	防城港一期 2 台	核岛主设备：1&2 号机蒸汽发生器、反应堆压力容器、主泵、稳压器、重型支撑；1 号机反应堆压力容器、2 号机堆内构件
	田湾三期 2 台	核岛：5 号机稳压器 常规岛：5&6 号机汽轮发电机组
	昌江一期 2 台	1&2 号机主泵支承、主管道支承等
三代 AP1000	三门一期 2 台	1&2 号机重型支撑等
	海阳一期 2 台	1&2 号机稳压器；1&2 号机余热排出热交换器、空气罐包、重型支撑等
三代华龙	福清二期 1 台	核岛：5 号蒸汽发生器、稳压器、安注箱、硼注箱、余排排出热交换器等 常规岛：5 号汽轮发电机组
三代 EPR	台山一期 2 台	核岛：1 号机重型支撑、2 号机蒸汽发生器、反应堆压力容器、稳压器 常规岛：1&2 号机汽轮发电机组
合计	36 台	其中，22 台汽轮发电机组和 33 台套核岛主设备由东方电气供货。

四、上海电气集团股份有限公司

上海电气已形成国内配套最全的核电设备制造产业链，所提供的核电产品包括核岛的反应堆压力容器、蒸汽发生器、堆内构件、控制棒驱动机构、主泵、稳压器、核二、三级泵、核二、三级容器、燃料输送设备、核级阀门，到常规岛的汽轮机、汽轮发电机、辅机、常规泵，以及大型铸锻件、核级风机、配套电机、仪控仪表、现场服务及备品备件等。

上海电气的核电产品几乎覆盖了国内的所有核电站。已成功实现了二代加、三代 AP1000、EPR、“华龙一号”“国和一号”及四代高温气冷堆核电主设备产品的批量化、配套化交付；正在开发和研制四代快堆、钍基熔盐堆、铅基堆等关键设备；同时，响应国家“核电装备走出去”战略发展要求，与法国 Framatome 集团合作承制的南非 Koeberg 核电站 6 台更换蒸汽发生器制造已近尾声。

上海电气建有临港和闵行两大核电制造专业化基地。临港基地是新建的特大、特重、超限的装备制造基地，聚焦核岛和常规岛主设备的制造，一期工程于 2008 年投产，二期扩能工程于 2011 年完工，使上海电气的核电关键设备的制造满足年产 10 套堆内构件和控制棒驱动机构、6 套压力容器和蒸汽发生器、12 台核电主泵、50 台 / 套核二、三级泵、6 套常规岛半速汽轮发电机机组的能力。闵行基地以满足超大、超重、高技术发展的大型铸锻件需求为主，能提供最大铸锻件钢锭 600 吨、最大铸件 450 吨、最大锻件 350 吨，实现年产 1000 MW 级核岛容器类重型设备（压力容器、蒸发器、稳压器和主管道）的配套锻件 6 套和 1000 MW 反应堆堆内构件锻件 10 套的目标。

适用于整个组织和所有雇员的核电质量保证体系在上海电气涉核企业中严格实施，以确保所有活动符合相关的和具体的质量保证监管要求，而这将通过程序性的纪律和遵守国际和国内公认的质量标准予以保证，通过持续改进质量管理体系的有效性，致力于集团核电产业发展目标的实现。

五、二重（德阳）重型装备有限公司

（一）核能产品生产取得的主要成绩和进展

2021 年，二重（德阳）重型装备有限公司主要供货业绩如下：

完成国和一号堆芯补水箱设备、压力容器支撑设备、稳压器支撑设备的供货，为国家重大专项建设提供强有力支撑。

完成华龙一号批量化示范首堆漳州核电一号机组 3 台泵壳的交付，为推动国家名片“华龙一号”批量化首堆建设提供支持。

在核电锻件方面完成海南昌江核电站 3、4 号机组稳压器全套锻件 2 套、蒸汽发生器上部筒节、下部筒节、管板、上封头锻件及主泵电机轴锻件、飞轮衬套锻件各 7 套的供货。

完成三澳核电 1、2 号机组蒸汽发生器上封头、管板、下筒体锻件的供货。

小型堆方面完成 ACPR50S 实验堆套管壳项目部分锻件的供货。

核聚变堆超导磁体用超大型不锈钢线圈盒研制顺利推进。

此外，二重（德阳）重型装备有限公司致力于核能装备全产业链产能建设，联合中核集团、中广核集团合作进行核废料处置设备研发，已取得关键进展。

（二）核能产品科研开发

2021 年，二重（德阳）重型装备有限公司科研工作以公司整体经营发展战略为目标，结合行业发展规划和公司长期持续发展需要，重点开展基础科研和新产品开发工作。通过扎实开展工作，科研及开发项目均取得可喜进展：

针对核电稳压器波动管成型变形规律展开研究。对弯管模具、锻压设备等进行优化设计，完成多件波动管新工艺弯曲成形；针对 U 形立体弯管弯曲成型方案进行优化，提高了弯制效率和成品率。

开展核电专用高强韧紧固件材料开发与应用。

开发的核能特种复杂管道研制主管道样件研制通过中国核动力研究设计院组织的阶段性评审，各项性能均满足设计要求。

开展华龙一号反应堆压力容器模拟体制造，验证了大面积大厚度不锈钢堆焊技术、一体化驱动管座冷装技术、复杂曲面数控加工等配套技术。

开展乏燃料储存和运输容器研制，通过对乏燃料厂外运输容器用材料的研究，材料性能得到设计院认可；对乏燃料厂外运输容器焊材进行调研，为实现乏燃料厂外运输容器的锻件材料国产化提供技术支撑。

（三）核能质量保证体系建设

2021 年，二重（德阳）重型装备有限公司在总结 2020 年质量工作的基础上，结合 2021 年工作特点，制定 2021 年质量工作安排，明确质量工作目标，对质量体系建设、专项质量提升、重点项目质量控制等工作进行安排。

1. 体系建设方面

二重（德阳）重型装备有限公司依据标准、体系文件要求，持续开展质量培训，全面提高职工质量意识和技能水平。组织开展群众性质量管理活动，搭建学习交流平台，强化效果评估，结合公司质量管理人才发展需要，做好质量管理专业知识培训和技能锻炼，不断提升质量队伍（包括质量检验队伍）专业化水平。

2021 年，二重（德阳）重型装备有限公司扎实推进核安全文化建设，一是持续做好核安全文化的培训宣传力度，加强程序文件执行力督促检查，重点抓好“案例”教育，促使全员绷紧核安全这根弦。二是采取“回头看”的方式持续抓好 2021 年核安全文化建设成果的固化保持。三是创新方式方法，推进《核安全文化手册》中制度的落地见效。

2. 监督管理与过程质量控制方面

2021 年，二重（德阳）重型装备有限公司通过工艺纪律检查、挂牌执法巡检、联合驻厂监造开展巡查、检查签章巡检等方式进行监督。同时联合各二级单位质量部门，组织不定期对重点项目、重要工序开展联合专项监督检查，逐渐提升监督广度和深度，覆盖核安全活动的所有单位。通过不同层级的监督，形成监督合力，明确问题清单，限期进行整改，建立回头看督查机制，提升监督实效，确保公司产品质量受控、体系有效运行。

2021 年，二重（德阳）重型装备有限公司持续推进风险防控在重点项目、关键产品中的应用，认真吸取典型质量问题教训，做到“尽早识别”“有效防范”，并通过二重（德阳）重型装备有限公司核电例会、核电石化公司生产会对月度风防工作进行总结和安排，推动风险防控工作同产品制造工作同安排共部署，有效预防质量问题的发生，为项目顺利推进，提升产品质量作出积极贡献。

3. 质量提升方面

2021 年，二重（德阳）重型装备有限公司编制焊接培训材料加强培训，确保核电项目全过程质量稳定受控。结合重点项目，制定了“表观质量提升”活动要求，通过制定专项措施抓好核电产品实物质量过程控制。以“夯基础，控风险”为重点，结合质量控制薄弱环节和需要重点解决的问题策划实施提升项目，稳步推进专项质量提升。

2021 年，二重（德阳）重型装备有限公司加大对重复性、典型性质量问题的考核力度。同时，加大对现场违规操作、责任心不到位导致质量问题等行为的考核追责力度，牢固树立质量底线意识和红线意识，在公司范围内形成质量考核的高压态势。对有章不循、故意隐瞒质量问题，特别是造成质量损失甚至报废的要严格按照领导人员质量责任追究办法从重从严进行处罚。

六、中国广核集团有限公司

（一）核级压力变送器制造实现自主化

核级变送器产品及关键部件制造的核心技术均由国外供应商掌控，很大程度上影响了我国核电仪器仪表设备自主化进程，制约了国内仪器仪表企业在核电领域的发展，也提高了我国核电机组建造成本，降低了我国核电建造技术的国际竞争力。中广核工程有限公司依托自身建造经验优势，联合国内科院院所以及具有技术优势的民营企业，从两条技术路线开展核级压力变送器研发攻关。研发团队顺利解决运放辐照失效等系列技术难题，两条路线于 2021 年 11 月份先后研发成功，样机均通过行业鉴定，成功打破国外技术垄断。

（二）国产化主泵轴封完成示范应用

主泵静压轴封制造技术一直由少数国外公司垄断，是西方国家对我国核电领域封锁的关键技术。中广核在运核电机组所使用的 100D 型主泵静压轴封及其备件一直由国外供货。在当前国际形势下，槽型密封等部件面临进口受限问题，直接影响了集团在运机组的可用性和安全性。中广核工程有限公司联合国内厂家积极开展主泵静压轴封研发，在攻关过程中深钻材料加工工艺，经多次试验摸索解决 O 型环爆裂问题，最终于 2021 年 6 月底完成项目攻关。研发产品已在红沿河项目 6 号机组应用并于 7 月份顺利通过冷试验证，将带入商业运行。

（三）“华龙一号”示范项目进口稳压器安全阀顺利交付

“华龙一号”稳压器安全阀技术要求高，设计结构和控制逻辑复杂，目前国内尚无供货能力，只能依托国外进口。示范项目稳压器安全阀由美国控股的德国 SEMPELL 工厂供货。受制于国际形势和疫情影响等多重因素，设备的供货风险大。合同执行期间，设备团队通过采取高层协调、赴厂推动等多方措施有效克服国际形势变化、新冠疫情影响等多重挑战，于 2021 年 3 月份顺利完成示范项目 3 号机组稳压器安全阀交付。目前阀门已完成冷态整定并安装到现场，即将迎来热式考验。

（四）堆芯、堆外核测量探测器成功取得民用核安全设备设计和制造许可证

堆芯、堆外核测量探测器属于国际原子能机构监管设备，从国外进口受到多种因素制约。每批次产品进口，都需要中国作政府承诺。国内核电机组的探测器

供货基本被 R&R、AREVA NP、INKOR、Mirion、THX 等公司垄断，存在“卡脖子”问题。中广核研究院以实现完全自主化为目标，自 2016 年以来就开始了堆芯、堆外核测量探测器的研发工作，通过技术攻关，前期已完成样机设计、制造、测试及摸底鉴定工作。

2021 年，按照集团统一部署，依托自主化专项，中广核研究院积极开展任务攻关，于 2021 年 7 月完成堆芯、堆外核测量探测器取证样机的鉴定试验工作；随后经过 NNSA 核安全专家委员会审议、NNSA 局长办公会审议、取证公示等环节，于 2021 年 11 月正式取得国家核安全局批复的堆芯、堆外核测量探测器民用核安全设备设计和制造许可证。

2021 年 12 月，中广核研究院组织行业专家对堆芯、堆外探测器进行成果鉴定评审，经讨论与质询，与会专家一致认为堆芯、堆外核测量探测器属于自主创新产品，达到国内领先水平。

随着资质的获得及行业认可，堆芯、堆外核测量探测器将陆续落地惠州、苍南等核电项目，并逐步实现备品备件国产化替代。

（五）3R（RGL/RPN/RIC）系统成功签订苍南核电 1~2 号机组供货合同

2021 年 12 月，中广核研究院成功签订苍南核电 1 ~ 2 号机组 3R（RGL/RPN/RIC）供货合同，这是继研究院签订惠州核电 1 ~ 2 号机组 3R 供货合同后，3R 全系产品再一次实现在同一项目上的落地应用。

近年来研究院依托国家能源核电站核级设备研发中心先后实现大型压水堆核电站棒控棒位系统（RGL）、堆芯测量系统（RIC）、堆外核仪表系统（RPN）等核电站专用仪控系统的研制与应用。这些系统是直接围绕核反应堆控制与测量的核心仪器装备，对反应堆安全稳定运行起到关键作用。

前期，3R 部分产品已在集团多基地实现应用，RGL 系统已成功供货阳江、红沿河、大亚湾、防城港等核电机组，其中阳江、红沿河和大亚湾已投入运行；RIC 系统已成功供货防城港华龙一号核电机组，目前 3 号机组已完成现场安装调试工作。

随着 3R 系列产品成功研制及批量化供货，在核电专用仪控领域打破国外技术垄断，在工程上也大大降低建造成本。

（六）应急柴油发电机组调速器完成自主研发

调速器属于应急柴油机的核心部件，由控制器和执行器组成。目前核电应急柴油机调速器被国外公司垄断，在复杂的国际环境和政策下，部分电厂调速器备件供应受到严重制约。

为解决备件供应“卡脖子”问题，中广核研究院以实现完全自主化为目标，针对柴油机调速器开展样机研制、配机试验、核级鉴定以及软件 V&V，在国内首次完成具备负荷分配功能的核级调速控制器和全电驱执行器的自主研发。其中控制器可兼容适配全电驱执行器和传统的电液执行器，适用范围广，能够满足核电应急柴油机领域 UD45 和 PA/PC 等主流机型的运行要求；执行器具备双线圈冗余功能，可解决传统电液执行器工艺复杂、维保繁琐、安装局限等问题。

项目申请多项发明专利并通过行业鉴定，研发的控制器已实现 4 台 / 套工程供货。

（七）励磁机故障监测及模拟装置打破国外技术垄断，在岭澳二期实现应用

2021 年 5 月 19 日，由中广核研究院完全自主研制的励磁机故障监测及模拟装置在岭澳二期实现应用。

该装置主要用于监测励磁机旋转整流器中二极管的运行状态并进行故障模拟，系统采用数字化微机型设计，能够实时监测二极管的感应信号，并对二极管运行状态进行判断，在发现二极管故障时及时发出报警，并进行事件记录和实时录波，具备自动判断二极管故障录波及外部接点启动录波和手动录波功能，除此之外，装置还能够进行故障模拟，能够模拟二极管真实故障信号，并进行信号输出，方便维修人员对励磁机二极管的状态及运行趋势判断，并提供设备校验手段。

该装置具备完全自主知识产权，打破国外技术垄断，可广泛应用于采用无刷励磁系统的二代及三代核电厂。

（八）REN 减压调节阀控制系统完成首批量供货与落地应用

针对 CPR1000 系列核电机组核取样系统调节性能差的群厂共性问题（群厂“十大技术难题”之一，曾多次引发机组第一组 IO 和 IOE 事件），中广核研究院有限公司自主研发新一代数字化核取样专用仪控平台，设计并实现专用控制算法，充分考虑系统冗余和容错能力，实现复杂工况下减压阀系统的高精度调节，提高调节过程的可靠性、稳定性及可追溯性。目前，该项目已完成首批次 5 套系统供货并实现落地应用，现场反馈良好。

（九）大型长隧洞冷源海域构筑物海生物清除机器人成套装备

中广核研究院与台山核电合营有限公司联合研制的大型长隧洞冷源海域构筑物海生物清除机器人成套装备（包括探查机器人、清理机器人、运输机器人等三款机器人）在台山核电站成功应用。

该机器人成套装备替代传统人海战术作业模式，极大降低工业安全风险、提高作业效率及降低劳动强度，将人从危险、困苦的重体力劳动中彻底解放出来。探查机器人替代人员进入隧洞探查内部环境信息及海生物生长情况，消除了人员进洞风险，并为后续清理工作提供基础数据及决策依据；清理机器人携带特定末端执行器，在主控室的远程指挥下，实现隧洞内部附着海生物的无人化清理；运输机器人，在隧洞内自动驾驶，实现海生物自动运输工作，大大提高作业效率，此机器人成套装备为国内外首台套投入使用的智能化成套大型长隧洞海生物清除作业机器人群。

（十）应急柴油发电机组 EDG 电气仪控柜

2021 年 12 月 26 日，防城港二期 3 号机组 3LHP/Q/R 系统调试完成，应急柴油发电机组 EDG 设备全部实现可用，标

志着中广核研究院自主研制的 EDG 电气仪控柜在“华龙一号”项目实现应用。

EDG 电气仪控柜主要用于柴油发电机及其辅机设备的启停控制、电气及机械保护、调速调压、同期并网及状态监测等功能。

中广核研究院 EDG 电气仪控柜具备完全自主知识产权，打破 ALSTOM 和 Areva NP 的技术垄断。截至目前，中广核研究院该套设备已成功应用于山东石岛湾核电厂高温气冷堆示范工程、红沿河核电厂二期工程 5、6 号机组和防城港核电站二期工程 3、4 号机组。

（十一）“大型先进压水反应堆压力容器无损检测机器人”入选《中央企业科技创新成果推荐目录(2020年版)》

2021 年 5 月 30 日，国务院国有资产监督管理委员会科技创新和社会责任局发布《中央企业科技创新成果推荐目录（2020 年版）》。中广核检测技术有限公司高端装备“大型先进压水反应堆压力容器无损检测机器人”入选。该产品是在世界首个正式发电的第三代核电站取得应用的反应堆压力容器无损检测机器人技术，技术水平走在世界前列。该产品通过互换式模块化机械臂实现双臂同步检查，比国际同类产品检查效率提高约 21%，故障状态下，可快速更换检查功能臂，具有双倍高可靠性裕度；采用大跨度高负载桅杆式关节自由度技术，实现国内最大核压力容器 ф5.2 米内径检查。产品研发过程中曾获国家 863 重点项目资助，通过科技部“863 专项”验收和国家核安全局能力验证。经中国核能行业协会鉴定，技术水平达到“国际领先水平”。产品多项核心技术具有自主知识产权，授权发明专利 10 项，实用新型 3 项，软件著作权 5 项，2 项国际 PCT 专利授权，为中国核电“走出去”提供重要支撑。

（十二）我国自主研发的首个发电机不抽转子检修机器人实现首次应用

传统的发电机抽转子检修工艺需要拆除励磁机等大量设备，并且抽出和回穿转子作业会带来重件吊装、设备损坏等风险。中广核运营公司历经 2 年研发和技术攻关，实现发电机不抽转子检修工艺创新的最重要一步。发电机不抽转子机器人能在约 4.5 厘米高的定转子环形气隙中进行 360 度“无死角”检查，可实现定转子目视检查、清洁检修、电气试验等 11 项功能，完全覆盖抽转子才能检查的项目，同时具备手动和自动两种控制方式。

目前该机器人共申请专利 26 项，已授权 17 项，不仅填补了国内技术空白，而且比国外同类机器人增加表面清洁、共振频率试验、智能识别和故障处理等功能。据测算，发电机不抽转子检修机器人实现全功能应用后，单次使用可节约常规岛关键路径 5 天，减少人工日投入 1100 天左右。

（十三）自主研发出新型阀门特性试验装置

该装置解决老式阀门试验箱使用时接线复杂且易出现接触异常的问题，实现一次开关阀门即可同时无纸化绘制电流和油压两种特性曲线的功能，可大幅提升试验效率和可靠性。以单台机组汽轮机阀门特性试验为例，采用传统有纸记录仪时仅特性曲线绘制就需要至少24小时，而采用新型成套试验装置后只需18小时即可完成全部试验和曲线绘制工作。

（十四）自主开发的手提便携式空压机实现应用

该便携式空压机浓缩了普通空压机的基本功能，总重量只有10 kg，单手便可提起，它采用专门研发的手机APP精准控制气量和压力，具有内置高续航能力锂电池和外接电源双重动力保障，同时设置安全阀和空气干燥过滤装置，能够为核岛内的RIS电机空载试验、其他电机零部件吹扫提供便捷、安全可靠的高质量压缩空气，解决岛内部分区域无压缩空气气源以及气源接入困难的问题，有效避免了搬运大型空压机进岛带来的工期和人力浪费。

（十五）新型电动台车抽穿转子装置首次成功应用

抽穿转子是发电机检修关键路径，新型装置实现无停顿一次性将转子抽出，解决原工艺中因千斤顶顶程有限造成的反复拆装问题，避免了双千斤顶顶进不同步带来的设备损坏风险，通过预留原工艺操作手段保证设备可靠性。本次应用将抽转子实施过程由原来的4小时缩短至约0.5小时，加上前期准备工艺逻辑的改进优化，累计为整个抽转子作业节省检修工期达5小时。

（十六）自主研发新型深孔自动精密研磨设备

该设备能自动将液压缸内壁粗糙度研磨至出厂时的精度范围，消除粗糙度下降对液压缸活塞密封组件的不利影响，延长液压缸使用寿命，打破以往依赖更换液压缸来保证隔离阀运行可靠性的方式，填补国内主蒸汽隔离阀液压缸内壁粗糙度修复的技术空白。

七、国家电力投资集团有限公司

（一）国和一号首台屏蔽电机主泵完成出厂试验

10月28日，屏蔽电机主泵完成出厂试验，试验结果完全满足验收标准和技术规范要求。具有自主知识产权的大型屏蔽电机主泵具备出厂和商业应用条件，标志着我国核电装备制造达到世界领先水平。保障了重大专项示范工程“国和一号”建设，也促进了核电高端材料制造以及装备制造业整体水平能力提升，对推动我国实现高水平科技自立自强具有重要意义。

（二）国和一号屏蔽电机主泵成功研制

7月31日，由沈阳鼓风机集团股份有限公司和哈尔滨电气动力装备有限公司依托国家科技重大专项课题联合研制、上海核工程研究设计院参与的“国和一号（CAP1400）屏蔽电机主泵”样机，通过了中国机械工业联合会组织召开的专家鉴定会，标志着我国自主研发的国际上功率最大、流量最大、技术难度最高的屏蔽电机主泵研制取得成功。

核安全监管和核事故应急

核与辐射安全监管

一、综述

2021年，我国民用核设施的运行安全和建造质量处于良好状态，运行核电厂、研究堆、核燃料循环设施、放射性废物贮存和处理处置设施以及放射性物品运输活动均未发生国际核事件分级表（INES）2级及以上安全事件或事故，核设施的运行事件和建造事件得到妥善处理。

2021年，全国辐射环境质量总体良好，核设施周围环境电离辐射水平、电磁辐射发射设施周围环境电磁辐射水平总体无明显变化。[①]

（一）法治建设

生态环境部（国家核安全局）组织《中华人民共和国放射性污染防治法》修订专题论证，推进电磁辐射污染防治立法研究论证，配合推进原子能法立法工作。开展《放射性同位素与射线装置安全和防护条例》修订工作，并正式纳入国务院2021年立法计划。开展《民用核安全设备监督管理条例》修订论证。完成《放射性物品运输安全管理条例》十年评价。举办依法行政和法规标准专题培训班，提升依法行政的理论及实践水平。

（二）能力建设

推动国家核与辐射安全监管技术研发基地内涵能力建设。国家环境保护核与辐射安全审评模拟分析与验证重点实验室通过验收，“多用途小型水堆综合安全验证台架”“核电材料腐蚀与防护性能验证实验室”等实验验证平台陆续开工建设，搭建国家放射性污染防治技术创新与工程应用平台。加速建设“一带一路”倡议绿色发展国际交流中心。

开展核安全科研领域专项规划研究。梳理核领域相关科技研发项目部署和资金投入情况，调研高校、科研院所、核安全技术支持单位科研现状和需求，形成核与辐射安全科研规划思路。强化核安全技术支持项目事中事后管理，完善指标体系，开展绩效评价。

（三）核安全文化建设

以“理性、协调、并进”核安全观为指导，巩固核安全文化建设成效，查找薄弱环节，提出推动工作的对策建议。加强监管机构核安全文化建设，面向核与辐射安全监管部门和单位举办核安全文化专项培训班；开展地区监督站核安全文化监督工作情况调研，研究增强监督一线的核安全文化水平。持续深入推进行业核安全文化建设，将核安全责任转化为从业人员的自觉行动，组织开展“核安全文化评估机

① 本报告不含中华人民共和国港澳台地区相关数据。

制”研究，开展“核安全文化长效机制”研究，分领域开展建设指南编制，总结推广行业良好实践，指导召开2021年核安全文化建设经验交流会。

（四）强化监管

生态环境部（国家核安全局）进一步完善核电安全监管技术文件，印发《2 MWt液态燃料钍基熔盐实验堆建造阶段监督检查大纲》《VVER—1200核电项目安全审评原则》《核电厂安全性能指标核查程序》。持续优化核动力厂执照文件的格式和内容，发布《核动力厂调试大纲的格式和内容》《核动力厂装投料前调试报告的格式和内容》。积极推进风险指引型的监管方式，继续开展风险指引型监管试点应用，推动和指导核电厂建立配置风险管理体系和开发风险监测工具。切实做好新建研究堆项目的监管工作，组织开展5座研究堆运行许可证延续申请和中国先进研究堆运行许可证申请的技术审评工作。加强后处理监管，协调保障多项特殊运输工作圆满完成。有力推动我国第一座重水研究堆退役和首个核电废物的处置场建造。加强高风险核技术利用领域辐射安全监管，开展覆盖电子辐照加速器领域的专项监督，推动“射线探伤”“辐照加工”辐射安全标准化建设试点。

（五）技术支持

2021年，核与辐射安全中心承接工作任务3700余项，承担审评任务718项，累计派出现场监督技术支持1300人次，形成各类技术文件2400份，为国家核与辐射安全监管提供全面技术支持。强化质量保障技术支持体系，有序推进18台在建机组核安全审评，保障中国大陆地区53台机组安全稳定运行，保质保量完成安全审评任务。全面加强辐射风险防控研究，持续深化安全监管技术研发，提升科研能力，有序推进重点技术研发项目。完善核与辐射安全法规标准体系与规划研究体系建设。加速推进核与辐射安全监管信息化建设。做好公共宣传与公众沟通。强化核安全国际交流与合作。

2021年，辐射环境监测技术中心积极为核与辐射安全监管提供技术支持。起草《电离辐射监测质量保证通用要求》等5项标准。编制《“十四五”全国辐射监测体系和监测能力建设实施方案》，为核设施监督性监测系统及特高压直流输电工程提供技术审查服务，完成30余个电磁类建设项目环评报告的技术复核，保障苍南三澳核电监督性监测系统建设。为全国辐射环境监测网络成员单位提供专项技术指导，确保全国辐射自动站数据获取率超过97%，实时数据和全国辐射环境质量报告正常发布。运用新模式实施2021年全国辐射环境监测质量考核和监测人员持证上岗考核，组织监测人员技术交流。持续推进质控实验室建设，积极提升自身辐射监测能力。

2021年，中国环境文化促进会成功召开全国会员代表大会，进一步完善理事会和领导机构，成立“中国环境文化促进会专家委员会”“中国环境文化促进会核安全分会”和“中国环境文化促进会公众沟通分会”，发展会员单位198家、理事会单位 128 家。推动核安全团体标准工作规范有序发展，发布《核电厂配置风险管理技术要求》等 8 项专业化团体标准，为行业相关工作提供技术指导。加快筹备设立核安全科学技术奖，促进核安全优秀科技成果转化共享。完成“核安全文化评估机制研究”项目，举办 6 次核安全技术和核安全文化交流研讨会，联合举办“2021 中国国际核电工业及装备展览会”。推动《绿叶》杂志复刊并逐步向核安全文化科普宣传转型。

（六）国际合作

生态环境部（国家核安全局）深入参与经合组织核能署（OECD/NEA）核电厂多国设计评价机制（MDEP）相关活动，有效推动“华龙一号”工作组相关工作，研究 MDEP 过渡模式及相应对策。积极参加 NEA 核监管活动委员会和核设施安全委员会机制下有关会议。按计划参加国际原子能机构（IAEA）核安全标准委员会会议以及小型反应堆监管交流活动。继续保持与相关国家核安全监管部门的沟通，稳步推进中法、中俄、中巴、中英、中日韩等双多边核安全合作。有序开展《核安全公约》第九次履约相关工作。

1. 深入推动国际交流

2021 年 5 月，生态环境部部长黄润秋应国际原子能机构总干事拉斐尔·马里亚诺·格罗西邀请，为核技术控制塑料污染亚太区域线上圆桌会议视频致辞，介绍我国海洋塑料垃圾防治及核技术利用监管政策与成果。

2021 年，生态环境部副部长、国家核安全局局长叶民与各国核安全监管机构负责人信函往来共计 19 封，包括向巴基斯坦卡拉奇核电站 2 号机组商业运行致信祝贺、向韩国核安全与安保委员会成立十周年致贺信等，积极保持与各国的核安全监管高层交流。

2. 持续推进多边合作

与国际原子能机构合作方面。派员参加国际原子能机构重要机制和法规标准制修订工作，包括安全标准委员会会议、核安全标准委员会会议、全球核安全与安保网络指导委员会会议、监管合作论坛指导委员会会议以及福岛十周年核安全国际大会等。推荐人员继续担任国际原子能机构安全标准委员会委员、全球核安全与安保网络指导委员会成员、辐射安全信息管理系统国家联络员等。组织参加机构各类机制性会议和活动。

与经合组织核能署合作方面。3 月，国家核安全局副局长、核电安全监管司司长汤搏视频出席核电厂多国设计评价机制（MDEP）政策组特别会议。有序推进核电厂多国设计评价机制第五届大会筹备工作。组织参加机制下政策组会议、技术指导委员会会议、过渡团队会议、华龙一号工作组会议、VVER 工作组会议、EPR 工作组会议、供应商监督工作组会议及各专家子组会议，多层次参与机制主要活动，推动机制向下一阶段顺利过渡。派员继续担任核能署技术秘书，支持人员担任核监管活动委员会与核设施安全委员会委员，组织参与委员会及下设各工作组活动。

3. 进一步巩固双边合作

稳步推进与核能发达国家核安全合作。2021 年 11 月，国家核安全局副局长、核电安全监管司司长汤搏视频出席中英核安全合作指导委员会会议。派员出席中俄总理定期会晤核问题分委会第二十五次会议、中法核安全双边交流会议、中美和平利用核能放射源安保培训会、中意核废物管理专题培训会等。

加强与“一带一路”倡议国家核安全合作。出席国际原子能机构对巴基斯坦核与辐射安全监管综合评估组准备会议。与 12 个签订协议的“一带一路”倡议相关国家核安全监管部门保持沟通。

深化巩固区域核安全合作。11 月至 12 月，国家核安全局副局长、核设施安全监管司司长江光视频出席第 13 届中日韩核安全监管高官会，交流核安全最新进展。

4. 履行国际公约义务

《核安全公约》第九轮履约工作正式启动。参加公约官员会议、组织会议，推选公约履约国家组官员，筹备编写国家报告。

《乏燃料管理安全和放射性废物管理安全联合公约》第七轮履约有序推进，完成针对各缔约方报告的提问，筹备缔约方第四次特别会议，完成联合公约生效二十周年调查问卷等。

二、政策法规

（一）核安全政策

生态环境部（国家核安全局）开展《“十三五”我国核安全工作回顾与展望》《推动落实碳达峰目标、碳中和愿景，统筹核能发展和安全》《新阶段涉核社会风险防范与化解的挑战与建议》等专题研究。支持国家高端智库“全球核安全治理规则博弈”课题研究。扎实推进治理体系、治理能力现代化，紧盯法治建设及生态环境重大事件，深入开展行政许可事项清单、权责清单、福岛核污染水排放等专题研究。坚持底线思维，深刻认识核安全风险防范的紧迫性，密切关注国际监管经验，开展跟踪研究。

（二）核安全规划

生态环境部（国家核安全局）编制完成《“十四五”核安全与放射性污染防治规划》和《<核安全与放射性污染防治“十三五”规划及 2025 年远景目标>中“十三五”目标任务终期评估情况的报告》，并通过部常务会审议。

（三）法规标准制修订

制定发布《民用核设施操作人员资格管理规定》，修订发布《放射性同位素与射线装置安全许可管理办法》《放射性物品运输安全许可管理办法》等部门规章；推动《电离辐射监测质量保证通用要求》等国家标准和环境标准制修订；有序开展《核动力厂设计安全规定》配套导则及铀矿、伴生放射性矿、放射性废物、放射性物品运输等各领域导则的制修订工作。《核设施流出物和环境放射性监测质量保证计划的一般要求》（GB 11216—1989）《核动力厂燃料装卸和贮存系统设计》（HAD 102/15—2007）废止，《环境空气中氡的标准测量方法》（GB/T 14582—1993）在相应的国家放射性污染防治标准实施中停止执行。

全年正式发布26项法规标准文件，其中部门规章3项、核安全导则11项，国家标准2项、环境标准10项。国家核安全专家委员会共审议法规标准项目38项次，其中部门规章2项次、核安全导则15项次、标准19项次，技术文件2项次。

（四）全国核安全标准化技术委员会筹建

2021年全国核安全标准化技术委员会成立。生态环境部（国家核安全局）指导编定《全国核安全标准化技术委员会章程》和《全国核安全标准化技术委员会秘书处工作细则》并审议通过。推动核安全标准立项工作。

三、核材料管制

生态环境部（国家核安全局）推进核材料许可证核准"放管服"改革，实施并联受理、审查核材料许可证核准申请文件，审查时限压缩30天。对中国科学院上海应用物理研究所和中核高能（天津）装备有限公司的核材料许可证进行技术审核和现场检查，完成核准程序。

四、民用核安全设备监管

（一）行政许可

2021年，生态环境部（国家核安全局）全年受理并立项审查的民用核安全设备许可证申请单位共157家；批准139家单位的许可证申请，其中新取证单位8家，延续许可证单位46家，变更许可证单位85家。截至2021年年底，国内持有民用核安全设备设计、制造、安装和无损检验许可证的单位共计225家。

受理并立项审查的进口民用核安全设备注册登记申请单位共53家，批准36家。截至2021年年底，持有民用核安全设备设计、制造和无损检验注册登记确认书的境外单位共计192家。

（二）进口设备安全检验

依法开展进口民用核安全设备的安全检验工作，进一步规范和优化安全检验工作流程。安检申报单位共提交安全检验申报材料（含口岸和开箱文件）304批次，其中机械设备130批次，电气设备150批次，机电联合24批次。审查放行249批次，退回55批次，参加开箱见证38批次。

（三）监督检查

依据监督检查大纲和工作计划，华北核与辐射安全监督站对国内单位实施30次综合性检查和22次专项检查，共发现问题354个，提出整改要求366条。对监督检查中发现的问题及时提出整改要求，组织专家对影响核安全的重大不符合项进行审评和专项检查。2021年度民用核安全设备设计、制造、安装和无损检验活动的质量基本处于受控状态。

五、辐射环境监测

生态环境部（国家核安全局）持续加强国家辐射环境监测网运行管理，指导各省（区、市）生态环境部门克服疫情影响，认真落实自动站运行管理办法，自动站实时监测数据获取率稳定在97%以上。加强海洋环境放射性监测，编制海洋环境放射性监测能力建设方案，统筹谋划海洋环境放射性监测能力建设。加强核设施监督性监测，完成徐大堡、漳州等核电厂监督性监测系统选址及建设方案审查和批复。加强辐射环境监测质量管理，组织质量考核不合格单位进行原因自查和整改纠正，组织辐射环境监测技术中心进行技术审核和培训补考，并深入监测一线，对相关单位监测技术人员进行一对一技术帮扶，有效提升辐射环境监测人员业务能力水平。加快辐射环境监测标准制修订，发布《电离辐射监测质量保证通用要求》等4项标准，组织研究编制空气中氪-85和液态流出物总β监测方法标准。

（一）电离辐射环境监测

2021年，全国环境电离辐射水平处于本底涨落范围内。γ辐射空气吸收剂量率和累积剂量处于当地天然本底涨落范围内。空气中天然放射性核素活度浓度处于本底水平，人工放射性核素活度浓度未见异常。长江、黄河、珠江、松花江、淮河、海河、辽河七大流域和浙闽片河流、西北诸河、西南诸河及重要湖泊（水库）中天然放射性核素活度浓度处于本底水平，人工放射性核素活度浓度未见异常。城市集中式饮用水水源地水及地下饮用水中总α、总β活度浓度低于《生活饮用水卫生标准》（GB 5749—2006）规定的指导值。近岸海域海水和海洋生物中天然放射性核素活度浓度处于本底水平，人工放射性核素活度浓度未见异常，其中海水中人工放射性核素活度浓度远低于《海水水质标准》（GB 3097—1997）规定的限值。土壤中天然放射性核素活度浓度处于本底水平，人工放射性核素活度浓度未见异常。

（二）核设施周围环境电离辐射

运行核电基地、民用研究堆、核燃料循环设施、放射性废物处置设施周围环境γ辐射空气吸收剂量率，空气、水、土壤、生物等环境介质中与设施活动相关的放射性核素活度浓度总体处于历年涨落范围内。评估结果显示，上述核设施运行对公众造成的辐射剂量均远低于国家规定的剂量限值，未对环境安全和公众健康造成影响。

（三）铀矿冶设施周围环境电离辐射

铀矿冶设施周围环境γ辐射空气吸收剂量率，空气、水和土壤中与设施活动相关的放射性核素活度浓度总体处于历年涨落范围内。

（四）电磁辐射

2021年，31个省（区、市）环境电磁辐射国控监测点的电磁辐射水平，监测的广播电视发射设施、输变电设施、移动通信基站周围电磁环境敏感目标处的电磁辐射水平总体低于《电磁环境控制限值》（GB 8702—2014）规定的公众曝露控制限值。

六、人员资质管理

2021年，发布实施部门规章《民用核设施操作人员资格管理规定》，印发配套文件《关于民用核设施操作人员资格管理有关事项的通知》《研究堆操纵人员执照考核要求（试行）》《核燃料后处理生产设施操纵人员执照考核要求（试行）》，确保法规平稳有序实施。深化特种工艺人员资格管理，推动考核资源建设，促进考核内涵提升，强化对企服务，确保应考尽考。优化注册核安全工程师资格管理，配合人社部提出有关建议。深入开展业务培训工作，发布《国家核安全局2021年度业务培训计划》。推动核与辐射安全监管人员行政执法证件规范管理，编制《核与辐射安全监管人员行政执法教学大纲及考试题库》。

（一）民用核设施操作人员资质管理

2021年，共组织召开3次民用核设施核反应堆操纵人员资格核准委员会会议，颁发3批民用核设施操纵人员执照，共计1286人，其中核动力厂操纵人员1114人，民用研究堆操纵人员119人，后处理生产设施操纵人员53人。

截至2021年12月，共计2784人持有核动力厂操纵人员执照，其中1680人持有高级操纵员执照，1104人持有操纵员执照；共计273人持有研究堆操纵人员执照，其中135人持有高级操纵员执照，138人持有操纵员执照；共计53人持有后处理生产设施操纵人员执照，其中9人持有高级操纵员执照，44人持有操纵员执照。

（二）民用核安全设备无损检验人员资质管理

2021年，发布4批民用核安全设备无损检验人员考试计划，组织全国5家无损检验人员考核单位举行23场无损检验人员资格考试，颁发8批民用核安全设备无损检验人员资格证书，共批准1911人、2198项。

截至2021年12月，共计6456人持有15 390张民用核安全设备无损检验资格证书，其中高级（Ⅲ级）证书896张，中级（Ⅱ级）证书11 477张,初级（Ⅰ级）证书3017张。

（三）民用核安全设备焊接人员资质管理

2021年，发布4批民用核安全设备焊接人员考试计划，组织全国13家民用核安全设备焊接人员考核单位举行37场焊接人员资格考试，颁发8批民用核安全设备焊接人员资格证书，共批准1621人，1912项。

截至2021年12月，共计4487人持有10 804张民用核安全设备焊工焊接操作工资格证书，2341人持有2959张民用核安全设备焊接人员资格证书。

（四）注册核安全工程师资质管理

受疫情影响，取消举行2021年注册核安全工程师执业资格全国统一考试。全年共完成4批次注册核安全工程师注册登记，批准411人的注册申请，其中注册286人，延续注册71人，注册单位变更54人。

截至2021年12月，全国共计4640人获得注册核安全工程师执业资格证书，2140名注册核安全工程师在249家单位执业。

（五）核与辐射安全监督检查人员培训

生态环境部（国家核安全局）统筹疫情防控和业务需求，编制发布《国家核安全局2021年度业务培训计划》，共完成业务培训22期，包括9期线上培训，13期线下培训。参训学员共计1842人次，收录培训影音资料共计118个科目，编制培训总结（含意见反馈）18份。

核与辐射事故应急

一、国家核应急活动

1月21日，国家核应急办印发《关于做好2021年节假日和重大活动期间核应急工作的通知》，对全系统2021年节假日和重大活动期间核应急值班备勤工作进行重点部署。通知要求，各级核应急组织要高度重视核应急值班备勤工作，扎实做好节假日和重大活动期间各项核应急准备，围绕核应急预案总体要求，落实好应急处置方案，做好队伍、装备、物资等各方面的力量部署。同时，切实加强重点时期核应急风险管控，提高汛期、台风季等重点时期风险预判能力，加强涉核隐患排查，加大自查检查力度，确保安全稳定。

3月3日，经国家核事故应急协调委领导同意，国家核事故应急办公室印发《2021年国家核应急工作要点》。《要点》按照“以习近平新时代中国特色社会主义思想为指导，深入贯彻党的十九大和十九届二中、三中、四中、五中全会精神，坚持总体国家安全观、中国核安全观，坚持国家核应急方针政策，以发布实施《“十四五”国家核应急工作规划》为主线，进一步完善工作机制，健全法规标准体系，提升技术支持水平，增强救援响应能力，稳妥应对各类涉核突发事件，推进国家核应急管理体系和能力现代化，为庆祝中国共产党建党100周年、确保核事业安全持续健康发展提供坚强保障”的国家核应急工作总体思路，从十个方面对本年度核应急工作进行重点部署，主要包括：完善核应急工作机制、推进核应急法规标准建设、加强核应急预案体系建设、推进核应急能力建设、加快核应急科研及应用、完善核应急物资保障体系、加强核应急演习演练和培训工作、做好核应急公众宣传及舆情引导、拓展核应急领域国际及地区合作与交流、强化各级核应急值班和涉核突发事件应对准备。

3月16日，经国家核事故应急协调委领导同意，国家核应急办印发《2021年核应急演习计划》《2021年核应急培训计划》，对全年演习和培训工作进行重点部署。2021年计划实施全国各级核应急演习56次，培训43期。其中，国家核应急办组织的演习4次，包括“神盾–2021”国家核应急联合演习、核应急三级公约演习、国家级核应急救援队伍演习以及国家核应急通讯演习；培训2期，包括第十期全国核应急管理干部培训班和第二期国家级核应急救援力量培训班。

3月25日，国家核应急办在北京组织召开“十四五”国家核应急工作规划专家论证会，国家核应急办有关领导出席。

会议邀请来自国家核事故应急协调委专家委专家对规划进行论证。会上，专家组听取国家核应急办关于规划的编制说明，审议规划文本。专家组认为，规划充分考虑国内外核应急发展趋势和我国发展条件，从全局出发，对“十四五”时期国家核应急领域发展作出系统谋划和部署，符合国家十四五规划纲要发展战略，对统筹全国各级核应急组织开展核应急工作具有指导性意义。

为深入贯彻落实习近平总书记关于应急工作的重要指示精神，5 月 31 日上午，国家核应急协调委七届一次全体会议暨“神盾 –2021”国家核应急联合演习在京举行。国家核应急协调委副主任委员、国家国防科技工业局局长张克俭主持会议并担任演习副总指挥，同时传达习近平总书记及党中央、国务院对应急工作的重要批示指示要求及国务院成立新一届国家核事故应急协调委员会文件；国家核应急协调委委员、国家核应急办主任、国家国防科技工业局副局长张建华作工作报告。国家核应急协调委成员单位相关领导同志出席会议并参加演习。此次会议审议通过《“十四五”国家核应急工作规划》，并明确了下一阶段国家核应急工作的主要任务。

会议期间组织开展“神盾 –2021”国家核应急联合演习，结合广西防城港核电厂 3 号机组首次装料前场内外联合演习组织实施。演习依据《国家核应急预案》，全面启动国家级、省级、核设施营运单位三级联动，军地协同，采取时空压缩、异地同步的方式展开，演习拉动了中国核应急救援队、6 支国家核应急救援力量以及部队相关救援力量，约 2000 余人投入实战演练。中央国安办、中央军民融合办、司法部、涉核集团公司（院）相关领导同志等 90 余位代表出席会议。

5 月 8 日，第二届核应急管理国际论坛在上海国家会展中心成功举办。本届论坛以“核谐应急安全发展”为主题，举行核应急专家智库成立仪式，发布核应急科普行动计划，并为“推进核应急管理体系和能力现代化”主题征文活动的优秀作者颁奖。同时邀请应急管理部（国家减灾委）领导、中国科学院院士专家等进行 16 场主旨演讲，从中国应急管理体系建设、先进核能系统创新实践、新时代核应急发展以及核应急关键技术研发等方面进行交流研讨。国际原子能机构专家通过视频分享国际上核事故与应急管理系统应用的先进经验。来自国家核应急协调委成员单位、各省级核应急管理机构、涉核集团公司（院）及相关单位的 165 名代表参加，新华网云直播在线观看人数超过百万。

6 月 16 日下午，国家原子能机构副主任张建华带队赴甘肃调研中国核应急救援队核应急装备，检查相关建设成果，查看部分主要核应急装备功能展示。张建华指出，军队作风过硬、反应迅速，一直以来都是国家核应急救援的重要力量，中国核应急救援队更是承担极端复杂条件下核事故应急处置和突击抢险的骨干力量，是国家涉核安全领域的主力军和国家队。在现有成果的基础上，下一步的主要工作任务是研究如何管理好、训练好、使用好这支队伍，真正做到管用、实用，一旦发生事故能够拉得出、调得动、用得上。军队有关部门、中国核工业集团有限公司、中核四〇四有限公司等部门和单位代表参加。

10月20日，第二届中国（烟台）核应急高峰论坛在山东烟台成功举办。本届论坛以“核应急之核辐射防护研究探讨”为主题，聚焦核应急事业的创新发展，共同探讨当前核应急面临的新形势、新挑战。来自国家核应急办、中国工程院、国家核应急协调委专家委、国家核应急辐射监测技术支持中心分队、各省市核应急管理机构及涉核单位的专家代表等近百人参加。活动中，来自国家核应急办、国家核应急辐射监测技术支持中心分队、中国核应急救援队工程抢险分队等单位代表分别对“十四五”国家核应急工作规划、核应急监测技术、中国核应急救援队工程抢险分队基本情况进行介绍。交流讨论环节，与会专家和代表聚焦行业和公众关注的核能行业发展、核应急能力建设、核应急状态下公众沟通以及地方政府核应急常态化管理等问题进行详细解答和交流讨论。

11月，为进一步加强核电项目建设前期相关核应急管理工作，规范《核电厂址区域核应急方案》编制，经国家核应急办领导同意，《<核电厂厂址区域核应急方案>格式与内容规范（试行）》（以下简称《规范》）印发实施。按照《关于进一步加强核电工程项目建设前期核应急管理工作的通知》相关要求，《规范》重点对《核电厂址区域核应急方案》的编制格式与内容进行明确，具体包括：封面、引言、核电工程项目基本情况、厂址基本情况、对场外核应急响应的要求、厂址区域应急响应可行性分析、对做好场内场外应急工作接口的初步安排、附件等，为新建（扩建）核电工程项目有效实施核应急准备与响应工作论证提供指导。

11月15日，国家核应急办印发《核应急演习评估管理规范》（以下简称《规范》），对全国各级各类核应急演习评估工作进行规范。此《规范》明确演习评估的原则，对演习的评估准备、评估实施、评估总结等内容进行细化，提出包括基本要求、基础信息、评估组情况、日程安排、评估点设置、评估项目设置、评估准则、评估记录表、评估组意见表等9项内容的演习评估方案，对进一步规范演习评估工作、切实提高演习实效具有重要意义。

12月13至15日，第二期国家核应急救援力量培训班在山东青岛成功举办，来自相关主管部门和国家级核应急救援力量的管理人员和技术人员约80人参加培训。国家核应急办主任董保同出席结业式。此次培训由国家核应急办主办，以提升国家核应急救援力量整体水平为目标，采用专业授课、经验交流等方式，由来自国家核应急办、山东省核应急办、军队、中国工程物理研究院、中国核电有限公司等部门（单位）的专家，从国家核应急政策文件解读、救援行动需求分析、应急响应经验交流等方面开展针对性的培训。结业式上，来自国家核应急航空监测技术支持中心、国家核应急医学救援技术支持中心和中国核应急救援队的学员代表分享了此次培训的学习体会，董保同总结讲话。董保同在讲话中强调，深刻领会总书记关于应急管理和核工业发展的重要指示精神是做好核应急工作的根本遵循，全体核应急工作者要把握好核应急工作特点规律，不断提高核应急工作水平和效能。董保同对后续工作提出六点意见：一是充分挖掘技术优势，不断增强自身实力；二是有效提升工作方法，做到积极准备、主动参与、快速响应、高效联动；三是稳妥有序应对各类突发事件，落细落小各项工作环节；四是吸取历史重大核事故经验教训，重视核应急基础技术积累和数据库建设；五是加强队伍日常管理和能力评估；六是提升对军工核设施应急工作的认识，切实提高核应急准备和响应能力。

二、地方核应急活动

1月，为进一步深化核应急区域合作，规范公众沟通机制建设，共同提高涉核公众沟通水平，根据核应急合作协议的安排，福建、广东、广西、海南、浙江五省（区）核应急合作联席会议在福建省福州市召开。各省参会人员观摩福建省核应急新闻发布专项演练，并围绕核安全工作协调机制、“十四五”核应急能力建设、公众沟通等方面深入交流。会议审议通过《闽、粤、桂、琼、浙五省（区）核应急合作共识（六）——核安全公众沟通合作实施细则》，确定吸收江苏省核应急办为合作协议观察员，并决定下一年核应急合作联席会议由广东省核应急办承办。

江苏省正式发布《江苏省国民经济和社会发展第十四个五年规划和二〇三五年远景目标纲要》，规划纲要明确提出支持建设田湾核电应急救援基地。机组全部建成后，装机容量将达到900万千瓦，年发电量超过660亿千瓦时，这对江苏核应急工作提出了更高要求，田湾核电应急救援基地列入规划纲要具有前瞻性和重大现实意义。江苏省核应急办正会同省应急厅、省消防救援总队等单位，结合省消防核应急专业队建设，积极开展需求调研、装备论证等前期工作，积极推进项目落地，为江苏核应急工作提供强有力支撑。

3月10日，山东省核应急委在济南组织召开省核应急委员会第四次全体会议。会议总结省核应急委第三次全体会议以来全省核应急工作有关情况，分析当前核应急工作面临的形势，明确2021年核应急重点工作任务，并对“荣成 –2021”核应急联合演习工作进行部署。会议指出，做好核应急管理工作，要牢固树立以人民为中心的思想，把握关键环节，强化核应急“一案三制”建设；更多应用大数据、人工智能、5G等新一代信息技术，推动核应急科技创新；同时，开展常态化演习演练，推动我省核安全应急工作高质量发展。

4—5月，海南接连举办多项重大活动。为做好核应急工作，切实保障相关活动期间的核与辐射安全，营造安全、稳定、和谐的社会环境，海南省核应急办提前部署、积极防范，牵头组织开展核与辐射安全保障专项行动。一是组织召开省核应急委成员单位联络员会议，凝聚共识，强调核应急工作的重要性，探讨核应急能力提升工作方法；二是成立督导组，带队赴有关市县及核应急专业组牵头单位开展专项督查，检查确认各成员单位专项培训演练开展情况及应急设施设备状态，要求各市县认真排查核与辐射安全隐患并做好应对措施；三是协调省委宣传部、省卫健委等单位加强涉核舆情管控、辐射医疗救治、涉核材料运输监管，建立联动处置机制，发现问题第一时间响应；四是加强应急值守，优化应急指挥调度及通讯保障，确保启动报告渠道畅通。各项工作扎实有序开展并取得积极成效，全省核与辐射环境总体安全可控。

随着田湾核电站 7、8 号机组建设有序推进，江苏和山东两省核应急工作面临着新形势新挑战。为了建立健全两省核应急跨域合作机制，实现核应急资源兼容互补，共同提升核应急准备与响应能力，两省核应急主管部门加强沟通协调，就日照市岚山区处于田湾核电厂食入应急计划区的实际情况，日照市成立核应急工作专班，启动了核应急预案编制工作，加强与连云港市核应急工作沟通对接；两省围绕核应急交流、场外应急支援、核应急演习培训、公众沟通、舆情管控及指导地方核应急工作等建立合作机制，进一步推进核应急准备工作领域的深化合作，确保两省在核应急响应阶段实现资源共享、快速有序、高效顺畅。

5 月 19 日下午，田湾核电站 7 号机组核岛第一罐混凝土正式浇筑，标志着“一带一路”倡议中最大的中俄核能合作项目——田湾核电站 7、8 号机组正式开工建设。国家主席习近平在北京通过视频连线同俄罗斯总统普京共同见证两国核能合作项目田湾核电站和徐大堡核电站开工仪式并致辞。江苏省核应急办领导出席田湾核电站开工仪式并聆听习近平主席的重要讲话。活动结束后，江苏省核应急办第一时间召开专题会议，办领导全体参加，组织全员深入学习讲话内容，领会精神实质，研提落实举措。会议提出，江苏核应急管理工作将认真落实习近平讲话要求，以“安全第一”为指引，聚焦提升核应急管理体系和能力现代化，积极拓展核应急宣传平台，加大核应急宣传教育力度；加快推进田湾核电救援基地建设，切实为江苏省核电事业的健康高效发展保驾护航。

10 月 28 日，江苏省副省长储永宏听取省核应急工作汇报并提出要求。省核应急办主任戴跃强汇报了江苏省核应急工作情况、《省核应急预案》修订情况、省核应急委员会调整建议、省核应急委员会第十二次全体会议方案、国家核应急协调委七届一次全体会议情况以及近期重点工作安排。储永宏对省核应急和人防工作完成情况给予充分肯定，对下一步工作提出要求：一是抓紧准备，近期召开江苏省核应急委第十二次全会，学习贯彻中央领导重要讲话和国家会议精神，完成省核应急委组成人员调整、审议《江苏省“十四五”核应急规划》；二是抓紧做好《省核应急预案》报请省政府批准印发的相关工作，抓好预案的宣贯落实；三是全力落实核应急各项准备工作，切实提升核应急响应能力，确保我省核能建设安全；四是对照年度目标，确保高质量完成人防各项工作任务，并认真筹划好明年工作。

江苏省核应急委员会第十二次全体会议于11月19日在南京召开。省核应急委员会主任、副省长储永宏作重要讲话。江苏核电公司、连云港市政府、省消防救援总队、省应急管理厅和省生态环境厅等成员单位及特邀代表共90余人参会。会议传达学习习近平总书记在中俄核能合作项目开工仪式上的重要讲话和国家核应急协调委会议精神，听取省核应急委员会工作报告。会议指出，待7、8号机组建成投产后，田湾核电站将成为全球最大的核电生产基地，核应急准备工作任重道远，要以更高的标准要求进一步健全预案体系、完善信息报告和处置机制、提升应急救援能力、加大宣传引导、强化科技支撑和加强物资保障，切实为江苏核电事业健康高效发展保驾护航。会议审议通过《江苏省核应急“十四五”工作规划》。

11月，江苏省政府办公厅印发实施《江苏省核应急预案》，原2015年版预案同时废止。2018年以来，江苏省核应急办针对田湾核电站应急计划区调整、政府机构改革及军队体制编制调整改革、《国家核应急预案》修订以及国家评估团对田湾核电站5号机组装料场内外核事故应急联合演习的评估意见等实际情况，组织修订《江苏省核应急预案》，调整了省核应急委员会成员单位，进一步明确各成员单位职责任务，完善核应急响应程序，提升了预案可操作性。

三、核设施应急准备工作监督管理

2021年，生态环境部（国家核安全局）地区监督站完成对大亚湾、红沿河、防城港、田湾等10个核设施营运单位场内综合应急演习监督评估。针对专项检查和监督评估中发现的问题，提出核安全管理要求。

四、场内应急预案批复

生态环境部（国家核安全局）完成阳江核电厂、红沿河核电厂、宁德核电厂、大亚湾核电站、中国原子能科学研究院民用核设施、石岛湾核电厂高温气冷堆核电站示范工程等6个场内核事故应急预案复审及批复。

五、能力建设

2月22日，山东省核应急办组织召开《山东荣成石岛湾核电厂高温气冷堆首次装料前场内外核事故应急联合演习方案》专家评审会，来自国家核应急协调委专家咨询委员会、解放军防化学院、省级核应急组织、核设施营运单位的8位专家参加评审。会议听取了演习方案编制情况的介绍，与会专家结合实际情况进行提问，并发表了意见和建议。专家们一致认为，演习方案编制依据充分，演习目的明确、要素全面，情景设计和响应行动安排合理，方案总体可行，符合国家核应急法规标准及相关预案要求。并建议演习方案修改完善后上报国家核应急办。

为持续提升核应急能力，福建省核应急办贯彻落实《“十四五”国家核应急工作规划》制定本省工作举措，并纳入省政府办公厅印发的《福建省“十四五”生态环境保护专项规划》。具体内容包括以下四个方面：一是健全全方位协调联动机制。高效运行核安全工作协调机制，推动涉核地市核安全工作协调机制建设。修订《福建省核应急预案》及各核电厂场外核应急预案，强化地市核应急职责主体地位，进一步完善地方核应急体系。二是提升全要素应急保障能力。升级改造省核应急指挥中心，建设移动指挥方舱。建设三个区域专用物资储备库，推动霞浦、云霄核应急前沿指挥所、现场指挥所、去污洗消场等设施建设。统筹场内外力量，试点建设核应急救援辐射监测现场技术支持分队。三是保持全天候快速响应水平。常态化组织核与辐射演练培训，落实每个核电厂址每5年组织1次实战性核应急演习的要求，组织实施霞浦核电、漳州核电首次装料前场内场外核应急联合演习。四是构建全民化公众沟通体系。完善核安全公众宣传平台，推动核与辐射知识融入地方科普展馆，实现核安全科普常态化和重点人群全覆盖。推进维护核安全全民行动。完善涉核社会风险预警和舆情管控机制。

六、统筹指导省级生态环境部门辐射事故应急演练

生态环境部（国家核安全局）地区监督站督导贵州、吉林、河南、湖北、青海等省（区）生态环境部门牵头实施辐射事故综合应急演习。通过演习增进地方政府对辐射事故应急工作的重视，落实地方政府辐射事故应急主体责任，锻炼人员队伍，检验应急预案和设施设备，提高应急响应与处置能力，进一步推动强化辐射安全监管工作。

七、加强核与辐射事故应急准备

举办生态环境部（国家核安全局）核与辐射事故应急培训班，组织生态环境部系统分别与海南昌江核电厂场内外核事故应急演习、青海省开展辐射事故应急演习开展联动演习。东北核与辐射安全监督站组织落实《东北边境地区核与辐射环境安全风险长期应对工作方案》。组织修订边境地区环境辐射常态和应急监测实施方案。落实24小时应急值班制度，组织做好重大活动和节假日期间核与辐射应急值守。加强核与辐射应急指挥调度平台运维管理，每月开展应急通讯单项演习，确保应急响应能力有效维持。

八、培训宣传与公众沟通

3月10日，海南省核应急办组织全省核应急委成员单位联络员在海口市召

开会议，省核应急委38家成员单位联络员及相关保障人员参加会议。会议总结2020年核应急工作总体情况，提出2021年重点工作计划。

4月15日，第四届（2021年）核能公众沟通交流大会暨2021年“4·15全民国家安全教育日”核安全宣传主题活动在北京举办。国家原子能机构核应急安全司负责同志出席开幕式并致辞。负责人表示，国家原子能机构一直高度重视核领域公众沟通和科普宣传工作，在组织开展核能与核技术科普宣传，指导地方及相关企业开展重大涉核项目公众沟通，依法及时公开相关信息，建立健全公众参与机制等方面，开展了一系列工作。并于2020年成立国家原子能机构涉核新闻宣传领导小组，组织开展“走进北山”“中国人造太阳”“一堆一器”“公众开放日”等系列活动。同时分享了国家原子能机构对核能公众沟通工作的几点思考和建议：一是深刻认识核能公众沟通面临的新形势新挑战；二是准确把握核能公众沟通工作的长期性艰巨性；三是共同构建新时期核能公众沟通工作的新格局。

4月22日，结合《吉林省核应急预案》修订，吉林省核应急办在长春市举办省级核应急专题培训班，全省核应急委成员单位联络员和各级核应急办工作人员共60余人参加。培训邀请来自吉林工程学院应急管理学院、吉林省应急管理厅等相关单位的专家，讲授我国应急管理基本情况、应急预案编制的依据和要求、应急预案演练和突发事件案例等内容。

4月14日下午，山东省海阳市核应急办联合多部门，共同举办核能公众沟通和综合宣传活动，紧贴人民对“更有保障的安全感”需求，开展核安全普法教育。在距核电厂最近一处监测子站外，工作人员向百余人群众代表现场讲解核电厂运行和核辐射监测工作常识，操作演示设备、介绍核能科普宣传展板等，生动普及了核安全、核应急相关知识。

4月15日上午，海阳市举行“4·15全民国家安全教育日”主题宣传活动，市核应急办通过现场设置核能科普宣传展板和发放宣传折页，广泛开展核能科普宣传教育，引导公众科学认识核安全。

5月12日是我国第13个防灾减灾日，5月8日至14日为防灾减灾宣传周。福建省核应急办结合实际，精心组织开展核应急系列主题活动。

6月11日上午，第六届高校学生课外“核+X”创意大赛在山西太原正式启动。国家原子能机构、国家核安全局、国家能源局等单位领导，以及近30所高校代表、6家社团代表出席、参加了启动会。

6月5日，福建省核应急办在福建师范大学举办全省广电网络核安全电视宣传专区（以下简称专区）上线仪式。专区由福建省核应急办牵头，省内各核电厂共同参与，依托福建广电网络高清互动云平台建设，是全国首个覆盖全省域的核安全电视宣传平台。专区充分借助福建广电网络舆论主阵地的权威性及公信力，通过全省一体部署，政企协同发力，打造“统筹资源、统一平台、全省覆盖、全年宣传”的核安全宣传新窗口。专区内开设“生态环保”“核你探秘”“核谐发展”以及“核乐不为”等专栏，囊括了核电发展热点、核安全宣传以及核应急科普知识等内容，让全省观众能够随时了解核电、核安全最新动态，掌握核应急与辐射防护基本技能，促进公众核安全认知水平提升，助力核能事业健康安全可持续发展。截至9月底，专区在线节目131条，合计58.3小时，总点播次数72万次，户均（终端）点播次数4.07次，累计点播22万余分钟，初步实现了核安全科普宣传的统筹资源、统一平台、全省覆盖、全年宣传的预期目的。

9月13日至16日，国家核应急办在广西南宁举办第十期全国核应急管理干部培训班。此次培训以“十四五”国家核应急工作规划宣贯为重点，围绕应急管理体系能力现代化、涉核舆情应对、核应急技术发展态势等内容展开。国家核应急办主任、国防科工局副局长张建华出席开班式并讲话。张建华指出，做好核应急工作，提高政治敏锐性是第一位的，我们要深刻领会党中央关于应急工作的重要指示精神，在充分肯定取得成绩的同时，全面分析短板和不足，以《“十四五”国家核应急工作规划》为抓手，系统提升核应急准备与响应水平。国家核事故应急协调委员会成员单位、省级核应急组织、涉核集团公司（院）、核设施营运单位70余位代表参加。

9月27日，北京市核应急办在清华大学核能与新能源技术研究院昌平基地组织开展了2021年度核应急公众宣传及培训活动，来自市核应急委成员单位、市核应急专业应急救援队、清华大学核能与新能源技术研究院以及清华大学昌平科研基地的代表参加。活动现场，主办方以问卷调查、专家讲座、现场参观等方式开展公众宣传，并围绕舆情研判、媒体沟通以及核事故风险评估等内容组织市核应急委各成员单位、专业应急救援队进行了核应急专业培训。

10月22日，由中国辐射防护学会发起，中国核工业集团有限公司主办，西南科技大学、中国辐射防护研究院承办的第六届高校学生课外“核+X”创意大赛总决赛暨对话交流活动，在西南科技大学顺利举行。

辽宁是核电产业装备重要基地，有红沿河、徐大堡两座核电厂。为弘扬科学精神，普及核能核应急知识，提升公众对核应急工作的科学理性认知，10月，辽宁省核应急办在省核应急指挥中心组织开展了以“核谐发展、安全你我”为主题的全国科普日辽宁省核应急科普宣传活动。邀请省直机关、北部战区某师、企业家代表等共40人参加。活动首先邀请核应急专家介绍了全国核工业发展现状和辽宁省核事故应急工作情况，播放了核能知识宣传科普短片和“红核-2020”辽宁省核事故应急联合演习总结片，最后组织开展了现场有奖答题和试穿防护服等互动活动。

为提升核应急联络员业务能力，10月，海南省核应急办在昌江县举办核应急委联络员培训班，儋州市政府、昌江县政府、省委宣传部和省应急管理厅等19个成员单位的核应急联络员参加培训。此次培训以普及核应急法律法规，讲解核应急基本知识为重点，安排了桌面演习推演等实践环节，邀请来自福建省、内蒙古自治区 3 名专家参与培训过程中的桌面推演并点评，极大丰富了培训内容，创新了形式，大家在交流中相互学习，扩宽视野，培训效果显著。

12 月 4 日，海南省核应急办主办了海南省青少年核安全知识竞答赛活动。本次竞赛活动以“携手核安全共创海南自贸港和谐家园”为主题，竞赛试题涵盖核安全理论知识、核应急、核科普等内容，共设置个人必答、快速抢答、风险挑战三个环节。来自海南大学、海南师范大学、海口经济学院、琼台师范学院 4 所高校的 8 支队伍经过层层选拔进入了总决赛，最终海南大学的参赛队摘得桂冠。

九、演习

1 月 21 日，三门核电新冠肺炎疫情防控工作领导小组组织开展了疫情防控沙盘推演。本次推演模拟“某当班运行值一位在岗操纵员核酸检测结果阳性”，结合地方政府、上级单位和公司的疫情防控政策，在每一个关键节点，对密接人员管控、人员防护等响应情况进行了全面推演。推演结束后，对推演中暴露的问题进行复盘讨论，并提出整改意见。本次推演全面检验了三门核电疫情防控组织体系、预案文件及各项管控措施的充分性和有效性，锻炼了三门核电疫情防控组织的应急响应能力，达到了识别潜在风险、发现薄弱环节的预定目标，为后续核应急处突能力建设和疫情防控工作的完善提供了经验，助力实现安全生产和疫情防控“两手抓、两不误”。

2 月 4 日，辽宁红沿河核电厂 5 号机组首次装料前场内综合应急演习顺利举行。本次演习情景由评估组在演习开始前一天从情景库中随机抽取确定，演习模拟了 5 号机组发生冷源丧失、山林火灾、场外电源丧失、应急柴油机故障、一回路破口、舆情危机等事故，核设施应急状态由应急待命逐步发展至场区应急，全程持续约 4.5 小时。演习过程中，场内应急组织全面响应并有效处置，中广核集团部分应急值班岗位、驻场武警、安保、消防等应急力量联动响应，部分非应急人员进行真实集合清点与撤离，对公司应急体系运作和人员能力进行了全方位的演练与检验。

3 月 31 日，山东省核应急委员会组织开展了山东荣成核电厂高温气冷堆首次装料前场内外核事故应急联合演习。山东省核应急委、北部战区、荣成核电厂、国家核应急救援分队等 1000 余人联合参演。演习以黄海海域发生有感地震为触发条件，荣成核电厂高温气冷堆根据应急行动水平依次进入应急待命、厂房应急、场区应急、场外应急状态。山东省核应急委接到事故报告后，按照“时空压缩、异地同步、实战实兵”的方式，先后启动响应程序，启用各级核应急指挥中心，组织省、荣成市、核电厂核应急组织，全过程演练核应急Ⅳ级、Ⅲ级、Ⅱ级、Ⅰ级响应以及应急终止的组织指挥、联动协调等应急响应行动。同时，演习同步异地拉动国家核应急救援辐射监测现场技术支持分队等国家级救援力量针对性开展救援行动。最终，事故得到有效处置，演习顺利结束，演习总时长约 175 分钟。国家核事故应急办公室组织国家评估团分成四组对此次演习进行了全面评估。评估团认为本次演习指导思想明确，联动效果较好，达到了演习的预设目标，同时提出了后续改进建议。

5 月 31 日上午，“红沙 –2021”广西核应急联合演习成功举行。本次演习由广西核应急委员会主办，自治区副主席现场指挥，自治区核应急委 41 个成员单位、11 个专业组、专家咨询组、防城港市和钦州市各行动组及核电厂周边群众共 1600 多人参演，动用大型车辆、船舶、仪器装备等 260 多台套。国家核应急救援力量、南部战区相关部队、广东省和海南省核应急力量也以各种方式参加演习。国家核应急协调委组织国家评估团对演习开展了全过程、全要素评估。广西壮族自治区将核电发展作为贯彻新发展理念，落实碳达峰、碳中和的重要举措，高度重视核应急演习筹备工作。此次演习的成功举行为防城港核电厂二期工程 3、4 号机组顺利投产发电奠定坚实基础，进一步增强了人民群众对于核电项目的安全感，为后续广西其他核电项目建设营造了良好的舆论氛围。

6 月 17 日，海南核电组织实施了“海核 -2021”场内综合应急演习。本次演习全程无脚本，采用临时抽取演习场景的模式，由模拟机触发事故情景，应急响应人员根据情景自主开展响应行动。情景中叠加了多个事故状况，并根据事故进程，现场穿插了消防、应急抢修、辐射监测、应急移动监测、交通管制、舆情应对、人员撤离等支线情景，涉及演习项目共 23 项，持续时间约 6 小时，参演人数 312 人。此次演习较以往有多处创新和提升，并在演习过程中得到充分验证，为后续应急能力提升提供了良好借鉴。

6 月 24 日，红沿河核电厂开展了 2021 年度场内综合应急演习。本次演习情景设计、导控均由东北监督站主导安排，参演人员无预设脚本、无事先准备。演习以 5 号机组一回路破口事故为情景，在场外山火、失去场外电源的背景下，叠加了应急指挥与行动中心不可用、主控室不可用、直流电源故障、冷源危机、新闻发布、人员搜救、集团支援等多个场景。演习过程中，场内应急组织全面启动和响应，对事故进行了有效处置，演习全程持续近 10 个小时。评估组认为红沿河核电厂应急组织运作有效，应急文件体系健全，应急设施设备完备可用，满足应急响应相关要求。

6 月，中国工程物理研究院顺利组织实施“核盾 –2021”核应急演习。本次演习以中物院某所某工号发生设计基准事故为情景，根据事故发展院所依次启动Ⅳ级响应、Ⅲ级响应、Ⅱ级响应，在院核应急指挥部的指挥调动下，演习按照事故发生与紧急处置、厂房应急启动、厂房应急行动（所内救援）、场区应急启动、场区应急行动（院内救援）、应急终止 6 个阶段有序进行，重点演练了医疗防护、辐射监测、去污洗消、交通管制、通信保障等响应支援行动。通过所级响应及院级支援，事故得到有效控制，应急响应终止，演习顺利结束，全程持续近 3 小时。院核应急办组织院级评估团从指挥决策、环境监测、去污洗消及医疗救治等多流程各方面对演习进行了全面自评估。评估团认为本次演习实现了检验预案、磨合机制、提升能力的目的，同时提出了改进建议，为后续院所核应急预案及执行程序的修订完善提供了重要依据。

7 月 22 日，大亚湾核电运营管理有限责任公司组织实施了 2021 年度大亚湾公司场内综合应急演习。国家核安全局、广东省核应急办及华南核与辐射安全监督站等单位参加了本次演习。此次演习参演人员 200 余人，动用环境监测车、救护车等车辆装备 10 余辆。为增强演习的实战性，本次演习情景除涵盖常规的机组运行控制、设备抢修、伤员救治、辐射监测等常规动作外，还包含了福岛改进移动设备接入、集团支援、反恐处突等突发事件响应。演习过程中，全体应急人员在事故情景引导下自主开展响应。应急指挥部通过视频会议及时通报事故情况，研判机组状态，开展事故缓解和人员防护相关决策会商，通过应急指挥系统下达和跟踪重要应急响应进展情况。电厂正在研发的电子化事故规程（ISOP），也首次在应急指挥部进行了应用，通过 ISOP 总览图实现了对主控事故规程执行情况的全局掌握。演习检查组对本次演习进行了全过程监督检查，大亚湾公司已安排制定了改进措施，加强应急管理，持续提升场内应急响应能力。

7 月，福建福清核电有限公司组织开展 2021 年场内综合应急演习。生态环境部华东核与辐射安全监督站对演习进行了全过程监督。演习以 5 号机组为模拟事故机组，情景设计从福清核电现有情景库中随机抽取，采用多重突发事件叠加，演练了一回路破口、厂外交流电源失去、人员失踪搜救、严重事故管理等事故响应。在演习过程中，随机穿插了整栋楼非应急人员撤离叠加人员受伤、舆情响应、堆芯损伤评价软件不可用、环境监测子站故障、人员交接班、二回路应急补水等情景。演习持续近 6.5 个小时，约 750 人参加。演习验证了福清核电应急组织、文件、应急设施设备及物资的有效性和可用性，全面检验了应急响应能力。

9 月 16 日，国家原子能机构在广东阳江核电站成功举办“风暴 –2021”核安保综合演练，旨在检验我国核设施应对网络安全突发事件的能力和水平。国家原子能机构副主任张建华赴现场指导。“风暴 -2021”以网络安全为主要元素，立足实战条件下的攻防测试。与以往“风暴”系列演练相比，本次演练活动首次开展了以网络安全为主要元素的综合演练；首次揭示了核设施面临的网络安全风险及其可能的后果；首次与场内核应急相联动，既保证了演练效果，也兼顾了核电厂安全稳定运行的要求。演练活动有效检验了涉核单位在遭受网络攻击情况下，核安保与核应急力量统筹协调、响应处置能力，对切实提升我国核安保核应急实战能力具有重要意义。国家和军队有关部门、地方政府，涉核集团公司、中国工程物理研究院及有关高校派人观摩了此次演练。

9 月 29 日，海南省核应急委员会组织开展“海核 -2021”海南昌江核电厂场内外应急联合演习。演习分 5 个应急阶段展开行动，总时长 3 小时。事故情景模拟昌江核电厂 1 号机组主变 C 相在带额定功率运行时突然发生故障起火，电厂所有场外交流电源丧失。演习中开启 7 个专业组指挥室，启用省核应急指挥车靠前指挥，申请国家核应急协调委协调生态环境部提供空中辐射监测支援，申请部队提供海上辐射监测和去污洗消支援，与核应急合作省份开展了应急响应行动。演习充分利用网站、新媒体、短信、新闻发布会等宣传方式，及时将事故有关情况向社会公布，为事故的处置营造良好舆论环境。并结合海南自由贸易港建设，模拟对来琼经商、旅游人员进行心理疏导，开展离岛保障等工作。海南省核应急委组织省内自评估团认为演习强化了省、市县、核设施营运单位之间、不同部门之间的联动和协作，检验了各级核应急预案的可行性、有效性和完备性，锻炼了核应急队伍。国家核应急办、生态环境部、海南省核应急委、南部战区、昌江核电厂等单位 1000 余人参与演习。国家核应急办有关领导、南部战区有关领导现场指导，部分兄弟省份核应急办有关领导也莅临观摩指导。

9 月 15 日，江苏核电举行 2021 年场内综合应急演习，共 420 余人参加。生态环境部华北核与辐射安全监督站组成评估组对演习全过程进行了实地检查和监督评估。江苏省核应急办、中核集团及所属成员有关同志观摩了本次演习。演习以模拟 3 号机组蒸汽发生器传热管破裂和冷源事故为主线，叠加旋转滤网故障、发电机氢气泄漏等事故场景，并随机插入危化品库火灾等情节，同时与世界核电运营者协会（WANO）莫斯科中心区域应急中心进行了联动。演习过程中还使用了电站应急指挥系统智能报表等新技术。此次演习特点鲜明，目的明确，准备充分，内容丰富，达到了演习目的。

根据核安全法规和秦山核电场内应急预案的要求，秦山核电于 10 月 13 日举行了 2021 年度场内综合应急演习。此次应急演习历时近 8 小时，共 1200 余人参演，检验了秦山核电场内应急预案和执行程序的有效性。演习模拟了秦山第三核电厂 2 号机组发生主系统压力管泄漏、两台备用柴油机（SDG）失效、主系统发生泄露（LOCA）且应急堆芯冷却系统（ECC）失效、入口集管过冷度低等场景，由应急待命逐级进入场外应急状态。演习事故序列在模拟机上展开，在事故情景引导下，各级应急人员自主响应，重点检验了事故诊断与处理、应急状态的判断、应急通知与启动、移动电源车接入、人员清点撤离与搜救等应急响应行动，同时验证了与场外应急管理部门、上级部门的接口。华东核与辐射安全监督站对本次演习进行了全程监督评估，要求秦山核电在已有成果的基础上，继续优化应急支持系统和部分应急流程，进一步全面提升秦山核电应急管理水平和应急响应能力。

11 月 10 日上午，福建省成功举行宁德核电厂核应急场内外联合演习。演习由福建省核应急办、生态环境部华东核与辐射安全监督站指导，宁德市核应急委牵头组织，福鼎市政府、宁德核电厂具体实施，参演人员 600 余名，应急处置现场 17 处。华东核与辐射安全监督站、福建省核应急办分别对演习的场内外应急准备与响应工作进行了评估，广西、海南等省（区）观摩演习。本次演习积极探索演习方式方法创新。一是场内外实景实兵联动。演习进程按照核电厂机组模拟机的运算推进，场外指挥部应对流程、救援队伍、处置现场、应急装备与预案一致，切实做到真演真练。二是指挥系统立体仿真直观。福鼎市核应急电子沙盘指挥系统将应急人员、物资及核电厂周边基础数据统一建库，形成立体多维、3D 仿真电子沙盘。三是公众撤离真实自主有序。演习模拟组织核电厂周边村庄、工业园区、景区等代表性人群撤离，涉及烟羽应急计划区所有行政村，并开发公众撤离服务平台，公众私家车通过扫描“二维码”获得自行撤离指引。四是应急响应快速精准高效。演习应用通信行程大数据及时获取撤离区域人员数量和分布，投入应急广播系统提升公众沟通的覆盖面和效率，利用 GPS 电子手环掌握应急行动队伍动态等。

12 月 9 日，广东省举行了第十一次核事故应急演习暨大亚湾 / 岭澳核电厂场内外联合应急演习，广东省核应急委员会主任、副省长孙志洋任总指挥。广东省、深圳市、惠州市及核设施营运单位的核应急组织四地联动，军队及 3 支国家核应急救援队现场支援，参演人数 1950 人。此次演习以全场断电叠加海生物入侵影响冷源安全为背景，重点演练了组织指挥、会商研判、应急监测、辐射防护、医疗救护、隐蔽撤离、去污洗消、舆情管理、粤港粤澳信息通报等应急响应行动，针对性锻炼和检验了深圳市、惠州市核应急行动水平，达到了检验核应急准备工作及响应能力、锻炼队伍、促进联动的目的，进一步提高了各级组织对核应急工作的认识、明确了担负的职责、提升了核应急管理水平。演习在涉核舆情敏感、疫情防控形势严峻的双重压力下成功举行。为适应核应急实战化需求，充分发挥地市核应急主体责任，探索在省核应急协调委领导下的地市承担应急指挥任务的新指挥模式；安排了食入应急计划区食品和饮用水监测（包括供港食品的抽样检测）、海上撤离与洗消等演练科目，其中海上撤离演练为研究补充特殊情况下场内非应急人员的撤离安排做了有益尝试。演习由广东省核应急委员会严格按照国家评估标准和要求开展自评估。国家核应急办及部分省份观摩团对演习给予了高度肯定。

十、国际合作与动态

2021 年 2 月 9 日至 11 日，国际原子能机构事件与应急中心（IEC）以虚拟视频会议形式，组织召开了“核或辐射安全或安保相关紧急情况期间辐射评估和咨询的应急准备和响应事项培训班”。该培训的目的是为在核或辐射安全或安保相关紧急情况下建立国家辐射评估和咨询能力提供指导，分享在国际核应急响应与援助网络（RANET-EPR）辐射评估和建议中八个领域内建立、行使和登记的国家经验。会上，应国际原子能机构邀请，国家核应急办与会人员作主旨发言，介绍中国在国际核应急响应与援助网络中注册的领域和专家能力情况，以及近年来中国核应急能力建设取得的最新成果，表达了愿继续为该网络作出新贡献的意愿，受到国际原子能机构赞赏；中国辐射防护研究院专家作题为“核事故后果评价与决策支持系统在大气扩散中的评价能力和应用”的报告，与国际原子能机构和其他国家与会专家进行了深入交流，扩大了我国在核事故后果评价研究方向上的国际影响。来自阿根廷、奥地利、埃及、法国、英国、韩国、中国等 21 个国家的 111 位代表参加了本次培训。来自国家核应急办、国家核应急响应技术支持中心、中国辐射防护研究院、中国原子能院科学研究院、中国核工业总医院、苏州大学、核工业航测遥感中心、中国疾病预防控制中心辐射防护与核安全医学研究所等部门和单位的 19 位专业人员参加了此次活动。

3 月 9 日至 11 日国际原子能机构举行了本年度首次核应急国际公约演习，代号为 ConvEx-2b（2021）。国家核应急办组织国家核应急响应技术支持中心拉动 5 个国家级技术单位圆满完成演习任务。演习场景是阿曼发生了工业放射源运输事故，一枚放射源丢失，请求国际力量帮助寻找放射源、测算内照射、估算剂量和提供医疗咨询等。国家核应急技术支持中心会同国家核应急辐射监测技术支持中心、国家核应急辐射防护技术支持中心、国家核应急航空监测技术支持中心以及两个国家核应急医学救援技术支持中心对事故场景进行分析研判，根据援助请求和我国在国际核应急援助网（RANET）登记的能力，迅速提出了派遣现场支援队伍和提供远程医疗咨询的方案，并在国际原子能机构协调组织下与相关参演国共同编制了援助行动方案。通过演习，国家级核应急技术支持力量远程协作的相关机制得到了检验和提升。

5 月，中国国家原子能机构主任张克俭以视频方式会见国际原子能机构总干事格罗西，就合作推动核能应对全球气候变化挑战、核技术服务经济民生发展、大型公众活动核安保等深入交换意见，并就日本福岛核污染水排海决策表达关切，要求国际原子能机构秉持客观、公正、科学的态度，对日本福岛核污染水处置方案及后续活动做好评估、监督和监测。会见期间，在张克俭和格罗西共同见证下，中国国家原子能机构、国际原子能机构、巴基斯坦原子能委员会签署了关于向巴基斯坦提供新冠病毒检测物资的实物捐助三方协定；国家核安保技术中心与国际原子能机构签署了大型公众活动核安保有关合作文件。

10 月 26 日 8 时至 28 日凌晨，国家核应急办组织国家核应急响应技术支持中心等有关单位参加了国际原子能机构核应急三级公约演习 [ConvEx-3（2021）]。国家核应急辐射监测技术支持中心（中国原子能科学研究院）、国家核应急辐射防护技术支持中心（中国辐射防护研究院）、国家核应急医学救援技术支持中心（国家卫健委核事故医学应急中心、核工业总医院）、国家核应急气象监测预报中心、国家核安保中心、核工业太原环境分析测试中心等单位以远程连线方式参加。公约演习是国际原子能机构（IAEA）为检验《及早通报核事故公约》和《核事故或辐射紧急情况援助公约》签约国履约能力而发起的演习。ConvEx-3 是最高等级公约演习，每 3 ~ 5 年举行一次，今年是第六次，共有 75 个国家参加。演习以阿联酋巴拉卡核电站发生严重核事故为假想情景，涉及信息交换和媒体沟通、后果评价预测、进出口管控、与核安保接口等内容。演习采用桌面推演方式，全程无间休、无脚本，演习总时长 36 小时。演习任务的圆满完成表明我国完全具备按照公约要求开展国际通报和援助的能力，检验了我国家级核应急专业技术支持中心等单位远程开展技术协作的能力。

（本部分材料由国家核安全局和国家核应急响应技术支持中心提供）

核专业人才培养和职工培训

一、中国核工业集团有限公司

立足人才培养，取得积极成效。人才根基更加牢固，深化校企合作，首次全面总结25年来清华定向生联合培养经验；精准核定招聘计划，向重点任务单位倾斜，早启动、早部署、早实施，线上线下并进，清华专场校招央视网直播在线数十万人次，年度招聘工作满意度从2020年8.56分提高至9.18分；大力推进研究生教育，研究生指标增幅逾40%。高层次人才喜获丰收，引才引智机制不断健全，新入选国家级高层次科技人才比去年增长20%；26人获国家技能人才最高荣誉，获奖代表向胡春华副总理作主题汇报，全国技术能手在往年63人存量基础上新增25名，取得历史性突破。培训的时代性、针对性、有效性进一步增强，加深“一校五院”合作，统筹支持举办120余项培训，优化课程设置、动态调整教师配备，取得良好效果。

服务科技创新，拓宽人才发展平台。建立人才特殊调配机制，首次跨单位跨地区批量调集骨干人才支持重大工程建设。筑牢高端人才发展平台，全覆盖标准化开展首席、科带和首席技师中期评估，优化管理，明确靠贡献拿报酬、凭本事坐位置、以实绩论英雄，岗位能上能下。不断完善技能人才培养体系，发布11个国家职业标准、7个培训大纲、2个职业培训教材；组织1项国家级、4项集团级职业技能竞赛，构建青年技能人才成长“快车道”。关爱人才，组织院士慰问、青年人才慰问座谈，董事长向核科技工作者发出继承发扬科学家精神的号召。

二、中国广核集团有限公司

2021年度，集团员工年度人均学时为54.2（包含面授培训和网络学习），同比增长55%。其中网络学时占总学时的59%，同比增长63%，受新冠疫情影响，网络学习发挥越来越重要的作用。

在核电关键人才培养方面，2021年度集团各核电基地新增培养考核通过核电站反应堆操纵员（RO）69人、高级操纵员（SRO）102人。全年实施群厂执照关键岗位人员能力培训15期，累计培训学员234人，实现群厂执照关键岗位新晋人员100%覆盖，满足各电厂的执照人员需求及新建核电机组的人才储备。

在科研人才培养方面，充分利用国家及地方人才政策，借助国家级研发中心和重点实验室、院士工作站、大师工作室、博士后创新实践基地等科创平台，加大对高端科研人才的引进和培养力度。柔性引进院士1人，引进海外高层次人才2人，通过博士后工作站累计引进和培养博士后40人。

在国际化人才培养方面，集团第4期

国际化人才储备班31名学员已于2021年年底前全部完成在英国、法国、德国的海外留学学业，并分配到集团国际业务相关岗位，通过该模式累计培养国际化人才118人。集团“鹭越重洋计划”——财务骨干（ACCA）培养班取得新突破，已有18名员工取得全科通过的优异成绩。

在管理干部培养方面，全年针对各层级领导干部举办各类集中面授培训班84期，参训2681人次，保持较高的学习强度。赴延安、正定、西柏坡开展总共5期培训班，高质量实现269名集团高层领导干部党史学习教育集中轮训全覆盖。举办历时3个月的集团首期青年干部培训班，35名青年干部按照中央党校主体班教学安排接受专业系统的党校培训，理论素养、经营管理等各方面能力得到全面提升。

三、国家电力投资集团有限公司

（一）实施重大培训项目

2021年，国家电投党校（战略研究院）对培训项目进行优化升级，成功举办一系列重大培训项目。

1. 国家电投党校（战略研究院）培训

围绕集团公司战略和干部培养需求，统筹设计、实施各类学习发展项目，着力提升干部教育培训的针对性、实效性，全年共举办各类培训班29个班次，培训时长50 230人天。

2. 领导力培训

重点落实党史学习教育目标要求，邀请中央宣讲团、中央党校、北京市委党校、中国浦东干部学院和上海市委党校等单位专家学者举办党史学习教育系列讲座、学习贯彻党的十九届六中全会精神轮训、头雁计划和先锋计划等专题培训项目，通过理论教学、现场教学和情境教学等多种模式，为全体员工从“思想、品格、信念、作风”进行全面赋能。

“按需”实施干部管理能力培训，根据干部综合素质测评结果以及干部日常考评结果，进行分析，通过分类、分层级梳理干部在管理中存在普遍弱项，设置包括精细化管理、数字转型、战略思维、团队建设等有针对性的培训课程，做到有的放矢，提前与培训组织学校反复沟通，聘请清华、北大、人大等知名且具有良好口碑教授授课，课程内容紧密结合行业发展形势，前沿且具有冲击力，激发了干部提升管理能力、拓展知识热情。

以推动班组建设为目标，抓紧抓实企业管理的细胞和基础，举办班组长训练营，以“学研创落”工作法开展为期四个月的行动学习，形成《班组长行动学习成果集》，有效夯实业务一线的基础管理能力，并有学员获得首届（2021）电力班组创新创效一等奖。

3. 国际化人才培养

结合集团公司“2035一流战略”国际化发展人才需求，策划开展国际化高层次人才、高潜人才、境外职业经理人以及境外属地化优秀骨干员工等梯次化培训项目。完成第一期国际化高层次人才培训班境外影子培训及第一期国际化高潜人才培训项目，组织开展第二期国际化高层次人才选拔培养工作。

通过与清华大学、哈尔滨工程大学等高校的合作，开展核电国际人才培养专业硕士学位项目理论授课、导师辅导等工作，持续增进“一带一路”倡议国家对中国核电事业及未来发展的了解，培养了解我国核电行业发展方向、认同我国核电技术与能力的国际化复合型人才。

4. 核电专业人才培养

开展行业实践与职业体验活动，举办首届“728 金牌实习生夏令营及‘国和杯’创新大赛”。聚焦关键战略性业务，实施重点人才专项培养计划。举办“科技大讲堂”和“科技力训练营”等培养活动，邀请知名院士专家进行专题讲座、共建产学研基地。举办“项目管理训练营”，构建核电工程项目经理能力模型，坚持整体化、系统化的人才培养思路。遵守核安全法规和管理体系，重视人员资格管理，2021年发布《专业人员资格授权培训矩阵》《人员专业资格培训与授权工作方案》，配备优质教学师资和资源，确保员工能够达到并保持足够的业务熟练程度、长期维持业务水平，保障员工胜任岗位要求。2021年系统策划多次面向目标客户的专题培训项目，形成核电基础理论、科研管理、核电科普、职业素养等四个方面课程清单，为国内外政府、企业进行核电行业人才赋能，帮助目标学员夯实基础、开阔视野、提升理念。积极推进推广网络学院并开发微课，启动 VR 虚拟现实安全培训平台开发。加快推进操作人员培养，开展操作人员考试选拔，为集团后续项目发展储备运行操作人才。

（二）2021 年主要荣誉

党校（战略研究院）获得中国企业标杆学习平台组委会颁发的“2021 年中国企业标杆学习平台”，“2021 年中青年干部研修班（春季）”被评为“2021 党建优秀学习项目”，“赢在新跑道训战营”被评为“2021 中国企业优秀学习项目”；海上风电人才培养体系建设项目获集团公司管理创新成果一等奖并被推荐参评中电联管理创新奖；全面完成“十百千万”工程，荣获第十一届人才发展菁英奖“标杆单位”、上海市质量管理奖、上海市金牌能效“领跑者”等多项荣誉；数字化实践成果先后荣获中国企业大学排行榜中国企业数字化最佳学习项目奖、博奥奖最佳教学设计奖；荣获人社部颁发国家技能人才培育突出贡献单位。

四、中国华能集团有限公司

队伍建设持续提升。扎实做好干部队伍建设工作，2021 年实施干部队伍建设“15113”专项工作方案，启动公司最大规模的后备人才梯队建设，建成了约 300 人的后备人才库，为实现人才强企战略提供有力支撑。高质量实施人才引进，加大院校毕业生和专业技术技能人才引进，年内录用 392 人。扎实推进培训工作，持续发挥石岛湾公司人才培养基地作用，完成 2 批次 170 名新员工入职培训，组织干部参加网络学院线上课程学习，持续提升人员技术技能及管理水平。

五、东方电气股份有限公司

2021 年，东方电气持续加强核电人才队伍建设，特别着力专业性培训工作。通过完善培训机制，优化培训开展流程，改进培训效果评估方法，重点在核安全文化、技术技能、核质保体系、核电 ASME 规范、核电纠正措施等方面开展了培训，取得了较好的效果和反馈。

六、中国一重集团有限公司

中国一重高度重视核电设备制造人才的培养和员工培训工作，在制定公司年度培训计划中突出了核法规、核质量保证手册及程序文件、核安全文化等方面的培训内容，保证了培训质量和培训效果。2021 年，共举办核体系责任人员培训班 117 期，参训员工达 6700 人次。

一是在核文化、核质量与安全知识培训方面，持续开展质量体系、核安全文化等宣贯培训，坚持“安全第一”的指导思想，落实“四个并重”的核安全文化核心内涵，核安全文化八大特征和民用核安全设备制造质量等内容，制定系统培训学习计划，使员工直观的认识到核安全的重要性，进一步改进员工实际工作中的态度、方式和习惯，提高员工对核用产品技术和质量的关注度。

二是在核电项目质保大纲培训方面，加大了对核电产品项目质保大纲的培训力度，开展了霞浦国家重大示范工程项目等多个核电项目质保大纲和程序培训。注重将核电项目制造技术结合生产进度确定培训重点，尤其是把项目制造过程中容易出现的问题、采取的防范措施等方面内容补充进来，保证培训取得实效。公司各单位以核电项目培训为契机，全面核查本单位在制核电项目培训的开展情况，认真总结和改进不足，不断提高核电产品质量。

三是在强化核电人才内部培养和教育培训的同时，积极选派相关人员参加国内相关机构开展的无损检测资质培训、核能行业质量保证监查员培训等，在满足公司当前核电产品制造需要的基础上，积极做好人才的培养和储备工作。此外，紧密结合核电制造技术水平、核质量保证体系构建等工作实际，选派业务骨干到同行业知名企业进行学习，不断开拓视野，汲取先进的管理理念和实践经验，通过核电制造方面人才的培养，不断夯实一重核电制造的基础。

七、二重（德阳）重型装备有限公司

2021 年，二重（德阳）重型装备有限公司采取外部培训和内部培训相结合的方式，结合员工特点，创新培训形式，以编制教材形式促进课程体系建设，采用员工易接受的多种培训形式，多层次开展培训教育。以技能竞赛提高职工操作技能，组织参加 2021 年四川省职工职业技能大赛工具钳工大赛、川渝现代制造业技能大赛等多场职业技能大赛，均取得较好成绩。2021 年，二重（德阳）重型装备有限公司开展核电培训、技术技能人才培养、校企合作培养等多种形式培养核电专业人才，全年开展核安全培训、核电主设备制造技术培训等核电体系类培训共55项、1869人次。

国际合作和两岸交流

政府方面

一、多边领域

（一）与国际原子能机构的合作

2 月 1 日，国家原子能机构主任张克俭与国际原子能机构候任副总干事刘华进行任前谈话。2 月 20 日，刘华正式就任国际原子能机构分管技术合作事务的副总干事。

5 月 18 日，生态环境部部长黄润秋应国际原子能机构总干事拉斐尔·马里亚诺·格罗西邀请，为核技术控制塑料污染亚太区域线上圆桌会议视频致辞，介绍我国海洋塑料垃圾防治及核技术利用监管政策与成果。

6 月 1 日，国家原子能机构主任张克俭视频会见国际原子能机构总干事格罗西，就深化中国与国际原子能机构全方位合作、日本福岛核污染水处置等议题深入交换意见；并共同见证签署关于在华设立核技术昆虫不育协作中心、大型公众活动核安保合作、向巴基斯坦捐赠新冠病毒检测物资等 3 份合作文件。

6 月 7 日，国家原子能机构主任、国际原子能机构中国理事张克俭视频出席国际原子能机构六月理事会，审议机构 2020 年度报告，并发言介绍中国核能发展、核技术应用、核安保等理念成就，以及与机构和成员国的合作愿景。

8 月 19 日，国家原子能机构主任张克俭与国际原子能机构总干事格罗西视频连线，共同见证国家原子能机构、国际原子能机构向埃及、埃塞俄比亚捐赠新冠病毒检测物资签约仪式。

9 月 13 日，国家原子能机构主任、国际原子能机构中国理事张克俭视频出席国际原子能机构九月理事会，审议机构核安全、核安保、核科学技术应用等报告，并在“核安全与辐射安全”议题下发言阐述中方立场。

9 月 20 日，国家原子能机构主任张克俭视频出席国际原子能机构第 65 届大会，并在大会一般性辩论环节发言宣介我核能发展政策理念及最新进展成就，分享我核技术抗疫、治污、灭蚊等良好实践经验，呼吁国际社会秉持“人类命运共同体”理念，推动实现“原子用于和平和发展”共同目标。

9 月 20 日，在国际原子能机构第 65 届大会期间，由国家原子能机构推荐的中国农业科学院“小麦诱变育种”研究团队、该院作物科学研究所副研究员郭会君，以及湖南省核农学与航天育种研究所研究员杨震，分别获得国际原子能机构和联合国粮农组织联合颁发的植物突变育种“卓越成就奖”“杰出女性奖”和“青年科学家奖”。

10月12日，国家原子能机构主任张克俭视频会见国际原子能机构总干事格罗西，就聚焦“全球发展倡议”深化双方合作、日本福岛核污染水处置问题等进行交流，并共同见证签署关于在华设立高放废物地质处置协作中心、海关一线官员核安保能力建设协作中心，以及向阿根廷捐赠新冠病毒检测物资等3份合作文件。

11月24日，国家原子能机构副主任董保同视频出席国际原子能机构十一月理事会，审议机构技术援助和合作委员会的报告，并发言介绍中国参与机构技术合作活动有关情况。

生态环境部（国家核安全局）积极参与国际原子能机构相关工作，派员参加国际原子能机构重要机制和法规标准制修订工作，包括安全标准委员会会议、核安全标准委员会会议、全球核安全与安保网络指导委员会会议、监管合作论坛指导委员会会议、小型反应堆监管者论坛以及福岛十周年核安全国际大会等。推荐人员继续担任国际原子能机构安全标准委员会委员、全球核安全与安保网络指导委员会成员、辐射安全信息管理系统国家联络员等。组织参加机构各类机制性会议和活动。出席国际原子能机构对巴基斯坦核与辐射安全监管综合评估组准备会议。

（二）与经合组织核能署的合作

1月21日，国家原子能机构主任张克俭视频会见经合组织核能署总干事麦格伍德，就中方以“参与方”身份加入核能署相关技术委员会、向核能署推送免费专家和实习生、举办中国—核能署放射性废物管理与退役论坛、共建放射性废物管理和退役示范中心等深入交换意见。

3月，国家核安全局副局长、核电安全监管司司长汤搏视频出席核电厂多国设计评价机制（MDEP）政策组特别会议。

生态环境部（国家核安全局）深入参与经合组织核能署“多国设计评价机制”等机制性活动，全面参与其改制工作，有序推进核电厂多国设计评价机制第五届大会筹备工作。组织参加机制下政策组会议、技术指导委员会会议、过渡团队会议、“华龙一号”工作组会议、VVER工作组会议、EPR工作组会议、供应商监督工作组会议及各专家子组会议，多层次参与机制主要活动，推动机制向下一阶段顺利过渡。派员继续担任核能署技术秘书，支持人员担任核监管活动委员会与核设施安全委员会委员，组织参与委员会及下设各工作组活动。

国家核安全局有效组织和推动“华龙一号”工作组工作，成功举办“华龙一号”工作组第七次会议及相关子组会议，形成共同立场或技术报告等多项成果，派员参加该机制下EPR、VVER等工作组会议。

（三）亚洲核合作论坛（FNCA）

12月9日，国家原子能机构副主任董保同视频出席亚洲核合作论坛（FNCA）第22届部长级会议。

（四）与阿拉伯国家的核能合作

8月19日至20日，中阿（阿拉伯）能源合作高峰论坛在宁夏回族自治区银川市召开。论坛主题是“面向未来：开创中阿能源合作新时代”。本次论坛由中国国家能源局和宁夏回族自治区政府共同主办。中外嘉宾在发言中均认为中阿能源合作前景广阔，对双方在传统能源以及可再生能源、核能、氢能的合作充满期待。来自沙特、阿联酋、约旦、摩洛哥等国能源部门负责人和驻华使节，国际可再生能源署、中核集团、国家电网、国家电投、工商银行、沙特阿美、沙特电力和水务公司、阿联酋国民银行等国际组织、能源和金融企业的400余名代表通过线上和线下的方式参加会议。

（五）与“一带一路”倡议国家的核能合作

10月18日，中共中央政治局常委、国务院副总理韩正在北京以视频方式出席第二届“一带一路”倡议能源部长会议并发表致辞。韩正提出四点建议。一是共同推动能源绿色低碳转型，深化核电、新能源发电、智慧能源等领域合作，共建绿色丝绸之路。二是共同推动能源技术创新，联合开展节能降碳、可再生能源、先进核能等清洁能源技术研发应用，通过技术进步解决能源资源约束问题。三是共同推动能源可持续发展，加强能源可及性合作，帮助发展中国家提高能源保障能力和水平。四是共同推动能源包容发展，尊重各国自主选择能源发展战略的权利。第二届“一带一路”倡议能源部长会议由国家能源局和山东省人民政府联合主办，主题是“携手迈向更加绿色、包容的能源未来”。

生态环境部（国家核安全局）加强与“一带一路”倡议国家核安全合作，深化巩固区域核安全合作。与12个签订协议的“一带一路”倡议相关国家核安全监管部门保持沟通。

（六）中日韩的核能合作

11月30日—12月1日，国家核安全局副局长、核设施安全监管司司长江光视频出席第13届中日韩核安全监管高官会，交流核安全最新进展。

二、双边领域

（一）中俄合作

5月19日，习近平主席在人民大会堂通过视频连线，同俄罗斯总统普京共同见证中俄核能合作项目——田湾核电站7、8号机组和徐大堡核电站3、4号机组开工仪式。

10月26日，国家原子能机构主任张克俭与俄罗斯国家原子能集团公司总经理利哈乔夫视频连线，共同主持召开中俄总理定期会晤委员会核问题分委会第25次会议。生态环境部（国家核安全局）也派员出席。

11月29日，第三届中俄能源商务论坛以线上与线下结合方式在北京召开。本次论坛由中国石油天然气集团有限公司主办，俄罗斯石油股份公司配合，中国国家能源局和俄罗斯总统能源发展战略和生态安全委员会为协调单位。中国国家能源局局长章建华主持论坛开幕式。与会代表讨论中俄天然气、新能源、电力、清洁能源、煤炭、核能领域合作，并就能源绿色低碳转型等话题进行交流。论坛期间共签署15份成果文件，并发布《中俄能源合作投资指南（俄罗斯部分）》，为中方企业在俄开展能源业务提供法律制度、监管政策、行业前景、业务流程、合作机会等领域全方位信息服务指引。中俄两国 100 余家单位、300 余位代表参加论坛。

（二）中巴合作

5 月 21 日，国家原子能机构主任张克俭通过视频连线，同巴基斯坦总理伊姆兰·汗共同见证“华龙一号”海外首堆——卡拉奇核电站 K-2 机组商运仪式。

11 月 23 日—25 日，国家生态环境保护督查专员俞军视频出席对巴基斯坦核与辐射安全监管综合评估组准备会议。

12 月 31 日，国家原子能机构主任张克俭通过视频连线，见证海外第二台“华龙一号”核电机组——卡拉奇核电站 K-3 机组首次装料仪式。

（三）中法合作

5 月 26 日，国家原子能机构主任张克俭会见法国驻华大使罗梁，就中法和平利用核能领域合作交换意见。

5 月 27 日，国务院副总理胡春华在钓鱼台国宾馆通过视频连线，同法国财长勒梅尔举行中法高级别财经经济对话年度第二次磋商。国家原子能机构主任张克俭出席活动。

10 月 29 日，国家原子能机构与法国原子能与可替代能源委员会以视频方式召开中法核能合作协调委员会第十五次会议，审议自协调委员会第十四次会议以来的专项合作项目和协作实验室工作进展，并就双方下一步核科技研发合作交换意见。

12 月 10 日，国家原子能机构主任张克俭视频会见法国原子能与可替代能源委员会主席雅克，就中法和平利用核能领域合作交换意见。

生态环境部（国家核安全局）也积极参与中法核安全双边交流会议。

12 月 17 日，国家原子能机构主任张克俭会见中国驻法国大使卢沙野，就中法和平利用核能领域合作交换意见。

（四）中哈合作

2 月 25 日，国家能源局副局长任京东与哈萨克斯坦能源部副部长阿谢特·马戈沃夫以视频方式共同主持召开中哈能源合作分委会第十一次会议，并签署会议纪要。

7 月 22 日，中广核集团旗下中广核矿业收购哈萨克斯坦奥尔塔雷克铀矿 49% 股权项目正式完成交割，中广核矿业和哈原工将按照股比对奥尔塔雷克铀矿进行产品分成。

11 月 10 日，国家原子能机构副主任董保同视频出席中国同哈萨克斯坦合资建设的首座核燃料组件厂——哈萨克斯坦乌里宾核燃料组件厂投产仪式。

（五）中英合作

11 月 23 日，国家原子能机构与英国商业、能源与产业战略部以视频方式召开中英核燃料循环全产业链四方协议工作组第五次会议，并签署《关于核燃料循环领域合作的 2021—2022 年工作计划》。

11 月 23 日，国家核安全局副局长、核电安全监管司司长汤搏视频出席中英核安全合作指导委员会会议。

（六）其他国际合作

11月30日，国家原子能机构主任张克俭会见阿根廷驻华大使牛望道，就中阿核能合作进行交流。

生态环境部副部长、国家核安全局局长叶民与各国核安全监管机构负责人信函往来共计19封，包括向巴基斯坦卡拉奇核电站2号机组商业运行致信祝贺、向韩国核安全与安保委员会成立十周年致贺信等，积极保持与各国的核安全监管高层交流。

此外，生态环境部（国家核安全局）参加中美和平利用核能放射源安保培训会、中意核废物管理专题培训会等。

三、履行国际公约义务

2021年9月27日，生态环境部（国家核安全局）在北京组织召开《核安全公约》第九次履约国家报告编审委员会第一会议。来自生态环境部（国家核安全局）、国防科工局（中国国家原子能机构）和国家能源局等编委会委员单位的30余名委员及代表参加了本次会议。会议主要介绍我国在《核安全公约》履约方面的工作情况，审议第九次履约中国国家报告框架及资料收集分工安排，并对第九次履约工作做出了安排部署。此次会议标志着《核安全公约》第九次履约周期工作正式启动。

生态环境部（国家核安全局）参加公约官员会议、组织会议，推选公约履约国家组官员。

《乏燃料管理安全和放射性废物管理安全联合公约》第七轮履约有序推进，完成针对各缔约方报告的提问，筹备缔约方第四次特别会议，完成联合公约生效二十周年调查问卷等。

部分企业集团

一、中国核工业集团有限公司

2021年，中核集团克服疫情影响推进国际合作，服务共建“一带一路”倡议。中俄核能合作迈上更高水平，习近平主席、俄罗斯总统普京共同见证中俄核能合作项目开工，树立了全球核能合作典范。中巴核能合作迎来30周年，K2机组实现商运，K3机组完成装料，C4机组首次获得WANO指数满分，CF3燃料组件首次成功出口巴基斯坦。阿尔及利亚B1/B2项目完成最终验收。分离功出口韩国成功中标，海绵锆连续两年出口俄罗斯，锆-4管坯首次出口加拿大，核燃料产品融入国际产业链分工步伐加快。哈萨克斯坦铀资源合作洽谈取得积极进展。国际组织和大科学工程合作取得新进展，ITER项目安装工程完成第一阶段工作，IAEA高放废物地质处置协作中心挂牌。

积极推动国际化经营工作有序开展。推动巴基斯坦C-5项目形成卖方信贷融资方案，K-2机组顺利实现临时验收，获得国际合作最佳实践案例；阿根廷项目纳入中阿两国合作“优先项目清单”；助力中国原子能正式成为韩国分离功项目谈判对象且排名靠前，促成中国铀业与哈原工、哈能源部就项目收购、产品采购、换货等签署一揽子合作谅解备忘录；推动中国同辐新冠检测试剂出口印度尼西亚、马来西亚、泰国等客户 255 万人份，原子能院 2 台大功率辐照加速器出口泰国；助力罗辛矿生产稳定，超额完成生产计划；巴格诺尔火电项目获蒙古国总理批准。中阿（联酋）产业园项目主合同施工任务已基本完工。

坚持外事工作服务产业发展总原则不动摇。聚焦多边，持续扩大影响力和话语权。中核集团加入“维也纳集团”，申彦锋同志担任IAEA总干事高级咨询组成员；设立国际原子能机构高放废物处置协作中心、国际核电建设培训中心。为 IAEA、WNA、OECD/NEA 推荐免费专家岗位 30 个。提升外事管理与服务水平，协调比利时核能研究中心、法国原子能委员会等为气冷微堆等项目提供支持。

二、中国广核集团有限公司

（一）参与国际会议和展览情况

2021 年，受全球新冠疫情影响，国际合作与交流陷于停顿，集团创新方式，主动谋划，坚决贯彻落实国家战略，彰显央企责任担当。集团积极参加国家能源局和山东省政府联合主办的第二届“一带一路”倡议能源部长会议、第 18 届中国—东盟博览会，并作为我国唯一一家持续参展企业，以线上方式参加法国核工展，向全球展示集团发展以核电为特色的清洁能源、推进实现碳达峰碳中和的能力和决心。集团积极参与国际核能合作框架（IFNEC）组织的核电融资与小堆发展等专题网络会议，跟进业界动态，掌握发展趋势。

集团与英国驻华使领馆等保持沟通，并参加中英民用核能合作工作组第六次会议。中广核作为中法企业家委员会中方理事单位，参加中法高级别经济财金对话配套会议，并作主题发言。

2021 年 12 月，中广核与俄罗斯原子能集团签署《俄罗斯国家原子能集团（ROSATOM）与中国广核集团“CGN”关于合作发展的谅解备忘录》，为双方不断加深和拓宽合作关系奠定基础，搭建基本框架。

（二）英国一揽子核电项目情况

中广核于 2016 年签署一揽子协议正式进入英国核电项目，按照协议约定，中广核牵头的中方联合体参股投资建设欣克利角 C（HPC）项目，中广核在开发阶段参股开发塞兹韦尔 C（SZC）项目，并主导开展华龙一号通用设计审查（GDA）、控股布拉德维尔 B（BRB）项目以部署“华龙一号”技术。

1.“华龙一号”通用设计审查（GDA 项目）

2021 年是“华龙一号”GDA 第四阶段的最后一年，也是最终审评的关键期。截至 2021 年 12 月底，中广核按期提交第四阶段所需全部文件，ONR、EA 提出的所有重要问题已全部关闭。

2021 年 12 月 22 日，ONR 内部召开“华龙一号”GDA 项目团队会议，明确给出授予“华龙一号”设计可接受声明（DAC）

的建议，标志着GDA评审工作已基本结束，后续ONR、EA内部完成审批后即可具备颁证条件。“华龙一号”GDA于2017年1月19日正式启动，预计可于2022年初按计划颁证并完成全部工作。

2. 欣克利角C核电项目（HPC项目）

HPC项目两台机组分别于2019年6月26日、2020年5月29日完成核岛筏基混凝土浇筑，自开工以来，项目进度不断延误，造价持续上涨。2021年新冠疫情对HPC项目的设计交付和现场施工造成的影响仍在持续。年度21个关键里程碑中有20个顺利实现。其中，2021年7月，HPC项目盾构机Emmeline完成1.8公里长的Outfall隧道的挖掘；8月，HPC项目1号核岛厂房完成+1.5 m混凝土浇筑工作；11月30日，HPC一号机组首个HL1安全厂房房间由土建移交安装。

3. 布拉德维尔B核电项目（BRB项目）

BRB项目2021年进行厂址适宜性研究，排除可能引发项目颠覆性的技术风险；此外，BRB开展并完成部分厂址参数专题研究。

4. 塞兹维尔C核电项目（SZC项目）

SZC将翻版HPC项目建设两台EPR机组，拟采用政府监管资产融资模式（RAB）。英国规划监察署对SZC项目审查报告因疫情等原因推迟提交，导致英国政府对该项目的最终决定被推迟。EDF与英国政府开展的投融资谈判在继续推进。

5. 以项目为平台带动中国产业链走出去、促进两国核能企业合作

中广核以英国各核电项目为平台，带动中国产业链积极参与英国核电项目建设，不断促进两国核能企业合作。

截至2021年年底，中国企业参与英国HPC项目62个采购合同的投标，其中中国企业赢得HPC项目的28个采购合同，总金额约8.6亿元人民币。此外，中英核能产业链相关企业共计签署16份合作备忘录或者合作协议，主要涉及核级DCS平台、仪控仪表、泵体研发和制造、核岛土建、核岛安装等多个领域。

（三）国际核电开发情况

受新冠疫情和国际形势变化影响，2021年中广核国际核电开发遭遇前所未有的困难。2021年3月，捷克政府以“国家安全”为由将中国企业排除在捷克核电项目招标名单之外。同时，中广核继续跟踪中东欧、东南亚、中亚、非洲等潜在核电市场，认真做好市场研究，积极寻求合作机会。

三、国家电力投资集团有限公司

（一）继续保持和夯实与国际原子能机构（IAEA）、世界核协会（WNA）的合作

2021年，国家电投继续保持并加强与IAEA、WNA的合作交流。在集团公司的统一安排下，公司涉核成员单位积极参加IAEA、WNA各类活动，累计派员参加网络会议30余次，参会人数达50余人，受全球疫情影响，未派员参加现场会。集团公司核电总工程师、压水堆重大专项总设计师郑明光作为中国唯一代表，连任

IAEA 总干事核能常务顾问组成员，任期为 2019 年至 2021 年。

（二）开展与世界核电运营者协会（WANO）的合作

根据国内外新冠疫情防控形势和要求，通过视频和电话方式保持与 WANO 亚特兰大中心的工作交流。WANO 亚特兰大中心定期与电厂召开电话会沟通信息并分享经验，每季度为山东核电提供绩效监测报告。受疫情影响，WANO AC 对国家电投首次电力公司评估（CPR）工作延期，期间，双方定期召开视频会议，交流核电公司总部管控经验。积极参与 WANO 卓越行动计划，深入开展 SOER、SER、IER 的经验反馈，扎实开展海阳核电厂运行期间首次同行评估（PR），国核示范装料前同行评估的准备。积极参与 WANO 上海办公室的筹建，提供必要的人力和财务支持。

（三）组织开展与美国机械工程师协会（ASME）、美国电科院（EPRI）的合作

作为 ASME 在中国核能领域最重要的合作伙伴，积极会同 ASME 组织开展各项活动，推动中国国际工作组的建设。5 月和 11 月，国家核电通过网络会议的形式组织举办了两次 ASME BPV Ⅲ中国国际工作组会议，完成 III 卷中国工作组的第 3 届主席换届，与 ASME 阿根廷国际工作组开展工作交流；5 月和 11 月，国家核电还分别在中核苏阀和上海核工院组织举办 ASME NQA 中国国际工作组会议。2 月、5 月、8 月和 11 月组织国内专家通过网络会议参与 ASME 标准周活动。ASME 中国国际工作组覆盖了国内核设施从设计、制造、运维和监管的全行业，积极培养国内行业专家成为 ASME 技术委员，组织专家参与网上 ASME 标准周交流活动，积极引导国内核能行业专家关注 ASME 规范和标准的制定、修改和发展方向，推动国内学者参与 ASME 的联合工作，为提升我国核能技术发展的整体技术水平和能力做出了重要贡献。

2021 年，持续推进与 EPRI 的技术合作交流。组织召开 EPRI 内部技术交流研讨会 6 次，完成 EPRI 技术资料消化吸收报告 130 余份，编制技术手册 10 余篇。完成“核电厂 1E 级电缆老化和鉴定”EPRI 技术合作项目的成果交付。不断扩大双方共同技术研发的广度和深度。living PM、SG 完整性评价两个项目获得 EPRI 技术转化奖，提升了公司在核行业内的影响力。

（四）不断拓展和参与其他国际组织及国际项目的合作

在国家能源局的领导下，积极参与国际核能合作框架组织（IFNEC）有关工作，于 12 月 15 日，参加核供应国和使用国互动工作组（NSCCEG）网络会议，听取 2021 年工作成果与 2022 年活动计划报告，上海院代表国家电投做了“New Roles, New Scenes, New Challenges”的报告，参与“双碳目标下核能的重要性”的主题讨论。此外，积极推进其他国际合作项目工作，包括与日本海电调合作交流项目、中法核能合作项目、东亚核能论坛等。

四、中国华能集团有限公司

（一）与 WANO 合作情况

2021 年 1 月 25 日至 2 月 5 日，华能石岛湾公司接受了由 WANO 亚特兰大中心、WANO 上海办公室联合开展的高温堆示范工程启动前同行评估（PSUR），并于 4 月和 7 月完成首堆装料里程碑纠正行动建议回访和首堆临界里程碑纠正行动建议回访。

2021 年 3 月 11 日至 11 月 17 日，华能集团参加 WANO 亚特兰大中心高层工作交流会 4 次，保持了与协会的正常沟通与现场业务的正常开展。

2021 年，华能集团积极参与建设 WANO 上海办公室相关工作。

（二）与 IAEA 合作情况

2021 年 5 月 10 日至 5 月 21 日，华能石岛湾公司协助 IAEA 完成高温堆示范工程现场的核保障设备安装与调试工作。

2021 年 11 月 4 日至 11 月 10 日，华能石岛湾公司配合完成 IAEA 核保障监督视察。

中国核能行业协会

一、总体情况

（一）服务政府方面

继续承担好 GIF 联络办的相关职能，做好亚太核技术合作协议（RCA）、亚洲核合作论坛（FNCA）、核动力堆信息系统（PRIS）信息报送、IAEA 中国实习生和借调人员视频面试、IAEA-TC 国家计划框架提案申报等相关项目的技术支持工作，承办好中阿能源合作高峰论坛核能分论坛等。

1.GIF 联络办职能。受科技部和国防科工局委托，履行好第四代核能系统国际论坛（GIF）联络办职能，协助完成好中国参与 GIF 工作的相关行动项，完成中国 2021 年会费支付，配合政府部门审议 GIF 相关工作文件，组织国内单位参加 GIF 春季和秋季政策组、专家组等视频会议、GIF 与 IAEA 接口会议、国际核工业大会等活动，编写国家核能发展报告，策划和组织 2021 年度中国参与 GIF 工作会议，组织专家研究《GIF 加强研发合作白皮书》内容并提出中方意见建议；编译 GIF2020 年度报告；积极拓展对参与 GIF 中方单位的延伸性服务；完成 GIF 中国网页升版。

2. 受国防科工局委托承办好国际合作相关工作。继续做好 IAEA 相关工作的技术支持，包括：报送动力堆信息系统（PRIS）、定期推送 IAEA 国际职员岗位招聘信息、玛丽·居里进修奖学金计划等工作，以及承办科工局履约课题验收会；参加亚洲核合作论坛（FNCA）高官会和部长级会议，编制国家报告和会议总结；按计划做好亚太地区核科技合作协定（RCA）中国办公室的相关支持性服务工作。

（二）服务行业方面

全力准备 IAEA 核电厂运行安全国际大会在华举办的各项前期工作以及受疫情影响而调整的事项；协同做好协会与世界

核电运营者协会（WANO）的交流合作并完成会费的备案支付；与美国电力科学研究院（EPRI）续签合作协议并完成其在华开展活动的备案和管理工作；与台湾核能科技协进会召开年度工作视频会议；牵头举办 2021 年春季高峰会议；配合开展第十四届中国国际核电工业展览会同期活动；应中广核公司委托，组织开展与日本和韩国关于三防问题专题视频会；受英国国际贸易部委托，组织英使馆与秦山一期就电厂延寿等议题召开视频会，与海盐核电办就招商引资等议题召开视频会；与英国国际贸易部合作开展中英核设施退役治理合作可能性调研；应国核铀业委托提供专家咨询和培训服务；精心策划成立“中国核能行业协会核技术专业委员会”。

二、重点工作

1. 与 WANO 的交流合作

（1）2021 年 1 月，协会受 WANO 莫斯科中心请求，组织现场评估专家团队与 WANO 莫斯科中心远程支持团队合作，共同实施了江苏核电 6 号机组的 WANO 启动前评估。这次评估是在疫情导致国际旅行受限情况下，莫斯科中心和协会创新的一种评估形式，取得满意的结果。

（2）2021 年 4 月，协会继续与 WANO 莫斯科中心合作，采用远程支持的国际专家团队和协会组织的现场评估专家团队一起实施了江苏核电电力公司评估。这次评估也是协会第一次组织和参与针对核电电力公司的同行评估。

（3）2021 年 5—10 月，协会合作参与了分别由 WANO 莫斯科中心、东京中心和巴黎中心委托 WANO 上海办公室组织的同行评估现场评估工作，共 4 次，分别是江苏核电 1—4 号机组运行同行评估、秦山核电基地 1—9 号机组的运行同行评估以及福清核电 6 号机组和红沿河核电 6 号机组的启动前评估。

（4）2021 年 6 月 6 日，协会秘书长张廷克先生通过亲笔致信 WANO CEO Ingemar Engkvist 先生，向 WANO 提出了疫情情况下在中国国内开展 WANO 同行评估的若干特殊建议，Ingemar Engkvist 在回信中给予了积极响应。张廷克信函中关于协会可以负责、合作参与和支持 WANO 评估现场工作的建议与后期 WANO 开展国内同行评估的主要方式一致。

（5）协会驻会副理事长陈桦作为特邀观察员，参加了每年三次（分别为 3 月、7 月和 10 月）的 WANO 主理事会，协会副秘书长郑伟平应邀（分别为 3 月、7 月和 10 月）参加了巴黎中心、莫斯科中心和东京中心的区域理事会。

（6）2021 年 5 月、9 月和 12 月，协会驻会副理事长陈桦代表参加了协会领导与 INPO 负责国际事务的副总裁兼 WANO 亚特兰大中心的主任 Bob Bambrill 的双边季度会议，就国内外核电运行状况和 CNEA 与 INPO 即 WANO 亚特兰大中心的合作进行讨论和商议。

（7）协会作为固定成员定期参加由 WANO 伦敦办公室主持的国际核电安全和可靠性委员会（ISRSC）例行会议，并积极邀请行业专家代表发表主题报告，获得积极反响。其中，在 2021 年 5 月 26 日 ISRSC 季度会议上，大亚湾核电运营管理有限责任公司代表专题介绍了核电运维领域数字化技术应用创新；在 2021 年 11 月 5 日季度会议上，福清核电有限公司代表专题介绍了全球首座华龙一号核电机组的建设和运行情况，取得良好的反响。

2. 开展先进核能专委会年度计划工作

依托专委会平台，组织行业专家，高质量编制首份先进核能技术发展年度报告；积极策划组织开展专题研讨交流活动，做好行业内外的信息交流和经验共享；组织开展先进核能系统重大共性问题研究，关注小型模块化反应堆关键问题；积极推进先进核能国际合作与交流，策划组织第十四届核电展先进核能主题展区；建立并完善先委会工作沟通协调机制。

3. 协办好中阿能源合作高峰论坛核能分论坛暨中阿博览会清洁能源展及 3D 线上展

会议以“面向未来，开创中阿能源合作新时代”为主题，由国家能源局核电司副司长史立山主持，邀请到中原对外工程公司总经理谢嘉杰在主论坛发表主旨演讲，阿拉伯原子能机构总干事萨勒姆·哈姆迪、中原对外副总经理王永革、约旦原委会小堆部主任塔里克·沙克西普参会并作报告。协会还组织中核集团、华能核电、华龙国际等主要企业参加了中阿博览会清洁能源展线下和线上展览。

4. 组织中国核能可持续发展论坛 -2021 春季高峰会议暨第十四届中国国际核电工业展览会

由协会主办的中国核能可持续发展论坛 -2021 春季高峰会议暨第十四届中国国际核电工业展览会于 2021 年 4 月 14—16 日在国家会议中心召开。本次会议以“核能安全发展、公众沟通与数字化转型”为主题。主论坛及 2 个分论坛共有近 50 位有关领导、院士、专家学者作了发言。国内外 20 多家媒体共 40 多名记者参加会议，新华社、光明日报、经济日报、中国日报、中央电视台等主流媒体对此次活动进行了全面报道。同期举行的第十四届中国国际核电工业展览会为期三天，展区囊括了商业展区、主题展区、推介发布区、产学研创新合作交流区、服务区等五大功能区，来自中国、法国、俄罗斯、美国、英国、德国、芬兰、日本、第四代核能系统国际论坛、国际热核聚变实验堆（ITER）计划等 10 余个国家和国际组织的 200 余家中外知名核电工业企业、科研院所、高校参加展览。在本届展会上，中国核能行业协会首次设立主题展区，展示新型先进核电技术和核能协会高质量发展、科技奖励与团体标准、核能公众沟通等方面取得的成绩。

5. 共同举办第八届东亚核能论坛

11 月 17 日，协会与日韩台共同策划和举办第八届东亚核能论坛视频会议，协会副理事长兼秘书长张廷克应邀参会并发表主旨报告，详细介绍中国大陆地区核电发展的现状、趋势和展望。本次论坛共邀请来自中日韩及台湾地区的 12 位专家，就东亚地区核能发展现状与展望、放射性废物管理、先进核能和模块化小堆技术研发、福岛废水处理及退役等议题作报告。

第四代核能系统国际论坛（GIF）中方主要工作

一、GIF 组织概况

第四代核能系统国际论坛（The Generation IV International Forum，简称“GIF”）是为下一代核能系统的研究和发展而建立的国际合作框架，秘书处设在法国巴黎经合组织核能署（OECD-NEA），其目的和宗旨是开发具有更好安全性与可靠性、可持续性、抗扩散性和经济竞争力的第四代核能系统。GIF 的主要任务是按照其技术路线图所确定的第四代核能系统牵引性指标开展超高温气冷堆（VHTR）、钠冷快堆（SFR）、超临界水堆（SCWR）、气冷快堆（GFR）、铅冷快堆（LFR）和熔盐堆（MSR）六种先进核能系统概念的合作研发，攻克研究发展中的关键技术难题。

GIF 现有成员包括阿根廷、巴西、加拿大、美国、法国、日本、韩国、南非、英国、瑞士、欧洲原子能共同体（Euratom）、中国、俄罗斯和澳大利亚等 14 个。

GIF 组织目前在超高温气冷堆（VHTR）、钠冷快堆（SFR）、超临界水堆（SCWR）和气冷快堆（GFR）4 个系统中签署了系统安排（SA）文件，在铅冷快堆（LFR）和熔盐堆（MSR）2 个系统中签署了谅解备忘录（MOU）。

中方参与 GIF 活动的执行机构是科技部和国家原子能机构，科技部负责缴纳活动经费，中国核能行业协会受政府委托承担 GIF 联络办公室职能。

二、GIF 联络办公室工作

（一）组织召开国内 GIF 工作研讨会、协调会等有关会议，协助政府部门研究部署 GIF 相关工作

1. 中国参与 GIF 超临界水冷堆工作会

2021 年 5 月 21 至 23 日，中国参与第四代核能系统国际论坛超临界水冷堆系统（GIF-SCWR）工作会暨超临界水冷堆热工水力与安全特性国际标准题国内首次交流会在西安召开，同期套开了国家重点研发计划政府间国际科技创新合作重点专项项目中期预评估会议。

来自中国核能行业协会、中国核动力研究设计院、中国原子能科学研究院、西安交通大学、上海交通大学、中国科学技术大学、中山大学、四川大学、东南大学、厦门大学、大连理工大学、重庆大学等 15 家单位 80 余位专家和代表参加了会议。

国内参研小组代表分别就系统设计、材料与水化学、热工水力实验与分析工具等领域的国内最新研究成果开展了专题报告，相关单位展示了各自在国际标准题研究方面的最新进展。

本次会议的成功举办阶段性总结了中国参与 GIF 超临界水冷堆的工作进展，预先自查评估了国合专项的中期完成情况，为国际标准题的国内参研单位搭建了一个

交流技术、共享经验、增进合作的良好平台，促进了我国超临界水冷堆热工水力技术的发展。

2. 2021 年度中国参与 GIF 工作研讨会

2022 年 1 月 12 日，由中国核能行业协会主办、海南核电有限公司承办的 2021 年度中国参与 GIF 工作研讨会在海南昌江成功举办，来自 16 家单位的 50 余名代表通过线上线下结合的方式参加了会议。会议由协会副秘书长龙茂雄主持，科技部国际合作司副司长陈霖豪、国家原子能机构系统工程司副司长黄平、海南省科技厅副厅长王敏、海南省昌江县委副书记陈卫能等出席会议开幕式并致辞。

16 位中方参与 GIF 工作的代表就 GIF 总体进展、中国参与 GIF 各堆型及国内项目进展、GIF 相关工作组 / 任务组情况做了详细报告。中国核能行业协会 GIF 联络办主任常冰介绍了 2021 年 GIF 中国总体工作及 2022 年重点计划，还专门介绍了 GIF 中国网页（https://gif.china-nea.cn/）的建设和试用情况。

会议就我国参与第四代核能系统组织有关工作进行了总结，与会代表交流讨论了第四代核能系统领域最新国际研究动态及我国有关工作的下一步发展方向和计划。

（二）组织参加 GIF 相关会议，进一步扩大中方影响，促进研发合作项目不断扩展

1. GIF 成立 20 周年视频会议

2021 年 4 月 28 日，为纪念 GIF 成立 20 周年，GIF 组织以“四代堆部署进展和未来前景”为主题举办视频会议，GIF 现任主席 Hideki KAMIDE 和前任几届主席进行了专题报告，并邀请到经合组织核能署、美国、日本、法国、英国等有关国家和组织的专家学者参与了此次交流活动。

2. GIF 第 51 届 PG、第 45 届 EG 和 SIAP 会议

第四代核能系统国际论坛（GIF）第 51 届政策组等会议于 2021 年 5 月 17—21 日通过视频形式召开，除政策组会议外，同期还举行了第 45 届专家组会议、专题汇报等。

陈霖豪副司长（PG 代表）、中国核工业集团有限公司田佳树（EG 代表）、清华大学核能与新能源技术研究院石磊（EG 代表）等作为中方正式代表参加了上述会议。GIF 联络办、中国核动力研究设计院、中国原子能科学研究院、国家电投集团科学技术研究院有限公司、清华大学核能与新能源技术研究院、中科院上海应用物理研究所等单位代表以观察员身份参加了会议。各国政策组代表分别介绍了本国（地区）核能发展最新情况，陈霖豪副司长代表中方做了报告。

GIF 三位副主席分别围绕政策监管（Alice Caponiti，美国）、市场机遇和挑战（Sylvestre Pivet，法国）和研发合作（Jong-Hyuk BAEK，韩国）三个方面阐述了 GIF 开展的各项工作进展情况。经第 50 届政策组会议批准，经济建模方法学工作组（EMWG）新设立了两项任务，一是先进核能技术成本降低研究任务，由美国爱达荷国家实验室（INL）牵头，旨在研究成本削减战略、编制系统的经济性评

估程序；二是先进核能技术民间融资任务，为此还专门成立一个由投资界组成的临时任务组给予支持，初步的报告已经形成。GIF 研发合作白皮书的编制将加强 GIF 的研发合作，在 GIF 成员内分享创新想法，同时提升与外部单位的合作。白皮书将在下次政策组会议上通过。

GIF 政策总监（Nobuchika KAWASAKI，日本）介绍了 GIF 组织下一步工作的初步设想：对内加强各系统的联系和成果固化，对外分享 GIF 经验并加强外部合作，不断扩大 GIF 影响力；汇报了 GIF 后续工作安排，包括 GIF 品牌推广。该项任务包含三个具体目标：（1）策划品牌和推广策略（知识资本化 / 知识转移），包括 GIF 参与的相关活动，发布的公开出版物；（2）提出并展示新品牌和推广项目的案例，包括 GIF 公共网站的建设和设计、GIF 宣传册、GIF 采访或宣传视频、GIF 标识 / 模板等；（3）与 ETWG 和 OECD/NEA 相关的公众沟通与培训活动，包括 ETWG 开展的网络视频培训和 OECD/NEA 制作的 GIF 工作动态等。通过采取这些措施提升 GIF 作为专注于第四代核能系统的国际组织的地位。会议提名 GIF 副主席 Alice Caponiti 为下一届（2022—2024 年）主席候选人。

3. PG 和 EG 专题会议

2021 年 10 月 6 日，GIF 组织召集 PG 和 EG 代表召开专题会议，讨论 2022 年 GIF 产业论坛工作方案。会议介绍了 2022 年 GIF 产业论坛的初步安排构想，通过借鉴 2020 年初举办的 AMME 专题研讨会，并借助与外部组织 WNA、ANS、G4SR 的支持，希望进一步加强 GIF 与工业界的互动交流。

4. GIF 第 52 届 PG、第 46 届 EG 和 SIAP 会议

2021 年 10 月 27—28 日，第四代核能系统国际论坛（GIF）第 52 届政策组（PG）会议以视频方式召开，第 46 届专家组（EG）会议，高级行业顾问组（SIAP）、各系统指导委员会（SSC）、工作组（WG）和任务组（TF）专题环节则分别于 2021 年 10 月 18—20 日举办。

陈霖豪副司长（PG 代表）、国家原子能机构系统工程司副司长黄平（PG 代表）、中国核工业集团有限公司田佳树（EG 代表）、清华大学核能与新能源技术研究院石磊（EG 代表）等作为中方正式代表参加了上述会议。GIF 联络办、中国核动力研究设计院、中国原子能科学研究院、国家电投集团科学技术研究院有限公司、清华大学核能与新能源技术研究院、中科院上海应用物理研究所等单位代表以观察员身份参加了会议。各国政策组代表分别介绍了本国（地区）核能发展最新情况，陈霖豪副司长代表中方做了报告。

GIF 技术总监 / 专家组主席（Gilles RODRIGUEZ，法国）向政策组汇报了自上届政策组会议以来的 8 项重点工作进展情况，包括：熔盐堆（MSR）系统指导委员会（SSC）的筹备工作正在有序开展中，在第 52 届 EG 会议中进行了讨论；MSR-（p）SSC 与安全工作组的全面对接已经开始，2021 年年底和 2022 年会有新的活动；核能供热的非电力应用（NEANH）任务组成立，2021 年 10 月份举办了首次会议；完成 RDTF 最终行动和 PRPP 白皮书；确认在 AMME-TF 中的三个子任务，并计划在 11 月份举办视频会议；明确 GIF 组织和愿景，致力于与私营部门建立更好联系，计划在 2022 年举办 GIF 产业论坛，进一步加强对接；继续举办网上培训；继续加强 GIF 组织对外的沟通策略，不断扩大 GIF 的影响力。

GIF 技术秘书处负责人（Philippe Guiberteau，法国）介绍了 GIF 秘书处的人员变化，最新的成员国、执行机构和系统参与情况，应对疫情的有关措施，2021 年度报告的准备情况，GIF 网站改版升级情况等内容。在秘书处人员变化方面，Philippe Guiberteau 此前在 OECD-NEA 政策与协调办公室担任技术政策活动的特别顾问，现接替 Sama 负责技术秘书处工作。6 个系统指导委员会的秘书岗位分别是：SFR-SSC 秘书由日本担任，SCWR-SSC 秘书由 GIF 秘书处担任，其余 4 个委员会均由韩国担任。截至 2021 年年底，中方已正式加入了 GIF 的 3 个系统安排（SFR、VHTR、SCWR），作为正式成员加入了 LFR 临时系统安排，共签署了 8 个项目安排（SFR-3 个，VHTR-3 个，SCWR-2 个），正准备加入 2 个项目安排（VHTR-HP 和 SFR-CD&BOP）。2021 年 GIF 组织的总预算较 2020 年变化不大，中方分摊经费从 9.88 万欧元增加到 10.34 万欧元。随着中国在运核电机组数超过 50 台，权重因子从 2 变为 4，2022 年的经费将进一步增加。

会议通过 GIF 副主席 Alice Caponiti 担任下届 GIF 主席。此外，GIF 主席还专门致信 COP26 会议，宣传核能为全球净零排放所做出的贡献，并表示第四代核能系统等先进核能技术作为一种清洁灵活、安全可靠的能源选择，将在未来的全球净零活动中发挥更重要的作用。

（三）做好 GIF 联络办的联络与沟通工作，增进 GIF 信息在行业内的传播

1. 配合政府部门做好对 GIF 秘书处的联络工作

2021 年 2 月，在协会官网转发 GIF 主办的“Pitch your Gen IV Research”竞赛的通知，协调清华大学核研院等相关单位报名参加。

2021 年 9 月，配合科技部国际合作司完成向 GIF 组织中方分摊费用的缴纳。

2. 配合完成中方代表更换以及有关协议的签署

2021 年 6 月，经报国家原子能机构批准同意，授权清华大学核能与新能源技术研究院签署 GIF 超高温气冷堆（VHTR）计算方法验证与基准（CMVB）项目协议。中方代表此前担任该临时项目管理委员会主席，参与并领导该项目计划的编制、协商和谈判工作。

2021 年 7 月，为探讨第四代核能系统中热能在制氢、供热、供汽等非电力领域的应用，研究安全性与经济性相结合的最佳方案，GIF 第 51 届政策组会议讨论决定成立核热非电力应用临时任务组（NEANH）。经报科技部国际合作司批准同意，推荐清华大学核能与新能源技术研究院项目办公室主任原鲲作为中方代表参

与该临时任务组相关工作。

2021 年 8 月，协助国家原子能机构完成中方政策组代表的更换，由黄平副司长担任政策组代表。

3. 组织参加第十四届中国国际核电工业展览会，翻译 GIF2020 年度报告

2021 年 4 月，策划并组织第十四届核电展先进核能主题展区相关工作，重点展示第四代核能系统、小型模块化反应堆、聚变堆等先进核能技术的最新发展趋势和我国研发进展。

2021 年 11 月，组织完成 GIF2020 年度报告的翻译和印制，并在年度工作会上发放。

4. 新版 GIF 中国网页正式上线，及时发布 GIF 最新信息

2021 年 10 月，GIF 联络办完成新版 GIF 中国网页的正式上线。新版网页增加授权登录、信息共享等功能，进一步提高了网页的安全性，增强了对 GIF 工作的宣传和资源共享。目前，网页转发了 GIF 的最新报告、工作简报、网络视频等内容，确保国内相关人员能够及时了解有关信息。后续将根据使用情况不断完善网页功能。

三、中方参与 GIF 系统合作情况

目前，国内共有包括中国原子能科学研究院、清华大学核研院、中国核动力研究设计院、上海交通大学、中广核研究院有限公司、中科院核能安全技术研究所、中科院上海应用物理研究所等十余家参与单位，共加入钠冷快堆、超高温气冷堆和超临界水堆三个系统安排并相应加入了其中的 8 个项目安排；正式签署加入了铅冷快堆谅解备忘录，并作为观察员参与熔盐堆的有关合作；积极派员参与了 GIF 政策组、专家组、高级行业顾问组、系统指导委员会等有关活动。

（一）中方参与 GIF 钠冷快堆（SFR）工作进展

中国原子能科学研究院（CIAE）在 GIF 框架下，完成了体现 GIF 技术特点的 CFR1200 预先概念设计，CFR1200 采用基于超临界二氧化碳动力转换的主热传输系统。同时，基于四代堆的要求，提出了 CFR1200 的设计目标和设计要求，制定了 CFR1200 预概念设计顶层参数建议方案。

以“国际合作服务国内研发，国内研发指引国际合作”为原则，CIAE 开展了 4 个国内技术研发任务，分别是：1200 MW 钠冷快堆预先设计研究、钠—超临界二氧化碳热工水力研究、钠—超临界二氧化碳反应研究和革新型堆芯熔化收集器优化设计。并开展了 9 个国际合作项目，包括：钠冷快堆系统指导委员会、系统综合与评价项目、安全与运行项目、先进燃料项目、设备设计与辅助系统项目等。

（二）中方参与 GIF 超高温气冷堆（VHTR）工作进展

在燃料和燃料循环方面。先前在佩腾高通量反应堆辐照过的高温气冷堆示范工程燃料球，其辐照后检查（PIE）的相关数据计划被用于 GIF 的相关工作。在清华大学核能与新能源技术研究院（INET）热室中安装了一个新的 KÜFA 加热炉系统

和其他热试验设施。

在材料方面。完成了石墨堆芯结构和直流蒸汽发生器管路的实验数据分析。

在制氢方面。完成氢碘酸分解器和硫酸分解器样机研制，完成硫酸分解催化剂1000 h寿命测试和公斤级放大生产，完成氦回路多套设备制造、氦回路台架构建启动。

在计算方法验证与基准方面。INET完成了中方加入CMVB协议的签署工作。使用盘古程序完成了HTR-PM首次临界状态的预测计算，此外，还对HTR-PM堆芯物理实验进行了预测计算。

（三）中方参与GIF超临界水堆（SCWR）工作进展

在国际标准题方面。2021年3月，由中国核动力研究设计院和西安交通大学共同发起的超临界水冷堆热工水力与安全特性（TH）标准题正式实施，标志着国际标准题进入实质性执行阶段。共有加拿大、德国、英国以及俄罗斯等8个国家、24家科研单位、32个研究小组参与研究活动。2021年5月，TH国际标准题国内首次交流会在西安举行。会议阶段性总结了中国参与GIF-SCWR的工作进展，增进了技术交流与合作。会上安排6个后续行动项，统一了计算模型、超临界水物性等，保证了国际标准题后续顺利实施。2021年11月，TH国际标准题国内第2次交流由上海交通大学承办，由于疫情原因，此次会议采取线上会议方式举行。会议进一步对网格划分策略、计算收敛条件以及温度场速度场分布等进行了交流与讨论，对影响计算精度的参数设置提供了参考范围，夯实形成最佳指导准则所需要的技术基础。

在热工水力与安全方面。中国核动力研究设计院完成2×2棒束内超临界水传热模型评价与改进，临界流模型的评价与改进、超临界水流动不稳定性研究，利用系统分析程序，针对CSR1000开展了六种典型瞬态和三种典型事故分析。同时，还完成了CFD模型开发与验证、子通道程序开发与验证和CSR1000热工安全要求与性能评估。

在材料与化学方面。上海交通大学开展了800H腐蚀行为研究、含不同Al的AFA腐蚀行为研究、含不同Si的AFA腐蚀行为研究和AFA+ODS腐蚀行为研究等工作。

国际热核聚变实验堆（ITER）及我国核聚变研发进展情况

自2020年7月28日ITER计划重大工程安装启动以来，尽管受新冠病毒疫情影响，中方在各部门、单位共同努力下，ITER计划各项工作仍积极有效推进。

一、中方采购包任务完成量已经达到80.2%

截至2021年年底，ITER中心签署的采购包国内制造任务合同达到87份，其中一级厂商达23家，包括科研院所、国企、民企、合资企业、上市公司等；累计已经有33个合同完成并通过验收，54个合同尚在执行中。目前，环向场超导导体、校正场及磁体馈线超导导体、极向场线圈超导导体、高压变电站材料、无功补偿系统和极向场变流器电源系统等六个采购包已完成所有生产和交付任务，其他采购包仍在大力推进中，中方采购包任务总体上实际完成量已经达到80.2%。

按照ITER组织要求，2021年，ITER中心继续组织供应商开展功能型采购包的初步设计和最终设计工作以及前期已经召开评审会议的后期评审结题工作。先后完成中子通量监测器（Remaining NFMs）、朗缪尔探针（DLP）初步设计评审、气体注入系统阀门箱及控制系统的最终设计评审。EQ12窗口集成采购包转入生产准备阶段；RXC最终设计关闭过程仍在进行中；DLP初步设计评审预期2021年年底或2022年1月份关闭。

目前处于认证和生产准备阶段的任务除了校正场线圈和第一壁之外，部分诊断采购包也陆续开展了生产准备评估活动。如：校正场线圈采购包完成全部认证任务、全面进入批量制造阶段；第一壁采购包完成全尺寸原型件30余根标准手指制作、中心梁机加工，高热负荷测试设备维护完成，可投入稳定测试。此外，中方团队也在开展气体注入系统阀箱关键工艺、器件和材料的制造准备预研工作，同时配合IO进行局部设计改进。

2021年，采购包的制造和交付工作依然处于高峰阶段。疫情对ITER计划采购包制造进度没有明显影响，但是疫情在欧美的持续蔓延对我方部件交付产生了较大影响。中心在按计划推进采购包实施进度的同时，积极协调ITER组织和国内相关供应商，克服困难，持续支持ITER现场安装进度，针对现场急需物项，积极商讨有效解决方案，尽最大努力减轻对ITER安装工期的影响，主要包括磁体馈线、校正场线圈CC、磁体支撑、电流器电源和安装辅件和气体注入复合管道等采购包的交付计划协调。

中方采购包经与IO多次协调后，实物总贡献额度调整为269.212kIUA。截至2021年年底，我方已获得142.94kIUA，占总额度的53.1%。

二、积极参与ITER组织项目管理，确保中方参加ITER计划权益

全力克服疫情影响，组织中方代表团以视频方式出席ITER理事会第二十八届、第二十九届会议（部长级），以及管理咨询委员会第三十一次、第三十二次会议；协助TAC1牵头单位合力推动ITER现场重大安装任务顺利完成，切实履行国际承诺，提升国际影响力；深度参与ITER国际组织管理，切实维护我方合法权益，通过项目变更申请、任务委托等形式，获得ITER组织4份补偿协议，累计金额近2000万欧元；积极搭建中方供应链参与ITER计划的桥梁，先后协助8家国内单位完成ITER外包合同竞标；构建纵横互通工程管理平台，广宣科技管理新要求、新举措、新办法，敦促国内加强标准制定

工作，为我国科技管理工作提供有效借鉴。

切实履行 CPWG 主席职责，主持召开 CPWG 会议；协助做好理事会主席的支撑工作，为我国参加 ITER 组织治理出谋划策；围绕 MAC 文件解读和对案准备，参与相关议题（项目进度、质量、资源、合同、安装、保险等）的文件准备工作；开展 MAC 现金采购提案的书面审批工作，为 MAC 中方代表决策做好支撑；组织并深度参与 ITER 组织资源管理条例（PRMR）修订，ITER 氚化废物临时储存管理（CPG-MISTW）相关小组讨论，跟踪形成 2 份相关报告；组织参加 2021 年 5 月的 STAC 会议线上会议，后期将利用 STAC 平台在 ITER 研究计划（IRP）的解读、跟踪和国内专项部署、专人落实方面加大力度。作为中方代表参与 ITER 组织公平财务覆盖原则共识（FFC-JU）的制定，通过 13 次工作组会深度参与问题讨论，就税费、汇率和采购方法三个方面的重点疑问向 IO 进一步确认，进行多次沟通保证文本符合中方及其供应商的利益。

参与 ITER 组织资源管理，与来自 IO 及其他成员方的 26 名专家组成项目资源管理条例专家组，编制新版《ITER 组织资源管理条例（PRMR）》。作为 ITER 计划高级核心治理文件，此项编制工作对 IO 及各成员方的重要性及价值不言而喻。中方在整个过程中全力投入，一方面确保新 PRMR 的构建可为 IO 运行 ITER 计划提供经济稳健的资源管理规则和概念，另一方面也确保新 PRMR 中的条款和概念与中方在参与 ITER 计划过程中的资源运用和管理机制不存在任何利益冲突。在参与 ITER 计划资源管理及实践基础上，巩固我国对国际大科学工程资源管理的研究与经验借鉴，目前新版《ITER 组织资源管理条例》已正式批准。

三、国内磁约束核聚变能发展研究稳步推进

落实中心作为国家磁约束核聚变能发展研究项目管理工作主体的重要责任，持续围绕我国磁约束核聚变能装置和关键技术研发、高水平科学和工程技术人才培养等方向进行部署。

2021 年度，国内磁约束核聚变能发展研究专项（核聚变专项）围绕聚变等离子体物理基础和前沿研究、聚变关键技术与部件研发以及中国聚变工程试验堆（CFETR）集成涉及等方面进行部署。

2021 年度专项共组织实施项目 73 个，其中基础前沿研究类项目 38 个，重大共性关键技术类项目 33 个，应用示范类项目 2 个。

进一步探索完善里程碑式管理，分领域研究提出项目年度里程碑节点及主要执行风险，落实科技计划管理重要节点“里程碑”管理要求。严格按照任务书约定逐项考核项目完成情况，杜绝“验收放水”。要求在研项目提交“项目年度执行计划”，明确项目年度工作任务，各工作任务间逻辑关系，以及可考核的完成标志等信息。中心根据计划内容，依托专家力量，共同研究形成项目关键“里程碑”节点，并经

中心领导审批后纳入中心年度工作计划，作为项目监督管理的依据，一方面力争强化项目承担单位工程意识、质量意识和风险意识，同时放管结合，实现“无感式”专项管理。

提升服务质量和管理效能，中心结合多年国际热核聚变实验堆计划（ITER）采购包管理经验，以中心质保体系为载体，制定了相关的管理制度，配套控制程序、流程图等质量控制文件，为专项的规范化、标准化、痕迹化管理提供了必要的体系支撑。建立专项管理经验教训库，深入分析梳理相关经验。通过内审、外审等质量监督活动主动发现管理不足或漏洞，并定期对质量体系进行升级，实现了项目管理流程的严格把控和持续改进。

按照任务书要求，并综合考虑项目实施进展及项目管理工作总体安排，2021年完成29个项目开展了中期检查工作。包括2017年第一批指南项目2个，第二批指南项目5个项目、2018年指南项目22个。经综合绩效评估，大部分项目完成了中期任务，实现了中期目标，项目管理运行有效，经费使用合规。

截至2021年年底，核聚变专项围绕聚变等离子体物理基础和前沿研究，聚变关键技术与部件研发以及中国聚变工程试验堆（CFETR）集成设计等重点任务，取得了一系列阶段性进展，国内两大聚变装置EAST和HL-2A/2M实验条件得到进一步升级，其他聚变装置也积极开展相关实验研究工作。

（一）EAST成功实现可重复电子温度1.2亿摄氏度101秒和1.6亿摄氏度20秒等离子体运行，2021年12月30日EAST成功实现1056秒稳态高温等离子体放电运行，创造了长脉冲运行的世界纪录，EAST装置成为世界上第一个实现千秒级脉冲长度运行放电的托卡马克装置。

（二）HL-2A装置2021年上半年完成偏滤器靶板改造，完成偏滤器相关诊断系统改造、重离子束探针支撑结构安装、RMP线圈升级、汤姆逊散射诊断系统改造、内部线圈系统安装等。装置实验期间开展了偏滤器物理、边缘局域模控制、密度极限、破裂预测和缓解、多尺度相互作用、高能粒子物理等相关实验研究。在HL-2A装置上首次开展了上偏滤器线圈通电调试，实现了具有一定拉长比的偏滤器位形放电，为下一步提升装置运行参数提供了条件。系统开展了密度极限实验研究，实现了超过Greenwald密度极限的等离子体运行，揭示了自发力矩的降低是导致密度极限下剪切流崩塌的关键因素；完成了液态SMBI、CTS、NPA、靶板偏压、射频辉光等新研制诊断和实验系统的调试；开展了CODI集成运行控制系统调试，为发展具有独立知识产权的运行控制系统打下了基础。

（三）HL-2M装置已于2020年12月初实现首次等离子体放电，标志着我国新一代大型磁约束核聚变实验研究装置建成并正式投入运行。2021年春季实验实现了等离子体电流大于160 kA、放电时间大于200 ms，实现了电流反馈控制，并实现了偏滤器位形放电。通过实验，验证了装置主机、各辅助系统的可靠性。

依据 HL-2M 装置运行的中远期目标，制定了装置第二阶段实验运行任务的总体目标，2021 年启动装置整体的升级和改造，包括装置第一壁、偏滤器的加工和安装；NBI、ECRH、LHCD 共 11MW 辅助加热系统的安装和调试；完善 / 新建 17 套磁体电源、新建 1 套快控电源、完善 / 新建 6 套高压电源；2 套低温泵和 16 组 RMP 线圈安装；弹丸注入送气系统、辉光清洗等系统建设；低温系统建设、调试；磁体、真空室、偏滤器、辅助加热等系统所需冷却系统新建，完善烘烤系统；中央控制系统建设；25 套 50 余种诊断系统建设。按照总体计划，将在 2022 年完成 HL-2M 装置本阶段的升级和改造，并开展系统工程联调和等离子体调试实验。

（四）J-TEXT 装置优化第一壁条件以及采用偏压电极控制等离子体边界湍流，密度极限达到 0.93 nG；在偏滤器位形下突破密度极限达到 0.94 nG，超越了之前装置上 0.81 nG 密度极限。采用 m/n=-1/1 非共振扰动场进一步拓展了装置的低 qa 运行区间，边界 qa 降低到 2.1 左右，为开展不稳定性机理和不稳定性控制提供了基础；发展了双散裂弹丸系统，为支撑 ITER 破裂缓解提供了预研平台。

（五）在 KTX 装置上首次研发了紧凑环注入系统，将高密度的自组织等离子体环以近 300 km/s 高速注入到 KTX 主等离子体中，实现了高于 Greenwald 极限的等离子体密度运行，为高密度物理研究提供实验基础，为磁约束聚变堆芯部加料技术的探索迈出了重要的一步。

中国聚变工程试验堆（CFETR）工程设计工作全部完成，形成了完备的系统性的工程设计模型、图纸、设计标准体系，并已进行了相应数据测试；同时，成功研制大型超导磁体内部接头，攻克了稳态热负荷达 20 MW/m^2 的超高热负荷偏滤器关键制备技术，搭建了融合聚变堆工程技术、管理流程的大型信息化平台等；为我国自主建造聚变堆奠定了基础。CFETR 将解决氚自持和稳态运行等 ITER 与未来商用示范堆必须克服的关键科学技术问题，是我国实现聚变发电所需经历的关键一步。聚变相关关键部件或技术，如兆瓦级射频负离子源、氢同位素分离、氚提取与测量系统等取得重要突破。

2021 年，核聚变专项共获得其他标准 4 项；申请发明专利 149 项，获得授权发明专利 40 项（其中国际专利 2 项），获得其他各类专利 9 项；取得软件著作权 36 项，出版专著 13 部；提出新理论、新原理 33 项；获得新技术、新工艺、新方法 48 项；研发新产品、新装置 45 套。

人才培养再结硕果，2021 年毕业研究生 328 人，其中博士及以上 124 人，培养技术人员 126 人；有两名项目（课题）负责人 2021 年荣幸当选中科院院士（等离子体所万宝年研究员和兰州大学周又和教授）。

中心先后主办了国际组织及国际大科学计划人才能力建设研修班、国际大科学计划和大科学工程管理高级研修班、第二届中国磁约束聚变能大会暨聚变能活动周等活动，持续提升 ITER 项目管理人才能力建设，为推进国内聚变研究发展凝心聚力、招贤纳士；积极参加第十四届中国国际核电工业展览会、2021 年全国科技活动周主题展览、“十三五”科技成就展等活动，普及聚变科学文化，播种聚变科技新希望。中心以实际行动为“十四五”开好局、起好步、做贡献，以永不懈怠的精神和一往无前的姿态在新时代征程中不断奋斗，为推进科技自强自立贡献智慧和力量。

（本部分材料由中国国际核聚变能源计划执行中心提供）

核能骨干企业

中国核工业集团有限公司

2021年是党和国家历史上具有里程碑意义的一年。全党全国上下在以习近平同志为核心的党中央坚强领导下，隆重庆祝党的百年华诞，实现全面建成小康社会的第一个百年奋斗目标，开启全面建设社会主义现代化国家、向第二个百年奋斗目标进军的新征程。党中央高度重视核工业发展，为新发展阶段推动核工业加快发展提供了根本遵循。

一年来，中核集团深入贯彻落实习近平总书记重要指示批示精神和党中央决策部署，把握新发展阶段，完整、准确、全面贯彻新发展理念，加快构建新发展格局，制定实施“十四五”规划，深入推进“抓落实年”，推动核工业高质量发展，各项工作取得可喜成绩，实现“十四五”良好开局。

中核集团克服疫情等不利影响，落实“六稳”“六保”举措，积极推进提质增效，实现稳增长目标，连续16年获得国资委经营业绩考核A级，世界500强排名大幅跃升至371位。

一、全面深化改革

全力推进国企改革三年行动，80项改革重点任务、434项改革主要举措完成率超过90%，超额完成国资委目标要求。

中国特色现代企业制度更加完善。党的领导全面融入公司治理，中核集团董事会切实发挥“定战略、作决策、防风险”作用，公司治理效能稳步提升，子企业董事会建设走深走实，应建尽建、外部董事占多数和权责清单制定任务全面完成，中核集团董事会建设获得国资委优秀评价。

科研院所改革扎实推进。“一院两制”市场化运作机制不断健全，核动力院、战略规划总院等院所改革不断深入，中核矿业科技以改革激发活力动力、利润总额突破亿元。

布局优化和结构调整持续推进。四〇四调整为中核集团直属单位，中核能源调整至中国核电管理，中国铀业整合资源组建新疆矿业集团和天然铀海外事业部，中国中原推进中原运维实体化运作。中核集团全年压减企业55户，管理层级压缩至5级，完成23户“两非”企业清理退出，国资委挂牌督办的9户亏损企业全面完成治亏目标，完成“三供一业”资金清算，“三供一业”移交工作圆满收官。

市场化经营机制加快建立。431家子企业全面实行任期制契约化管理，试点推进成员单位领导班子市场化选聘。深化不胜任退出和末等调整机制。核燃料企业全面启动定岗定编标准化工作。分配激励机制不断完善，中国核建试点推行模拟股份制，激励骨干科研人员拿高工资，原子能院百万年薪科学家突破14人。

二、加强科研攻关

自主三代核电“华龙一号”全球首堆、海外首堆投入商运并保持连续稳定运行，成为全球唯一没有拖期的三代核电首堆。自主四代核电高温气冷堆示范工程实现并网发电。我国核电技术跻身世界前列，核电跨越赶超引领态势加快形成。

持续加大科研投入，重大科研攻关扎实推进。“创新2030”工程深入实施。锦屏深地核天体物理实验首批成果发布，兆瓦铅铋核电源1:1非核综合演示验证取得成功，与堆型匹配发展的CF4、环形、ATF等燃料进入先导组件研制阶段，气冷微堆总体技术方案固化，成功研制首批TRISO弥散燃料，智能伽马刀完成主体集成调试。面向国民经济主战场，110项科技成果完成转化，成果获得国家科技进步二等奖，“华龙一号”成果获得中国专利金奖，4项国际标准正式发布。

核科技创新体系不断完善。国防科技工业高放废物地质处置创新中心、同位素及药物国家工程研究中心等创新平台获批，围绕重点战略方向新设21个国家级研究平台。中核集团与清华大学等高校、科研机构合作共建不断走深走实，组建高温气冷堆碳中和制氢产业技术联盟、海水提铀技术创新联盟。

三、产业经济保持稳定增长

核电积极安全有序发展。“华龙一号”实现批量化建设，福清5号、田湾6号机组投入商运，高温气冷堆示范工程、福清6号机组实现并网，中俄核能合作项目和小堆项目5台机组核准开工，秦山核电南方首个核能供暖项目投运。秦山核电1号机组运行许可证获批延续20年。全年核电发电量1731亿千瓦时，同比增长17%，19台机组WANO指数满分，核电运行业绩全球领先。新疆阿尔塔什水利枢纽工程全部投入运行，新能源装机规模达到1611万千瓦，新能源发电235亿千瓦时，同比增长38%。

天然铀产业一体化运营稳定有序发展。国内找矿和生产稳定有序，罗辛矿铀产量创十年新高，天然铀销量跻身全球第二。核燃料产业圆满完成全年生产交付任务，与国内核电企业签订新一轮中长期核燃料供应合同，分离功、铀浓缩、压水堆组件等降成本取得成效。核环保产业加快发展，核电乏燃料集中处置场完成一期一阶段处置单元施工。北山高放废物深地质处置地下实验室工程开工建设。浙江桐庐神仙洞放射性废渣治理项目提前37天通过竣工验收。

中国核建搬迁上海，布局优化主动迈出实质性步伐。同位素原料多点布局，同位素制品药品研制取得新突破，一批核特色医疗项目落地，核技术应用产业发展提速。装备制造业的产品研发、质量管控能力得到提升。同方股份聚焦核心产业发展，主动消化一部分历史遗留问题，产业协同、治理管控得到加强，大力推动科创产业和智慧能源产业发展，安检产业和知识管理服务保持世界领先。

四、统筹两个循环，国内国际市场打开新空间

增强市场意识，加强市场开发体系建设，主动融入国家区域发展战略，加强与国家部委、地方政府对接汇报，大力开发甘肃、江苏、山东、浙江等重点地方市场，核电厂址开发和项目前期工作取得积极进展，浙江金七门、三门5/6号、吉林辽源泳池堆项目取得国家“路条”，江苏西陬山项目建议书上报国家发改委，山东辛安高温气冷堆项目上报项目建议书，抽水蓄能、新能源开发取得一批项目。

克服疫情影响推进国际合作，服务共建“一带一路”倡议。中俄核能合作迈上更高水平，习近平主席、俄罗斯总统普京共同见证中俄核能合作项目开工，树立了全球核能合作典范。中巴核能合作迎来30周年，K2机组实现商运，K3机组完成装料，C4机组首次获得WANO指数满分，CF3燃料组件首次成功出口巴基斯坦。阿尔及利亚B1/B2项目完成最终验收。分离功出口韩国成功中标，海绵锆连续两年出口俄罗斯，锆–4管坯首次出口加拿大，核燃料产品融入国际产业链分工步伐加快。哈萨克斯坦铀资源合作洽谈取得积极进展。国际组织和大科学工程合作取得新进展，ITER项目安装工程完成第一阶段工作，IAEA高放废物地质处置协作中心挂牌。

五、推进管理创新

深入开展对标世界一流管理提升行动，围绕战略管理等8个重点管理领域，实现了集团总部部门、重要子企业全覆盖，整体完成率达到94%。2个标杆企业、2个标杆项目、1项标杆模式成功入选国资委标杆创建名单。以“三高三强”总体设计推进战略规划体系建设，重大战略问题研究进一步发挥作用和影响，高质量完成“十四五”规划编制任务。持续推进授权经营管理机制改革，发布《集团公司对二级单位权力清单（C版）》。MKJ管理体系和精准考核机制持续完善。“六大控制七个零”高质量精细化工程项目管理模式深入推广。

加强资本运营和上市公司市值管理，完成同方股份非公开发行、新三版挂牌公司凯利核服定向发行，中国核建非公开发行已完成国资委批复及证监会报批等工作，中国铀业、中国同辐、中核汇能引入战略投资者和改制上市工作稳步推进。成功发行13亿元首期碳中和绿色公司债，推动中国同辐科创板上市，中国铀业完成募集资金40亿元。财政预算资金获取再创历史新高。财务共享、司库建设全面开展，供应链金融平台上线运行，资金管理集中度、采购集约化管理能力明显提升。“两金”管控、稳杠杆防风险工作得到国资委肯定。

以系统思维推进组织人事工作，推广实施人力资源管理体系标准，试点推行标准工时量化考核办法。积极推进信息化建设和数字化转型，4个项目获批国家级试点示范项目和优秀案例。加强重点领域、关键环节审计监督，严肃开展违规问题核

查追责，法律合规风险内控工作扎实推进，制度体系进一步完善。保密工作体系建设和能力建设得到加强。

六、强化风险意识，安全质量环保全面受控

深入践行安全是企业核心价值观的理念，持续加强安全文化建设。加强安全环保风险管控，推进安全生产专项整治三年行动集中攻坚，中核集团工业安全形势总体受控，核与辐射安全保持良好记录，所有核电核设施安全稳定运行。落实首都安全风险整治，充分发挥国家主力军作用，积极跟踪应对日本福岛核废水排海事件并持续加强经验反馈。质量管理得到明显加强，质量控制体系进一步完善，质量建设取得多项荣誉，“华龙一号”成果获得中国质量奖，12 项成果获国际质量管理小组大会金奖。

中国广核集团有限公司

2021年，中国广核集团有限公司（以下简称“集团”）坚决贯彻落实党中央、国务院决策部署，完整、准确、全面贯彻新发展理念，深入践行“严慎细实”工作作风，统筹发展与安全，沉着应对风险挑战，较好完成全年各项任务目标。集团质量效益和综合实力持续提升，主要经营指标连续多年实现两位数增长。截至2021年年底，集团总资产为8590亿元，控股在运装机接近6900万千瓦，全年实现上网电量2980亿度，相当于种植森林超过67万公顷，相当于减少标煤消耗约9086万吨、减排二氧化碳超过2.1亿吨。

安全生产实现新提升。集团深入贯彻落实习近平总书记关于核安全和安全生产的重要论述和指示批示精神，把确保核电运营安全和建设质量作为最重要的政治责任，扎实推进专项整治三年行动。按照最高规格、最严标准、最实措施系统部署，圆满完成建党百年等重大保电保供任务。阳江公司、防城港公司分别成功承办国家核安保综合演练、国家核应急演习，获得国防科工局、国家核应急办高度肯定。核电安全生产业绩持续提升，群厂83%的WANO指标达到世界先进水平，较去年上升约10个百分点。群厂机组平均能力因子91.6%，连续四年达到WANO先进水平。岭澳1号机组连续安全运行5622天，不断刷新世界纪录。核电清洁高效、安全稳定的基荷优势得到充分发挥，上网电量再创新高，全部23台CPR机组平均利用小时数首次超过8000小时。新能源公司强化精益化对标和设备管理，风、光等效利用小时数处于行业前列。

经营发展取得新突破。集团主动服务国家重大战略，统筹存量与增量，抓项目、拓市场、增效益、控风险。核电工程建设总体顺利，红沿河5号机组高质量投产，防城港3号机组完成安全壳打压试验，太平岭1号机组完成穹顶吊装，三澳2号机组实现核岛主体工程开工。中哈核燃料组件厂正式投产，乏燃料干法贮存设施建成投产。境内新能源投运装机完成年度目标，海上风电所有保电价项目全部并网。市场开发取得新进展。陆丰项目5、6号机组核准开工在望。新能源控股公司面对激烈的市场竞争，全力抢抓大基地和整县光伏开发机会。上海科技“和睦”系统成功通过德国CE认证。核技术公司贴近市场需求，实现从废水处理向特种废物处理市场拓展。强化境外风险管控，完成出口管制重点领域合规管理体系建设，实现境外重要项目财务主管人员派遣全覆盖。

科技创新打开新局面。集团按照党中央提出的“四个面向”，进一步统一思想认识，深化科研体制机制改革，全力推进重点项目和关键技术攻关。科技创新体系更加完善，重点优化核能科技创新的顶层设计，形成科研合力；推进落实“项目制、团队式”运作机制，签署战略专项“军令状”，进一步加大项目总指挥授权，压实责任；出台《科研投入考核办法》《科技创新示范项目投资管理办法》等新政策，鼓励成员公司加大科研投入，支持创新成果示范应用。重大科研项目进展良好，经过五年奋战，“华龙一号”GDA 工作（英国通用设计审查）全部按期完成；谋划推动南方中心建设，成功列入广东省“十四五”规划纲要；一批重要科研基础设施建设项目正在有序推进。应用型创新成果不断涌现，如运营公司大力实施精益创新，成功研制发电机检修机器人、仪控板件智能校验装置等新工艺，维修效能持续提升；宁德公司开发应急柴油机智能维护和故障诊断系统，故障排查效率提升 30%；新能源控股公司聚焦先进技术系统集成，在如东海上风电项目成功应用柔性直流输电系统，保障项目高质量投运。集团全年获中国专利优秀奖 6 项，首次提升为 B 档。

深化改革取得新成效。2021 年，集团全面贯彻国企改革三年行动部署，扎实推进“1+4+X”改革落地，产业体系、产权体系、投资体系、治理体系、组织体系和市场化机制等领域改革取得重要突破，以核能为特色的国有资本投资公司更加成熟定型。公司治理体系更加健全高效，全面贯彻“两个一以贯之”，深入推进党的领导融入公司治理，19 家重要子企业制定党委前置研究讨论重大经营管理事项清单；推动成员公司董事会应建尽建、配齐建强，外部董事占多数；16 家二级公司实现董书法“一肩挑”。产业发展基础更加坚实，立足国家发展需要及集团战略规划要求，优化调整产业布局结构，推动数字化、科技型环保领域产业资源整合，打造“6+1”产业体系；着力理顺产权与管理关系，进一步完善集团投资管理体系。总部机构改革稳步开展，按照国有资本投资公司定位，打造战略管控型总部，突出核心职能，精简部门设置和人员编制。改革后，“母子公司”治理架构更加完善，更好发挥成员公司市场主体作用。干部人才队伍建设扎实推进，开展第二批集团公司党委管理干部公开选拔，干部年龄结构更加合理；各公司共计开展 170 余个管理岗位和高级技术岗位公开竞聘，树立“能上能下”的鲜明导向；持续加强技能人才队伍建设，组织公开选拔 7 名战略专项总指挥，着力打造以科技领军人才为核心的科研团队。市场化机制不断深化，各成员公司全面实施经理层任期制与契约化管理；“一企一策”推动落实中长期激励机制，苏州院、设计院、广利核实施科技型企业岗位分红，核技术公司实施上市公司股权激励，按计划推进第二批成员公司中长期激励。

国家电力投资集团有限公司

2021年，是国家电力投资集团有限公司实施“十四五”规划的第一年，也是集团公司深化改革、转型发展的关键一年。一年来，集团公司认真贯彻习近平新时代中国特色社会主义思想，坚决落实习近平总书记重要指示批示精神和党中央各项决策部署，面对新冠肺炎疫情持续冲击、大宗商品价格大幅攀升、国际格局及地缘政治复杂多变的严峻形势，坚定不移实施创新驱动、真抓实干优化结构布局、攻坚克难深化企业改革、积极防范化解重大风险、有效提升党建工作质量，成功应对疫情带来的诸多不利影响，全面完成能源电力保供阶段性任务，安全生产总体稳定，经营发展成效显著，圆满完成年度各项目标。全年实现营业收入3321亿元，同比增长20%，利润总额108亿元，新增装机2392万千瓦，期末装机1.95亿千瓦，清洁能源装机占比61.5%，利润在发电央企中保持前列，新能源、可再生能源装机规模全球第一，实现了“十四五”良好开局。

一流光伏建设实现重大突破。牢记习近平总书记六年前视察时“一定要将光伏产业做好”的嘱托，全力推进一流光伏建设。自主研发的光伏电池光电转换效率居世界领先水平；光伏发电装机6年增长近8倍达4110万千瓦，稳居全球第一；累计发电量超过1430亿千瓦时，减排二氧化碳约1.1亿吨；率先推广应用水风光互补、渔光农光互补、光伏治沙等技术，开拓出一条多能互补、智能协同的生态能源发展道路。2021年8月23日，习近平总书记再次肯定集团在光伏核心技术研发等方面取得的成绩，鼓励集团“再接再厉，再攀高峰”。

重大专项取得重要进展。高质量完成“国和一号”示范工程年度里程碑节点目标，屏蔽电机主泵进入量产化阶段；25项重大专项课题通过国家能源局综合绩效评价，超额完成年度目标。高质量完成工信部重型燃机年度考核任务，完成300兆瓦级燃机详细设计，临港基地示范燃机建设全面铺开。能源工业互联网专项工程二期建设取得阶段性进展，安全态势感知平台成功接入国家能源局和国资委系统。

能源保供彰显央企担当。坚决执行党中央、国务院能源保供决策部署，精心组织、迅速行动、全面落实，切实做到机组应开尽开、设备稳定可靠、煤炭增产增存。电厂存煤处于历史高位，可用天数高于去年同期并长期保持；保供机组运行稳定，可调容量占比历年最高，非停容量占比、出力受阻容量占比等关键指标处于领先行列；累计设立专项保供资金100亿元。集团公司能源保供各项工作取得阶段性成果，获得国家发改委、国资委等主管部门肯定及辽宁、重庆等9个省（市、区）政府的感谢和表扬。

产业结构优势凸显。清洁能源规模效益持续释放，贡献利润255亿元，创历史最好成绩。火电入厂标煤单价对标持续领先，燃料采购在煤炭价格大幅上涨情况下仍有序可控。煤炭产能充分释放，全年产量 7717 万吨，实现利润 31 亿元。铝业板块实现利润 70 亿元，创近十年来最好业绩。产业金融围绕以融促产和风险管控，积极支持主业发展，实现利润 59 亿元。产业互补效益明显，全年利润同行对标领先，继续保持三大国际评级机构 A 类信用评级。稳妥有序，海外市场开拓扎实推进。积极响应“一带一路”倡议，成功应对疫情防控和境外公共安全双重挑战，全年境外新增装机 82 万千瓦，累计装机近 700 万千瓦；全年实现境外营收 123 亿元、同比增长 17%，利润 25 亿元、同比增长 192%。几内亚铝矿、巴西 GNA 等战略性重大项目投产；成功参与沙特红海项目，实现中东地区全球最大单体综合智慧能源项目的重大突破。

产业技术创新成果丰硕。发布技术标准 134 项，实现国际标准“零”的突破。专利申请同比增长 140%，其中发明专利授权同比增长 180%；新增国际专利申请 15 件，获得中国专利优秀奖 2 项。海阳 450 万平方米核能供热示范项目投运，海阳成为全国首个零碳供暖城市。实现国家首个氢混燃机示范项目 15% 掺氢燃烧。国内首条自主可控 30 万平方米质子交换膜生产线投产运营。国内首台氢燃料电池混合动力机车上线运行。全球首个光储实验实证实训创新平台大庆一期建成投运。发布“天枢一号”综合智慧能源管控与服务平台 2.0。

2021 年，集团公司在核能领域取得的主要成效情况如下：

（一）海阳核电保持安全稳定运行，圆满完成能源保供工作

2021 年，在面对疫情防控和换料大修双重考验下，两台机组保持安全稳定运行，未发生 INES 1 级及以上运行事件。前三季度，海阳核电 1 号机组 WANO 指标 10 项达到卓越值，10 项达到先进值；2 号机组 8 项 WANO 指标达到卓越值，8 项达到先进值。海阳核电 1、2 号机组大修安全、质量和进度再创佳绩，2 号机大修工期 19.63 天，再次刷新三代核电最短大修工期记录。

预计全年发电量 195 亿千瓦时，可圆满完成保供电、保供热工作；全年实现营业收入 66.8 亿元，净利润 10.48 亿元。

（二）“国和一号”工程建设顺利，安全质量总体稳定

始终坚持“安全第一，质量第一”，克服双堆建设高峰期和新冠疫情带来的巨大挑战，聚焦“保安全、保质量、提升工效”，全力抓好工程建设各项工作，高质量完成年度建设目标。1 号机组完成 CV 顶封头就位、220 kV 倒送电等重大节点，2 号机组反应堆厂房施工至 2.2 米。

现场安全质量可控在控，项目管理与风险管控能力持续提升。挪威船级社“HSE 国际标杆建设”安全评级由 7.2 级升至 7.5 级。

（三）积极推进核能项目核准，核准“尖刀班”工作成果显著

推动 AP1000 技术引进消化吸收和依托项目建设运行总结情况上报国务院，

CAP1000核电项目有关安排经国家能源委员会审议并原则同意；11月，国家发改委正式受理海阳3、4号机组项目申请报告并委托评估。廉江项目“两评”报告完成审查，“国和一号”示范项目海域使用权证书、海阳二期和廉江一期用海预审获得批复，廉江一期具备上报核准条件；佳木斯核能供热示范项目完成可研报告审查、项目申请报告编制和“两评”报告审评。

（四）核电重大专项取得积极进展，关键设备研发实现重大突破

围绕核电重大专项总体战略目标立项的198项课题，146项课题已完成研发任务；135项课题通过国家能源局组织的正式验收，其中，2021年克服疫情影响和诸多困难，完成25项课题正式验收，超额完成年度目标。累计形成重大专项知识产权及成果8030项，其中2021年度形成992项。

“国和一号”首台屏蔽电机主泵研制成功，进入批量化生产阶段，标志着我国核电装备制造达到世界领先水平。基于国产芯片的“和睿”仪控系统及堆内外核测系统研制成功，堆内外核测系统进入产品制造阶段。“和弦”软件（COSINE）7个已提交国家核安全局取证，剩余2个按计划推进。全面完成国资委“1025”四项课题攻关，获得国资委考核加分；《核电厂—安全重要仪表和控制系统—地震停堆系统准则》由国际电工委员会（IEC）发布，实现国际标准突破。

制定设备国产化率提升计划，对国和系列全厂824个物项进行全范围部件级梳理，制订国产化攻关方案，确保2023年具备100%设备国产化能力。

（五）核能转型“三个拓展”取得显著成效

在保持安全稳定运行的同时，海阳核电450万平方米核能供热示范项目正式投运，建成全国首座零碳供暖城市，实现国内商用核能供暖的“零突破”，发布“暖核一号”供热品牌，引发国内外强烈反响；投运世界首个水热同产同送科技示范项目，实现核能发电—制水—供暖的三级高效利用。

抓住国家政策机遇，获得分离功进口资质，与俄罗斯TENEX公司签署铀转化浓缩服务合同，在核燃料专营领域实现重大突破。低成本锁定“十四五”天然铀需求，精准把握采购时机，以低于国际市场20%的价格，锁定天然铀9000余吨，基本满足集团公司“十四五”核电机组需求。功率芯片质子辐照项目，实现全部四栋厂房封顶。山东处置场项目获国防科工局核准，项目迈入实质性阶段。九江多功能研究堆项目完成项目建议书审查和项目可研报告专家咨询。“国家原子能机构核技术（功率芯片质子辐照）研发中心”获批挂牌。

（六）安全质量局面良好，核能领域实现“零死亡”目标

全面贯彻《核安全法》，健全核安全管理体系，高质量推进核安全文化建设工作，发布核安全建设五年规划，集团公司核安全形势持续稳定向好。在建核电项目按计划推进，安全质量稳定、可控，核能产业实现全年“零死亡”目标。

核应急制度和预案体系进一步完善，核应急组织体系进一步优化，核应急培训、演习和公众宣传有序开展；核应急能力建设持续推进，完成与国家核应急指挥中心核应急专网连接。

（七）扎实开展管理创新，核能业务管理模式优化改革走实走深

核能产业管理模式优化改革及核能总部入鲁，是集团公司管理体制改革的重要一环，是集团公司核能产业发展战略落地、打造集团“国和”系列技术品牌基地和具有国际影响力的先进三代核能产业基地的关键措施，意义重大、影响深远。该项改革的完成为深耕山东、推动集团核能产业高质量发展，奠定了坚实基础。

（八）积极推动核电产业标准化和数字化转型

以集团公司核能产业“十四五”规划为指导，以建成国家电投“数字核电”为目标，启动核电生产组织机构标准化和业务流程标准化工作，完成核能产业数字化顶层设计和实施路径规划，为推动核电产业数字化、智能化发展，全面提升核电产业协同运作能力、资源集约管理能力和高质量发展能力奠定坚实基础。

中国华能集团有限公司

2021年，中国华能集团有限公司（以下简称华能集团）面对百年变局、世纪疫情和能源电力紧张形势，坚持以习近平新时代中国特色社会主义思想为指引，坚决落实党中央重大决策部署，迎难而上、主动作为，办成许多大事、喜事，实现“十四五”良好开局。完成发电量（国内）7744亿千瓦时，同比增长9.4%，营业收入实现大幅增长，发电量和营业收入均创历史最好水平，利润对标排名第一，进一步巩固行业领先优势，在建党百年、“十四五”开局之年彰显新担当新作为。

一、能源保供作出重大贡献

带头保供彰显华能担当。华能集团上下坚决贯彻总书记重要指示精神，闻令而动、听令而行，不计代价，冲锋在前，坚决扛起能源保供的政治责任，充分发挥央企“顶梁柱”“压舱石”作用。建立日调度、周督办、月总结机制，实行“一票否决”，全部机组实现应开尽开、应发尽发。四季度日均运行容量同比增长12%。全年机组非停同比下降6%，各类型机组及综合利用小时对标排名第一。华能集团能源保供工作得到国家主管部门和地方政府高度评价。

燃料保障坚强有力。面对前所未有的保供压力，燃料战线攻坚克难，多方争取煤源，采购量创历史新高；在最关键的四季度，库存水平明显高于全国统调电厂；加大进口煤采购，大力推动煤炭产能核增1930万吨/年，伊敏、魏家峁、高头窑3个煤矿产能突破1000万吨/年，华能集团煤炭产能突破1亿吨/年。煤炭产业讲政治、顾大局，全力增产增供，煤炭产量同比增加1057万吨；强化煤电协同，内供煤量同比增加921万吨，协同率62%。

安全保障能力显著增强。有效应对极端天气、自然灾害，没有发生较大及以上安全事故。基本建设领域实现零伤亡、零事故。在煤炭产量创新高的情况下，事故率明显降低。水电大坝实现专业化统一管理。核安全保障体系有效运转，核应急能力明显提升。网络安全基础不断夯实。

节能减排成效显著。供电煤耗同比下降1.44克/千瓦时。长江、黄河流域电厂废水治理实现全覆盖，重点区域95%的电厂完成煤场封闭改造。超低排放机组占比达到98%，超全国平均水平12个百分点，污染物排放绩效保持行业领先。

疫情防控有力有效。有效应对国内多点突发疫情，常态化抓好境外项目疫情防控，织密织牢防控网，全员疫苗接种率超过95%，牢牢守住“华能阵地”，夺取疫情防控和生产经营发展“双胜利”。

二、绿色低碳转型迈出更大步伐

新能源发展创历史最好水平。发展规

模创新高，项目核准（备案）容量突破4000万千瓦，实现翻番；新增实体开工容量突破1600万千瓦，新增并网容量突破1000万千瓦，居行业领先；在全国整县屋顶分布式光伏开发试点中，入围项目占比近10%。发展质量行业领先，新能源项目单位容量利润和度电利润对标排名第一，有力发挥效益支撑作用。

大型基地开发取得重大进展。国内首个千万千瓦级多能互补绿色综合能源基地——陇东能源基地配套调峰电源和先期320万千瓦风电、上都清洁能源基地200万千瓦风电项目全面开工，标志着华能集团“北线”大型基地开发建设进入快车道。“东线”海上风电克服施工资源紧张、窗口期短、疫情等不利影响，年内投产215万千瓦，展现出敢打敢拼的精神风貌。华能集团累计投产海上风电380万千瓦，在五大发电集团中排名第一。19个清洁基地项目入围国家大型风电光伏基地首批开工清单。

清洁能源发展呈现新格局。石岛湾高温气冷堆核电站成功发出华能第一度核电，依托高温堆，华能集团首次实现核电建造许可证、核材料许可证、操纵员执照、运行许可证“四证齐全”，全面具备核安全保障能力。石岛湾压水堆扩建项目一次性取得4台百万千瓦机组路条，核电规模化发展取得重大突破。昌江核电二期两台机组分别于3月31日、12月28日正式开工，依托昌江二期，华能获批压水堆建造许可证，形成核电项目规模化滚动发展的良好态势。水电前期工作按国家部署要求扎实推进，托巴、硬梁包等重点水电项目如期实现大江截流，永新等4个抽水蓄能项目列入国家“十四五”重点实施工程。罗源港电储送一体化绿色建设示范项目获国家优质工程金奖。

国际化发展稳步推进。英国门迪一期储能项目顺利投产并盈利，成为华能集团首个在发达国家自主建设的电力项目，被中国英国商会评为2021年绿色合作项目。门迪二期项目正式开工建设。成立国际工程公司，取得工程总承包资质。

三、经营效益行业领先

主要效益指标创历史新高。在煤价飙升导致煤电产业严重减利的严峻形势下，华能集团上下不畏困难，大力提质增效，华能集团抗风险能力和盈利能力明显增强。各产业板块协同发力稳增长，其中新能源产业盈利同比增长85.8%；金融产业盈利同比增长10%；水电产业盈利同比增长62%；煤炭产业盈利同比增长372%，均创历史新高。境外项目延续良好经营态势，大士能源连续两年盈利。

增产增收实现新突破。华能集团发电量、供热量、煤炭产量等指标均创历史最好水平，营业收入增幅创近年新高。发电量同比增长9.4%，供热量同比增长8.9%，煤炭产量同比增长13.9%。

四、自主创新能力显著增强

高温气冷堆示范工程实现重大突破。

历经17年奋力攻关，国家科技重大专项——华能石岛湾高温气冷堆示范工程先后攻克双堆热试、首堆装料、首堆临界等节点，并于12月20日成功并网，设备国产化率达93.4%，远超重大专项75%的目标，这是新时代我国核电发展史上的一项重大科技成就，标志着我国在世界第四代核电技术领域实现领先。核电关键核心技术攻坚工作取得较好成绩，2021年核电板块累计申请专利226项，其中发明专利102项，实用新型124项；获得专利授权93项，其中发明专利3项，实用新型90项。

承担国家攻关任务行业最多。“1025工程”等国家科技攻关年度任务全面完成。中标5项国家“揭榜挂帅”重大能源科技示范项目和多项国家重点研发计划项目。全力打造海上风电、CCUS原创技术策源地，牵头组建650 ℃高温材料、超临界CO_2循环发电技术等4个创新联合体。清洁低碳热力发电系统集成及运维国家工程研究中心成功入选国家新序列首批名单，是发电行业唯一入选单位。

关键核心技术攻关取得一批新成果。牵头研制出国内首台5兆瓦和7兆瓦（直驱型）国产化海上风机。成功投运国内首套70万千瓦水电机组全国产化监控系统。国家能源局首台（套）示范项目——瑞金二期全国产DCS/DEH/SIS一体化智慧火电机组投运。自主研制出F级燃机第1级动叶片。相变型CO_2捕集技术实现工业规模验证。建成世界容量最大参数最高的超临界CO_2循环发电试验机组、世界首个非补燃压缩空气储能电站。研制出单槽产能世界最大的水电解制氢装置。钙钛矿电池大面积组件转换效率突破15.5%。

科技成果转化能力不断增强。18套华能睿渥DCS推广使用。86台风机完成国产化PLC改造。污泥垃圾耦合发电技术实现规模化应用，日处理污泥能力达6000吨。汽轮机低压缸零出力技术在全国130余台机组应用，引领煤电行业深度调峰和供热技术进步。获省部级以上科技奖励66项，其中中国电力科技进步奖一等奖2项，中国能源创新奖一等奖1项。发布3项IEC国际标准。申请专利11 891件，同比增长114%；授权专利6307件，同比增长269%；新增国际专利49件；获中国专利奖优秀奖5项。

数字化转型迈出坚实步伐。推进实施华能集团数字化“十四五”规划和转型总体方案。国内首家千万点秒级实时新能源数据平台——华能新能源智慧运维系统投入运行。在砚北、核桃峪、伊敏建成国家首批智能化煤矿。

五、改革攻坚取得重大进展

年度改革任务全面完成。召开27次党组会（改革领导小组会），研究审议54项重大改革议题，有力推动国企改革三年行动方案落地见效。累计完成三年改革任务的91.4%，超计划进度21.4个百分点。西安热工院在发电行业唯一获评国资委科改示范标杆企业。华能集团改革经验做法被国资委推荐为央企宣传典型。

中国特色现代企业制度更加完善。修

订《党组工作规则》，明确前置研究讨论重大经营事项，充分发挥党组把方向、管大局、促落实领导作用。制定董事会向经理层授权制度，细化 21 类 153 项“三重一大”决策事项，建立外部董事提前研究论证等机制，集团董事会运作更加规范，定战略、作决策、防风险作用得到更好发挥，获央企考核 A 级。实现各级子企业董事会应建尽建，其中外部董事占多数的企业占比达 100%。

三项制度改革不断深化。把实施经理层成员任期制和契约化管理作为改革的“牛鼻子”，分层分类有序推进，各级子企业签约户数超过 95%，超额完成年度改革任务。市场化公开招聘、管理人员不胜任退出比例高于央企平均水平。全员劳动生产率同比提高 6 个百分点。推动薪酬分配向贡献突出的单位、一线关键岗位和高层次高技术技能人才倾斜，二级单位负责人全面实行任期激励。

公司治理水平明显提升。“对标世界一流管理提升三年行动”任务完成 92.3%，超国资委进度要求 12 个百分点。4 项成果获评国资委重点企业管理标杆，华能集团“五步三化”精智管理模式入选国资委十大管理标杆范式。云南分公司、江西分公司 2 项成果获全国管理创新一等奖。深化法治华能建设，获国资委考核 A 级。完成国家审计配合工作，开展内部审计 1292 项，积极挽回或避免经济损失。

干部人才队伍建设不断加强。深入贯彻新时代党的组织路线和中央人才工作会议精神，大力发现培养选拔优秀年轻干部，开展干部人才集中培训 5000 人次。国际化人才培养工作入选全国电力行业人才工作优秀创新案例。公司清能院部时旺同志获全国优秀共产党员。6 人获全国五一劳动奖章，5 人获全国技术能手，5 人获大国工匠；86 项职工创新获全国电力职工技术创新成果奖，45 项成果获全国能源化学地质系统职工技术创新优秀成果，均在同行业大幅领先。

中国大唐集团有限公司

2021年，大唐集团核电系统各单位全面贯彻党的十九大和十九届二中、三中、四中、五中、六中全会精神，深入学习贯彻习近平总书记重要讲话和指示批示精神，全面落实中央经济工作会议和中央企业负责人会议要求，总结工作、研判形势、明确目标，谋划“十四五”发展。核电系统各单位深入贯彻落实国资委决策部署和集团公司工作要求，坚定履行中央企业责任使命，克服困难，加压奋进，统筹推进疫情防控、项目推进、股权管理、创新合作、党的建设等重点任务，全面完成全年各项任务目标，以实干笃定前行奋力开创各项工作新局面。

坚持不懈抓好安全生产。2021年，大唐集团核电公司（以下简称公司）按照“安全第一,预防为主,综合治理”的方针，认真贯彻落实集团公司安全生产工作会议精神，牢固树立安全意识。公司成立安全生产委员会和办公室，建立健全安全生产责任制。公司未发生人身伤亡、交通、消防、环境污染等事故，未发生一般及以上事故，各部门未发生人身重伤，个人未发生人身未遂和异常。公司定期召开安委会，认真传达集团公司安全生产工作视频会议精神，专题研究部署安全生产工作。按照集团公司统一部署，深入开展“安全隐患大排查大整治”专项行动，积极辨识危险源，排查安全生产隐患，并对庄河项目开展春季现场安全检查，不断提升公司本质安全水平。定期开展警示教育，组织全体员工学习集团公司事故处理经验，深刻吸取事故教训，强化安全生产意识。

宁德二期核准持续推进。2021年以来，积极与国家能源局、中广核沟通宁德二期核电项目核准申报工作，基本确定采用“双方均股、中广核牵头上报、建设期间双方不并表”的合作方式上报项目核准申请，坚持均股底线。据此，集团公司在核电项目参与程度上又前进一步，为后续实现控股核电项目打下坚实基础。

庄河项目核准稳妥推进。庄河项目公司稳步开展能力建设，推动庄河市政府发布陆域地上附着物补偿标准，完成现场陆域实物指标调查、核量评估工作。委托设计院编制完成《辽宁庄河核电项目厂址保护实施方案》，并通过庄河市、核电公司、集团公司的评审，大连市正委托中咨公司开展外部审查。目前项目列入国家核电中长期发展规划（征求意见稿）“十四五”开工备选目录，完成地震安全评价复测专题和公众沟通方案评审，完成取排水方案专题阶段性成果报告。根据集团公司与国家电投集团合作协议约定，启动庄河核电项目前期资产转让工作，已完成评估并报送集团公司备案。

与中核合作取得积极进展。积极开展与中核集团战略合作协议协商工作。与中国核电成立联合工作组，共同落实集团公司合作事项。关于核能小堆供热方面合作，目前确定参股燕龙平台公司，并就参股辽源项目公司向集团公司请示，等待集团公司投资决策。与中国核电共同研究在广东开展合作可能性，研究合作方案和公司治理结构等问题。拜访中国核电，围绕双方推动建设联合开发平台、联合开展科技创新等事项进行交流，确定成立科研联合体并制定工作时间表。与中国核电还在退役火电厂址合作、人才培养等方面开展合作交流。

徐大堡核电项目正式开工。辽宁徐大堡核电项目最早在20世纪70年代开始选址，后因故长期搁置。2009年项目公司成立，项目由中核集团控股，集团公司参股。一期工程2台AP1000机组受日本福岛核事故、示范工程拖期、中美关系的影响，目前依然未能核准。徐大堡3、4号机组是落实中俄首脑峰会的重要举措，中俄两国元首分别于2018年6月签署徐大堡3、4号机组框架协议、2019年6月签署总合同、2021年5月19日开工，3次共同见证徐大堡3、4号机组重要时刻。

宁德一期收益再创佳绩。宁德核电一期4台机组435.6万千瓦，已全部建成投产，总投资562亿元。集团公司投入资本金49.6亿元，2014年至2020年，累计分红约38.9亿元。2021年宁德核电业绩创造历史最好水平，利用小时达到8102小时，净利润24.28亿元，分红收益有望达到10亿元，累计分红将达到49亿元，资本金将全部收回。

体制机制改革获得成效。按照集团公司对于二级单位本部改革工作相关部署，公司以健全现代企业制度、完善公司治理、规范组织机构为基本原则，以《关于在完善公司治理中加强党的领导进一步规范调整机构编制的意见》、《关于印发二级单位董事会设立和本部机构编制方案的通知》为要求，扎实推进本部机构配置改革工作，对综合部等内设机构进行职能调整，梳理本部人员岗位聘任，调整优化人岗匹配。根据集团公司任期制和契约化管理办法规定，在公司系统全面推行经营班子和经理层成员任期制和契约化管理，与经营班子签订契约书压实各级企业班子的改革发展责任。

疫情防控取得阶段性成效。坚决贯彻落实国资委决策部署和集团公司工作要求，始终把人民群众生命安全和身体健康放在首位，统筹部署疫情防控、值班值守、安全生产和关爱疫区职工等工作，抓实抓细常态化防控和应急处置措施，保持正常生产经营秩序。核电公司系统员工始终保持零确诊、零疑似“双零”良好战绩，新冠疫苗接种做到应接尽接，履行中央企业政治责任、政治担当。特别是2021年11月大连庄河疫情突然爆发，核电公司党委积极响应、紧急部署，采取居家隔离措施，发放慰问信慰问金关心关爱员工，鼓舞士气凝聚人心，使疫情防控取得来之不易的阶段性胜利。

面对困难和挑战，核电系统干部职工在国资委和集团公司坚强领导下，经受考验、顶压前行，顺利完成全年各项任务目标，为全面开启核电“十四五”新征程打下坚实基础。在肯定成绩的同时，我们也清醒认识到核电公司当前工作中存在的短板和不足。

一是核电控股资质尚不具备。“核电控股资质”是集团公司核电发展所面临的核心问题，对集团公司厂址保护、项目推进和核电产业的长久发展影响巨大。集团公司独立开发的宁德核电、徐大堡核电项目由于没有控股资质，便让出了控股开发权。

二是核电人才配置明显不足。集团公司现有人才队伍远远不能满足有关要求，核电是资金密集、技术密集型产业，对专业从业人员的综合素质和技术水平有着很高的要求，一方面，集团公司虽然拥有大量从事常规电力的优秀技术人员，但缺少人才转化机制和措施，不能将优秀人才转化成为合格的核电专业人才；另一方面，集团公司缺少吸引核电人才、留住核电人才的选人用人机制，核电人才队伍规模增长缓慢；最后，集团公司缺乏专业人才培养渠道，专业人才的提高不能得到有效保证，系统员工平均年龄偏大，缺少新鲜血液补充。

三是后备厂址储备不足。厂址是集团公司核电发展的根本，有厂址才能在没有核电控股资质的条件下，最大限度参与核电项目投资建设，最大限度争取核电参股容量，最大限度保证集团公司收益。目前集团公司核电产业的发展成果，都是十多年前的集团核电人艰苦选址，积极推动换来的。目前集团现有的厂址资源能够保证“十四五”“十五五”期间核电项目的开发梯度，但长远来看，后备厂址储备依然不足，若不进行新一轮选址工作，集团公司2030年的核电发展根基将枯竭，集团公司将丧失核电的可持续发展能力。

针对这些问题，我们既要正视不足，又要坚定信心，深入贯彻党中央关于“碳达峰”“碳中和”重大决策部署，牢牢把握“十四五”能源发展加速转型机遇，继续保持高质量发展劲头不松懈，变压力为动力，毫不动摇做好自己的事情，立足当前、补短板、优存量、升品质，着眼未来调结构、转方式，拓增量、开新局，坚定不移推进做强做优做大，开创集团公司全新的发展局面。

中国一重集团有限公司

中国一重集团有限公司（简称：中国一重），是我国“一五”期间建设的156项重点工程项目之一，始建于1954年，是中央管理的涉及国家安全和国民经济命脉的国有重要骨干企业之一，是国家创新型试点企业、国家高新技术企业，拥有国家级企业技术中心、重型技术装备国家工程研究中心、国家能源重大装备材料研发中心。

中国一重加快推进自主创新，关键核心技术不断取得突破，完全掌握了CPR1000、CAP1000、CAP1400、“华龙一号”等堆型核岛主设备的制造技术，实现了我国三代核电核岛一回路主设备及常规岛主要大型锻件全部国产化，是中国核岛装备的领导者、国际先进的核岛设备供应商和服务商。主要产品有以“华龙一号”、CAP1400示范工程为代表的三代核反应堆压力容器，以中国实验快堆、示范快堆为代表的四代核反应堆蒸发器、稳压器、锻焊主泵泵壳、堆芯补水箱的压力容器等核能装备。

2021年，中国一重坚持市场导向，着力加强市场开发力度，与中国广核集团有限公司签订陆丰5号机组反应堆压力容器、防城港核电项目5号机组反应堆压力容器，贵州玉屏低温供热堆1、2号机组反应堆压力容器，防城港核电项目6号机组主管道、三澳2号机组反应堆压力容器支承制造合同；与中国核电工程有限公司签订海南昌江小堆堆芯补水箱设备制造合同；与中核龙原科技有限公司签订示范快堆2号堆顶固定屏蔽和堆坑中子屏蔽、示范快堆二号堆容器及堆内构件与旋塞制造合同；与上海电气核电设备有限公司签订陆丰5号机组蒸发器锻件制造合同；与东方电气（广州）重型机器有限公司签订昌江ACP100稳压器锻件、陆丰6号机组蒸汽发生器锻件制造合同；与哈电集团（秦皇岛）重型装备有限公司签订三澳项目蒸发器下封头锻件备件、漳州项目蒸发器用下封头锻件制造合同。

一、核电生产情况

中国一重是国内唯一具有核电石化产品设计及转化、材料研发、锻件制造、加工、焊接、装配、包装发运等全流程技术、制造能力的供应商，拥有高纯净钢锭、整体锻造等多项自主研发，并处于国际先进水平的关键制造技术，可实现年产钢水50万吨、锻件24万吨，拥有4台大型自由锻造压力机，具备年产12台核岛全套主锻件（含反应堆压力容器、蒸汽发生器、稳压器、主泵泵壳等锻件）的能力。拥有目前重复定位精度高、工作台承载500吨位的INNSE ф260数控铣镗床，PAMA ф160数控落地镗铣床、7米 ×15米及5米 ×10米数控桥式动梁龙门镗铣床等世界一流水平的重型加工设备数十台；拥有560/250吨桥式起重机等几十台重型起重设备；拥有1100吨桅杆吊；拥有弯管/直管/立管堆焊焊机、带极堆焊设备、窄间隙焊机、马鞍接管焊机、热丝TIG焊机等百余台自动焊机，焊接设备的能力和规模均为国内顶尖水平；拥有涡流检测系统、多通道超声检测系统、CRDM&BMI超声检测系统及3台9 MeV直线加速器等多台先进的探伤设备；拥有三个国家认可的检测中心，具备化学分析、力学性能试验、金相检验能力，配置了透射电镜、Gleeble3500热力模拟试验机、激光跟踪仪、数控三坐标测量机、齿轮检查仪等检测设备。

雄厚的装备实力，奠定了中国一重在国内外核电主设备制造领域的独特地位。具备了年产压水堆反应堆压力容器14台、主管道5台、稳压器5台、蒸汽发生器3台、堆内构件1台及泵壳12台；高温堆压力容器10台、金属堆芯支承12台及蒸汽发生器4台的制造能力。2021年，先后完成“华龙一号”漳州1号机组反应堆压力容器、“华龙一号”防城港4号机组反应堆压力容器以及“国和一号”示范2号机组反应堆压力容器等主设备的交货，完成示范快堆1号机组堆容器的压力试验，完成太平岭2号机组反应堆压力容器（目前调配至1号机组）及宁德5号机组反应堆压力容器的水压试验。核电锻件合格率达到100%，完成一批漳州、三澳、陆丰等项目蒸汽发生器主锻件的交货。

二、科研开发进展情况

2021年，中国一重加快核电产品科技创新步伐，承担国家重大科技专项4项、重大科研开发项目5项研制任务。

（一）国家重大科技专项进展情况

在核电设备用大尺寸材料无痕构筑技术研究方面，开展“CAP小堆水室封头整体模锻成型技术研究”，采用构筑技术制备坯料，完成水室封头胎模锻成形，并进行全断面的低倍与不同位置的力学性能检测，与传统冶炼的试验件进行性能对比验证。目前项目已完工，待国家主管部门进行验收。该技术属于颠覆性技术研发，技术水平达到国际领先水平。

在超大尺度金属材料构件均质化构筑成形基础研究方面，开展“构筑技术在φ5m级三代核电容器筒体上示范应用”项目研究，围绕变形量、变形温度、变形速率等关键工艺参数和界面氧化物弥散控制机理开展基础研究，目前已开展8组小型锻件及1组小型中试件研制，申报发明专利1项。研究水平处于国际领先地位。

（二）重大科研开发项目进展情况

在乏燃料贮运容器球墨铸铁筒体研制方面，乏燃料贮运容器已完成全尺寸样件试制，正在开展综合性能评价工作。

在反应堆核容器锻件集成制造技术研究方面，完成反应堆核容器集成锻件试制，达到项目要求的目标，经行业专家验收评价，技术水平达到国际先进。

在大型核电焊接转子锻件研究方面，掌握了20Cr2NiMo材质成分优化及提升淬透性和低温韧性的关键热加工技术。已完成高中压轮盘试验件的性能评价工作。

在中低放废液絮凝吸附处理技术与装置开发方面，主要对核电厂中低放废液絮凝吸附处理的工艺流程、絮凝剂配方、活性炭选型等进行研究，并完成1:1样机装置试制，进行试验验证。目前已具备市场推介条件，技术水平处于国际先进。

在超临界水氧化系统方面，主要研究超临界水氧化系统的反应控制工艺、核心反应器与关键材料、系统控制与系统集成、三维布置及相关测试验证等，以实现超临界水氧化系统的国产化，进而解决我国当前危废处理困境。目前已具备市场推介条件，技术水平处于国际先进。

三、核能研发平台建设进展情况

国家能源重大装备材料研发中心（以下简称中心）是2010年经国家能源局批准的以中国一重天津重型装备工程研究有限公司为依托的国家级创新平台。中心以一重改革为契机，对内部组织机构进行改革和完善，进一步优化资源，压缩管理层级，提高管理效率，在高端装备、核电石化装备、新材料等领域开展研究工作。中心紧紧围绕国家能源战略发展中亟需的重大技术装备、材料和重大工程技术问题，通过自主创新和协同创新，持续不断地开发具有自主知识产权的研究成果，同时向行业输出关键共性技术，形成以市场需求牵引的研发系统集成能力；同时开展多种形式的“产学研”合作，参与行业技术标准制定，对外提供技术咨询、技术服务、人才培养等服务，有力地推动了行业技术进步。中心设立有热工艺研究部、冷工艺研究部、焊接工艺研究部、焊接材料研究部、理化（热工）试验部、项目管理部、实验生产工艺部等部门。2021年度主持和参加制定的国际、国家、行业标准6项；年度申请专利46项，其中发明专利35项。

四、人才培养和培训情况

中国一重高度重视核电设备制造人才的培养和员工培训工作，在制定公司年度培训计划中突出核法规、核质量保证手册及程序文件、核安全文化等方面的培训内容，保证培训质量和培训效果。2021年，共举办核体系责任人员培训班117期，参训员工达6700人次。

一是在核文化、核质量与安全知识培训方面，持续开展质量体系、核安全文化等宣贯培训，坚持“安全第一”的指导思想，落实“四个并重”的核安全文化核心内涵，核安全文化八大特征和民用核安全设备制造质量等内容，制定系统培训学习计划，使员工直观地认识到核安全的重要性，进一步改进员工实际工作中的态度、方式和习惯，提高员工对核用产品技术和质量的关注度。

二是在核电项目质保大纲培训方面，加大对核电产品项目质保大纲的培训力度，开展霞浦国家重大示范工程项目等多个核电项目质保大纲和程序培训。注重将核电项目制造技术结合生产进度确定培训重点，尤其是把项目制造过程中容易出现的问题、采取的防范措施等方面内容补充进来，保证培训取得实效。公司各单位以核电项目培训为契机，全面核查本单位在制核电项目培训的开展情况，认真总结和改进不足，不断提高核电产品质量。

三是在强化核电人才内部培养和教育培训的同时，积极选派相关人员参加国内相关机构开展的无损检测资质培训、核能行业质量保证监查员培训等，在满足公司当前核电产品制造需要的基础上，积极做好人才的培养和储备工作。此外，紧密结合核电制造技术水平、核质量保证体系构建等工作实际，选派业务骨干到同行业知名企业进行学习，不断开拓视野，汲取先进的管理理念和实践经验，通过核电制造方面人才的培养，不断夯实一重核电制造的基础。

哈尔滨电气集团有限公司

2021年，哈电集团核电产业以习近平新时代中国特色社会主义思想为指导，深入贯彻党的十九大和十九届历次全会精神及中央经济工作会议精神，落实中央企业负责人会议部署，较好完成2021年工作。精准查找工作短板，进一步统一思想、凝聚共识，团结一致打好改革发展攻坚战，为集团公司实现高质量发展打下坚实基础。

2021年度，核电产业市场中标率超过三分之一，主设备市场开发成效显著（参与投标25项，中标9项，哈电占比36%）。

一、市场开发方面

以用户关注为焦点，强化自主创新能力，创新市场营销模式，与用户共同开展沙盘推演，满足用户需求，不断深入推介技术方案和交货能力，充分展示哈电集团的自主化竞争性优势，市场开发成果显著。一举中标防城港5、6号机组主泵项目，中标中广核集团核主泵项目，取得核主泵设备进入中广核市场的“零的突破”。实现轴封主泵的“双轮驱动”，巩固了行业地位，为后续项目市场开发及主泵产业可持续发展夯实基础。

通过提高用户满意度，加强在建机组的服务力度，策划集团公司高层领导多层次走访，获得清华大学信任和支持，策划高温堆产能提升，一举中标8台高温堆蒸发器，合同额18.40亿元。巩固了哈电集团在四代核电领域的地位。

严抓在手项目执行，提升蒸发器批量化生产管理水平，获得用户认可，2021年再获中广核蒸发器项目，巩固了华龙一号机型蒸发器的市场占有率。

深耕存量机组服务市场，获得备件、服务合同59项，合同额7394万元。

二、项目管理方面

核电产业2021年在制核电项目11个。其中高温堆、“国和一号”是2个国家重大专项。“国和一号”核主泵样机研制受到国务院、国家能源局、国家电投高度关注，历经艰辛，取得重大突破，通过专家验收。

核电事业部承担哈尔滨电气股份有限公司核电项目管理职责，对外与核电产业集团、业主、总包方、设计院、监管单位进行对接和协调。对核电项目实施TOP10管理，风险预警管理，高层会、季度会、月度会管理等。核电项目要求的文件多，NCR处理周期长，通过积极传达并落实用户关切，帮助现场监造代表解决实际问题，协助业主、设计院、华北站等加快审批、流转速度，确保项目顺利进行。牵头各涉核单位实现内部配套。

2021年，“国和一号”核主泵样机、昌江ACP100小堆核主泵样机通过鉴定，漳州 1 号机组 3 台蒸发器同时发运创行业之最，惠州 1 号机组蒸发器完成制造，昌江 3/4 号机组核主泵满足用户提前交货需求。

三、用户服务方面

一是积极推进联采联储、稳固存量市场，与中国核电及 5 家核电公司签署备件服务联采联储合作协议。二是深化“制造 + 检修”模式，与中核检修签订战略合作协议，共同拓展业务市场。三是阀门公司获得核级阀门供货合同，成功续证。

四、质量保证方面

哈电股份 2020 年 11 月获得《核蒸汽供应系统集成供货管理体系》试运行资格。一年来，哈电股份建立上下统一的核质保体系，在遵守核安全法规、质保体系监查监督、质量经验反馈、质量趋势分析、股份公司内部核电资源共享、核安全文化建设等方面取得良好实践。

东方电气股份有限公司

2021 年，东方电气立足新发展阶段，完整、准确、全面贯彻新发展理念，服务构建新发展格局，全力以赴谋增长、促转型、控风险，在“十四五”开局之年跑出了“加速度”，经营指标实现大幅增长。2021 年，东方电气实现营业收入 478.19 亿元，同比增长 28.26%；实现利润总额 26.67 亿元，同比增长 29.02%。2021 年，我国核能行业正值发展重要战略机遇期，面对核能科技创新显著加大的形势，东方电气核能板块在市场开拓、设备制造、质量管控、科研管理等方面开展了系列工作，取得了不错的成绩。

一、市场开拓

在新冠疫情、“双碳”目标背景下，坚持以“紧盯新目标、抓紧新机遇、融入新格局、实现新突破”为指导思想，东方电气稳抓三代核电堆型主设备市场、并在四代核电 600 MW 高温堆主设备及核能多元化应用设备再次取得市场突破，2021 全年核电设备供货市场占有率超 35%。

聚焦各大业主、核电工程公司、设计院及研究院的新技术 / 先进堆型 / 核能多元化应用，东方电气践行“以用户为中心”企业价值观，在前沿性项目上不畏技术困难，实现铅铋堆设备、低温堆等设备市场的突破，以适应核电市场“新、难、急、小”的新形势。

二、设备制造

（一）“华龙一号”项目

完成防城港核电 3 号机组主泵现场组装；防城港核电 4 号机组第三台蒸汽发生器完成水压试验。

（二）“国和一号”示范项目

国核示范项目 1 号机组蒸汽发生器支承全部完成交付，第二台蒸汽发生器完成水压。汽轮发电 1 号机组设备完成全部交付；汽轮发电 2 号机组按现场需求进度稳步推进。

（三）示范快堆项目

示范快堆 1 号机组 16 台蒸汽发生器已全部制造完工，制造过程中解决了超长管系穿管、大长 / 径比管系包壳装焊、超长管系及壳体立式套装、外伸式换热管 - 管板全位置强度焊接、管板管孔开槽 - 换热管强度胀接、铁素体钢与马氏体钢异种钢安全端焊接等技术难点，克服了新材料、新技术及疫情的影响，创新项目计划、执行和管理模式，创造了 16 台产品在 4 个月内连续批量化集中供货的新纪录；汽轮发电机组主设备于 11 月 20 日交付收尾；其他辅助设备陆续交付；项目进度满足合同交货期。

（四）小堆项目

小堆集成供货项目直流蒸汽发生器螺旋管系完成套装，反应堆压力容器完成锻件组件的内壁堆焊，屏蔽泵完成总体方案论证、电磁方案分析。

三、质量管控

东方电气围绕核安全文化建设、质量管控等切实全面履行主体责任，积极探索发挥核设备成套供货优势。

（一）扎实稳步推进核安全文化建设

公司成立核安全文化建设推进领导小组，进一步强化核安全文化建设组织保障。及时识别弱化风险，公司对各子企业开展核安全文化评估。开展形式丰富的“核安全宣传教育”“文化引领 质量提升”专题系列活动。

（二）履行主体责任，提升核设备成套供货运行有效性

公司开展管理部门审查，对子公司及目录供方实施质保监查和评价，对子公司有的放矢开展质量监督活动。

（三）内引外联，搭建学习交流平台

公司组织召开核能产业质量管理交流会，针对上游技术消化吸收、设计变更、分包控制、人因失误等难点、痛点进行分享和交流。组织子企业质量中层 / 骨干人员参加中广核质量管理能力提升培训班。

（四）以“经验反馈”为抓手，加强闭环管理。

公司加强经验反馈的识别和筛选，发布经验反馈单并实现每单闭环管理；就共性问题和典型问题召开经验反馈专题会。

（五）聚焦客户，提升顾客满意度

公司为解决顾客关注问题开展顾客满意度调查，发放回收顾客满意度调查问卷并进行分析改进。并积极开展中广核标杆供应商建设活动，紧盯产品实物质量，严格供应商管控，提质增效。

四、科研管理

东方电气积极打造先进电力装备（核电）原创技术策源地，聚焦先进制造技术、智能化制造、核能多场合多用途应用推广等技术方向，贯彻新发展理念，构建新技术布局，探索新协同方式，服务国家核能行业重大战略需求，勇挑重担，建设世界一流企业。

上海电气集团股份有限公司

截至2021年年底，上海电气累计承接包括二代改进，AP1000、EPR、华龙一号、国和一号等三代以及高温气冷堆、快堆等不同堆型的核电主设备（压力容器、蒸汽发生器、稳压器、堆内构件、控制棒驱动机构、主泵、汽轮机和汽轮发电机）共计359台/套；实现完工或交付214台/套，专业化基地的产能效益得到有效体现。

一、核电项目管理

2021年上海电气各涉核企业持续推进精益化管理，圆满完成当年出产任务，项目执行整体运作平稳。全年出产主设备7台/套（核岛6台/套，常规岛1台）。随着在手项目陆续投产，在制主设备数量维持在66台/套左右。

（1）核岛设备。共交付或完工6台/套核岛主设备，包括：蒸汽发生器3台、稳压器1台、控制棒驱动机构1套、主泵1台。此外，交付27台/套核岛辅助设备，包括燃料抓取机1套、常规用泵19台、核二三级容器6台及余排支承1套。

（2）常规岛设备。共出产汽轮机1台、常规岛辅机2套、配套电机13台。

（3）仪控仪表类设备。已完成或交付各类仪表和器件、盘箱柜、调节阀、小三箱、电动执行机构共计约2000台/套。

2021年项目执行的亮点有：

（1）国和一号主设备集中交付。年内成功交付“国和一号”1号机组堆内构件、控制棒驱动机构、2台蒸汽发生器及2号机组稳压器；并在年内实现全球首台湿绕组电机主泵出产。

（2）三代“华龙一号”主设备批量出产和投产。年内实现中广核“华龙一号”防城港4号机组汽轮机、控制棒驱动机构和太平岭2号机组3台蒸汽发生器的产出。漳州2号机组、三澳1、2号机组、宁德5、6号机组和白龙2号机组主设备开始投产制造。

（3）迎来三代“国和一号”出产。“国和一号”1号机组堆内构件、控制棒驱动机构、蒸汽发生器、装卸料机、燃料抓取机在年内实现出产。

（4）为工程重大节点保驾护航。现场服务工作为卡拉奇K-2项目商运、石岛湾高温气冷堆首次并网发电、卡拉奇K-3项目完成热试、防城港3号机组进入非核冲转等重大工程节点保驾护航。

二、核电质量管理

2021年核电质量管理工作有序推进，各项质量指标及管控要求得到有效落实，年度质量稳定目标全面实现；同时，积极落实核安全文化培育工作，开展了多种类型的核安全文化建设活动。

核电集团在取得民用核安全集成供货管理体系试运行认可后接受华北站首次综

合性检查，完成意见的整改回复。2021年持续推进核安全文化建设，提高全员核安全文化素养。陆续开展核安全文化警示周活动、“4•15全民国家安全教育日核安全宣传”活动、新员工核安全文化培训活动，及组织集团及企业管理层开展核安全文化建设专题研讨会、组织经典案例巡展活动、发布《民用核安全设备持证单位管理层应知应会知识手册》等。

三、核电技术进步

通过前阶段的科研攻关和产品开发，上海电气的核电制造技术能力在近几年的批量供货中得到了初步验证。国和一号首台蒸汽发生器、堆内构件、控制棒驱动机构、主泵实现交付；钍基熔盐实验堆关键设备已陆续交付至现场开始安装；铅基堆CiADS项目铅铋压力容器、堆内构件及换热器样机完成设计工作。

2021年技术工作的亮点有：

（1）组织编制科技创新规划。规划确定了新三年发展定位、发展目标、技术布局、产品谱系图及路线图、重点投入产出预测等。

（2）开展工艺改进提升技术水平。从质量稳定、交付准时、技术先进、成本领先和市场主导方面制定改进目标，并梳理提出33项工艺改进项目，将为项目执行、核电市场拓展提供扎实的技术基础。

（3）2021年集团共开展82项科研攻关，其中国家科技重大专项、上海市战略新兴产业项目等17项。当年研发投入约1.81亿元。截至年底，已完成7项市级重点项目的中评估或验收工作。

（4）截至2021年年底，核电方面共申请专利97项，其中发明专利54项。授权专利71项，其中发明专利40项。完成NB/T 20001压水堆核电厂核岛机械设备制造规范报批稿。

（5）2021年获5项科技奖项，包括上海市科技进步奖和中国核能行业协会科技进步奖等。上海电气核电设备有限公司与清华大学联合申报的“全球首台—200 MW高温气冷核反应堆压力容器自主化研制”项目获上海市科技进步二等奖。上海电气上重铸锻有限公司、上海电气核电设备有限公司联合上海电机学院申报的“非能动核电装备大型容器组件的热制造关键技术及应用”项目获上海市科技进步二等奖。

二重（德阳）重型装备有限公司

2021 年是国家“十四五”规划开局之年，世界百年变局和世纪疫情叠加，全球进入新的动荡变革期。以习近平同志为核心的党中央审时度势提出共同发展理念，推动实现更加强劲、绿色、健康的全球发展倡议。二重（德阳）重型装备有限公司各级干部职工响应党中央号召，以公司核能装备发展目标为龙头，多措并举，坚持科技研发、生产经营两手抓，在核电锻件和设备两条战线上持续攻坚，核能装备核心零部件供货实现稳步提升。

一、核能产品生产取得的主要成绩和进展

2021 年，二重（德阳）重型装备有限公司主要供货业绩如下：

完成“国和一号”堆芯补水箱设备、压力容器支撑设备、稳压器支撑设备的供货，为国家重大专项建设提供强有力支撑。

完成“华龙一号”批量化示范首堆漳州核电一号机组 3 台泵壳的交付，为推动国家名片“华龙一号”批量化首堆建设提供支持。

在核电锻件方面完成海南昌江核电站 3、4 号机组稳压器全套锻件 2 套、蒸汽发生器上部筒节、下部筒节、管板、上封头锻件及主泵电机轴锻件、飞轮衬套锻件各 7 套的供货。

完成三澳核电 1、2 号机组蒸汽发生器上封头、管板、下筒体锻件的供货。

小型堆方面完成 ACPR50S 实验堆套管壳项目部分锻件的供货。

核聚变堆超导磁体用超大型不锈钢线圈盒研制顺利推进。

此外，二重（德阳）重型装备有限公司致力于核能装备全产业链产能建设，联合中核集团、中广核集团合作进行核废料处置设备研发，已取得关键进展。

二、核能产品科研开发

2021 年，二重（德阳）重型装备有限公司科研工作以公司整体经营发展战略为目标，结合行业发展规划和公司长期持续发展需要，重点开展基础科研和新产品开发工作。通过扎实开展工作，科研及开发项目均取得可喜进展：

针对核电稳压器波动管成型变形规律展开研究。对弯管模具、锻压设备等进行优化设计，完成多件波动管新工艺弯曲成形；针对 U 形立体弯管弯曲成型方案进行优化，提高了弯制效率和成品率。

开展核电专用高强韧紧固件材料开发与应用。

开发的核能特种复杂管道研制主管道样件研制通过中国核动力研究设计院组织的阶段性评审，各项性能均满足设计要求。

开展华龙一号反应堆压力容器模拟体制造，验证了大面积大厚度不锈钢堆焊技

术、一体化驱动管座冷装技术、复杂曲面数控加工等配套技术。

开展乏燃料储存和运输容器研制，通过对乏燃料厂外运输容器用材料的研究，材料性能得到设计院认可；对乏燃料厂外运输容器焊材进行调研，为实现乏燃料厂外运输容器的锻件材料国产化提供技术支撑。

三、核能质量保证体系建设

2021 年，二重（德阳）重型装备有限公司在总结 2020 年质量工作的基础上，结合 2021 年工作特点，制定 2021 年质量工作安排，明确质量工作目标，对质量体系建设、专项质量提升、重点项目质量控制等工作进行安排。

（一）体系建设方面

二重（德阳）重型装备有限公司依据标准、体系文件要求，持续开展质量培训，全面提高职工质量意识和技能水平。组织开展群众性质量管理活动，搭建学习交流平台，强化效果评估，结合公司质量管理人才发展需要，做好质量管理专业知识培训和技能锻炼，不断提升质量队伍（包括质量检验队伍）专业化水平。

2021 年，二重（德阳）重型装备有限公司扎实推进核安全文化建设，一是持续做好核安全文化的培训宣传力度，加强程序文件执行力督促检查，重点抓好“案例”教育，促使全员绷紧核安全这根弦。二是采取“回头看”的方式持续抓好 2021 年核安全文化建设成果的固化保持。三是创新方式方法，推进《核安全文化手册》中制度的落地见效。

（二）监督管理与过程质量控制方面

2021 年，二重（德阳）重型装备有限公司通过工艺纪律检查、挂牌执法巡检、联合驻厂监造开展巡查、检查签章巡检等方式进行监督。同时联合各二级单位质量部门，组织不定期对重点项目、重要工序开展联合专项监督检查，逐渐提升监督广度和深度，覆盖核安全活动的所有单位。通过不同层级的监督，形成监督合力，明确问题清单，限期进行整改，建立回头看督查机制，提升监督实效，确保公司产品质量受控、体系有效运行。

2021 年，二重（德阳）重型装备有限公司持续推进风险防控在重点项目、关键产品中的应用，认真吸取典型质量问题教训，做到“尽早识别”“有效防范”，并通过二重（德阳）重型装备有限公司核电例会、核电石化公司生产会对月度风防工作进行总结和安排，推动风险防控工作同产品制造工作同安排共部署，有效预防质量问题的发生，为项目顺利推进，提升产品质量作出积极贡献。

（三）质量提升方面

2021 年，二重（德阳）重型装备有限公司编制焊接培训材料加强培训，确保核电项目全过程质量稳定受控。结合重点项目，制定了“表观质量提升”活动要求，通过制定专项措施抓好核电产品实物质量过程控制。以“夯基础，控风险”为重点，结合质量控制薄弱环节和需要重点解决的问题策划实施提升项目，稳步推进专项质量提升。

2021年，二重（德阳）重型装备有限公司加大对重复性、典型性质量问题的考核力度。同时，加大对现场违规操作、责任心不到位导致质量问题等行为的考核追责力度，牢固树立质量底线意识和红线意识，在公司范围内形成质量考核的高压态势。对有章不循、故意隐瞒质量问题、特别是造成质量损失甚至报废的要严格按照领导人员质量责任追究办法从重从严进行处罚。

四、核电人力资源培养方面

2021年，二重（德阳）重型装备有限公司采取外部培训和内部培训相结合的方式，结合员工特点，创新培训形式，以编制教材形式促进课程体系建设，采用员工易接受的多种培训形式，多层次开展培训教育。以技能竞赛提高职工操作技能，组织参加2021年四川省职工职业技能大赛工具钳工大赛、川渝现代制造业技能大赛等多场职业技能大赛，均取得较好成绩。2021年，二重（德阳）重型装备有限公司开展核电培训、技术技能人才培养、校企合作培养等多种形式培养核电专业人才，全年开展核安全培训、核电主设备制造技术培训等核电体系类培训共55项、1869人次。

回顾2021年，二重（德阳）重型装备有限公司全体干部职工牢记“核安全”的核文化理念，对标行业一流，在稳与进的统一中积极作为，聚焦精益化管理，致力于打造二重（德阳）重型装备有限公司高端装备研发制造中心的市场地位，为国内核电建设提供高端核能装备解决方案，为努力建设成为国内一流核能装备供应商而不懈奋斗。

大事记

2021 年中国核能行业十大新闻

一、中俄元首共同见证中俄核能合作项目开工仪式

5 月 19 日，国家主席习近平在北京通过视频连线，同俄罗斯总统普京共同见证两国核能合作项目——田湾核电站 7、8 号机组和徐大堡核电站开工仪式。习近平指出，4 台核电机组开工是中俄核能合作又一重大标志性成果。

二、王大中、彭士禄分别获国家最高科学技术奖和时代楷模称号

11 月 3 日，2020 年度国家科学技术奖励大会在北京人民大会堂隆重召开。习近平为清华大学王大中院士颁发国家最高科学技术奖。王大中院士是国际著名的核能科学家、战略科学家、教育家。5 月 26 日，中宣部追授彭士禄院士为“时代楷模”。彭士禄院士不仅为我国第一艘核潜艇成功研制作出突出贡献，还引领我国核事业发展实现历史性跨越。

三、积极安全有序发展核电方针列入国家中长期发展规划

3 月 5 日，国务院总理李克强在政府工作报告中提出，在确保安全的前提下积极有序发展核电。此后，积极安全有序发展核电的方针先后被列入中共中央、国务院《关于完整准确全面贯彻新发展理念做好碳达峰碳中和工作的意见》和国务院发布《2030 年前碳达峰行动方案》等文件之中。成为今后一个时期我国发展核电的指导方针。

四、“华龙一号”两个首堆分别投入商业运行

继 1 月 30 日，“华龙一号”国内首堆福清核电 5 号机组投入商业运行后，5 月 20 日，“华龙一号”海外首堆卡拉奇 2 号机组投入商业运行。标志着我国在三代核电技术领域跻身世界前列，成为继美国、法国、俄罗斯等国家之后真正掌握自主三代核电技术的国家。

五、我国自主建造的首台核电机组安全运行 30 年获准再运行 20 年

12 月 15 日，我国自主建造的首座核电站秦山 30 万千瓦核电机组安全运行 30 年。经国家核安全局、国家能源局先后批准，该机组运行许可证获准延续，有效期延长至 2041 年，可以再安全发电 20 年。该机组运行许可延续获批，对促进和健全我国核电厂运行许可延续标准体系有深远影响。

六、国家科技重大专项石岛湾高温气冷堆核电站并网发电

12 月 20 日，国家科技重大专项华能石岛湾高温气冷堆核电站示范工程 1 号反应堆，完成发电机初始负荷运行试验评价，首次并网成功。标志着全球首座具有第四代先进核能系统特征的球床模块式高温气冷堆，在中国实现了从“实验室”到“工程应用”质的飞跃，对于促进我国核能创新发展、助力高水平科技自立自强具有重要意义。

七、国家八部门联合发布《医用同位素中长期发展规划（2021-2035）》

6 月 24 日，国家原子能机构联合科技部、公安部、国家卫生健康委等七部门发布《医用同位素中长期发展规划（2021-2035）》。这是我国首个针对核技术在医疗卫生领域发布的纲领性文件，对提升医用同位素相关产业能力水平，保障健康中国战略实施具有重要意义。

八、海阳核电核能供热展示核能综合利用新前景

11 月 9 日，国家电投“暖核一号”国家能源核能供热商用示范工程二期 450 万平米项目在山东海阳提前投运，供热面积覆盖海阳全城区，惠及 20 万居民。海阳城区居民住宅取暖费每建筑平米较往年下调 1 元钱。山东海阳市因此成为我国首个零碳供暖的城市，充分展示了中国核能综合利用的创新成果和综合利用新前景。

九、中广核集团生物多样性保护报告隆重发布

10 月 11 日，在联合国《生物多样性公约》第十五次缔约方大会（COP15）第一阶段会议在昆明开幕之际，国内首份基于自然资本核算的生物多样性保护报告——《中国广核集团生物多样性保护报告》正式发布。报告显示，大亚湾核电基地在 1994 年至 2019 年运营期内自然资本总价值约 4244.87 亿元。

十、中国核能行业协会再次通过全国 5A 级社会组织评审

3 月 4 日，民政部公布 2019 年度全国性社会组织评估等级结果，中国核能行业协会凭借规范的内部治理、优异的工作绩效和良好的社会评价，通过全国 5A 级社会组织评审，评审结果位列榜首。同时，经过民政部的严格评审，协会进入民政部 2021 年 12 月 20 日公示的第四批拟授予“全国先进社会组织”称号候选单位名单。

2021 年中国核能行业大事记

1 月 4 日，生态环境部公布《核动力厂管理体系安全规定》，自 2021 年 3 月 1 日起施行。

1 月 4 日，“国和一号”智慧工地监管中心正式投运，成为国内核电在建项目首个投入使用的智慧工地监管中心。

1 月 5 日，国家电投集团所属国核自仪成功完成“国和一号”示范工程核电站堆芯仪表系统的国产化攻关任务，标志我国具备该系统的国产化制造供货能力，对保障我国能源安全、提升三代核电国际竞争力具有重要意义。

1 月 7 日，广东省辐射防护协会报道，中广核技“电子束辐照难降解工业废水处理装备”入选《国家鼓励发展的重大环保技术装备目录》。这对于拓展电子束治污技术应用领域具有重要意义。

1 月 9 日，全球首条工业化规模、我国完全拥有自主知识产权的高温气冷堆核燃料元件生产线首批产品从中核北方核燃料元件有限公司启运，发往世界首座我国拥有自主知识产权的山东荣成石岛湾高温气冷堆核电站示范工程。

1 月 14 日，据国家核安全局消息，中国核与辐射安全管理体系第三层级程序文件通过国家核安全局局长办公会审议，标志中国核与辐射安全管理体系已全面建成，核安全治理体系现代化建设取得显著成果。

1 月 14 日（当地时间），在法国南部卡达拉舍，国际热核聚变实验堆（ITER）托卡马克装置第三个重大部件——杜瓦下部冷屏成功落位至杜瓦底座内侧上方，由中核集团牵头的这项吊装工作圆满完成。

1 月 15 日，据中核集团消息，我国提出的《核聚变堆高温承压部件的热氦检漏方法》在国际标准化组织（ISO）成功立项，本项标准是中国在核聚变领域立项的首项国际标准。

1 月 20 日，由上海电气核电集团有限公司承制的“国和一号”示范工程 1 号机组蒸汽发生器成功发运。

1 月 21 日，中国广核集团年度工作会议透露，中国具有自主知识产权的核电站神经中枢“和睦系统”已在国内 15 台新建核电机组应用，实现了多技术、多堆型的应用覆盖。

1 月 26 日，东方电气（广州）重型机器有限公司承制的英国欣克利角 C 项目 1 号机组核岛重型支撑设备发运。

1 月 29 日，由中国核能行业协会发起召开的东亚核能论坛专题交流视频会议顺利举办，来自中国核能行业协会、日本原子力产业协会、韩国原子力产业协会、台湾核能级产业发展协会四家行业协会以及日本东京电力公司等相关企业的代表参加会议。

1 月 30 日，“华龙一号”全球首堆中核集团福建福清核电 5 号机组投入商业运行。标志我国在三代核电技术领域跻身世界前列，成为继美国、法国、俄罗斯等国家之后真正掌握自主三代核电技术的国家。

2月4日，中核集团发布新时代核工业精神：强核报国 创新奉献。

2月7日，华能集团26人获颁高级操纵员执照，62人获颁操纵员执照。

2月8日，中国核能行业协会推出协会秘书处2020年工作十大亮点：重大课题联合研究成果丰硕持续提升协会话语权；协会名列2019年度全国性社会组织评估榜首；积极拓展优化服务布局构建协会新发展格局；加大重点活动宣传力度传播行业发展正能量；核能职业技能竞赛和国家优质工程奖推荐及科技奖评审工作成效显著；大型国际国内论坛会议展览活动持续有效推进；协会团体标准建设及供应商评价工作全面起步；协会治理体系和治理能力现代化水平不断提高；与WANO合作协会核电运行同行评估再上新水平；行之有效地组织开展协会党的建设工作。

2月19日，中核集团报道，由核工业北京地质研究院牵头，核工业二八〇研究所共同研究发现并命名的自然界新矿物Haitaite-（La）（海塔铀矿）获得国际矿物协会新矿物、矿物命名及分类委员会（IMA CNMNC）批准。海塔铀矿是我国核地矿系统成立近70年来发现的第7个新铀矿物，也是发现的第3个原生新铀矿物。

2月23日，中国原子能公司与中广核铀业签署《天然铀转化及浓缩加工服务合同》以及《中广核核电站换料燃料组件供应合同》。

2月25日，国核示范项目1号机组稳压器完成交付。

3月2日，新任法国驻华使馆核能参赞杜磊德（Tony d'ALETTO）一行3人到访中国核能行业协会，了解中国核能发展最新情况。

3月4日，民政部公布2019年度全国性社会组织评估等级结果，中国核能行业协会凭借扎实的基础条件、规范的内部治理、优异的工作绩效和良好的社会评价通过全国5A级社会团体评审，这是协会继2010年后第二次通过5A级评审。

3月5日，国务院总理李克强在政府工作报告中提出，在确保安全的前提下积极有序发展核电。此后，积极安全有序发展核电的方针先后被列入中共中央、国务院《关于完整准确全面贯彻新发展理念做好碳达峰碳中和工作的意见》和国务院发布的《2030年前碳达峰行动方案》等文件之中，成为今后一个时期我国发展核电的指导方针。

3月5日，位于湖北省汉川市刘家隔镇的中广核医疗废物辐照应急处理项目正式开工建设，标志中广核技的电子束治污技术从废水处理领域向固废处理领域拓展。

3月9日，中广核发布消息，中国广核集团自主研发的核电网络安全防护系统“和睦卫士”首台套设备，在红沿河核电站5号机组正式投入使用。

3月10日，国家电投在京举行全球司库管理信息系统发布暨司库管理中心揭牌仪式。该系统的全面上线，将大大提高集团资金运营管控效率，提升整个集团核心竞争力、价值创造力、抗风险能力，助力国家电投构建具有全球竞争力的世界一流清洁能源企业。

3 月 11 日，十三届全国人大四次会议表决通过关于国民经济和社会发展第十四个五年规划和 2035 年远景目标纲要的决议，不仅提出“安全稳妥推动沿海核电建设，建设一批多能互补的清洁能源基地”，而且列出未来五年核能产业需要重点建设和推进的项目“计划表”，对核电发展节奏、技术路线、产业多元应用、废物处置等关键环节做出规划、部署。要求：建成华龙一号、国和一号、高温气冷堆示范工程，有序推进沿海三代核电建设。推动模块式小型堆、60 万千瓦商用高温气冷堆、海上浮动式核动力平台等先进堆型示范。建设核电站中低放废物处置场，建设乏燃料后处理厂。开展山东海阳等核能综合利用示范。核电运行装机容量达到 7000 万千瓦。

3 月 14 日，中核集团消息，中国同辐与中科院微生物研究所确定的利用小型辐照仪开展新冠病毒灭活的实验方案通过审批并执行。

3 月 15 日，世界最大“人造太阳”产氚实验包层项目启动。该项目是我国参与 ITER 计划至关重要的组成部分，也是我国自主掌握产氚包层技术并发展未来商用聚变堆的关键一环。

3 月 18 日（当地时间），“华龙一号”海外首堆——巴基斯坦卡拉奇 2 号机组首次并网成功。

3 月 18 日，中国核能行业协会核电运行同行评估及经验交流技术委员会成立大会暨技术委员会第一次年度会议在京召开。

3 月 19 日，“国和一号”屏蔽电机主泵样机试验过程及结果专家评审会成功召开，评审结论认为，“国和一号”采用的屏蔽主泵是目前国际上功率及流量最大、难度最高的屏蔽电机主泵，可以支撑“国和一号”屏蔽主泵样机鉴定及示范工程应用。

3 月 24 日，全国核安全标准化技术委员会成立大会在京召开。国家市场监管总局副局长、国家标准化管理委员会主任田世宏，生态环境部副部长、国家核安全局局长叶民出席会议并讲话。

3 月 26 日，随着岭澳核电站二期新增的应急柴油机空载启动成功，宣告我国自主核级数字化仪控平台“和睦系统”首次在核电站应急柴油机仪控系统领域实现应用，加快了应急柴油机仪控系统的国产化和数字化进程。

3 月 29 日，中广核电子束灭活冷链食品外包装新冠病毒项目成果通过专家组评审，并完成我国首台套用于冷链食品外包装消毒的示范应用装置研制。

3 月 31 日，国家核安全局为海南昌江核电项目 3、4 号机组颁发《核设施建造许可证》，昌江核电厂 3 号机组开始浇筑核岛第一罐混凝土，标志华能首个控股建设的压水堆核电项目机组正式建造。华能海南昌江核电二期正式开工，是海南自贸港建设以来的最大投资项目，也是

“十四五”开局我国首个开工的核电项目。同日，华能核能技术研究院有限公司正式进入实体化运作，该院的成立，填补华能核电产业链的“源头”空白。

3 月 31 日，华能集团组织完成高温堆示范工程装料前核应急综合演习。

3 月，为“华龙一号”研发的新型主泵——防城港 3 号机组主泵完成现场安装。

4 月 3 日，海南昌江核电二期项目 3 号机组完成核岛基础 8366 立方米混凝土浇筑，实现核岛基础大体积混凝土整体浇筑目标。

4 月 10 日，由中核集团中核二三承担的国际热核聚变实验堆（ITER）气体注入系统复合管道产品制造项目在广东惠州全部完成，最后一批产品将于近期运往法国。

4 月 13 日，我国核电行业首个综合智慧能源项目“国和一号 +”在山东荣成开工建设，该项目依托智慧能源管控与服务平台，将核能—光能—风能—储能等多种能源集中采集、集中监控，实现多能源互补，供需互动和效益最大化。

4 月 14—16 日，由中国核能行业协会主办的“中国核能可持续发展论坛——2021 年春季高峰会议暨第十四届中国国际核电工业展览会”在京举办。本次会议以“核能安全发展、公众沟通与数字化转型”为主题。主、分论坛共约 50 位有关领导、院士、专家学者发言，逾千人参会。同期举办第十四届中国国际核电工业展览会，近二百家国内外企业参展，现场发布 16 场推介会，展览会吸引近八千人参观。

4 月 15 日，第六个全民国家安全教育日，由科学技术部、生态环境部、国家卫生健康委等部门联合举办的首批重点领域国家安全读本暨《总体国家安全观普及丛书》首发座谈会在京举行。

4 月 19 日上午，在清华大学建校 110 周年校庆日即将来临之际，中共中央总书记、国家主席、中央军委主席习近平来到清华大学考察，先后视察美术学院、成像与智能技术实验室、重点教学科研成果展示、西体育馆，了解学校深化改革、人才队伍建设、教学科研创新和服务国家发展、高温气冷堆核电展览等情况。随后，习近平与师生代表座谈并发表重要讲话。

4 月 20 日（当地时间），“华龙一号”海外工程巴基斯坦卡拉奇 3 号机组冷试成功，标志着 K-3 机组由安装阶段全面转入调试阶段。

4 月 21 日（当地时间），在法国南部卡达拉舍，国际热核聚变实验堆（ITER）托卡马克装置第四个重大部件——极向场超导线圈 PF6 成功落位，吊装工作圆满完成，标志国际热核聚变实验堆磁体系统的安装工作全面开启。这是中核集团中国核电工程有限公司牵头 TAC1 中法联合体在 2021 年度完成的第二个重大安装节点。

4 月 22 日，泰国首个消毒灭菌项目加速器设备完成安装调试，并通过验收正式移交，中广核技积极“走出去”拓展海外业务再获突破。

4 月 23 日，合肥中科离子医学技术装备有限公司凭借“基于紧凑型超导回旋加速器的质子治疗系统”和“等离子体皮肤治疗仪”两项专利，在日内瓦国际发明展和韩国首尔国际发明展中斩获“一金三银”。

4月29日，中国海水提铀技术创新联盟理事会成立大会在中国科技会堂召开。该联盟由中核集团牵头发起，中国铀业组织实施，中核矿业科技作为秘书单位，联合国内23家高校和科研院所成立。会议的召开有利于加快推动海水提铀技术向商业化迈进。

4月29日，中核集团消息，中核控制验证和确认实验室正式通过中国合格评定国家认可委员会现场评审和后续考察，成功获得实验室国家认可证书。

4月，国际原子能机构正推进就日本拟将福岛核事故污水排海一事成立技术工作组。中国外交部发言人汪文斌4月26日就此表示，该机构日前已向中方确认，将邀请中国专家加入工作组。

5月8日，全国人大常委会副委员长、民盟中央主席、中国科学院院士丁仲礼率队国家电投集团“国和一号”示范工程、华能集团高温气冷堆示范工程进行实地考察。

5月8日，第二届核应急管理国际论坛在上海国家会展中心成功举办。

5月10日，上海电气核电设备有限公司承制的南非Koeberg项目最后一台蒸汽发生器下封头与管板环缝局部热处理顺利完成。

5月11日，由国家电投山东核电与清华大学联合建设的“水热同产同送”科技示范工程在山东海阳投运，该技术通过抽取海阳核电机组的蒸汽，驱动水热同产装置，将海水直接变成95℃的高温高品质淡水，首次实现源侧的水、热同步产出与供给。

5月11日，中国核能行业协会核电建设同行评估与经验交流技术委员会2021年度会议暨成立大会在阳江市召开。

5月12—13日，中国核能行业协会在广东省阳江市召开2021年核电工程建设经验交流大会。

5月18日，生态环境部部长黄润秋为国际原子能机构“核技术控制塑料污染亚太区域线上圆桌会议”视频致辞，介绍我国海洋塑料垃圾防治及核技术利用监管政策与成果。

5月19日下午，国家主席习近平在北京通过视频连线，同俄罗斯总统普京共同见证两国核能合作项目——田湾核电站和徐大堡核电站开工仪式。田湾核电站7号、8号机组和徐大堡核电站3号、4号机组是2018年6月两国元首见证签署的双方核能领域一揽子合作协议中的重要项目，建成投产后年发电量将达到376亿千瓦时，相当于每年减少二氧化碳排放3068万吨。

5月19日，中国首个“电子束辐照处理医疗废水示范装置”项目在湖北省十堰市通过专家评审验收，我国首台用于医疗废水处理的电子束装置正式投入使用。这是国家原子能机构为应对新冠疫情紧急启动，由中国广核集团有限公司与清华大学联合承制的科研项目。

5月20日（当地时间），“华龙一号”海外首堆工程——巴基斯坦卡拉奇核电2号（K-2）机组正式进入商业运行，标志中国自主三代核电“走出去”第一站顺利建成，创造国际最佳建设业绩，中国核电实现从“跟跑”到“并跑”。

5月26日，中宣部追授著名核动力专家、中国核潜艇首任总设计师彭士禄院士为“时代楷模”。

5月28日上午，中国科学院第二十次院士大会、中国工程院第十五次院士大会和中国科学技术协会第十次全国代表大会在人民大会堂隆重召开。中共中央总书记、国家主席、中央军委主席习近平出席大会并发表重要讲话。在讲话中，习近平提到：战略高技术领域取得新跨越。“国和一号”和“华龙一号”三代核电技术取得新突破。

5月28日，中科院合肥物质科学研究院全超导托卡马克核聚变实验装置（EAST）创造新的世界纪录，成功实现可重复的1.2亿摄氏度101秒和1.6亿摄氏度20秒等离子体运行，向核聚变能源应用迈出重要一步。

5月31日，“神盾–2021”国家核应急演习暨“红沙–2021”广西核应急联合演习，结合防城港核电厂3号机组首次装料前场内外联合演习，在北京、南宁、防城港、钦州、深圳同步举行。“神盾–2021”是继“神盾–2009”“神盾–2015”之后，我国开展的又一次三级联动国家级核应急联合演习。

5月，武威重离子中心正式开业已逾一年，治疗患者超300例。武威重离子中心装配我国首台自主知识产权的重离子治疗系统，使我国成为全球少数拥有自主研发重离子治疗系统和临床应用能力的国家，打破国外垄断，实现我国在大型医疗设备临床应用方面的突破，填补国内空白。

5月，由原子能院中国核数据中心完成的宏观基准检验实验研究成果被国际原子能机构（IAEA）国际合作项目CoNDERC（《核辐射特性实验数据汇编项目》）正式收录。这是我国核数据宏观基准检验实验首次被IAEA收录。

6月1日，国家原子能机构主任视频会见国际原子能机构总干事格罗西，就深化中国与国际原子能机构全方位合作、日本福岛核污染水处置等议题深入交换意见；并共同见证签署了关于在华设立核技术昆虫不育协作中心、开展大型公众活动核安保合作、向巴基斯坦捐赠新冠病毒检测物资等3份合作文件。

6月1日，由一机床公司承制的国和一号示范工程1号机组堆内构件完工发运。

6月2日，田湾6号机组100小时满功率连续运行试验完成，正式具备商业运行条件，标志着田湾核电站三期工程（5、6号机组）全面建成投产。

6月4日，在6月5日世界环境日来临之际，全国首个核与辐射安全云科普馆在辽宁红沿河核电站上线，社会公众可通过手机等智能终端登陆云科普馆，在线学习了解核能、核电及核安全知识。

6月7日，中国核学会发布消息，中

国核学会联合签署《净零需要核能》。

6 月 11 日，由中核集团原子能院核技术所自主研制的移动式 X 射线背散射车辆违禁品检测装备、X 射线透射和背散射一体化包裹违禁品检测装备，顺利通过国家安全防范报警系统产品质量监督检验中心和公安部安全防范报警系统产品质量监督检验测试中心的现场检测，具备商品化能力。

6 月 17 日，中国北山地下实验室开工建设，标志我国高放废物地质处置工作进入地下实验室建设及研发阶段，为填补我国在高放废物处置技术地下现场研发平台及设备的空白，攻克高放废物地质处置这一世界性难题提供试验平台和基础。中国北山地下实验室建设工程项目是国家“十三五”规划的百项重点工程之一。2019 年经国家原子能机构批复立项，由核工业北京地质研究院作为业主单位组织开展建设。

6 月 21 日，由中国辐射防护研究院牵头，联合中国同辐股份有限公司、同方威视技术股份有限公司、中国科学院微生物研究所、清华大学等 6 家单位共同承研的“进口冷链食品新冠病毒防控的辐照消杀技术研究”项目取得阶段性重要成果，并顺利通过由中核集团组织的技术验收，标志我国新冠病毒辐照消杀技术向工程应用的目标迈出关键一步。

6 月 23 日，由中核集团统筹组织、中核核电运行管理有限公司主导编制的《傅里叶红外光谱法测量重水浓度》国际标准已通过最终发布稿投票，即将发布。该标准是我国首项核电运行领域的国际标准。

6 月 24 日，由国家原子能机构、科技部、公安部、生态环境部、交通运输部、国家卫生健康委、国家医疗保障局、国家药品监督管理局等 8 部门联合举办的《医用同位素中长期发展规划（2021—2035 年）》发布会在京召开。

6 月 24—25 日，由中国核能行业协会主办的“核电数字化技术与应用大会 2021”在山东荣成顺利召开。

6 月 25 日，由中国核电工程有限公司牵头承担的“球墨铸铁乏燃料运输容器研制”科研项目完成第 3 台百吨级球墨铸铁容器铸件铸造，标志着项目研制工作由关键原材料探索进入样机制造的新阶段。

6 月 30 日，我国自主设计研发制造的首台百吨级乏燃料专用设备——CNSC 乏燃料运输容器顺利下线，将进一步夯实我国乏燃料运输保障能力。

7 月 2 日，中国原子能科学研究院发布消息，该院科研人员首次在北京放射性核束装置（BRIF）上进行了后加速 ISOL（在线同位素分离）束的验证性实验。

7 月 6 日，原子能院承担的环形燃料组件临界热流密度试验取得重大技术突破，成功获得首批非均匀加热全长棒束 CHF 数据，为评价和开发适用于环形燃料的 CHF 关系式、支持环形燃料先导组件入堆考验等工作奠定坚实基础。

7 月 12 日（当地时间），海外“华龙一号”K-3 机组安全壳整体试验圆满完成。

7 月 13 日，中核集团海南昌江多用

途模块式小型堆科技示范工程（小堆示范项目）在海南昌江核电现场正式开工，至此，该项目成为全球首个开工的陆上商用模块化小堆，标志我国在模块化小型堆技术上走在世界前列。

7月22日，中广核铀业发展有限公司收购哈萨克斯坦奥尔塔雷克铀矿49%股权项目正式完成交割。

7月28日，秦山核电与海盐县政府合作的核能供暖节能工程示范项目在海盐开工。这是中核集团首个核能供暖节能工程示范项目，为破解我国南方供暖难题提供核能解决方案。

7月28日，辽宁徐大堡核电二期工程3号机组浇筑核岛第一罐混凝土。

7月31日，由沈阳鼓风机集团股份有限公司和哈尔滨电气动力装备有限公司依托国家科技重大专项课题联合研制、上海核工程研究设计院参与的“国和一号（CAP1400）屏蔽电机主泵”样机，通过了中国机械工业联合会组织的专家鉴定。

7月31日，辽宁红沿河5号机组完成168小时试运行试验后，具备商运条件。

8月9日，田湾核电7号机组首批俄供大件设备——堆芯捕集器壳体和填料经过12 000海里远洋运输，历时60天，从俄罗斯圣彼得堡港安全运抵田湾现场。

8月10日，山东核电牵头申报的“山东省核电技术与安全技术创新中心”正式获得山东省科技厅批复，成为山东省获准筹建的22家省级技术创新中心之一和山东省首个核电领域技术创新中心。

8月18日，哈电集团（秦皇岛）重型装备有限公司承制的漳州1号机组三台华龙一号蒸汽发生器顺利通过出厂验收，9月运抵核电厂现场，为漳州核电“开顶法”施工提供有力支撑。哈尔滨锅炉厂有限责任公司承制的漳州1、2号机组核岛类容器项目，2021年交付35台；2022年计划交付21台，已全部启动制造。

8月19日，以“面向未来，开创中阿能源合作新时代”为主题的中阿能源高峰合作论坛正式开幕。国家能源局局长章建华表示，中国愿与阿拉伯国家共同推进能源合作行稳致远，不断向更深层次迈进。

8月19日，国家原子能机构主任张克俭和国际原子能机构总干事格罗西通过视频连线，共同见证中国国家原子能机构、国际原子能机构向埃及、埃塞俄比亚捐赠新冠病毒检测物资协议签署。

8月20日，据央广网报道，由中山大学组建的中国国家原子能机构核技术（昆虫不育）研发中心，将核技术应用在“灭蚊子”上。

8月20日，中核集团宣布，由中核集团原子能院核技术应用研究中心为中科院国家空间科学中心研制的航天器部件充电效应模拟电子加速器通过技术验收。该加速器填补该类装置国内外空白。

8月25日，由中国核能行业协会组织的中英核电站延寿与退役经验交流会以视频方式顺利召开。

8月30日，上海核工院发布消息，由上海核工院与四川大西洋焊接材料股份有限公司共同研发的国产低合金钢埋弧焊焊丝焊剂组合和焊条，在东方电气（广州）

重型机器有限公司承制的核一级设备承压焊缝制造中应用。这是国产焊接材料在核电工程领域取得的重要突破，填补国内空白，也是继主设备大锻件、镍基合金传热管国产化之后，我国在核电关键材料的国产化和自主化方面取得的又一重大突破。

8月30日，由国家电投集团申报，上海核工院主导编制的国际标准《核电厂—安全重要仪表和控制系统—地震停堆系统准则》（IEC 63186:2021）由国际电工委员会（IEC）正式发布。该标准是我国核电领域首个正式发布的IEC国际标准，也是我国核电领域最早立项的国际标准，实现历史性突破。

9月1日，世界核协会发布新版《世界核电厂运行实绩报告》，国家电投“海阳核能供热”案例作为中国唯一案例入选，向全世界展示了中国核能综合利用的创新成果和低碳发展的良好形象和中国核电多元化发展的成就。

9月3日，根据《中华人民共和国核安全法》及《中华人民共和国民用核设施安全监督管理条例》有关要求，经国家核安全局批准，秦山核电厂1号机组运行许可证获准延续，有效期至2041年7月30日。

9月3日，秦山核电与上海核工程研究设计院、中核北方核燃料元件有限公司召开首批商用堆碳14靶件研制启动视频会，标志着三方合作开展的辐照生产碳14项目进入了新阶段。

9月8—11日，中国广核集团所属中广核核技术发展股份有限公司首台质子治疗肿瘤设备、首台电子束处理垃圾渗滤液等多个项目落地签约。

9月10日，由东方电台承制的“钠冷快堆”示范工程16台蒸汽发生器全部完工，具备发货条件。

9月10日，国家电投集团公司核应急指挥中心成功接入国家核应急专网，成为第二家接入国家核应急专网的核电集团公司。

9月11日，国内首座高水平放射性废液玻璃固化设施在四川广元正式投运。这是我国核工业产业链后端标志性工程，其投入运行标志我国已经实现高放废液处理能力零的突破，成为世界上少数几个具备高放废液玻璃固化技术的国家，对我国核工业安全绿色发展具有里程碑意义。

9月11日，首届中国—东盟核技术与核能合作发展论坛在南宁成功举办，来自中国和东盟国家的同行分享了各自在推动能源可持续发展与核技术应用方面所做出的努力和发展计划。

9月11—17日，由中国科协联合中宣部、国家原子能机构等13个部门联合主办的2021年全国科普日活动在全国举办。在同一时间，国家原子能机构主办了2021年全国科普日·核科普联合行动，活动主题为“核科技助力美好生活”。

9月12日，国家核安全局颁发中广核先进燃料研制中心建造许可证。

9月14日，广西领导干部“时代前沿知识”系列讲座第123讲在自治区党委礼堂举行。中国工程院院士叶奇蓁、于俊崇应邀分别作《我国核能发展概况》《核能在实现“双碳”目标中的作用和发展趋势》专题报告。

9 月 16 日，由国家原子能机构主办、中广核集团公司承办、国家核安保技术中心和阳江核电公司协办的“风暴 -2021”核安保综合演练活动在阳江核电基地举行。

9 月 16 日，“华龙一号”研发设计创新团队“极致安全 协同创新”质量管理模式实现核行业的突破，喜获 2021 年第四届中国质量奖。

9 月 17 日，由中国核能行业协会、中国就业培训技术指导中心主办，中国核工业集团有限公司承办的全国核能系统核反应堆运行值班员职业技能竞赛在三门核电落下帷幕。中核集团李军红、李敏华、田继栋 3 人荣获个人一等奖。

9 月 18 日，华能集团与清华大学、中核集团、宝武集团、中信集团共同发起成立高温堆碳中和制氢产业技术联盟，签订《高温堆碳中和制氢产业技术联盟协议书》。

9 月 20 日，国家原子能机构主任张克俭以视频方式出席国际原子能机构第 65 届大会。大会期间，联合国粮农组织（FAO）和国际原子能机构（IAEA）在维也纳举办核技术农业应用领域国际最高奖项颁奖仪式。国家原子能机构组织选拔推荐的中国科学家团队分别荣获卓越成就奖、杰出女性奖和青年科学家奖三大奖项。

9 月 22 日，中共中央、国务院印发《关于完整准确全面贯彻新发展理念做好碳达峰碳中和工作的意见》，要求加快构建清洁低碳安全高效能源体系，积极安全有序发展核电。

9 月 28 日，全国首台模块化核能供暖集成装置在秦山核电安装就位。该装置从设计到交付仅耗时 4 个多月，现场安装仅耗时 40 小时，为年底核能供暖示范工程投产奠定坚实基础。

10 月 11 日，国家能源局局长章建华在北京以视频方式与英国商业、能源及产业战略部国务大臣夸西·夸腾共同主持召开第七次中英能源对话。会后，章建华与夸腾共同签署《中英清洁能源合作伙伴关系实施工作计划 2021—2022》。

10 月 11 日，在联合国《生物多样性公约》第十五次缔约方大会（COP15）第一阶段会议在昆明开幕之际，国内首份基于自然资本核算的生物多样性保护报告——《中国广核集团生物多样性保护报告》正式发布。

10 月 12 日，国家原子能机构主任张克俭视频会见国际原子能机构总干事格罗西，就聚焦“全球发展倡议”深化双方合作、日本福岛核污染水处置问题等进行交流，并共同见证签署关于在华设立高放废物地质处置协作中心、海关一线官员核安保协作中心，以及向阿根廷捐赠新冠病毒检测物资等合作文件。国际原子能机构与中核集团核工业北京地质研究院签署协议，指定中核集团核工业北京地质研究院为“国际原子能机构高放废物地质处置协作中心”。

10 月 14 日，国际原子能机构与中国国际发展合作署签署交流合作谅解备忘录，这是国际原子能机构首次与成员国国外发展援助机构签署合作文件。

10 月 21—27 日，“华龙一号”“国和一号”、高温气冷堆示范工程等亮相国家“十三五”科技创新成就展。

10 月 24 日，国务院印发《2030 年前碳达峰行动方案》。方案提出：合理确定核电站布局和开发时序，在确保安全的前提下有序发展核电，保持平稳建设节奏。积极推动高温气冷堆、快堆、模块化小型堆、海上浮动堆等先进堆型示范工程，开展核能综合利用示范。加大核电标准化、自主化力度，加快关键技术装备攻关，培育高端核电装备制造产业集群。实行最严格的安全标准和最严格的监管，持续提升核安全监管能力。

10 月 26 日，中俄总理定期会晤委员会核问题分委会第二十五次会议以视频形式召开。中俄核问题分委会双方主席，国家原子能机构主任张克俭和俄罗斯国家原子能集团公司总经理利哈乔夫共同主持会议。

10 月 27 日，国际热核聚变反应堆组织（ITER）宣布 TAC1 联合体团队成功实现主机安装第一阶段任务，具备吊装真空容器的条件。中核集团董事长与 ITER 组织总干事互致贺信。

10 月 29 日，2021 年全国行业职业技能竞赛——全国核能系统无损检验职业技能竞赛决赛落下帷幕。国核电站运行服务技术有限公司张乐、中广核检测技术有限公司任剑波、哈电集团（秦皇岛）重型装备有限公司刘朋顺获得个人奖项一等奖。

10 月 29 日，经国家核安全局批准，中国核动力研究设计院高通量工程试验堆（HFETR）运行许可证获准延续，有效期至 2028 年 10 月 31 日。

10 月 29 日，中法核能合作协调委员会第十五次会议以视频会议形式召开。中法双方介绍两国核能发展政策，审议自上次协调委会议以来专项合作项目与协作实验室工作进展，就下一步核科技研发合作交换意见。

10 月 31 日，国核自仪成功实现“和睿控制”（NuCON）系统的首个国产化项目——EHL（二回路）综合控制柜课题试验样机可靠性鉴定。控制器和卡件国产化均达到 95% 以上。

11 月 3 日，2020 年度国家科学技术奖励大会在人民大会堂举行，清华大学王大中院士获国家最高科学技术奖。习近平为王大中院士颁发国家最高科学技术奖。王大中院士是国际著名的核能科学家、战略科学家、教育家。

11 月 4 日（当地时间），我国自主三代核电华龙一号海外示范工程第 2 台机组——巴基斯坦卡拉奇 3 号机组（K-3 机组）顺利完成热试相关所有试验，正式进入装料准备阶段。

11 月 6 日，“华龙一号”示范工程第 2 台机组——福清核电 6 号机首炉燃料装载正式开始，机组进入主系统带核调试阶段。

11 月 9 日，国家原子能机构为核工业北京地质研究院挂牌设立“国家原子能机构高放废物处置创新中心”和“国际原子能机构高放废物地质处置协作中心”。

11 月 9 日,国家电投“暖核一号”——国家电投国家能源核能供热商用示范工程二期 450 万平方米项目在山东省海阳市正式投用，海阳市整个城区全部实现核能供暖，成为全国首个“零碳”供暖城市，惠及 20 万居民。

11 月 10 日，世界核电运营者协会（WANO）上海代表处揭幕典礼在上海浦东前滩太古里会议中心隆重举行。

11 月 10 日，由中广核铀业发展有限公司和哈萨克斯坦国家原子能工业公司共同出资建设的乌里宾燃料组件有限责任合伙企业，在哈萨克斯坦东哈州投产，项目正式进入核燃料组件生产阶段。该组件厂目前设计年产 200 吨铀核燃料组件，可满足 8 台百万千瓦级核电机组换料需求。

11 月 15 日，国家电投和中国核电发展中心在京联合举办山东海阳核能供暖二期工程投产暨“暖核”科普活动启动仪式，发布国家电投“暖核一号”核能供热品牌。

11 月 17 日，由日本原子力产业协会（JAIF）承办的第八届东亚核能论坛以视频方式召开。中国核能行业协会副理事长兼秘书长张廷克应邀参会并发表主旨报告，详细介绍了中国大陆核电发展的现状、趋势和展望。

11 月 18 日，英国核监管办公室（ONR）正式发出审查重要问题单 RO-UKHPR1000-0059（安全级仪控平台 FirmSys 产品卓越性论证）的关闭函，标志华龙一号 GDA 项目所有审评问题全部关闭，GDA 技术审查工作正式结束。

11 月 23 日，中国核能行业协会与台湾核能科技协进会通过视频方式召开信息交流会。

11 月 23 日，经国际标准化组织批准，中国广核集团主导申报的国际标准 ISO AWI/23225.4《Nuclear Power Plants Corrosion Control Engineering Life Cycle — General Requirements 》(《核电站腐蚀控制工程全生命周期通用要求》) 正式立项，系该集团在核电领域首个主导申报并成功立项的国际标准。

11 月 26 日，2021 年“全国行业职业技能竞赛——全国核能系统核电厂水泵检修职业技能竞赛”圆满结束。来自中广核核电运营有限公司李大伟、李庆磊，福清核电有限公司陈坤池荣获个人奖项一等奖。

11 月，中广核核电股份公司《2020 年度报告》获美国 LACP 颁发的电力行业“最佳年报金奖”“全球年报 100 强”“亚太地区年报 80 强”“中文年报 50 强”等四个奖项。

12 月 2 日，第十九届全国质量奖颁奖仪式在北京举行，福清核电有限公司、辽宁红沿河核电有限公司获颁全国质量奖。

12 月 3 日，由中核集团秦山核电供热的我国南方首个核能供热示范工程（一期）正式投运，供暖面积达 46 万平方米，惠及近 4000 户居民。到“十四五”末项目全部建成，能够满足海盐约 400 万平方米供暖需求。

12 月 6 日，“华龙一号”福清核电 5

号机组首个燃料循环结束，开始首次换料大修。

12 月 6 日，中国施工企业管理协会公布 2020—2021 年度第二批国家优质工程奖入选工程名单，中国核能行业协会组织推荐的“三门核电一期工程”喜获国家优质工程金奖，这是核能行业首个三代核电工程荣获金奖。

12 月 6—9 日，第二届中国磁约束聚变能大会暨聚变能活动周在安徽合肥召开。聚变科普图书《托起明天的太阳》亮相大会高新技术企业展览及科普环节。

12 月 7 日，兰州兰泵有限公司在第十七届中博会专精特新新品发布会上发布“钍基熔盐堆核能系统 ——储能技术”。

12 月 8 日，生态环境部（国家核安全局）与青海省开展辐射事故联动应急演习，此次演习为生态环境部（国家核安全局）首次与省级政府开展辐射事故联合应急演习。

12 月 8 日，国家原子能机构批复“放射性药物工程转化”“功率芯片质子辐照”“核探测与核成像”“辐射探测及仪器仪表”“放射性药物研发与临床应用”等 5 家国家原子能机构核技术研发中心建设。

12 月 10 日，《中国工业史·核工业卷》总结表彰座谈会在京举行。《中国工业史》是新中国成立以来第一部工业史书，核工业卷是全书 21 卷中首部出版的分卷，由中国工业经济联合会委托中核集团牵头，国家电投、中广核、中物院等单位参与编纂。

12 月 11 日，“华龙一号”示范工程——中核集团福清核电 6 号机组反应堆首次达临界顺利完成，机组正式进入带功率运行状态，向建成投产迈出重要一步。

12 月 15 日，位于浙江省海盐县的秦山核电站迎来安全发电 30 年。中核集团秦山核电安全发电 30 周年报告会暨中国核电创新发展论坛在北京、杭州、海盐三地举办。

12 月 16 日，中广核达胜加速器技术有限公司主营产品——“工业辐照用电子加速器”，成功入选国家工业和信息化部第六批制造业单项冠军示范企业。

12 月 18 日，我国首个深地核天体物理实验项目——锦屏深地核天体物理实验首批实验成果发布会在京举行，标志着我国核天体物理实验研究步入国际先进行列。

12 月 20 日，国家科技重大专项石岛湾高温气冷堆核电站示范工程 1 号反应堆首次并网成功。标志全球首座具有第四代先进核能系统特征的球床模块式高温气冷堆，在我国实现从“实验室”到“工程应用”质的飞跃，对于促进我国核能创新发展、助力高水平科技自立自强具有重要意义。

12 月 20—21 日，中国核能行业协会在北京组织召开《华龙系列用户要求文件》（修订稿）审查会。该文件填补我国先进压水堆核电用户要求文件空白，对推进核能产业高质量发展具有重要意义。

12 月 28 日，海南昌江核电二期核电站 4 号机组开始浇筑核岛第一罐混凝土，正式开工建造。

12 月 29 日，国务院新闻办公室发布我国首部《中国的出口管制》白皮书，全面介绍了我国完善核出口管制治理的立场、制度和实践，阐述了中国维护世界和平与发展，维护国家安全和国际安全的主张和行动。

12 月 30 日，中国广核集团浙江三澳核电项目 2 号机组核岛浇筑第一罐混凝土，该机组主体工程正式开工。至此，国内外在运、在建“华龙一号”核电机组达 14 台。

12 月 31 日（当地时间），我国出口巴基斯坦第六台核电机组、“华龙一号”全球第四台机组——巴基斯坦卡拉奇核电工程 3 号机组在中巴两地举行装料完成暨中巴核能合作三十周年庆典活动仪式，机组进入带核调试阶段。

12 月，由广利核公司自主研发的核级数字化仪控平台“和睦系统”通过第三方权威机构——德国南德 TUV 的 CE-RoHS、CE-EMC、CE-LVD 和 REACH 四项认证，取得欧盟符合性证书，标志“和睦系统”的安全性和稳定性达到国际先进水平，具备欧洲市场准入资质。

附　录

中国核能可持续发展论坛——2021年春季高峰会议暨第十四届中国国际核电工业展览会

基本情况

2021年是“十四五”开局之年，为进一步推动核能高质量发展，充分认识核能发展在“碳达峰、碳中和”目标下的新作用，积极贯彻“十四五”时期在确保安全的前提下积极有序发展核能的新方针，4月14日，由中国核能行业协会主办的“中国核能可持续发展论坛——2021年春季高峰会议暨第十四届中国国际核电工业展览会”在京开幕。本次会议以“核能安全发展、公众沟通与数字化转型”为主题。主、分论坛共有约50位有关领导、院士、专家学者做了发言，逾1000人参加会议。

中国核能行业协会副理事长兼秘书长张廷克在开幕式上致辞。他在致辞中表示，我国核能事业已具备实现高质量发展的坚实基础，我国迎来建设核电强国的重要战略机遇期，要齐心协力推动我国核能事业高质量发展。

国家原子能机构总工程师刘永德、国家能源局总经济师郭智、国家核安全局副局长郭承站分别做主旨演讲。

会上，《中国核能发展报告》首席专家王毅韧发布《中国核能发展报告》，对2020年中国核能发展情况进行了介绍，并结合国内外形势对我国核能发展趋势特别是十四五期间做出分析和展望。

“华龙一号”示范工程福清核电5号机组建成投产，使我国核能发电突破5000万千瓦装机容量，这是核能发展史上的重要里程碑。为此，核能行业协会举行了中国核能发电装机容量突破5000万千瓦标志性机组——福清核电厂5号机组授牌仪式。

会上，还举行了一年一度的中国核能行业协会核能科学技术奖颁奖典礼。

2021年春季高峰会议期间，分别举行了以“核能安全与发展”“核能公众沟通”“核能数字化转型与智能化升级”为主题的3个分论坛。分论坛上，举行了“2021年4·15全民国家安全教育日核安全宣传主题活动启动仪式”，宣读了第一届“核能公众沟通大使”名单并为26位“核能公众沟通大使”颁发聘书，公布了“2020年核能公众沟通优秀论文名单”并为相关作者颁发证书。

叶奇蓁、倪光南、曹述栋、郑明光、王炳华、贺禹、赵成昆、黄峰、庄火林、邢继、董关鹏、贾峰、周天勇等专家分别做了报告。同期举办的还有第十四届中国国际核电工业展览会，近200家国内外企业参展。本届展会，核能行业协会首次设立主题展区，展示新型先进核电技术和核能行业协会高质量发展、科技奖励与团体标准、核能公众沟通等方面取得的成绩。

国内外 20 多家媒体共 40 多名记者参加采访，新华社、光明日报、经济日报、中国日报、中央电视台等主流媒体对此次活动进行了全面报道。

会议由国家能源局、国家原子能机构、国家核安全局指导，国家电投集团山东核电有限公司、中核集团中核战略规划研究总院有限公司协办。

中国核能行业协会制作了本次活动专题网页，更多精彩报告及现场视频可登录专题页面 http://www.china-nea.cn/site/term/292.html 查看。

论坛综述

“双碳”时代，我国核能发展矛与盾不可忽视

十年前，正处于蓬勃发展之势的我国核能事业，遭遇日本福岛核事故发生后顿时急刹车；十年后，经过沉寂、优化与完善，再度呈现出积极上扬的势头。

4 月 14—16 日在北京国家会议中心由中国核能行业协会主办的“中国核能可持续发展论坛——2021 年春季国际高峰会议暨第十四届中国国际核电工业展览会”上，中国核能行业协会副理事长兼秘书长张廷克致辞时释放的强烈信号更加佐证这一论断：“我国核能事业已具备实现高质量发展的坚实基础，迎来建设‘核电强国’的重要战略机遇期。”

我国核能界之所以立场坚定、信心满怀，还在于中国碳达峰、碳中和目标的提出。2020 年 9 月以来，习近平总书记先后在第 75 届联合国大会一般性辩论、党的十九届五中全会、联合国气候雄心峰会、中央财经委第九次会议上，擘画了碳达峰、碳中和的战略目标和实施路径。正是在这一背景下，清洁低碳高效的核能脱颖而出，被认为是助力实现碳达峰、碳中和目标的重要选项之一。国家气候变化专家委员会委员、中国能源研究会副理事长周大地在做主题报告时表示，“十四五”是碳达峰的关键期、窗口期，要构建清洁低碳安全高效的能源体系，控制化石能源总量，着力提高利用效能，实施可再生能源替代行动。核电要抓住低碳转型带来的创新发展机遇，充分开发自身潜力。而且，中国核电发展政策也渐趋积极，2021 年政府工作报告提出“在确保安全的前提下积极有序发展核电”，体现了鲜明的政策导向，表明核能行业前景预期良好。

核能的优势明显，但短板同样突出，特别是世界上发生的三次核事故，让社会各界对其都心生忌惮。当下进入“双碳”时代，核能若要把握大好形势，安全与成本；核电场址、铀资源与规模；信任与邻避这三组互相制约的关系，显然需要深思和探讨。此次峰会各分论坛议题设置也是由此展开。

求解安全与成本的最大公约数

其实，不仅实现“双碳”目标，提升国家能源安全保障能力，核能也是一支重

要支撑力量。

“能源偏煤、结构偏重、效率偏低”是我国能源产业的特点，石油和天然气对外依存度高，能源安全面临较大压力，能源结构转型需求迫切。据张廷克介绍，预计到2030年，我国能源消费总需求中非化石能源占比将达到25%以上，增量部分将以清洁能源电力为主，消费侧电气化水平也将逐步提高。

他表示，核电是目前唯一可大规模替代煤电的基荷并具备一定负荷跟踪能力的电源，可靠近负荷中心布置，与新能源协调互补耦合建设，是保障国家能源安全、构建以新能源为主体的新型电力系统的有效选择，有利于提高电网运行的稳定性和安全性，增强电网抵御严重事故的能力，降低大面积停电的风险。

核能被寄予厚望，属于情理之中。国家能源局总经济师郭智在作峰会主旨发言时强调，我国核电已进入高质量发展阶段。他分别从技术实力、产业规模、人才队伍等方面进行了详细阐述。

的确，对于世界核能发展左右摇摆的态势，尤其是在放弃核能一方有德国站台的情况下，应该说，中国发展核能的立场坚定、成效显著：不仅三代核电技术在我国全面推广应用，高温气冷堆、钠冷快堆等四代技术正在建设示范工程，预计分别在今年和2025年前建成投运；另外，多种小堆技术也基本具备示范条件。总而言之，中国核能发展呈现出百花齐放之势。

然而，就核能可持续发展而言，安全性与经济性这组制约关系，不可忽视。正如周大地作报告时所说，要进一步大规模发展核电和可再生能源，核电必须在足够的安全性和成本控制之间进行科学合理选择，才能在低碳转型过程中寻求发展空间。

“低碳转型是一场基于化石能源的现有能源系统快速向基于非化石能源的零碳能源系统转型的激烈赛跑。新能源、核电等能源形式一定要遵循最小成本法则，包括最终能源结构和过渡路径的选择，经济性将起决定性作用，一定是花最少的钱办最好的事。”周大地提出，核电在“双碳”目标中发挥作用，要有战略性考虑，主动参与其他能源形式的博弈。

周大地希望核电一方面要在硬件上下功夫，核电目前的冗余度、固有安全搞得很复杂，可以简化；另一方面，要在软件方面下功夫。当前，数字化、智能化在很多地方都可以大幅度提高性能，核电安全也应该在这方面下功夫。

中核集团党组成员、副总经理曹述栋则希望通过核电项目规模化建设带动核能完整产业链和相关配套产业优化升级，增强核能全产业链成本竞争优势，降低核电建设每千瓦比投资，使核电电价与其他清洁能源电价相比具有竞争力。

破解规模受限于铀资源、厂址的必答题

郭智介绍，我国在运和核准在建的核电机组66台，装机容量7077万千瓦，总规模位居世界第二，已成为全球核电发展的重要产业中心之一。特别是今年政府工作报告明确提出，“在确保安全的前提下积极有序发展核电”。

张廷克认为，这充分体现了国家对核电发展的支持。随着核电技术的不断突破和安全性、经济性的提升，大型核电机组综合利用范围将进一步扩大，小型模块化反应堆也将在供电、供热、工业制氢、海水淡化等多个应用领域迎来重要发展机遇。核电的发展也将带动国内装备制造业、建筑安装行业发展，助力我国创新能力提升。

对于核电未来发展，中国核能发展报告（2021）蓝皮书预测，到 2025 年，我国核电在运装机规模将达到 7000 万千瓦左右，在建装机规模接近 4000 万千瓦。到 2035 年，我国核电在运和在建装机容量将达到 2 亿千瓦左右，发电量约占全国发电量的 10%。显然，中国核能发展现状离期待还有相当长的距离。

对此，曹述栋希望中国核电建设能够保持稳定节奏。基于我国核能发展已有基础和条件，他建议，核电机型选择以具有自主知识产权的三代大型压水堆为主，批量化建设机组数不少于 30 台。

然而，发展如此规模的核能产业，显然需要相应资源保障。优化从天然铀供应、核燃料生产、核能发电、乏燃料后处理到放射性废物处理处置等各环节的整体布局，必须坚持系统观念，统筹协调好核能发展中内外部方方面面的关系。可见，打造安全可靠、自主可控的核能产业链对于实现核能产业高质量发展显得尤为重要。

纵观这些要素，其中，铀资源与厂址这两项是我国核能发展的一道必答题。只有铀资源安全供应，核能事业才能可持续发展。为此，曹述栋希望“十四五”及中长期进一步加大国内铀资源的勘探力度，持续提升铀矿采冶开发能力，立足国际国内两个市场两种资源，加大海外开发与并购力度，不断完善天然铀的储备体系。

对于厂址，中国还受制于观念影响。相对其他国家，我国核电选址具有一个明显特点，基本上都在沿海。而且厂址存在内陆与沿海之分，似乎只有中国。若要实现中国核能行业协会预测的目标，沿海的厂址是否满足需求？如果有序推动核电布局由沿海省份到内陆省份，在内陆电力负荷较大的地区适时启动核电项目建设，不失为一种化解厂址与规模矛盾的思路。

化解信任与邻避间的悖论

我国核电起步于 20 世纪 70 年代，经过多年连续不间断地建设、运营，已经形成完整的核电基础研究、研发设计、装备制造、工程建设、运行维护和核燃料前后端保障能力及专业人才队伍，成为全球少数几个拥有完整核工业体系的国家。

而且，我国已率先实现由二代向三代核电技术的跨越，跻身世界核电大国行列。研发形成了具有自主知识产权的“华龙一号”“国和一号”三代核电技术和具备第四代技术特征的高温气冷堆技术。“华龙一号”全球首堆投入商运，“国和一号”示范工程建设有序推进，高温气冷堆示范工程进入热试阶段，多用途小、微堆研发取得积极进展，新一代核能系统研发与美、俄、欧洲同步推进；AP1000、EPR 全球首堆相继在我国建成投产。

尤其是我国核电始终保持高水平安全运行业绩，总体水平居世界先进行列，我国建立了完善的核安全监管、核应急体系，全行业始终坚持安全第一的方针，核电建设、运行保持了较好的安全业绩。自1991年我国首台核电机组投运以来，核能发电量已累计达到2.6万亿千瓦时以上，相当于减少二氧化碳排放约21亿吨，为我国能源安全和经济社会绿色低碳转型做出了重要贡献。我国核电从未发生国际核事件分级（INES）2级及以上运行事件，位居国际先进行列。

峰会期间，各大论坛上，与会嘉宾罗列着中国核能30多年来发展取得的重要成就。即便成绩如此闪亮，但社会对核能的信赖却有待提升，邻避效应成为核能发展的强大阻力。虽然了解核电已经足够先进和安全，但依然保持拒绝的态度，邻避效应的背后隐藏的其实还是对核能的不信任。而信任的根源则在于安全。

众所周知，安全是核能发展的生命线。确保核电安全万无一失是支撑我国核电规模不断发展的基础。张廷克呼吁，全行业要树立底线思维，认真贯彻《核安全法》，坚决贯彻“安全第一、质量第一”方针，切实加强核安全文化建设，严格落实“两个零容忍”，持续提升在运、在建核电机组安全质量水平。

他希望各电厂能够进一步完善经验反馈机制，促进先进管理经验与良好实践的分享与推广。以良好的安全业绩，树立和强化全社会核能发展信心，支撑“积极有序发展核电”局面形成，形成稳定的建设节奏和合理的建设规模，获得良好的安全、经济效益。

与此同时，全行业持续做好核能公众沟通工作。广泛动员行业力量，发出行业声音。创新工作形式，开发系列标准化科普文创产品，推动核能知识常态化进党校、进课堂、进社区。开展全媒体、多维度合作，扩大行业影响力，树立行业良好形象。

打铁还需自身硬。在“双碳”时代，核能要展现大作为，显然需要不断提升优化技术，提高安全水平。这是建立公众信心的基础。另外，还需要创新方式方法加强公众沟通，让社会各界真正理解核、支持核，使公众成为核能发展的拥护者。双管齐下，方能推动我国核能高质量发展。

第十四届核电展

4月14—16日，第十四届中国国际核电工业展览会（以下简称“核电展”）如期与大家相约北京。本次核电展的主题是“核能安全发展、公众沟通与数字化转型”。

新：新形式、新面孔、新风貌

看点1：创新展览形式

同往届相比，本届核电展积极适应新时代核能行业高质量发展的要求，创新展览形式，将商业展和主题展相结合。展区囊括了商业展区、主题展区、推介发布区、产学研创新合作交流区、服务区等五大功能区。

除了设置央企、中小企业、地方、国

际等商业展区外，本届核电展还设置了中国核能行业协会、新型先进核电技术、科技奖励与团体标准、核能公众沟通、数字化转型、产学研创新合作等主题展区。

看点 2：新中核助力碳达峰碳中和

在本届核电展上，“两核”重组后的新中核集团占据了 C 位。

中核集团此次以“核力创造美好未来”为主题参展，融入建党百年元素，通过多媒体、沙盘模型、影像视频、互动体验等手段，重点展示了以“华龙一号”、高温气冷堆、“玲龙一号”、“燕龙”泳池式低温供热堆等为代表的重大科技创新成果。

由此可见，新中核的产业链之全、技术之先进、应用范围之广足以为碳达峰、碳中和提供强大助力。

看点 3：中广核的“科技感”

和以前一样，此次中广核的展台依然“科技感”十足。

此次中广核展出了自主研发的我国首个具有自主知识产权的核级数字化仪控平台“和睦系统”，并全面展示出其研发、制造、应用等方面的最新科研成果。此外，我国自主三代核电技术“华龙一号”、电子束治污技术、核燃料组件检测机器人、污染测量仪、核燃料组件、智能安检等诸多创新科研成果，也受到了观众的极大关注。

尤其值得一提的是，其核岛漫游系统及一块用于控制区运维人员随身 γ 计量的智能手表，吸引诸多观众驻足、了解。

看点 4：国家电投“热”

中国红、梦想绿和科技蓝是国家电投展台的主色调。

此次，国家电投携国家大型先进压水堆核电站重大专项成果“国和一号”、国家能源核能供热商用示范工程、一体化供热小堆等核能领域科技创新成果亮相核电展。

其中，国家电投展示了国内首个核能供热商用示范项目。目前，核能供热商用示范工程二期已经开工，预计今年供暖季建成投运。国家电投还展示了自主设计的一体化供热小堆，可实现近零排放、近零风险的高环境友好性、高安全性目标。

看点 5：华能“核局”

国家科技重大专项——具备第四代核电安全特征的高温气冷堆依然是华能集团在核电展展示的“拳头产品”。

除了高温气冷堆核电机组模型，华能还通过展板、模型等多种形式，重点展示其核电发展布局、海南昌江核电二期项目、“十四五”核电规划，以及下属公司——西安热工研究院有限公司及其痕量 TOCi 分析仪、痕量氯离子分析仪、便携式智能氢电导率表、电力用油在线监测与智能化处理装置等产品。

看点 6：诸多新面孔

核电展是世界核领域规模较大、影响力较强的专业展会，一直吸引着国内外企业、科研院所、高校等积极参展。

除了大家经常在往届核电展上看到的“老朋友”外，本届展会也汇聚了一批第一次参加核电展的企业，如中国移动、南海核电、汉坤流体、上海怡星、爱力浦、伟岸测器、冠龙阀门等。他们都带来了各自的优势产品及服务。据了解，有的公司甚至专门成立了核电相关部门，欲从核电市场分得更多份额。

全：技术全、企业全、主题全

看点 7：核电技术水平不断进步

在中核集团展位，一张反应堆“型谱”成功吸引了包括记者在内的大家的眼球。从压水堆到快堆再到聚变堆，从环流一号到环流二号 -A 再到环流二号 -M，中核集团推动中国的核电研发设计水平不断进步。

通过这部分内容的展出，也让社会公众充分了解核能技术的不断进步，而且核能作为安全高效的绿色能源，正在服务社会、造福人类。

看点 8：全产业链创新成果的集中展现

本届核电展得到了中国核能行业协会广大会员单位以及中外核工业界的热情支持与积极参与，充分展示了各企业在核电、核燃料、设备研发、设计、建造、运行、维护、电气与自动化、核安全等方面的先进技术与专长。在这里，可以看到“华龙一号”、高温气冷堆、“玲龙一号”等我国具有自主知识产权的核电技术。

看点 9：企业类型全

本次核电展的参展商既有中核集团、中国广核集团、华能集团、国家电投等央企，也有 EDF、法马通、罗尔斯罗伊斯等跨国公司，还有浙江宏伟供应链集团、信和新材料股份有限公司、上海冠龙阀门节能设备股份有限公司、江苏武进不锈股份有限公司等中小企业，更有清华大学、北京大学、华北电力大学等诸多涉核高校。

看点 10：主题展区干货多

本次展会首次设置了中国核能行业协会主题展区，展示中国核能行业近几年来协会在高质量发展、新型先进核电技术、科技奖励与团体标准、公众沟通等方面取得的成果和未来发展目标。在展区设立的 17 个核电基地留影区，不少参观者在此留影。在中国核电基地分布图大屏幕前吸引了不少老中青参观者驻足留影。

看点 11：更注重产学研

展会产学研合作交流区作为特装区域，由涉核院校设计、搭建并管理，借此平台在产学研等方面展开深度交流，为核工业发展注入创新血液。

广：全球核电企业的广泛参与

看点 12：展会阵容强大

本届展会得到了国内外核电业界的广泛关注。

来自中国、法国、俄罗斯、美国、英国、德国、芬兰、日本、第四代核能系统国际论坛、国际热核聚变实验堆（ITER）组织等 10 余个国家和国际组织的 200 余家中外知名核电工业企业、科研院所、高校汇聚一堂，共同展示国内外核电工业界的发展、创新与合作成果。

看点 13：组团参展

在本届核电展上，组团参展依然是一个看点。

上海市核电办公室、四川省重大技术

装备办分别携手本地核电相关企业整体参展，抱团发展，吸引了现场众多观众驻足交流。

而宏伟供应链集团在2019年推出的天马工业互联网平台，此次也携5家企业第一次在核电展展出。

看点14：中小企业亮点纷呈

中小企业展区汇集了众多协会会员单位等中小企业，通过重点展示中小企业的技术与产品，不断激发、合力推动我国核能行业自主创新水平与能力，扶持中小企业打开行业市场，提供更加质优价廉的产品。

在这一展区，可以看到耐辐照激光检测去污机器人、乏燃料贮存格架、第四代核电高温气冷堆蒸汽发生器螺旋盘管组件、压水堆蒸汽发生器用690合金U形管、大口径全包胶法兰蝶阀、巡检机器人、计量泵、流量计、传感器、核级涂料、无人机等“硬核”技术、产品、解决方案，可谓琳琅满目。

看点15：发布活动多

本届展会组织了16场成果推介发布活动。展览期间，每日有不同主题的成果发布会，对行业重点企业的业绩、创新成果、新技术应用等内容进行发布，同时还根据企业需求，对相关企业的产品和技术进行推介，共有中核集团、华能集团、西屋电气、上海交通大学、中国核动力研究设计院等14家企业、科研院所、高校参与。

看点16：互动科普好

为了增加互动，增进观众对核能行业的了解，本届展会设有专门的VR互动区。

此外，很多展商也在自己的展台设置互动环节，如会跳舞的机器人助力“华龙一号”技术品牌推广和自主三代核电走向世界，投壶……这些精彩的互动拉近了参观者和核电的距离，也增进了大家对核电的理解与期盼。

中国核能行业协会秘书处2021年工作十大亮点

2021年，新冠肺炎疫情形势依然复杂严峻，中国核能行业协会在科学做好疫情防控的同时，扎实稳步推进各项工作，圆满完成年度重点工作目标任务。协会修订升版了《中国核能行业协会创建世界一流协会指导意见》，明确了协会发展总体要求、思路及目标，为创世界一流协会指明方向。结合中国核能行业协会秘书处2021年度重点工作任务完成情况，梳理出“中国核能行业协会秘书处2021年工作十大亮点”。

一、中国核能行业协会再次被评为全国5A级社会组织

3月4日，民政部公布2019年度全国性社会组织评估等级结果，中国核能行业协会凭借良好的基础条件、规范的内部治理、优异的工作绩效和良好的社会评价，再次被评为全国5A级社会组织，评审结果位列榜首。同时，经过民政部严格评审，协会进入民政部2021年12月20日公示的第四批拟授予“全国先进社会组织”称号候选单位名单。

二、2021年春季高峰会议暨第十四届国际核电展再次引发社会高度关注

4月14—16日，中国核能可持续发展论坛——2021年春季高峰会议暨第十四届国际核电展在京举办。会议以“核能安全发展、公众沟通与数字化转型”为主题开展年度高端研讨交流活动。会议期间，同期还举行了《中国核能发展报告（2021）》蓝皮书发布、核能科技奖颁奖典礼、核电装机容量突破5000万千瓦标志性机组授牌等系列活动。厚重的主题、丰富的内容，多彩的方式，再次引起社会各界的高度关注和核电股市的良好反应。

三、成功组织举办系列全国核能系统职业技能竞赛活动

在全年面对疫情影响压力下，坚持精准防控、周密部署、高效推动，成功组织举办了全国核能系统核反应堆运行值班员、无损检验、核电厂水泵检修等3项国家级职业技能竞赛，进一步巩固和提升了协会组织举办全国核能系统国赛的主导地位。同时，协会成功冠名组织举办了首届中国工业互联网安全大赛—核能行业赛道选拔赛。

四、协会发布的团体标准数量超过100项，名列行业前茅

坚持市场化、高标准运作，协会团体标准化建设日渐成熟、规范、高效，今年获批立项及发布的团体标准数量再创

新高。截至 2021 年年底，协会已有超过 200 项团体标准获批立项，超过 100 项团体标准获批发布，其中包括由协会牵头制订并发布的《核电厂无线通信网络系统技术与管理规范》等 12 项团体标准，协会成为我国核能行业发布团体标准数量名列前茅的社会团体。

五、核能行业合格供应商评价及供应商信用评价进入实施阶段

历经三年多扎实有效的基础准备工作，2021 年，协会核能行业合格供应商评价及供应商信用评价工作全面进入实施新阶段，并取得重要成效。截至年底，累计完成评价并公布的合格供应商名录 126 家、供应商信用评价等级结果 7 家，征集并共享供应商不良行为信息 30 条。同时，供应商评价组织与管理体系及管理信息系统得到充分验证及完善。

六、组织完成《华龙系列用户要求文件》编制和审定工作

协会积极发挥平台共享优势，集中全行业资源和力量，全面完成国内首部核电用户要求文件—《华龙系列用户要求文件》的编制和审定工作，具备了适时批准并正式发布的条件。该文件为统一用户要求，形成行业共识，提升华龙品牌的竞争力，助推华龙技术“走出去”将发挥重要作用。

七、首份《先进核能技术发展报告（2021）》编制完成

由中国核能行业协会先进核能系统专业委员会组织编写的《先进核能技术发展报告（2021）》通过专家审查验收。报告重点关注世界先进核能技术的发展情况，对全球在模块化小型堆、四代堆、聚变堆以及先进核燃料等领域的最新研究开发动态、各国政策趋势等信息进行梳理汇总及分析整理，并提出了相应的政策建议，可作为政府部门决策依据和行业的参考借鉴。

八、与 WANO 合作完成田湾核电 6 号机组启动前评估

在新冠疫情严控、国际专家无法亲临现场的情况下，协会与 WANO 莫斯科中心深度合作，分别于 2021 年 1 月、4 月成功完成对田湾核电 6 号机组启动前的评估和江苏核电有限公司的评估。两次评估的实施，展示了协会独立承担国际化评估活动的专业水平和核心竞争力，以及与国际评估同行良好合作的组织能力。

九、由协会组织推荐的三门核电一期工程获国家优质工程金奖

12 月 6 日，由中国核能行业协会组织推荐的“三门核电一期工程”喜获 2020—2021 年度第二批国家优质工程金奖，这是我国首个三代核电工程荣获国家

级金奖。协会自 2019 年启动了推荐国家优质工程奖项活动，目前已连续三年推荐工程项目荣获国家优质工程金奖，彰显了核电工程高质量的建设成果。

十、积极开展“汲取新力量开创新局面”主题实践活动

积极发挥党组织政治核心、党建引领作用，行之有效地组织开展党史学习教育活动，把学习党史同总结经验、推动工作相结合，组织开展“汲取新力量、开创新局面”主题实践特色活动，举办《从党的百年历史中汲取前进力量，奋力开创全面建设世界一流协会新局面》主题党课及 4 场党史学习专题报告会，制定各项业务领域未来 5 年行动计划。汇编印制《中国核能行业协会创建世界一流协会指导手册》。

2021 年度中国核能行业协会科学技术奖

科技进步奖获奖项目

一等奖（4 项）

序号	项目名称	主要完成单位	主要完成人
1	核电厂严重事故复杂环境下氢气风险研究及应用	上海交通大学，上海核工程研究设计院有限公司，中国核动力研究设计院，中国科学院合肥物质科学研究院，国核示范电站有限责任公司	曹学武 佟立丽 邓　坚 刘松林 邱志方 罗广南 方立凯 张　琨 杨　帆 吉金枝 侯丽强 陈丽培 付廷造 杜政瑀 张向阳 李　颖 王田林 高志超 张丹迪 胡培政
2	先进燃料组件高性能格架设计技术	中国核动力研究设计院	陈　平 雷　涛 李　庆 杜思佳 陈　杰 彭　园 刘　余 郑美银 李　权 陈　曦 吕亮亮 李　华 李松蔚 秦　勉 任全耀
3	大型先进压水堆反应堆结构创新关键技术研究及应用	上海核工程研究设计院有限公司,中国第一重型机械股份公司,上海第一机床厂有限公司	郑明光 林绍萱 张　明 张　伟 丁宗华 梁叶佳 张　翟 唐伟华 薛国宏 顾国兴 景　益 王宝忠 龚宏伟 黄　磊 宁　冬 高永建 张志昊 姚俊俊 朱　焜 刘润发
4	风险指引型核安全监管技术研究和应用	生态环境部核与辐射安全中心，苏州热工研究院有限公司，中国核电工程有限公司，大亚湾核电运营管理有限责任公司，中核核电运行管理有限公司，江苏核电有限公司	依　岩 郭建兵 黄志超 汤　搏 李　娟 侯　伟 孙金龙 初永越 李琼哲 邓　伟 张博平 王　闯 郗海英 李　春 吴彩霞 王春辉 曹　勇 李友谊 马　超 钟　山

二等奖（22 项）

序号	项目名称	主要完成单位	主要完成人
5	大型快堆高温、薄壁和复杂流动设计的关键理论、方法与实验技术	华北电力大学，中国原子能科学研究院	陆道纲 刘一哲 周志伟 张钰浩 曹 琼 刘兆阳 刘 雨 冯预恒 隋丹婷 刘 强 李晓轩 钟达文 杨 军 黑宝平 于团结
6	大型核电弹簧基础汽轮发电机组轴系振动特性及预治理技术研究	西安热工研究院有限公司，福建宁德核电有限公司，东南大学，江苏核电有限公司，福建福清核电有限公司，辽宁红沿河核电有限公司，中核核电运行管理有限公司，海南核电有限公司	张卫军 张 恒 何国安 陈自强 周正平 杨建刚 杨 璋 李 振 王季能 秦贯洲 张学延 胡启龙 徐伟祖 晁义林 张立军
7	内蒙古集宁——河北丰宁地区铀多金属成矿系统与评价技术	核工业北京地质研究院	黄志新 范洪海 朱 斌 汪 硕 修晓茜 艾永亮 高明山 陈 聪 赵 丹 田青林
8	华龙一号先进堆芯测量系统自主设计研究与设备研制	中国核动力研究设计院	刘艳阳 王华金 李文平 李 庆 曾少立 冷贵君 吴志强 黄有骏 龚禾林 何正熙 陈 曦 李 昆 陈 长 杨戴博 朱宏亮
9	国和一号示范项目核电“智慧工地”	国核示范电站有限责任公司，上海核工程研究设计院有限公司	汪映荣 简靖文 胡国峰 郭述志 曹志远 武 伟 张 琳 张怀旭 刘春光 张蒙汝 曹姝媛 于 潇 曲容靖 沈旭伟 郝旭升
10	华龙一号防城港二期蒸汽发生器制造技术研究	东方电气（广州）重型机器有限公司，中广核工程有限公司	邹 杰 谢 丹 叶万丙 刘远彬 江国焱 杨小杰 刘铁刚 戴光明 王爱丽 陈耀茂 蒲志林 刘 虎 叶欣延 尤心一 刘素红

续表

序号	项目名称	主要完成单位	主要完成人
11	华龙一号主管道和波动管LBB泄漏监测系统研制	中国核动力研究设计院	何　攀　刘才学　彭翠云 李朋洲　王　瑶　王广金 艾　琼　杨泰波　谭曙时 蒋天植　蒋兆翔　曾　杰 赵海江　陈祖洋　邹博豪
12	秦山核电厂主控制室及应急控制室整体更新技术应用研究与应用	中核核电运行管理有限公司，上海核工程研究设计院有限公司，中国电力工程顾问集团华东电力设计院有限公司	蒲晓彬　陈子明　周建华 陆佩芳　马　骏　罗敬平 王建乐　潘卫华　王峰华 陈长山　宋　霏　谢　睿 朱　平　卢明贤　虞晓斌
13	基于数据挖掘和机器学习的核主泵智能预警诊断技术研究及应用	核动力运行研究所，福建福清核电有限公司，中核武汉核电运行技术股份有限公司	蒋庆磊　侯修群　杜鹏程 包彬彬　桂　春　费冬冬 苗碧琪　施慧烈　王　永 张梦阳　刘　肖　李元姣 高　畅　许恺丽
14	大型压水堆燃料元件破损检查及分析	中国原子能科学研究院，大亚湾核电运营管理有限责任公司	季松涛　陈军琦　梁政强 王　鑫　李志军　章安龙 钱　进　王华才　乔素凯 李晓蔚　王克江　何晓军 孙晓羽　郭一帆　解　含
15	三代核电厂氢气风险控制系统关键设备研制	中国核动力研究设计院	王宏庆　傅晟伟　李志明 唐月明　郑　华　王广金 马韦刚　明哲东　唐　敏 褚　力　姜　峨　朱勇辉 王　春　阳林锋　李　杨
16	聚变实验堆超导磁体支撑系统设计制造及超低温测试关键技术	核工业西南物理研究院，贵州航天新力科技有限公司，太原钢铁（集团）有限公司，广东省科学院新材料研究所	李鹏远　侯炳林　张　令 刘承志　韩石磊　康道安 邓春明　张　腾　孙振超 罗蓉蓉　万　隆　李志斌 许　丹　赵晓光
17	核电厂爆破阀可靠性评估技术开发及试验验证	上海核工程研究设计院有限公司，中机生产力促进中心，中国工程物理研究院化工材料研究所，陕西应用物理化学研究所，大连大高阀门股份有限公司，中核苏阀科技实业股份有限公司	詹文辉　邵　舸　包堂堂 顾剑峰　王煦嘉　邢宗仁 杨安民　杜东晓　詹乐昌 周强强　周　舟　邱　健 马静娴　肖　箭　倪项斌

续表

序号	项目名称	主要完成单位	主要完成人
18	三代核电厂反应堆松动和振动监测系统	中国核动力研究设计院	刘才学 李 翔 何 攀 杨泰波 王广金 胡建荣 简 捷 王 磊 罗 婷 沈 峰 汪文聪 李 海 宋 健 胡 海 张 波
19	模块化小型压水堆非能动试验研究平台及技术	中国核动力研究设计院	彭传新 张 妍 闫 晓 李朋洲 邱志方 卓文彬 昝元锋 邓 坚 黄志刚 白雪松 周慧辉 袁德文 曾小康 鲁晓东 韩群霞
20	厚含矿含水层地浸采铀溶浸液流向控制技术	核工业北京化工冶金研究院，中核内蒙古矿业有限公司	廖文胜 王立民 谭亚辉 谢廷婷 江国平 李建华 牛玉清 刘正邦 赵海军 王兆勇
21	核电厂紧固件等大宗材料质量管理技术研究及应用	生态环境部核与辐射安全中心，中机生产力促进中心	张路怀 初起宝 顾剑峰 吕云鹤 严天文 张 琳 吕爱林 路 燕 李文宏 简 斌 马若群 高 晨 马 力 王 臣 于开治
22	核电厂电动阀和气动阀性能检测及故障诊断技术研究	核动力运行研究所，中核武汉核电运行技术股份有限公司	舒芝锋 沈勇波 熊星满 黄 萍 杨 垦 吴 起 符 帅 罗 伟 杨 威 王 颖
23	华龙一号二次侧非能动余热排出系统研发与试验验证	中国核动力研究设计院	李 峰 赖建永 刘昌文 李海颖 郗 昭 冷贵君 张玉龙 吴 清 宫厚军 张晓华 叶 竹 冉 旭 谈国伟 鲜 麟 喻 娜
24	燃料棒富集度高速无源检测系统研发	中核北方核燃料元件有限公司，中国科学院高能物理研究所	冯海宁 魏 龙 汤 慧 朱永利 俞东宝 魏存峰 温 丰 刘双全 刘彦韬 张壮伟 宋建力 张小刚 韩凤娇

续表

序号	项目名称	主要完成单位	主要完成人
25	核电厂用大口径高强度高密度聚乙烯（HDPE）管道管件国产化研制及缺陷检测系统开发	上海核工程研究设计院有限公司，国核电站运行服务技术有限公司，上海中塑管业有限公司，沧州明珠塑料股份有限公司	吴　双　安　璐　周路生　池永生　郑祥义　石秀强　冯　飞　符成伟　冷　凡　张庆元　邱晓东　游祥飞　田　野　徐兰芳　李荣博
26	核电站应急指挥系统关键技术研究与应用	深圳中广核工程设计有限公司，深圳市城市公共安全技术研究院有限公司，中国科学院深圳先进技术研究院，大亚湾核电运营管理有限责任公司	陈卫华　胡金星　凌　君　刘国华　林加镇　罗亚林　袁狄平　张晓艳　吴国华　尹　凌

三等奖（51 项）

序号	项目名称	主要完成单位	主要完成人
27	短半衰期放射源处置技术研究与应用	生态环境部核与辐射安全中心，原子高科股份有限公司	彭　慧　王晓涛　乔海涛　党　磊　许忠扬　王寅宁　许　莹　朱　旭　李亚东　李雪琴
28	先进燃料组件骨架设计技术	中国核动力研究设计院	蒲曾坪　粟　敏　肖　忠　陈　平　朱发文　茹　俊　郭晓明　李　云　徐　阳　张　坤
29	离心级联专用中频并网供电系统及设备的研究	中核兰州铀浓缩有限公司	吴宏伟　朱德文　李　胜　郭　政　刘炜阳　韩国栋　王树林　卜晓贤　王　攀　庄玉斌
30	国产燃料组件随堆辐照考验技术研究与应用	中核核电运行管理有限公司	林锴涵　邓志新　尚宪和　廖泽军　邹　森　王玲彬　石中华　张旭辉　代前进　樊鹏飞

续表

序号	项目名称	主要完成单位	主要完成人
31	智能辐射监测系统与辐射损伤防治新技术	核工业四一六医院，苏州大学，上海交通大学，成都中核海川核技术有限公司	张舒羽 余道江 曹建平 冯铁男 曾 骏 黄碗明 江志强 邵继春 史育红 蒋 胜
32	放射性污染土壤修复技术工具包和评价程序	生态环境部核与辐射安全中心	商照荣 王韶伟 李 帷 张爱玲 毛玉仙 汪 萍 张 琨 党煜钦 方 圆 李 洋
33	高强耐热纳米 ZrC 弥散 FeCrAl 的设计及织构优化控制技术	中国核动力研究设计院	王 辉 邱绍宇 李 刚 何 琨 孙永铎 卓 洪 杨红艳 王 浩 姚力夫 刘 肖
34	复杂环境航空电磁探测技术及应用	核工业航测遥感中心	李怀渊 江民忠 王志宏 全旭东 孙栋华 骆 燕 王培建 刘 波 彭莉红 陈 伟
35	示范快堆相关组件组装焊接系统研制	中核北方核燃料元件有限公司	韩志华 刘长城 钱跃庆 布 仁 刘志华 张 力 李 刚 张鹏举 徐宏彬 王珅玮
36	地浸采铀逆向注浆装置研制与应用	核工业北京化工冶金研究院	李召坤 胡柏石 廖文胜 李 坡 秦 昊 刘正邦 杨立志 江国平 李建华 周 越
37	核级闸阀密封面在线修复技术研究和应用	中核核电运行管理有限公司	邹远波 邵 震 程晓文 陈 梁 何少华 王 聪 万国强 李智鹏 郝龙云 施靖峰
38	核电厂电气系统稳定性关键技术研究	生态环境部核与辐射安全中心，中广核工程有限公司	张 奇 孙 辉 孔 静 叶育林 陈子溪 赵 禹 刘景宾 欧小高 乔 宁 王忠秋

续表

序号	项目名称	主要完成单位	主要完成人
39	国产化安全级DCS 工程应用可靠提升技术研究与应用	中广核工程有限公司	赵　建　马志昕　刘东亮　罗　昊　杨鹏程　刘　航　刘朝鹏　于　航　李　超　赵　锋
40	主给水文丘里管评定及维护关键技术研究及应用	中广核核电运营有限公司，大亚湾核电运营管理有限责任公司，中广核工程有限公司	陈永伟　邱河文　游咸成　索凌平　韩庆松　姜国辉　栾振华　杨新民　周仁华　胥籽任
41	核电厂二回路热力系统乙醇胺 - 氨协同控制技术的研究与应用	中核核电运行管理有限公司	秦建华　刘新福　高明华　黄　旭　韩玉刚　雷水雄　游兆金　范锡文　徐　燕　王　东
42	核级容器维修工艺优化研究	福建福清核电有限公司	李　勇　裴石磊　刘吉双　曹彬彬　杨　军　袁　鑫　染风涵　张家林
43	压水堆主蒸汽管线声共振试验研究	三门核电有限公司，上海核工程研究设计院有限公司	赵立东　张　锴　夏利明　王二小　唐海燕　王　磊　谢永诚　刘　乐　朱　焜　艾卫江
44	深次临界测量技术研究	中国原子能科学研究院	张　巍　罗皇达　朱庆福　夏兆东　章秩烽　刘　锋
45	VVER 型机组在役安全壳整体密封试验技术优化和应用	江苏核电有限公司	嵇永臣　张喜胜　管玉峰　魏建军　王成浩　曹百通　张晓宇　高　超　周哲俊　张　震
46	主变投运导致运行机组功率波动问题研究	福建福清核电有限公司	夏小军　马红星　顾秋斌　翟常营　徐　瀚　赵　宁　刘延超　马铁军　张绍久　蔡涵颖
47	核电汽轮机转子焊接接头自动检测系统	苏州热工研究院有限公司，福建宁德核电有限公司，辽宁红沿河核电有限公司，大亚湾核电运营管理有限责任公司，台山核电合营有限公司	严　海　陶于春　徐　宁　刘晓睿　李　旺　马　龙　杨　蕾　杜清良　张　帅　邓志坚

续表

序号	项目名称	主要完成单位	主要完成人
48	核电厂反应堆压力容器下封头缺陷检验技术研究	中核核电运行管理有限公司，中核武汉核电运行技术股份有限公司	李世伟 尹 鹏 高 飞 林百涛 丁 松 李邱达 王羽翀 杨丽军 周 文 余小侠
49	核电厂波动管多参数智能监测与预警关键技术及系统	国核电站运行服务技术有限公司，山东核电有限公司	冯利法 叶 琛 谢晨江 左常迪 李青华 陈晓飞 顾登明 褚 凯 牟 迪 章 济
50	AP1000 安全仪控系统测试技术与风险分析平台技术及应用	山东核电有限公司	高奇峰 罗 慧 赵瑜龙 刘辰星 刘哲明 李建伟 王翔宇 张得胜 范 昌 黄德祎
51	超大型薄壁钢制安全壳焊后热处理技术	山东核电设备制造有限公司，中国核工业二三建设有限公司，中国石油大学（华东）	杨中伟 晏桂珍 胡广泽 蒋文春 王 刚 王成才 范 凯 汤传乐 罗 云 修延飞
52	热中子屏蔽和耐 γ 辐照含钆特种有机玻璃研制及工程应用	中国核电工程有限公司，扬州大学	蒋 涛 许紫洋 聂兰强 张 明 王春宏 于俊涛 胡有坤 贾文宇 张玉娟 吴德峰
53	菱形结构深床式碘吸附器及配套设备研制	中国辐射防护研究院	俞 杰 李永国 侯建荣 吴 波 杨 凯 丘丹圭 乔太飞 张计荣 胡 波 张雪平
54	蒸汽发生器传热管自动超声检验系统研制	核动力运行研究所，中核武汉核电运行技术股份有限公司	刘 云 尹 鹏 陶 铸 余小侠 滕 木 丁 松 金启强 代 闯 王羽翀 卢 威
55	核聚变中子多球谱仪系统研制及应用	核工业西南物理研究院	张铁泼 张 洁 宋先瑛 张朋飞 周 建 袁国梁 许 敏 石中兵 李 旭

续表

序号	项目名称	主要完成单位	主要完成人
56	核动力潜艇专用低振动低噪声计量泵	浙江爱力浦科技股份有限公司，温州大学	郑士参　罗献尧　向家伟　王明虎
57	核安全 3 级高密度聚乙烯（HDPE）材料研究和应用	大亚湾核电运营管理有限责任公司，深圳中广核工程设计有限公司，上海纳川核能新材料技术有限公司	樊敏江　刘宝亭　赵云龙　丁立军　何军山　冯　建　张冬辉　李永晶　周富涛　周美五
58	核级板卡智能化校验装置研发及应用	中广核核电运营有限公司，浙江劲仪仪器仪表有限公司，深圳市城市公共安全技术研究院有限公司	陈永伟　索凌平　何银锋　邱河文　凌　君　李　东　浦　黎　郑开开　胥籽任　赖小林
59	百万核电汽轮机控制保护系统	上海自动化仪表有限公司	朱　强　史哲烽　周杰新　朱丽明　杨振荣　梁　荣　徐德俊　潘　琛
60	AP/CAP 堆型反应堆冷却剂泵拆装检修专用装置	国核电站运行服务技术有限公司	闫国华　俞照辉　文　忠　李　玮　马站龙　陈　树　简海林　顾登明　王菁华
61	先进高能管道防甩约束件动态性能试验台架及模拟仿真分析技术开发	上海核工程研究设计院有限公司，常州格林电力机械制造有限公司	王高阳　卢　格　祁　涛　钱亚鹏　周劭翀　朱建新　谢红华　梁兵兵　施永兵　邱　健
62	核电厂钢制安全壳免除焊后热处理研究及应用	上海核工程研究设计院有限公司，国核示范电站有限责任公司，山东核电设备制造有限公司	葛鸿辉　汪映荣　张俊宝　贺寅彪　柳胜华　颜　岩　李　银　丛大志　王君栋　陈来云
63	核电厂事故放射性后果定量化关键技术研究及一体化软件开发	上海核工程研究设计院有限公司，上海交通大学，国核示范电站有限责任公司，山东核电有限公司，中核核电运行管理有限公司	邱忠明　孙大威　梅其良　付亚茹　高圣钦　毛兰方　潘　楠　韩建春　王德忠　黎　辉

续表

序号	项目名称	主要完成单位	主要完成人
64	华龙一号先进反应堆压力容器研究设计	中国核动力研究设计院	邱 天 罗 英 杨立才 周高斌 钟元章 谢国福 谢 海 谭 波 曾 鹏 余志伟
65	示范快堆反应堆厂房堆容器支承预埋件相关混凝土结构设计研究	中国核电工程有限公司，中核霞浦核电有限公司，中国核工业华兴建设有限公司	张卫国 王 涛 陈 健 王黎丽 吕 喆 霍建明 潘江明 徐少峰 罗 鹏 牛晓春
66	核岛工程精密测量综合技术	中国核工业华兴建设有限公司	单意志 余世安 杨喜云 马明明 刘步成 苏兆玉 魏建国 杨忠勇 杨 尚 钱伏华
67	三代核电抗震鉴定技术研究及应用	中国核动力研究设计院，上海核工程研究设计院有限公司，中国原子能科学研究院	李 琦 李朋洲 杜建勇 黄文慧 孙 磊 宿杰熙 马建中 李锡华 罗家成 邓晶晶
68	华龙一号人因工程集成关键技术研究及工程应用	中广核工程有限公司	张建波 贾 明 刘燕子 彭华清 殷中平 吴官寅 高智彦 徐晓梅 张学刚 苏德颂
69	华龙一号延长操纵员不干预时间研究	中国核动力研究设计院	钱立波 丁书华 邱志方 申亚欧 关仲华 吴 丹 张晓华 付 冉 鲜 麟 肖 鹏
70	核能数字化设计研发与运行支持平台的开发与应用	中国核动力研究设计院，四川大学	刘 东 芦 韡 王俊峰 郑丹晨 赵 欣 关仲华 吴亚祥 卢宗健 方才顺 何 静
71	核电厂进口核安全设备商品级物项适用性确认方法研究与应用	生态环境部核与辐射安全中心，大亚湾核电运营管理有限责任公司	柴建设 毋 琦 杨静远 浦承皓 金 刚 姚 远 王 东 杨承刚 李 禅 陈阳阳

续表

序号	项目名称	主要完成单位	主要完成人
72	核工程项目挣值管理及信息化拓展研究与应用	中国核电工程有限公司	刘 巍 徐春富 刘学姣 葛育勤 康立秋 杨昊林 王 佺 刘艳红 潘 锐 邱 月
73	漳州核电“华龙一号”工程安全管控智能诊断系统	中核国电漳州能源有限公司，北京中核华辉科技发展有限公司，北京中安瑞力科技有限公司	陈国才 李 彬 邢一杰 甘 川 彭科夫 朱章南 熊伊琳 陈厚延 钱琳瑞 陈文清
74	核电厂操纵人员弱项识别与能力提升系统开发与应用	核动力运行研究所	炊晓东 黄乃曦 朱东来 张 艺 徐 阳 王小林 张兆虎 陶茂辉 尹 浪 徐 鹏
75	自主化核设计软件包PCM安全评价	生态环境部核与辐射安全中心	刘福东 韩向臻 张春明 兰 兵 靖剑平 潘昕怿 高新力 黄旭阳 攸国顺 陈海英
76	江苏核电大数据与AI技术平台设计与创新应用实践	江苏核电有限公司	杨 强 刘 牧 徐霞军 秦绪涛 张钧鸣 朱云飞 查风华 胡心宇 王印辉 曾 喻
77	核电厂事件原因分析系统和技术研究	生态环境部核与辐射安全中心，苏州热工研究院有限公司深圳分公司	焦 峰 马国强 吴彦农 李 洋 张 浩 陈捷飞 高 超 张增庆 褚倩倩 刘时贤

技术发明奖获奖项目

一等奖（2项）

序号	项目名称	主要完成单位	主要完成人
78	低中放固体废物γ扫描测量技术研发及应用	上海交通大学，上海瑞纽机械股份有限公司，中广核研究院有限公司，通裕重工股份有限公司	王德忠 顾卫国 周文涛 江声华 单陈瑜 张 帅

续表

序号	项目名称	主要完成单位	主要完成人
79	大型先进压水堆反应堆压力容器设备制造技术创新研究	中国第一重型机械股份公司，上海核工程研究设计院有限公司	王宝忠　刘恩清　赵德利　刘凯泉　高殿宝　王秉熙

二等奖（1 项）

序号	项目名称	主要完成单位	主要完成人
80	大型先进压水堆蒸汽发生器汽水分离关键技术及工程应用	上海交通大学，上海核工程研究设计院有限公司	顾汉洋　刘　莉　应秉斌　林绍萱　矫　明　尤　岩

企业技术创新工程奖、创新团队奖、青年优秀创新人物奖获奖名单

企业技术创新工程奖（2 项）

序号	项目名称	完成单位
1	上海核工程研究设计院国和一号研发设计创新工程	上海核工程研究设计院有限公司
2	中核兰州铀浓缩有限公司离心铀浓缩主设备应用创新工程	中核兰州铀浓缩有限公司

创新团队奖

序号	团队名称	主要支持单位	团队主要成员
1	核工业北京化工冶金研究院原地浸出采铀创新团队	核工业北京化工冶金研究院	苏学斌　阙为民　汤　彬 谭亚辉　牛玉清　李建华 陈焕文　周根茂　闻振乾 江国平　赵利信　李召坤 刘正邦　李　坡　张　翀
2	中国核动力研究设计院反应堆控制棒驱动机构自主研发创新团队	中国核动力研究设计院	李红鹰　彭　航　陈西南 张显均　曹　锐　于天达 张　渝　杜　华　郑　杲 吴　昊　付国忠　唐向东 李梦书　唐健凯　张进强

青年优秀创新人物奖（5 人）

序号	人物姓名	所在单位
1	邓　坚	中国核动力研究设计院
2	宋春景	上海核工程研究设计院有限公司
3	李永国	中国辐射防护研究院
4	刘晓晶	上海交通大学
5	侯春林	生态环保部核与辐射安全中心

2021 年中国核能行业协会组织的科技成果鉴定项目

序号	鉴定证书号	成果项目名称	申请单位（人）	鉴定日期
1	核协鉴字〔2021〕001 号	抗飞机撞击用钢筋接头及配套设备	柳州欧维姆机械股份有限公司	2021 年 1 月 19 日
2	核协鉴字〔2021〕002 号	600MW 快堆工程主给水闭环调节阀及诊断设备	上海自动化仪表有限公司	2021 年 3 月 17 日
3	核协鉴字〔2021〕003 号	CAP1400 堆芯仪表系统信号处理机柜	上海昱章电气成套设备有限公司	2021 年 3 月 19 日
4	核协鉴字〔2021〕004 号	事故放射性后果分析关键技术及软件开发	上海核工程研究设计院有限公司	2021 年 4 月 21 日
5	核协鉴字〔2021〕005 号	严重事故人因工程设计设计关键技术及应用	上海核工程研究设计院有限公司	2021 年 4 月 21 日
6	核协鉴字〔2021〕006 号	核电厂电气系统综合分析软件开发	上海核工程研究设计院有限公司	2021 年 4 月 21 日
7	核协鉴字〔2021〕007 号	基于 VR 技术和火场信息的核电厂消防训练系统	上海核工程研究设计院有限公司	2021 年 4 月 21 日
8	核协鉴字〔2021〕008 号	新型高效缠绕管式换热组件研制关键技术	上海核工程研究设计院有限公司	2021 年 4 月 21 日
9	核协鉴字〔2021〕009 号	全范围虚拟仿真验证平台开发	上海核工程研究设计院有限公司	2021 年 4 月 21 日
10	核协鉴字〔2021〕010 号	核电厂可重复使用开合顶盖装置研制及应用	上海核工程研究设计院有限公司	2021 年 4 月 21 日
11	核协鉴字〔2021〕011 号	核电厂智能运维平台开发	上海核工程研究设计院有限公司	2021 年 4 月 21 日
12	核协鉴字〔2021〕012 号	核电厂厂区地下管网地理信息系统	上海核工程研究设计院有限公司	2021 年 4 月 21 日
13	核协鉴字〔2021〕013 号	核电厂蒸汽发生器排污取样回路专用过滤装置研制	上海核工程研究设计院有限公司	2021 年 4 月 21 日

续表

序号	鉴定证书号	成果项目名称	申请单位（人）	鉴定日期
14	核协鉴字〔2021〕014 号	俄罗斯 VVER 核电机组管道支吊架国产化研制开发	中国核电工程有限公司、四川汇通能源装备制造股份有限公司	2021 年 4 月 23 日
15	核协鉴字〔2021〕015 号	大规模深穿透辐射屏蔽高效率分析关键技术及应用	西安交通大学	2021 年 4 月 25 日
16	核协鉴字〔2021〕016 号	核级应急柴油机电子调速器 EC-50N 研发及应用	辽宁红沿河核电有限公司、中船动力研究院有限公司、江苏利核仪控技术有限公司	2021 年 4 月 28 日
17	核协鉴字〔2021〕017 号	复用型高效过滤器项目	德州艾荷过滤设备有限公司	2021 年 4 月 13 日
18	核协鉴字〔2021〕018 号	核电厂安全壳关键技术自主化研究及应用	中广核工程有限公司	2021 年 5 月 10 日
19	核协鉴字〔2021〕019 号	三代核电站结构安全评价及防护关键技术研究与应用	中广核工程有限公司	2021 年 5 月 10 日
20	核协鉴字〔2021〕020 号	核电站应急监控评估决策平台关键技术与应用	中广核工程有限公司	2021 年 5 月 10 日
21	核协鉴字〔2021〕021 号	核电站抗震型离心式冷水机组	珠海格力电器股份有限公司	2021 年 5 月 14 日
22	核协鉴字〔2021〕022 号	核级燃料运输通道闸阀研制及验证	中核苏阀科技实业股份有限公司	2021 年 5 月 16 日
23	核协鉴字〔2021〕023 号	短半衰期放射源处置技术研究与应用	生态环境部核与辐射安全中心	2021 年 5 月 18 日
24	核协鉴字〔2021〕024 号	国家核技术利用辐射安全管理系统数据质量评估体系建设与应用	生态环境部核与辐射安全中心	2021 年 5 月 18 日
25	核协鉴字〔2021〕025 号	核动力厂放射性废物管理大纲格式与内容研究及应用	生态环境部核与辐射安全中心	2021 年 5 月 18 日

续表

序号	鉴定证书号	成果项目名称	申请单位（人）	鉴定日期
26	核协鉴字〔2021〕026号	先进压水堆核电厂安全分析报告便于退役要求研究及应用	生态环境部核与辐射安全中心	2021年5月18日
27	核协鉴字〔2021〕027号	核电厂紧固件等大宗材料质量管理技术研究及应用	生态环境部核与辐射安全中心	2021年5月18日
28	核协鉴字〔2021〕028号	核级物项设计地震动关键参数的研究及工程应用	生态环境部核与辐射安全中心	2021年5月18日
29	核协鉴字〔2021〕029号	核电厂事件原因分析系统和技术研究	生态环境部核与辐射安全中心	2021年5月18日
30	核协鉴字〔2021〕030号	核电厂电气系统稳定性关键技术研究	生态环境部核与辐射安全中心	2021年5月18日
31	核协鉴字〔2021〕031号	自主化核设计软件包PCM安全评价	生态环境部核与辐射安全中心	2021年5月18日
32	核协鉴字〔2021〕032号	极限工况下熔融物堆内滞留安全裕量分析技术	生态环境部核与辐射安全中心	2021年5月18日
33	核协鉴字〔2021〕033号	非基岩场地核设施地震响应分析技术及应用	生态环境部核与辐射安全中心	2021年5月18日
34	核协鉴字〔2021〕034号	风险指引型核安全监管技术研究和应用	生态环境部核与辐射安全中心	2021年5月18日
35	核协鉴字〔2021〕035号	核电厂温排水对生物的热影响及其排放控制研究	生态环境部核与辐射安全中心	2021年5月18日
36	核协鉴字〔2021〕036号	核电厂关键核素迁移联合模式研究	生态环境部核与辐射安全中心	2021年5月18日
37	核协鉴字〔2021〕037号	放射性污染土壤修复技术工具包和评价程序	生态环境部核与辐射安全中心	2021年5月18日
38	核协鉴字〔2021〕038号	国家核安全局核电厂安全性能指标体系建设与应用	生态环境部核与辐射安全中心	2021年5月18日
39	核协鉴字〔2021〕039号	国和一号核岛筏基大体积混凝土浇筑技术研究	上海核工程研究设计院有限公司	2021年5月21日

续表

序号	鉴定证书号	成果项目名称	申请单位（人）	鉴定日期
40	核协鉴字〔2021〕040 号	国和一号 CR10 钢筋组合模块整体吊装技术研究	上海核工程研究设计院有限公司	2021 年 5 月 21 日
41	核协鉴字〔2021〕041 号	国和一号示范工程非能动堆芯冷却系统调试关键技术及试验装置	上海核工程研究设计院有限公司	2021 年 5 月 21 日
42	核协鉴字〔2021〕042 号	非能动核电厂低压安注与自动卸压功能试验技术研究和关键设备研发	上海核工程研究设计院有限公司	2021 年 5 月 21 日
43	核协鉴字〔2021〕043 号	核电板式化热器用高性能钛板带国产化研制	湖南湘投金天钛金属股份有限公司	2021 年 5 月 23 日
44	核协鉴字〔2021〕044 号	核电厂通风系统力学分析智能化工具开发与应用	中广核工程有限公司	2021 年 5 月 27 日
45	核协鉴字〔2021〕045 号	核空气净化系统现场效率试验方法及设备配置优化研究	中广核工程有限公司	2021 年 5 月 27 日
46	核协鉴字〔2021〕046 号	华龙一号人因工程集成关键技术研究及工程应用	中广核工程有限公司	2021 年 5 月 27 日
47	核协鉴字〔2021〕047 号	1750MW 发电机组电气调试与电网稳定性仿真研究与应用	中广核工程有限公司	2021 年 5 月 27 日
48	核协鉴字〔2021〕048 号	欧洲版华龙一号技术方案（EU HPR1000）的开发及应用	中广核工程有限公司	2021 年 5 月 27 日
49	核协鉴字〔2021〕049 号	华龙一号批量化建设标准型技术方案配置研究	中广核工程有限公司	2021 年 5 月 27 日
50	核协鉴字〔2021〕050 号	核电厂用 UPS、逆变器设备的研发及应用	中广核工程有限公司	2021 年 5 月 27 日
51	核协鉴字〔2021〕051 号	核岛通风系统布置设计标准化研究与应用	中广核工程有限公司	2021 年 5 月 27 日

续表

序号	鉴定证书号	成果项目名称	申请单位（人）	鉴定日期
52	核协鉴字〔2021〕052 号	核电厂防用装置动态冲击试验及国产化研发	中广核工程有限公司	2021 年 5 月 27 日
53	核协鉴字〔2021〕053 号	外进内出型鼓网运行安全和可运行分析与评价	中广核工程有限公司	2021 年 5 月 27 日
54	核协鉴字〔2021〕054 号	国产化安全级 DCS 系统可靠性提升研究与应用	中广核工程有限公司	2021 年 5 月 27 日
55	核协鉴字〔2021〕055 号	EPR 机组厂辅变切换期间循环水泵带载研究与应用	中广核工程有限公司	2021 年 5 月 27 日
56	核协鉴字〔2021〕056 号	核电站管道背部焊缝智能打磨专用装备的研发及应用	中广核工程有限公司	2021 年 5 月 27 日
57	核协鉴字〔2021〕057 号	HL-T67 蒸汽发生器研发及试验验证	中广核工程有限公司	2021 年 5 月 27 日
58	核协鉴字〔2021〕058 号	主给水文丘里管侵蚀特性评定、修正及更换关键技术研究和应用	中广核工程有限公司	2021 年 5 月 27 日
59	核协鉴字〔2021〕059 号	基于大数据对典型 SPV 设备健康管理	三门核电有限公司	2021 年 6 月 8 日
60	核协鉴字〔2021〕060 号	核电工控网络安全防护系统研制及产业化应用	北京广利核系统工程有限公司	2021 年 6 月 9 日
61	核协鉴字〔2021〕061 号	国家能源核能供热商用示范工程	山东核电有限公司	2021 年 6 月 10 日
62	核协鉴字〔2021〕062 号	AP1000 机组堆外核测中间量程探测器降级问题关键技术研究及应用	山东核电有限公司	2021 年 6 月 10 日
63	核协鉴字〔2021〕063 号	AP1000 汽轮机轴振高保护技术优化及应用	山东核电有限公司	2021 年 6 月 10 日
64	核协鉴字〔2021〕064 号	AP1000 安全仪控系统测试技术与风险分析平台技术及应用	山东核电有限公司	2021 年 6 月 10 日

续表

序号	鉴定证书号	成果项目名称	申请单位（人）	鉴定日期
65	核协鉴字〔2021〕065 号	华龙一号挣值管理及信息化拓展	中国核电工程有限公司	2021 年 6 月 15 日
66	核协鉴字〔2021〕066 号	大型先进压水堆反应堆压力容器设备制造技术创新研究	中国第一重型机械股份公司	2021 年 6 月 16 日
67	核协鉴字〔2021〕067 号	大型核电弹簧基础汽轮发电机组轴系振动特性及预治理技术研究	西安热工研究院	2021 年 6 月 17 日
68	核协鉴字〔2021〕068 号	大型快堆高温、薄壁和复杂流动设计的关键理论、方法与实验技术	华北电力大学	2021 年 6 月 17 日
69	核协鉴字〔2021〕069 号	调节阀试验台架建设及试验验证方法研究	国家电投集团科学技术研究院有限公司	2021 年 6 月 18 日
70	核协鉴字〔2021〕070 号	RPV 外壁面 CHF 增强试验	国家电投集团科学技术研究院有限公司	2021 年 6 月 18 日
71	核协鉴字〔2021〕071 号	堆内注水冷却熔融物试验	国家电投集团科学技术研究院有限公司	2021 年 6 月 18 日
72	核协鉴字〔2021〕072 号	熔池耦合传热试验	国家电投集团科学技术研究院有限公司	2021 年 6 月 18 日
73	核协鉴字〔2021〕073 号	核电站钢制安全壳焊缝超声波成像自动智能检验技术	国核电站运行服务技术有限公司	2021 年 6 月 22 日
74	核协鉴字〔2021〕074 号	AP/CAP 堆型反应堆冷却剂泵拆装检修专机系统	国核电站运行服务技术有限公司	2021 年 6 月 22 日
75	核协鉴字〔2021〕075 号	控制棒驱动机构（CRDM）更换修复用密封焊缝激光焊接与切割专机系统	国核电站运行服务技术有限公司	2021 年 6 月 22 日

续表

序号	鉴定证书号	成果项目名称	申请单位（人）	鉴定日期
76	核协鉴字〔2021〕076 号	缠绕管式换热组件螺旋传热管涡流检测可行性研究	国核电站运行服务技术有限公司	2021 年 6 月 22 日
77	核协鉴字〔2021〕077 号	非能动安全壳冷却系统水膜覆盖率试验在线自动化智能检测系统	国核电站运行服务技术有限公司	2021 年 6 月 22 日
78	核协鉴字〔2021〕078 号	安全壳多尺度复杂环境下氢气风险演变分析关键技术及应用	上海交通大学	2021 年 6 月 23 日
79	核协鉴字〔2021〕079 号	国和一号示范项目核电“智慧工地”	国核示范电站有限责任公司	2021 年 6 月 24 日
80	核协鉴字〔2021〕080 号	核电厂钢制安全壳免除焊后热处理研究及应用	国核示范电站有限责任公司	2021 年 6 月 24 日
81	核协鉴字〔2021〕081 号	操纵人员弱项识别与能力跟踪系统	国核示范电站有限责任公司	2021 年 6 月 24 日
82	核协鉴字〔2021〕082 号	核电通风烟囱流速（流量）测量系统	美核电气（济南）股份有限公司	2021 年 6 月 24 日
83	核协鉴字〔2021〕083 号	高性能线性电源	美核电气（济南）股份有限公司	2021 年 6 月 24 日
84	核协鉴字〔2021〕084 号	核级锆材产业研发与生产能力建设及应用	国核宝钛锆业股份公司	2021 年 6 月 25 日
85	核协鉴字〔2021〕085 号	安全壳热工水力及三维氢气安全分析 CFD 软件开发及应用	中广核研究院有限公司	2021 年 6 月 28 日
86	核协鉴字〔2021〕086 号	长期低功率运行下燃料芯块 - 包壳相互作用运行准则优化研究与应用	中广核研究院有限公司	2021 年 6 月 28 日
87	核协鉴字〔2021〕087 号	控制棒驱动线抗震试验装置建设及试验关键技术研究	中广核研究院有限公司	2021 年 6 月 28 日

续表

序号	鉴定证书号	成果项目名称	申请单位（人）	鉴定日期
88	核协鉴字〔2021〕088 号	大型金属膨胀节薄壁管在线堵漏和激光修复工艺研发及工程应用	大亚湾核电运营管理有限责任公司	2021 年 6 月 28 日
89	核协鉴字〔2021〕089 号	核电厂超高压开关站维修技术创新及应用	中广核核电运营有限责任公司	2021 年 6 月 28 日
90	核协鉴字〔2021〕090 号	SIEMENS 汽轮机调节油系统建压慢的研究及应用	中广核核电运营有限责任公司	2021 年 6 月 28 日
91	核协鉴字〔2021〕091 号	核电站低压转子末级叶片枞树型叶根相控阵检查工艺	中广核核电运营有限责任公司	2021 年 6 月 28 日
92	核协鉴字〔2021〕092 号	中低放射性废物桶伽马扫描测量关键技术及应用	上海交通大学	2021 年 6 月 29 日
93	核协鉴字〔2021〕093 号	高温气冷堆控制棒系统维修技术研究	华能山东石岛湾核电有限公司	2021 年 6 月 30 日
94	核协鉴字〔2021〕094 号	国产化核电厂厂用水系统高密度聚乙烯 (HDPE）管道管件	上海纳川核能新材料技术有限公司	2021 年 8 月 18 日
95	核协鉴字〔2021〕095 号	狭长空间智能化无轨焊接机器人	山东核电设备制造有限公司	2021 年 8 月 19 日
96	核协鉴字〔2021〕096 号	核电反应堆钢结构屏蔽厂房制造技术	山东核电设备制造有限公司	2021 年 8 月 19 日
97	核协鉴字〔2021〕097 号	核电厂建筑结构新型减振降噪装置及材料研发关键技术	上海核工程研究设计院有限公司	2021 年 8 月 25 日—26 日
98	核协鉴字〔2021〕098 号	光谱法主蒸汽管道泄漏监测系统	上海核工程研究设计院有限公司	2021 年 8 月 25 日—26 日
99	核协鉴字〔2021〕099 号	核电厂网络安全风险评估和预警平台	上海核工程研究设计院有限公司	2021 年 8 月 25 日—26 日

续表

序号	鉴定证书号	成果项目名称	申请单位（人）	鉴定日期
100	核协鉴字〔2021〕100号	含缺陷结构在线监测与安全风险评估系统开发和应用	上海核工程研究设计院有限公司	2021年8月25日—26日
101	核协鉴字〔2021〕101号	耐高温耐辐照混凝土材料研发及应用	上海核工程研究设计院有限公司	2021年8月25日—26日
102	核协鉴字〔2021〕102号	非能动压水堆数字化控制棒控制系统棒步进监测装置	上海核工程研究设计院有限公司	2021年8月25日—26日
103	核协鉴字〔2021〕103号	反应堆冷却剂系统声致压力脉动载荷分析软件	上海核工程研究设计院有限公司	2021年8月25日—26日
104	核协鉴字〔2021〕104号	核电厂钢覆面技术研究与应用	上海核工程研究设计院有限公司	2021年8月25日—26日
105	核协鉴字〔2021〕105号	核电厂结构基底隔震关键技术研究	上海核工程研究设计院有限公司	2021年8月25日—26日
106	核协鉴字〔2021〕106号	核岛结构抗震精细化弹塑性分析关键技术	上海核工程研究设计院有限公司	2021年8月25日—26日
107	核协鉴字〔2021〕107号	非能动核电厂严重事故仿真系统开发及应用	上海核工程研究设计院有限公司	2021年8月25日—26日
108	核协鉴字〔2021〕108号	IVR 全面分析评价方法和工具	上海核工程研究设计院有限公司	2021年8月25日—26日
109	核协鉴字〔2021〕109号	安全壳超压排放乏池放射性水洗分析技术研究及应用	上海核工程研究设计院有限公司	2021年8月25日—26日

续表

序号	鉴定证书号	成果项目名称	申请单位（人）	鉴定日期
110	核协鉴字〔2021〕110 号	RPV 下封头外壁面沸腾传热的介观数值模拟及理论研究	上海核工程研究设计院有限公司	2021 年 8 月 25 日—26 日
111	核协鉴字〔2021〕111 号	大型非能动核电厂 RPV 外壁面 CHF 拓展研究	上海核工程研究设计院有限公司	2021 年 8 月 25 日—26 日
112	核协鉴字〔2021〕112 号	LOCA 后化学效应评估关键技术及应用	上海核工程研究设计院有限公司	2021 年 8 月 25 日—26 日
113	核协鉴字〔2021〕113 号	ADS4 管系流致声共振试验研究	上海核工程研究设计院有限公司	2021 年 8 月 25 日—26 日
114	核协鉴字〔2021〕114 号	非能动核电厂安全壳冷凝回流系统设计分析及试验技术	上海核工程研究设计院有限公司	2021 年 8 月 25 日—26 日
115	核协鉴字〔2021〕115 号	熔融物热力学平衡试验分析及数据库开发	上海核工程研究设计院有限公司	2021 年 8 月 25 日—26 日
116	核协鉴字〔2021〕116 号	小型一体化反应堆全自然循环整体性能试验	上海核工程研究设计院有限公司	2021 年 8 月 25 日—26 日
117	核协鉴字〔2021〕117 号	抗冲击波阀阀芯国产化研发项目	江苏爵格工业设备有限公司	2021 年 9 月 8 日
118	核协鉴字〔2021〕118 号	核电站常规岛油滤芯的研制与应用	普瑞奇科技（北京）股份有限公司	2021 年 9 月 14 日
119	核协鉴字〔2021〕119 号	核岛通风系统防火包裹样机试制	烟台金润核电材料股份有限公司	2021 年 9 月 23 日
120	核协鉴字〔2021〕120 号	EPR 机组控制棒驱动机构钩爪垫片在役自动射线检查技术及装备	中广核检测技术有限公司	2021 年 10 月 20 日

续表

序号	鉴定证书号	成果项目名称	申请单位（人）	鉴定日期
121	核协鉴字〔2021〕121 号	反应堆压力容器顶盖贯穿件在役检查技术与装备	中广核检测技术有限公司	2021 年 10 月 20 日
122	核协鉴字〔2021〕122 号	控制棒导向筒检测装备与技术研发及应用	中广核检测技术有限公司	2021 年 10 月 20 日
123	核协鉴字〔2021〕123 号	稳压器内部堆焊层新型视频检查装备的研发及应用	中广核检测技术有限公司	2021 年 10 月 20 日
124	核协鉴字〔2021〕124 号	用于射线探伤安全管理的智能边界系统研究与应用	中广核检测技术有限公司	2021 年 10 月 20 日
125	核协鉴字〔2021〕125 号	核电厂汽轮发电机组基础减振（震）系统关键技术及其产品	道尔道科技有限公司	2021 年 10 月 22 日
126	核协鉴字〔2021〕126 号	高温气冷堆蒸汽发生器用多弯连接管	江苏新恒基特种装备股份有限公司	2021 年 10 月 23 日
127	核协鉴字〔2021〕127 号	核电站常规岛合金焊管国产化研发	万基钢管（秦皇岛）有限公司	2021 年 10 月 29 日
128	核协鉴字〔2021〕128 号	稳态热力学平衡试验装置研制	中核北方核燃料元件有限公司	2021 年 11 月 4 日
129	核协鉴字〔2021〕129 号	熔融池整体性能试验装置研制	中核北方核燃料元件有限公司	2021 年 11 月 4 日
130	核协鉴字〔2021〕130 号	核电厂柴油发电机组数字式速度控制器	上海昱章电气成套设备有限公司	2021 年 11 月 6 日
131	核协鉴字〔2021〕131 号	田湾核电站 VVER-1000 型核电机组海水循环泵电机维修工艺优化和设备可靠性提升	江苏核电有限公司	2021 年 11 月 11 日
132	核协鉴字〔2021〕132 号	VVER 机组水化学控制精益化与标准化的研究和应用	江苏核电有限公司	2021 年 11 月 11 日

续表

序号	鉴定证书号	成果项目名称	申请单位（人）	鉴定日期
133	核协鉴字〔2021〕133 号	田湾核电站综合数据管理平台的研发与应用	江苏核电有限公司	2021 年 11 月 11 日
134	核协鉴字〔2021〕134 号	田湾核电站 3、4 号机组汽轮机转子起吊装置的设计与应用	江苏核电有限公司	2021 年 11 月 11 日
135	核协鉴字〔2021〕135 号	田湾核电站 1、2 号机组变频器技术改造与检修研究	江苏核电有限公司	2021 年 11 月 11 日
136	核协鉴字〔2021〕136 号	田湾 5、6 号汽轮发电机组功率的提升及试验验证	江苏核电有限公司	2021 年 11 月 11 日
137	核协鉴字〔2021〕137 号	堆芯测量仪表导向组件研发	中广核工程有限公司	2021 年 11 月 16 日
138	核协鉴字〔2021〕138 号	核电应急柴油机异形管道电弧增材制造技术研究	中广核工程有限公司	2021 年 11 月 16 日
139	核协鉴字〔2021〕139 号	核电厂失效地脚螺栓再制造技术研究	中广核工程有限公司	2021 年 11 月 16 日
140	核协鉴字〔2021〕140 号	核电厂复杂结构部件诊断、评价及返修成套技术研究	中广核工程有限公司	2021 年 11 月 16 日
141	核协鉴字〔2021〕141 号	压水堆核电厂 CRDM 修复及更换成套技术研究	中广核工程有限公司	2021 年 11 月 16 日
142	核协鉴字〔2021〕142 号	新型热阱核级轴流风机	浙江上风高科专风实业股份有限公司	2021 年 11 月 17 日
143	核协鉴字〔2021〕143 号	非能动核电厂安全壳内冷凝回流问题关键技术研究及应用	上海核工程研究设计院有限公司	2021 年 11 月 24 日
144	核协鉴字〔2021〕144 号	核电厂模块计价方法研究	上海核工程研究设计院有限公司	2021 年 11 月 24 日
145	核协鉴字〔2021〕145 号	数字化主控室人误机理研究及 HRA 方法开发	上海核工程研究设计院有限公司	2021 年 11 月 24 日

续表

序号	鉴定证书号	成果项目名称	申请单位（人）	鉴定日期
146	核协鉴字〔2021〕146 号	基于 VR 技术和火场信息的核电厂消防训练平台	上海核工程研究设计院有限公司	2021 年 11 月 24 日
147	核协鉴字〔2021〕147 号	核电厂经济性能分析和风险决策支持系统	上海核工程研究设计院有限公司	2021 年 11 月 24 日
148	核协鉴字〔2021〕148 号	核应急放射性核素扩散三维实时仿真技术	上海核工程研究设计院有限公司	2021 年 11 月 24 日
149	核协鉴字〔2021〕149 号	海洋小堆事故分析方法体系的建立及应用	上海核工程研究设计院有限公司	2021 年 11 月 24 日
150	核协鉴字〔2021〕150 号	非能动三代核电厂主泵变频器研制与工程应用	上海核工程研究设计院有限公司	2021 年 11 月 24 日
151	核协鉴字〔2021〕151 号	自主化 AP/CAP 系列控制棒组件辐照后检测标样组设计研制	上海核工程研究设计院有限公司	2021 年 11 月 24 日
152	核协鉴字〔2021〕152 号	非能动核电厂主泵调试专用工器具开发	上海核工程研究设计院有限公司	2021 年 11 月 24 日
153	核协鉴字〔2021〕153 号	1E 级蓄电池大型可编程模块化直流负载箱及辅助试验装置	上海核工程研究设计院有限公司	2021 年 11 月 24 日
154	核协鉴字〔2021〕154 号	核电厂全范围沉浸式多模态交互技术融合平台	上海核工程研究设计院有限公司	2021 年 11 月 24 日
155	核协鉴字〔2021〕155 号	核电厂电缆全生命周期管理技术	上海核工程研究设计院有限公司	2021 年 11 月 24 日
156	核协鉴字〔2021〕156 号	核电厂用 UPS 在线监测和故障诊断方法和装置	上海核工程研究设计院有限公司	2021 年 11 月 24 日
157	核协鉴字〔2021〕157 号	压水堆燃料组件流致振动磨损性能评价技术	上海核工程研究设计院有限公司	2021 年 11 月 24 日
158	核协鉴字〔2021〕158 号	国和一号蒸汽发生器制造技术	上海电气核电设备有限公司	2021 年 12 月 3 日
159	核协鉴字〔2021〕159 号	2MWt 液态燃料钍基熔盐实验堆主设备制造技术	上海电气核电设备有限公司	2021 年 12 月 3 日
160	核协鉴字〔2021〕160 号	1E 级仪表类电气连接器组件	中航光电科技股份有限公司	2021 年 12 月 6 日

续表

序号	鉴定证书号	成果项目名称	申请单位（人）	鉴定日期
161	核协鉴字〔2021〕161 号	堆芯仪表用电气连接器及组件	中航光电科技股份有限公司	2021 年 12 月 6 日
162	核协鉴字〔2021〕162 号	氢点火器高温电气连接器及组件	中航光电科技股份有限公司	2021 年 12 月 6 日
163	核协鉴字〔2021〕163 号	堆外核测设备用核级同轴连接器及组件	中航光电科技股份有限公司	2021 年 12 月 6 日
164	核协鉴字〔2021〕164 号	1E 级光纤连接器及组件	中航光电科技股份有限公司	2021 年 12 月 6 日
165	核协鉴字〔2021〕165 号	堆外核测设备用核级同轴电缆	江苏华光电缆电器有限公司	2021 年 12 月 6 日
166	核协鉴字〔2021〕166 号	核电用快速接头自主化研发	航天晨光股份有限公司	2021 年 12 月 10 日
167	核协鉴字〔2021〕167 号	反应堆压力容器辐照监督管国产化研制	上海第一机床厂有限公司	2021 年 12 月 13 日
168	核协鉴字〔2021〕168 号	插入式抗震多喉镜流量测量装置	中国核电工程有限公司	2021 年 12 月 14 日
169	核协鉴字〔2021〕169 号	AP1000/CAP1400 有隔板空气过滤器国产化项目	德州艾荷过滤设备有限公司	2021 年 12 月 15 日
170	核协鉴字〔2021〕170 号	20KN.m 液压盘车装置	中广核工程有限公司	2021 年 12 月 24 日
171	核协鉴字〔2021〕171 号	核电厂耐辐照橡胶材料国产化研制	陕西特种橡胶制品有限公司	2021 年 12 月 29 日

中国核能行业协会

治理及组织架构体系

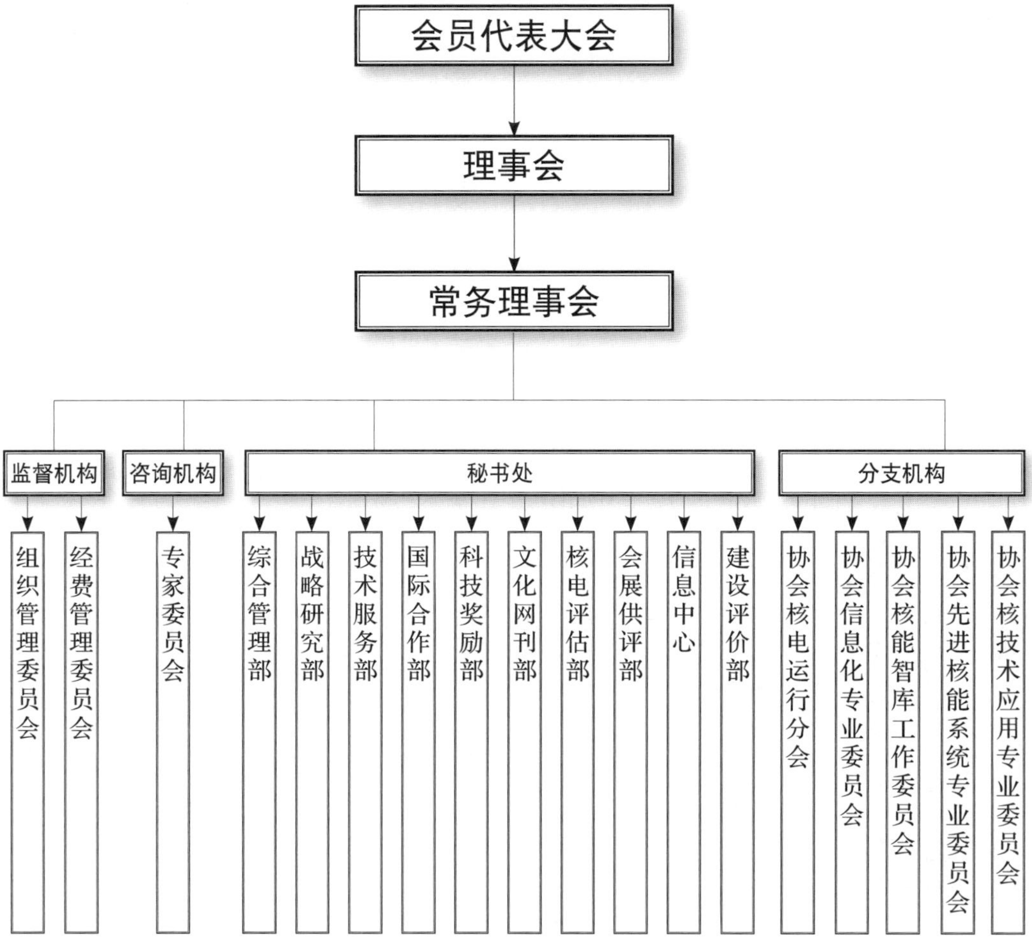

第三届理事会名单（截至 2021 年年底）

轮值理事长：

江　毅

副理事长兼秘书长：

张廷克

副理事长（16 名，按姓氏笔画为序）：

王文宗	王凤学	王丛林	卢洪早	刘　敬	李卫东
李晓明	张作义	张海权	陈　桦	邵建明	高　峰
高　嵩	高立刚	曹述栋	蒋兴华		

常务理事（26 名，按姓氏笔画为序）：

尹卫平	刘兆华	庄建新	安军靖	孙玉良	汤　勇
邹正宇	汪映荣	张东辉	张仕兵	陆金琪	陈　涛
陈映坚	杜忠明	和建生	庞　可	尚宪和	胡守印
赵一兵	姚照红	徐鹏飞	徐开云	邱志强	黄文有
戴金华	魏其岩				

理事（88 名，按姓氏笔画为序）：

万　骥	上官斌	孔学峰	王　健	王秀启	王永福
王德桂	王贵洪	邓正平	冯守佳	田佳树	田辉宇
龙茂雄	叶朗晴	朱向东	全永斌	刘伟瑞	师庆维
池雪丰	关先林	吕宏伟	孙永滨	苏立新	李江颖
李苏甲	辛　锋	杨　波	吴秀江	吴　放	吴美景
吴贲华	吴郁龙	何　航	邹树梁	张金涛	张文辉
张福海	张乐福	高宏树	陆冬青	陈　文	陈　凯
陈鉴平	陈伟仲	陈伟杰	陈国才	陈小强	陈周晓
陈义学	但　军	宋　斌	范福平	周　永	周建平
郑建能	郑砚国	郑伟平	孟琰彬	单建强	胡国峰
赵　虎	钟宏亮	柯国土	柳和生	唐　宇	夏　虹
柴国旱	秦余新	徐利根	徐浏华	高海潮	郭爱华
黄　飞	梁光扶	梁志强	袁　毅	谌继明	葛　飞
董宏亮	韩恩厚	阙为民	曾　浩	路云岩	廖伟明
薛　松	蔡翔舟	潘风国	戴忠华		

会员名录（截至2021年年底）

一、副理事长单位

1. 中国核工业集团有限公司
2. 中国广核集团有限公司
3. 国家电力投资集团有限公司
4. 中国华能集团有限公司
5. 中国大唐集团有限公司
6. 国家能源投资集团有限责任公司
7. 中国长江三峡集团有限公司
8. 哈尔滨电气集团有限公司
9. 中国东方电气集团有限公司
10. 上海电气（集团）总公司
11. 清华大学
12. 国家核电技术有限公司
13. 中国核能电力股份有限公司
14. 中国核工业建设股份有限公司
15. 中国核动力研究设计院
16. 大亚湾核电运营管理有限责任公司
17. 中核北方核燃料元件有限公司

二、常务理事单位

1. 核电秦山联营有限公司
2. 广东核电合营有限公司
3. 华能山东石岛湾核电有限公司
4. 华能核电开发有限公司
5. 江苏核电有限公司
6. 秦山核电有限公司
7. 秦山第三核电有限公司
8. 香港核电投资有限公司（中电控股有限公司）
9. 中国核工业地质局
10. 中广核铀业发展有限公司
11. 电力规划总院有限公司

12. 中国核电工程有限公司
13. 中广核研究院有限公司
14. 中广核工程有限公司
15. 中国核工业华兴建设有限公司
16. 宝银特种钢管有限公司
17. 广东省能源集团有限公司
18. 清华大学核能与新能源技术研究院
19. 国核示范电站有限责任公司
20. 上海阿波罗机械股份有限公司
21. 武汉第二船舶设计研究所（中国船舶重工集团公司第七一九研究所）
22. 江苏海龙核科技股份有限公司
23. 中核战略规划研究总院有限公司
24. 中核工程咨询有限公司
25. 中国电力建设集团有限公司
26. 中国能源建设集团有限公司

三、理事单位

1. 中国核工业二三建设有限公司
2. 上海市核电办公室
3. 海盐县核电产业发展服务局
4. 山东核电有限公司
5. 三门核电有限公司
6. 辽宁红沿河核电有限公司
7. 阳江核电有限公司
8. 福建宁德核电有限公司
9. 福建福清核电有限公司
10. 中核四〇四有限公司
11. 中核陕西铀浓缩有限公司
12. 中核建中核燃料元件有限公司
13. 江西省核工业地质局
14. 中国电力工程顾问集团华东电力设计院有限公司
15. 中国原子能科学研究院
16. 中核第七研究设计院有限公司

17. 国防科工局核设施核安全技术审评监督中心
18. 生态环境部核与辐射安全中心
19. 核工业北京化工冶金研究院
20. 核工业理化工程研究院
21. 核动力运行研究所
22. 深圳中广核工程设计有限公司
23. 中国中原对外工程有限公司
24. 中国核工业第二二建设有限公司
25. 中国核工业二四建设有限公司
26. 中国核工业第五建设有限公司
27. 中国一重集团有限公司
28. 二重（德阳）重型装备有限公司
29. 上海电气核电设备有限公司
30. 上海自动化仪表有限公司
31. 上海第一机床厂有限公司
32. 东方电气（广州）重型机器有限公司
33. 西安核设备有限公司
34. 中核苏阀科技实业股份有限公司
35. 哈尔滨工程大学
36. 东华理工大学
37. 南华大学
38. 中国原子能工业有限公司
39. 四川省重大技术装备领导小组办公室
40. 上海工业自动化仪表研究院有限公司
41. 海南核电有限公司
42. 中国科学院金属研究所
43. 台山核电合营有限公司
44. 苏州热工研究院有限公司
45. 四川省核工业地质局
46. 广东正超电气有限公司
47. 辽宁四方核电装备股份有限公司
48. 成都海光核电技术服务有限责任公司
49. 华龙国际核电技术有限公司

50. 核工业井巷建设集团公司
51. 中核控制系统工程有限公司
52. 中核检修有限公司
53. 江苏铁锚玻璃股份有限公司
54. 上海核工程研究设计院有限公司
55. 大全集团有限公司
56. 浙江宏伟供应链集团股份有限公司
57. 中核（上海）供应链管理有限公司
58. 中核辽宁核电有限公司
59. 中核国电漳州核电有限公司
60. 兴原认证中心有限公司
61. 中核能源科技有限公司
62. 中核兰州铀浓缩有限公司
63. 中广核核电运营有限公司
64. 广西防城港核电有限公司
65. 北京广利核系统工程有限公司
66. 国家电投集团科学技术研究院有限公司
67. 华能霞浦核电有限公司
68. 西安热工研究院有限公司
69. 上海电气凯士比核电泵阀有限公司
70. 上海交通大学
71. 西安交通大学
72. 核电运行研究（上海）有限公司
73. 核工业西南物理研究院
74. 中核环保有限公司
75. 陕西卫峰核电子有限公司
76. 中广核陆丰核电有限公司
77. 中国科学院上海应用物理研究所
78. 华能海南昌江核电有限公司
79. 中核霞浦核电有限公司
80. 中国宝原投资有限公司
81. 中电投广西核电有限公司
82. 江西核电有限公司

83. 国核湛江核电有限公司
84. 国核铀业发展有限责任公司
85. 同方知网数字出版技术股份有限公司
86. 上海腾志能源共性技术研究院
87. 中国大唐集团核电有限公司

四、会员单位

1. 岭澳核电有限公司
2. 岭东核电有限公司
3. 中国能源建设集团广东省电力设计研究院有限公司
4. 上海发电设备成套设计研究院
5. 中国核工业中原建设有限公司
6. 北京和利时系统工程股份有限公司
7. 东方电气集团东方锅炉股份有限公司
8. 哈尔滨锅炉厂有限责任公司
9. 哈尔滨汽轮机厂有限责任公司
10. 上海电气电站设备有限公司—上海电站辅机厂
11. 上海电气电站设备有限公司—上海发电机厂
12. 上海电气电站设备有限公司—上海汽轮机厂
13. 上海电气上重铸锻有限公司
14. 四川三洲川化机核能设备制造有限公司
15. 苏州大学附属第一医院
16. 国家电力投资集团有限公司人才学院
17. 上海中核浦原有限公司
18. 福建省核电办公室
19. 中核二七二铀业有限公司
20. 新疆中核天山铀业有限公司
21. 湖北三〇三库
22. 广东省核工业地质局
23. 湖南省核工业地质局
24. 吉林省核工业地质局
25. 辽宁省核工业地质局
26. 青海省核工业地质局

27. 中陕核工业集团公司
28. 核工业北京地质研究院
29. 中核第四研究设计工程有限公司
30. 核工业工程技术研究设计有限公司
31. 中核核信信息技术（北京）有限公司
32. 中国辐射防护研究院
33. 核工业西南勘察设计研究院有限公司
34. 中国能源建设集团安徽电力建设第二工程公司
35. 中国能源建设集团广东火电工程有限公司
36. 核工业西南建设集团公司
37. 浙江省火电建设公司
38. 中核投资有限公司
39. 大连宝原核设备有限公司
40. 大连大高阀门有限公司
41. 广东亚仿科技股份有限公司
42. 上海一核阀门制造有限公司
43. 浙江三方控制阀股份有限公司
44. 浙江中控技术有限公司
45. 西南科技大学
46. 沈阳东管电力科技集团股份有限公司
47. 常州八益电缆有限公司
48. 国核电站运行服务技术公司
49. 中国平安财产保险股份有限公司
50. 核工业管理干部学院（核工业培训中心）
51. 大连深蓝泵业有限公司
52. 国核电力规划设计研究院
53. 中国能源建设集团湖南省电力设计院有限公司
54. 上海阀门五厂有限公司
55. 国核宝钛锆业股份公司
56. 江苏华光电缆电器有限公司
57. 安徽电缆股份有限公司
58. 国核自仪系统工程有限公司
59. 烟台台海玛努尔核电设备有限公司

60. 北京柯瑞生物科技有限公司
61. 浙江中达新材料股份有限公司
62. 嘉兴多角电线电缆股份有限公司
63. 陕西中环机械有限责任公司
64. 宁波奥崎自动化仪表设备有限公司
65. 中国建筑第二工程局有限公司
66. 中建电力建设有限公司
67. 中国华电科工集团有限公司
68. 山东电力工程咨询有限公司
69. 中国核保险共同体
70. 厦门大学能源研究院
71. 沈阳航天新星机电有限责任公司
72. 通裕重工股份有限公司
73. 江苏神通阀门股份有限公司
74. 上海阀门厂有限公司
75. 常州电站辅机总厂有限公司
76. 哈尔滨天达控制工程有限公司
77. 中联重科股份有限公司
78. 江苏省核应急办公室
79. 中国原子能出版社传媒有限公司
80. 陕西柴油机重工有限公司
81. 江苏申港锅炉有限公司
82. 南京新核复合材料有限公司
83. 浙江电力建设工程咨询有限公司
84. 浙江泰索科技有限公司
85. 江苏华冠电器集团有限公司
86. 苏州宝骅密封科技股份有限公司
87. 上海森林特种钢门有限公司
88. 常熟市辐射技术开发应用研究所
89. 中电华元核电工程技术有限公司
90. 上海申江锻造有限公司
91. 东方电气（武汉）核设备有限公司
92. 渤海重工管道有限公司

93. 湖南核电有限公司
94. 中广核核技术发展股份有限公司
95. 中核河南核电有限公司
96. 中核核电运行管理有限公司
97. 苏州纽威阀门股份有限公司
98. 浙江苍南仪表集团东星能源科技有限公司
99. 上海森永工程设备有限公司
100. 中机生产力促进中心（核设备安全与可靠中心）
101. 中国钢研科技集团有限公司
102. 哈电集团（秦皇岛）重型装备有限公司
103. 中广核久源（成都）科技有限公司
104. 浙江阳光时代律师事务所
105. 国家电投集团电站运营技术中心（北京）有限公司
106. 大连海密梯克泵业有限公司
107. 北京市君致律师事务所
108. 上海新曼传感技术研究发展有限公司
109. 宁波天生密封件有限公司
110. 浙江久立特材科技股份有限公司
111. 浙江创想节能科技有限公司
112. 中国科学院合肥物质科学研究院
113. 上海太比雅电力设备有限公司
114. 深圳市创捷科技有限公司
115. 中核新能源有限公司
116. 江苏爵格工业集团有限公司
117. 连云港经济技术开发区管理委员会
118. 中国仪器进出口（集团）公司
119. 四川沱江起重机有限公司
120. 全南晶环科技有限责任公司
121. 上海通用风机股份有限公司
122. 中国船舶重工集团公司第七〇三研究所无锡分部
123. 西陇化工股份有限公司
124. 中国核建高温堆控股有限公司
125. 青岛东卡环保工程技术有限公司

126. 中核嘉华设备制造股份公司
127. 岳阳筑盛阀门管道有限责任公司
128. 北京中伦律师事务所
129. 河北翼凌机械制造总厂
130. 中核华电河北核电有限公司
131. 山东鲁能软件技术有限公司
132. 江苏亨通电力电缆有限公司
133. 武汉力地液压设备有限公司
134. 辽宁伊菲科技股份有限公司
135. 丰泽工程橡胶科技开发股份有限公司
136. 徐工集团工程机械股份有限公司
137. 杭州邦胜自动化科技有限公司
138. 台山平安五金制品有限公司
139. 中广核俊尔新材料有限公司
140. 舟山市正源标准件有限公司
141. 新乡市佳华机械有限公司
142. 浙江咸亨国际通用设备有限公司
143. 中核浙能能源有限公司
144. 北京群源电力科技有限公司
145. 国核华清（北京）核电技术研发中心有限公司
146. 滨州双峰石墨密封材料有限公司
147. 北京优化佳控制技术有限公司
148. 中广核达胜加速器技术有限公司
149. 东莞市基一核材料股份公司
150. 无锡斐冠工业设备有限公司
151. 中核四川环保工程有限公司
152. 四川华都核设备制造有限公司
153. 北京雷蒙赛博机电技术有限公司
154. 王子橡胶（江苏）有限公司
155. 美核电气（济南）有限公司
156. 河南神州精工制造股份有限公司
157. 杭州华能工程安全科技股份有限公司
158. 中核深圳凯利集团有限公司

159. 成都核新动力科技有限公司
160. 中国电建集团上海能源装备有限公司
161. 上海昱章电气成套设备有限公司
162. 上海闰铭精密技术有限公司
163. 南京天创电子技术有限公司
164. 河南核净洁净技术有限公司
165. 颂锐机电科技（上海）有限公司
166. 四川汇通能源装备制造股份有限公司
167. 贝谷科技股份有限公司
168. 山东远大特材科技股份有限公司
169. 安徽天康（集团）股份有限公司
170. 河北宏润核装备科技股份有限公司
171. 四川省核工业辐射测试防护院
172. 上海大学
173. 浙江英洛华装备制造有限公司
174. 江苏省特种设备安全监督检验研究院无锡分院
175. 中国电建集团核电工程公司
176. 上海材料研究所
177. 保定天威保变电气股份有限公司
178. 国电南瑞科技股份有限公司
179. 江苏焱鑫科技股份有限公司
180. 大连金玛硼业科技集团股份有限公司
181. 西安西电变压器有限责任公司
182. 科华恒盛股份有限公司
183. 咸宁核电有限公司
184. 上海凯研机械设备有限公司
185. 河北创科电子科技有限公司
186. 中核启迪科技（北京）有限公司
187. 扬州诚德钢管有限公司
188. 上海纳川核能新材料技术有限公司
189. 南方增材科技有限公司
190. 核安核电装备技术有限公司
191. 厦门融福电子科技有限公司

192. 江苏达科智能科技有限公司
193. 北京博华信智科技股份有限公司
194. 金瑞致达（北京）科技股份有限公司
195. 上海紫德公共战略科技研究院
196. 扬州工业职业技术学院
197. 华北电力大学
198. 工业和信息化部电子第五研究所
199. 清华海峡研究院（厦门）
200. 中冶建筑研究总院有限公司
201. 北京亚明联合技术发展有限公司
202. 洛阳市琦安科技有限公司
203. 沈阳三科泵阀工业有限公司
204. 天津市申科技术开发有限公司
205. 上海纳信实业有限公司
206. 河北亚明塑管有限公司
207. 深圳市创致新能源科仪有限公司
208. 上海核星核电科技有限公司
209. 北京世纪三拓科技有限公司
210. 沈阳中科腐蚀控制工程技术有限公司
211. 德州艾荷过滤设备有限公司
212. 福建省赛科赛思自动化科技有限公司
213. 江苏华洋新思路能源装备股份有限公司
214. 信和新材料股份有限公司
215. 山东伊莱特重工股份有限公司
216. 沈阳三科核电设备制造股份有限公司
217. 中国人民财产保险股份有限公司
218. 西安翌飞核能装备股份有限公司
219. 江苏新华合金电器有限公司
220. 湖南镭目科技有限公司
221. 上海睦诚工程监理有限公司
222. 上海莺千新材料科技发展有限公司
223. 深圳海核实业控股有限公司
224. 纳斯泰克核电技术有限公司

225. 浙江中核金鼎不锈钢有限公司
226. 江苏永和高分子技术有限公司
227. 成都炭素有限责任公司
228. 北京道和汇通科技发展有限公司
229. 万纳神核控股集团有限公司
230. 江苏新恒基特种装备股份有限公司
231. 中国船舶重工集团公司第七一八研究所
232. 湖南工学院
233. 江苏道众能源科技有限公司
234. 白鸽磨料磨具有限公司
235. 中核华纬工程设计研究有限公司
236. 普瑞奇科技（北京）股份有限公司
237. 中广核惠州核电有限公司
238. 中广核苍南核电有限公司
239. 中咨工程管理咨询有限公司
240. 许昌美特桥架股份有限公司
241. 浙江国泰萧星密封材料股份有限公司
242. 中航建设集团成套装备股份有限公司
243. 中核机械工程有限公司
244. 深圳市核鹏工程监理有限责任公司
245. 浙江海盐力源环保科技股份有限公司
246. 浙江爱力浦科技股份有限公司
247. 浙江上风高科专风实业股份有限公司
248. 广东腐蚀科学与技术创新研究院
249. 贵州航天新力铸锻有限责任公司
250. 成都中科合迅科技有限公司
251. 北京中安瑞力科技有限公司
252. 中国能源建设集团浙江省电力设计院有限公司
253. 成都天保节能环保工程有限公司
254. 北京中蓬市政建设有限责任公司
255. 南京凯略能源科技有限公司
256. 中航光电科技股份有限公司
257. 湖南湘投金天科技集团有限责任公司

258. 四川凯满核电设备有限公司
259. 西西埃热能（南京）有限公司
260. 贵州玉屏清洁热能有限公司
261. 中核华辰建筑工程有限公司
262. 浙江远算科技有限公司
263. 山地本防腐工程（江苏）股份有限公司
264. 苏州久美玻璃钢股份有限公司
265. 厦门奥普拓自控科技有限公司
266. 江苏上上电缆集团有限公司
267. 中原运维海外工程有限公司
268. 中国科学院新疆理化技术研究所
269. 重庆市伟岸测器制造股份有限公司
270. 华能信息技术有限公司
271. 中核华兴达丰机械工程有限公司
272. 北京博清科技有限公司
273. 时风工业技术（上海）有限公司
274. 圣同智能机械设备（上海）有限公司
275. 广州华盟信息科技有限公司
276. 北京新创椿树整流器件有限公司
277. 南京奥特自动化有限公司
278. 湖南鑫海股份有限公司
279. 河北军辉安防科技股份有限公司
280. 四川六合特种金属材料股份有限公司
281. 航天晨光股份有限公司
282. 同方威视技术股份有限公司
283. 深圳市宝新宇机电设备有限公司
284. 兰州兰石换热设备有限责任公司
285. 合肥新沪屏蔽泵有限公司
286. 无锡恒业电热电气有限公司
287. 广东本安本质安全研究有限公司
288. 青岛斯坦德检测股份有限公司
289. 上海核原环保科技有限公司
290. 中核港航工程有限公司

291. 上海电器科学研究所(集团)有限公司
292. 中咨工程有限公司
293. 华能核能技术研究院有限公司
294. 苏州雷泰医疗科技有限公司
295. 沈阳鼓风机集团核电泵业有限公司
296. 山东蓝孚高能物理技术股份有限公司
297. 河北玉核科技有限公司
298. 浙江省辐射环境监测站（生态环境部辐射环境监测技术中心）

五、联系会员单位

1. EDF（中国）投资有限公司
2. 劳氏瑞安咨询（北京）有限公司
3. 日立（中国）有限公司
4. 大连菱日电力设备有限公司
5. 魏德米勒电联接国际贸易（上海）有限公司
6. 广州司态结构监测技术咨询有限公司
7. 欧安诺（北京）科技有限公司
8. 瓦卢瑞克核电管材（广州）有限公司
9. 伯合乐焊接产品贸易（上海）有限公司
10. 山特维克国际贸易（上海）公司
11. 罗尔斯 . 罗伊斯商业（北京）有限公司
12. 西屋电气（亚洲）有限公司北京代表处
13. 哈蒙冷却系统（天津）有限公司
14. 艾默生电气（中国）投资有限公司
15. 必维质量技术服务（上海）有限公司
16. 富迪斯工程技术（上海）有限公司
17. 北京泰纳通核电安全技术服务有限公司
18. 特雷克斯（中国）投资有限公司
19. 青岛太平洋海洋工程有限公司
20. 德瑞克斯安防产品（中国）有限公司
21. 劳氏工业技术服务（上海）有限公司
22. 罗尔夫杰森消防技术咨询（上海）有限公司
23. 乔达国际货运（中国）有限公司
24. 法马通（北京）科技有限公司

图书在版编目（C I P）数据

中国核能年鉴. 2022年卷 / 中国核能行业协会编
. -- 北京 : 中国原子能出版社, 2022.9
ISBN 978-7-5221-2161-1

Ⅰ. ①中… Ⅱ. ①中… Ⅲ. ①核能－中国－2022－年
鉴 Ⅳ. ① F426.23-54

中国版本图书馆 CIP 数据核字 (2022) 第 183037 号

中国核能年鉴·2022年卷

出版发行　中国原子能出版社（北京市海淀区阜成路43号 100048）
特邀编辑　何　玲
责任编辑　胡晓彤
责任校对　冯莲凤
责任印制　赵　明
印　　刷　北京中科印刷有限公司
经　　销　全国新华书店
开　　本　787 mm × 1092 mm 1/16
印　　张　21.125　　彩插：16　　字　　数　458千字
版　　次　2022年9月第1版　2022年9月第1次印刷
书　　号　ISBN 978-7-5221-2161-1　　定　　价　128.00元

网址：http://www.china-nea.cn/　

ISBN 978-7-5221-2161-1

9 787522 121611 >